★ 名师论教丛书 ★

大学教育求真

—— 邹逢兴纵论大学教育

邹逢兴 著

Seeking Truth in University Education in China

—Zou Fengxing's Viewpoint on Improving the Quality of Higher Education

国防科技大学出版社

· 长沙 ·

图书在版编目（CIP）数据

大学教育求真：邹逢兴纵论大学教育/邹逢兴著．—长沙：国防科技大学出版社，2022.2

ISBN 978－7－5673－0592－2

Ⅰ.①大…　Ⅱ.①邹…　Ⅲ.①高等教育—研究　Ⅳ.①G64

中国版本图书馆 CIP 数据核字（2022）第 001090 号

大学教育求真

——邹逢兴纵论大学教育

DAXUE JIAOYU QIUZHEN

——ZOU FENGXING ZONGLUN DAXUE JIAOYU

邹逢兴　著

国防科技大学出版社出版发行

电话：(0731) 87000353　邮政编码：410073

责任编辑：刘璟珺　　责任校对：魏云江

新华书店总店北京发行所经销

国防科技大学印刷厂印装

*

开本：710×1000　1/16　印张：29.25　字数：407 千字

2022 年 2 月第 1 版第 1 次印刷　印数：1－1000 册

ISBN 978－7－5673－0592－2

定价：118.00 元

前 言

目前，我国已进入中国特色社会主义发展新阶段。社会经济发展对高等教育的需要比以往任何时候都更为迫切，对优秀人才的需求比以往任何时候都更加强烈。教育兴则国家兴，教育强则国家强，而其中高等教育更是一个国家发展水平和发展潜力的重要标志。我国早在1995年就提出了科教兴国战略，并为实施这一伟大战略，先后实施了“211工程”“985工程”“国家示范性高等职业院校建设计划”“中央财政支持地方高校发展专项资金计划”等项目。这些工程、计划项目的实施，推动我国高等教育进入了快速发展的轨道，国家对高等教育的投入不断增加，高校硬件建设水平、质量日新月异，招生规模急剧扩大。至今，我国高等教育办学规模和年毕业人数已居世界首位，接受高等教育的人数迅速增多，国民的整体科学文化素质有明显提高。但高等教育的规模扩张和人数增多与其质量和效益增长并不成正比，某些方面甚至出现明显下降。针对这种情况，国家在进入21世纪以后，先后实施了“高等院校教学质量与教学改革工程”（简称“高校质量工程”）、“高等院校本科教学工作水平评估”（简称“本科教学工作水平评估”）和“高等院校本科教学质量与教学改革工程”（简称“本科教学工程”）几大项目。这几大工程项目的内容几乎囊括了高等院校教学改革和教学建设的各个方面，包括国家级教学名师评审、国家精品课程建设、特色专业建设、教材建设与网络教学资源开发共享、国家级实验教学示范中心建设、国家级教学团队建设、人才培养模式改革创新实验和高等院校本科教学质量评估等。近年来又启动实施了高校“双一流”（世界一流大学和一流学科）建设战略。这一系列国家层面重大举措的实施，推动高校紧紧抓住影响本科人才培养的关键环节，以全面实施素质教育和提高学生实践创新能力为主题，以提高本科教学质量为核心，选择具有基础性、全局性、引导性的项目，开展教学研究、教学改革和教学建设，大大促进了学校的学科专业建设，教师队伍建设，主干课程建设，教材、实验室和数字化网络化教学资源等教学条件建设，以及人才培养模式和教学方法手段的改革创新，大大促进了本科教学水平的提高和人才培养质量的提升。在此过程中，评选推出了一大批旨在示范全国或所在地区、学校的国家级、省（市、自治区）级或校级的精品课程、规划教材、教学团队、特色专业和教学名师等，在推动我国高等教育整体质量提高中发挥了较好的引导和辐射作用，同时也促使我国高等教育走上内涵式发展的必由之路。

我作为这些工程项目实施过程中的参与者、见证者，常常还是其中许多各级各类项目的评审者，在过程中和事后反思，觉得近几十年来，我国高等教育、高校建设在快速发展和取得伟大成就的同时，也存在着不少问题和矛盾，这些问题和矛盾若不有效解决，将对大学教育的进一步内涵式发展、教育教学水平和人才培养质量的提高、科教兴国强国战略的实现产生不利影响甚至阻碍作用。鉴于此，我结合四十多年从教经历，以及多年来参加各级各类教育教学评审的体会，对应邀到一些院校和其他场合，所作几十场特约（专题）教育教学报告、讲座的内容，进行综合梳理，分类研究，以此形成了本书的八章内容。全书主要围绕如何提高我国大学教育教学水平和人才培养质量，就学校建设特别是本科教学建设的一些关键环节、主要方面，包括大学的功能与管理、大学教师队伍的建设、大学教学方法研究与创新、大学生创新实践能力的培养、优质精品课程与教材的建设、学科专业建设与研究生培养，以及教学成果的培育创造等，论述自己的见解。最后，还就“钱学森之问”、应试教育与素质教育的关系、智能化社会对高等教育发展的影响等当前高等教育几大热点问题谈了自己的思考。

如何提高我国大学教育教学水平和人才培养质量，历来是个颇具争议的话题，可以说是仁者见仁、智者见智。本书旨在抛砖引玉、与众交流。我大学毕业、留校从教四十多年，不仅热衷于、满足于教书育人，而且一直对高等教育教学研究也充满了兴趣和热情，尤其2003年有幸被评为首届全国高等学校国家级教学名师后，随着担任各级各类教学评审专家和应邀到各种场合做讲座报告的机会的增多，对高等教育教学方方面面的学习、研究和思考也便越来越多，逐渐形成了自己一些独立的思想、见解和观点。然而，毕竟我只是从一个一线教授的视角、感受来谈见解、发议论，远无专业的教育学、教育管理学研究人员和身居院校或教育主管部门管理岗位的领导那么高瞻远瞩、视野开阔、思考深入、见解专业、论述深刻，因站位、水平、见识所限，幼稚肤浅和谬误偏颇之处一定难免，敬请各位读者专家不吝赐教、多加指正。

本书是作为国防科技大学“名师论教丛书”项目启动编写的，所以它的出版问世首先要感谢学校领导的谋划和支持。本书在写作过程中，参考了许多著作、期刊，还有不少网络文献资料，这些文献对形成和充实本书的思想观点起到很大作用。在此，我对参阅过的所有文献资料作者及其提供人、提供平台，表示衷心的感谢！当然还要特别感谢大力支持本书和本套丛书出版的学校有关机关部门领导和工作人员，以及出版社责任编辑刘璟珺先生！其中尤要感谢从教育学科班出身的原校教务处参谋、现校教学考评中心军事教育研究室主任彭安臣博士，他对本书初稿内容的取舍和组织提出过很好的真知灼见，为我的斟酌修改提供了有价值的参考。本书如有可取之处，应有我所有感谢对象的一份功劳；如有错谬不当存在，一切文责自负。

2020 年 5 月 1 日于国防科大

目录

1 第一章 大学的功能与管理

1 一、人才培养是大学的根本职能

4 二、大学管理体制改革之我见

5 （一）关于大学管理的领导者

17 （二）关于大学管理岗位职业化

22 （三）关于大学管理的行政化

23 （四）关于大学管理结构的扁平化

28 三、大学校长的六大职责

46 四、大学的教学与科研关系的处理

46 （一）教学与科研的关系

49 （二）正确处理教学与科研的关系

57 第二章 大学教师队伍建设

57 一、立足点：强化教师天职意识

68 二、首要点：加强师德师风建设

68 （一）加强师德师风建设的重要性

69 （二）大学师德师风的现状

70 （三）加强师德师风建设迫在眉睫

72 三、突破点：建好教研室主任队伍

72 （一）教研室主任的职责

73 （二）教研室主任应有的素质
76 （三）教研室主任队伍的建设
77 四、着力点：提升教师执教能力
102 五、切入点：按“三支创新团队”思路建队伍
103 （一）基本思想
104 （二）基本做法
109 （三）主要成效
115 （四）重要启示
117 六、支撑点：政府推动实现教师培训常态化
119 **第三章 大学教学方法研究与创新**
119 一、重视开展教学方法研究
120 （一）教学方法研究的必要性与关注点
122 （二）研究要以先进教育思想理念为指导
124 （三）研究成效的集中体现
127 二、教学方法手段的正确采用
127 （一）建构主义理论下的教学方法恰当选用
132 （二）信息化条件下的教学手段合理运用
137 三、创新教学方法的一种好模式——研讨式教学
138 （一）研讨式教学的内涵特征
141 （二）研讨式教学对教师的特殊要求
151 四、实施研讨式教学的五大环节
152 （一）课前准备 创设问题
153 （二）自主学习 独立探究
154 （三）小组交流 协作学习

154 （四）大班研讨 方案实现
155 （五）总结讲评 效果评价
156 五、研讨式教学的实践反思

164 第四章 学生创新实践能力培养

165 一、强化创新实践能力培养意识
165 （一）认清重要性
167 （二）明确指导思想
169 二、建立创新实践能力培养体系
169 （一）实践教学内容体系创新
170 （二）实践教学方式方法创新
170 （三）实践教学运行机制创新
176 三、打造创新实践能力培养平台
177 （一）建好校内实验室
178 （二）建好实习（实训）基地
179 （三）建好创新实践基地
182 四、推进创新实践教学改革
183 （一）实践教学存在的主要问题
186 （二）创新实践教学改革的方向
196 （三）将“新工科”思维落到实处

200 第五章 优质精品课程与教材的创建

200 一、课程与教材建设在学校建设中的地位
200 （一）课程建设是学校建设的主题
201 （二）教材建设是课程建设的龙头

202 二、关于优质精品课程的创建
202 （一）何谓优质精品课程
218 （二）如何创建优质精品课程
226 三、关于优质精品教材的创造
226 （一）何谓优质精品教材
229 （二）教师如何创作优质精品教材
232 （三）大学如何创建优质精品教材体系
240 四、优质精品课程与教材建设典型案例
240 （一）课程建设案例：计算机硬件技术与控制系列课程
256 （二）教材建设案例：电子信息基础硬件类教材
272 五、教材市场乱象引发的教材建设新随想
272 （一）教材市场乱象
273 （二）乱象引发的教材建设新随想

282 **第六章 学科专业建设和研究生培养**

282 一、学科专业建设及其在学校建设中的地位
282 （一）学科与专业的关系
290 （二）学科建设和专业建设的内涵
292 （三）学科专业建设的目标任务
294 （四）学科专业建设的指导思想
299 （五）学科专业建设在大学建设中的地位
301 二、控制科学与工程学科专业的建设
302 （一）控制学科的建设
308 （二）自动化专业的建设
314 三、“哈军工—国防科大”的学科专业建设及启示

314 （一）“哈军工”的学科专业建设概况
315 （二）国防科大的学科专业建设概况
326 （三）“哈军工—国防科大”学科专业建设的启示
329 四、研究生培养
329 （一）研究生与本科生培养的区别
331 （二）研究生教育的本质属性
333 （三）研究生学位论文的选题与指导
345 （四）目前研究生教育存在的主要问题与对策
350 **第七章 教学成果的培育**
350 一、教学成果的内涵与特性
350 （一）教学成果的内涵
352 （二）教学成果的特性
353 二、教师如何培育教学成果
362 三、院校如何培育教学成果
362 （一）更新端正办学思想理念
362 （二）建设“两高”教师队伍
363 （三）建立科学用人投资机制
363 （四）建立公正评价激励机制
366 四、正确认识对待教学成果奖
370 **第八章 高等教育时下热点难点之思考**
370 一、关于“钱学森之问”的思考
370 （一）“钱学森之问”石破天惊、切中时弊
372 （二）如何破解“钱学森之问”

400 （三）破解“钱学森之问”的延伸思考
404 二、关于应试教育与素质教育关系的思考
405 （一）应试教育与素质教育的特点
408 （二）正确处理应试教育与素质教育的关系
419 （三）积极推进“高考”和大学招生制度的改革
428 三、关于智能化社会对高等教育影响的思考
428 （一）人类正在快速步入智能化社会
431 （二）人工智能对大学建设的深刻影响
439 **参考文献**
448 **结束语**

第一章　大学的功能与管理

一、人才培养是大学的根本职能

何谓大学？大学的性质是什么？现代中国著名教育家、北京大学原校长蔡元培先生，在他出任校长伊始的就职演说中，就开宗明义向学生申明过："诸君来此求学，必有一定宗旨，欲求宗旨之正大与否，必先知大学之性质。……大学者，研究高深学问者也。"并在他的全部办学治校生涯中，以言论行动告诉人们，大学为了研究高深学问，必须始终坚持以道德教育为中心，以世界观教育为终极目的。如此看来，应该可以认为，大学就是聚集在特定地点，既传播、吸收、研究高深领域学术学问、知识技术，又切磋、探究、实践如何做人做事的一群特殊的人——主要是学者（教师）和学生——组成的学术团体，也就是历史上常叫的学府或学堂。现在，大学则是特指能提供高深学问和立德树人的教学、研究条件，并获得授权能颁发学历学位证书的高等教育机构，被人们视为神圣的学术庙宇、科学殿堂。

一般认为，大学的基本功能有三项：人才培养、科学研究和社会服务。三者相互支撑、相互渗透。许多研究人员认为，在这三项之外还应增加一项：文化传承与创新。我认为这也很有道理。但从大学发展历史看，大学本质上是教育机构，人才培养一直是其立身之本，设立大学的初衷或说根本目的，是为了教育学生、培养人才，其他功能都是逐步衍生和发展起来的。所以说，大学的基本功能无论是上述三项也好，四项也好，其中最核心的功能应是人才培养。衡量大学发展水平、办学质量的首要指标应是育人水平，后两项或三项功能都是通过人才培养来实现的，因而都应服从服务于育人，对育人起支撑作用。

大学育人的途径很多，包括教学育人、科研育人、后勤育人、校园文化育人等。一句话，大学的一切工作应该说都是围绕育人而展开的。但学校的本质属性决定了，在众多的育人途径中，教学育人是实现人才培养目标的主要和基本途径，因此教学无疑是学校育人的主体工作、中心工作。而教学又有课堂教学和课外教学两个渠道，虽然都很重要，但显然课堂教学更重要，应是教学育人的主渠道。这就决定了，引导组织广大教师热爱教学、精心教学、把书教好、把课上好、把学生培育好，应是大学的第一天职。

现代大学，尤其是办学历史悠久、办学经验丰富的各级各类院校，大多既有本科教育，又有研究生教育，有的还有继续教育（部队叫任职教育）。但本科教育是高等教育的基础，是大学的立校之本。首先，本科阶段是青年学生世界观、人生观和价值观形成并逐步走向成熟的阶段，是构建知识、能力、素质结构的关键阶段，这个阶段的德智体美基础打得是否扎实，对人才的整体素质乃至于整个国家、整个民族的素质都具有重要影响；其次，从业务上看，本科阶段主要是打好公共基础和学科专业基础，本科教育质量不高，研究生教育就成了无源之水，研究生的质量将难以提高，而大学师资队伍新生力量的补充绝大部分又都是源于研究生毕业的博士、硕士，因此，本科教育的质量不仅直接决定和制约了研究生教育的质量，也在很大程度上决定和制约了教师队伍的整体素质和水平。可见，抓好本科教学是提高大学教学质量和整个高等教育质量的重点和关键，大学在抓教学中心工作的过程中理应把本科教学工作作为重中之重加以高度重视。

关于上述大学的功能定位、主要职责、中心工作和本科教学的基础地位、重要地位等，在教育部 2001 年 8 月发布的《关于加强高等院校本科教学工作提高教学质量的若干意见》（简称“高等教育质量工程”）、2010 年 7 月颁布的《关于国家中长期教育改革和发展规划纲要（2010—2020 年）》、2011 年 7 月发布的《关于“十二五”期间实施

“高等院校本科教学质量与教学改革工程”的意见》，以及2012年3月发布的《教育部关于全面提高高等教育质量的若干意见》（“高教三十条”）等一系列重要文件中，都做出了科学论述和突出强调。比如，“高教三十条”中特别强调：“巩固本科教学基础地位。把本科教学作为高校最基础、最根本的工作，领导精力、师资力量、资源配置、经费安排和工作评价都要体现以教学为中心。高校每年召开本科教学工作会议，着力解决人才培养和教育教学中的重点难点问题。高校制订具体办法，把教授为本科生上课作为基本制度，将承担本科教学任务作为教授聘用的基本条件，让最优秀教师为本科一年级学生上课。鼓励高校开展专业核心课程教授负责制试点。倡导知名教授开设新生研讨课，激发学生专业兴趣和学习动力。完善国家、地方和高校教学名师评选表彰制度，重点表彰在教学一线做出突出贡献的优秀教师。定期开展教授为本科生授课情况的专项检查。完善国家、地方、高校三级‘本科教学工程’体系，发挥建设项目在推进教学改革、加强教学建设、提高教学质量上的引领、示范、辐射作用。”

上述文件表述的诸多思想观点，我非常赞成。因为它们抓住了当前制约我国大学教学水平和人才培养质量提高的主要矛盾，牵住了促进高等教育高质量内涵式发展的“牛鼻子”。但是，从我国目前高等教育界的现状看，许多大学并没有把上述思想和要求真正落到实处，在具体政策导向和具体做法上依然存在着重研究生教育轻本科生教育、重学科建设轻专业建设、重科研轻教学等现象。殊不知，没有一流的本科生教育，哪谈一流的人才培养，哪有一流的大学！

我国目前有近3000所大学，这些大学的层次、类型各不相同。从层次上看，有“一本”“二本”“三本”之分；从类型上看，有研究型大学、研究教学型大学、教学研究型大学和教学型大学之分。因不同层次、不同类型学校的办学定位、肩负职责有所不同，在办学履职过程中，对大学几大基本功能的主次轻重关系的处理应该有明显区别，为了克服同质化现象，防止低水平重复，国家理应探索对大学分类指导和分类管理的有效途径，通过政策导向和资源配置，引导大学合理定位，促进不同层次、不同类型乃至不同地区的大学科学地、有区别地办学治校，形成有各自优势的办学理念和风格，在不同层次、不同领域办出特色，争创一流。但是，既然都是大学，就有其共性，这个共性就是相同的基本功能和主要职责、根本任务。

综上所述，大学的核心功能是培养人才；根本任务是大力提升人才培养水平，全面提高教育教学质量，源源不断地向社会输送能满足国家需要的高水平高素质新型人才。而提升人才培养水平的关键是要始终坚持以育人为本，牢固确立人才培养在学校教学科研等各项工作中的中心地位和本科教学在大学教育中的基础地位，全面深化、整体推进各项教育教学改革，把教育资源配置、学校工作着力点集中到强化教学环节、提高教育质量上来。在办学理念上，则要努力做到“校以教（学）为本，教以师为本，师以生为本，生以本（科生）为本”。只有这样，才能夯实高等教育的基础，把建设中国特色现代高等教育和实现高等教育历史性跨越的战略构想落到实处，变成现实。

二、大学管理体制改革之我见

大学的管理体制包括管理学校的机构体系、职能体系、人员体系、制度体系和对学校的人、事、物实施有效管理的机制等。显然，大学的管理体制是学校履行办学职责、实施质量管理与控制、完成各项功能的重要依托。管理体制是否科学合理，对大学能否高质量高效率地完成学校肩负的人才培养各项任务，具有至关重要的作用。

记得早在1999年8月4日的《教育文摘周报》就登载消息称，教育部正在酝酿建立大学教育职员制度，实现大学管理人员的专业化、职业化，改变我国教育管理职务与教师职务相互兼任的现状，表示今后教育职员将不得同时聘任专业技术职务。当时正值《南方周末》结合中科院的科技队伍分流、科技人员下岗，开展科技界的阵痛大讨论，引发了知识界、科教领域关于科教管理体制改革的思考和热议。我和周围许多同事看到这一消息后，都不禁拍手称快，齐声叫好，并且希望这一大学教育管理体制改革举措早日出台，尽快实行。然而很遗憾，已过去20余年，这项改革举措仍没在人们的热切期盼和千呼万唤中出台。

在此，我谨就大学的管理体制改革谈四点见解。

（一）关于大学管理的领导者

新中国成立以来，我国大学管理出现过“专职化”管理和“双肩挑”管理两种情况。这两种情况哪种更好、更符合国情，不妨用实践效果来说话，即先从实践效果出发对它们的利弊做个简单分析。

1. “专职化”管理之利名显

从新中国成立到20世纪80年代初，大学大体上实施的是管（理）教（师）分离、（行）政学（术）分开，大学领导职业化的管理模式。实际上，那时的院校领导中，许多都是教育管理的内行，是从事教育管理的专家，不少甚至是名副其实的教育家兼政治家、军事家。他们既然当了一校一院之长、一系之主，就全身心地投入自己的本职工作——教育管理，从理论和实践上努力提高自己的管理水平、领导艺术，以调动广大教职员工（特别是广大教师教授）的积极性、创造性，为一线教学科研人员当好后勤、做好服务，以使自己领导的单位多出人才、出好人才为己任，而决不会去为自己取得什么教授、博导、院士（那时叫学部委员）之类的头衔、桂冠、名分而分心，不与民争利。

事实证明，这种管理实践有很多成功案例。当年蒋南翔领导的清华大学，陆平领导的北京大学，陈赓领导的“哈军工”，匡亚明领导的吉林大学、南京大学，李昌领导的哈尔滨工业大学，等等，这样一批由“专职化”领导管理的高等学府，哪个不是名震中外的名牌大学呢？这些领导普遍认为，办大学要依靠教师，特别是学有所长、学养深厚的老教师，一所大学水平的标志不是看别的，而是看学校拥有教授的数量和学术水平，如果没有可观数量的高水平教授就不成其为大学。因此他们都很尊重人才，求贤若渴，都能推心置腹地、真诚地和专家教授交朋友，充分依靠专家教授来治校办学，而从不考虑个人的名利得失。

这些领导们，个个都被所在学校的广大知识分子，特别是许多知名学者、教授视为知音、良师和益友，个个都留下了很多有口皆碑的感人故事，这些故事反映出他们的人生态度、超人胆略和高尚人格。同时，广大师生员工还普遍认为，这些领导们大都具有教育家的眼光眼力、政治家的智慧魄力和独特的教育思想理念，彰显出他们无私无畏、高瞻远瞩、敢为人先的远见卓识和担当意识。

就以“哈军工”首任院长兼政委陈赓大将为例。

陈赓为创办和办好“哈军工”而求贤若渴，“不拘一格求人才”“勇于担当用人才”的珍闻逸事，早已被“哈军工”和军队教育界传为美谈佳话，载入了中国教育的光辉史册。他 1952 年受毛主席、周总理之命，从抗美援朝志愿军代司令员之位，调任“哈军工”首任院长兼政委，首先面临的最大困难是没有教师队伍和教学大楼。为解决这两大困难，他一方面像战争年代指挥大战那样，雷厉风行指挥他的得力助手们奔走在北京、哈尔滨、上海、南京、武汉、长沙等全国各地，四处联系求援；另一方面，凡遇到难题，他都亲自出马，给当时有关主管部门和有关省市的军政要员们打电话或登门拜访，取得各方理解和支持后，再让助手们去具体落实。被他亲自找过的国家政府部门有财经委、财政部、中央组织部、人事部、教育部、高等教育部、建筑工程部等十几个部门，省（部）级领导、军队领导有陈毅元帅（当时任上海市市长兼市委书记）、各军兵种司令员等。他甚至还多次去中南海谒见毛主席、周总理。他无论找谁，都是一路畅通，得到的都是无条件支持。其尤其传为佳话的，是他追到卫生间找周总理的传奇故事。为解决“哈军工”开课急需的教师问题，他必须想方设法从各地大学、科研院所物色并调入一批专家教授，而每次调人都必须拿着请调名单去请周总理批示。但总理日理万机，很难找到，陈赓便到总理家里或办公室去“堵”。某日他拿着报告来到中南海西花厅。当时周总理正在开会，陈赓一看不便闯进去，就等在门外。恰好此时看见总理要上洗手间，他便迅速地跟了进去。总理见他匆匆忙忙走进来，问道：“陈赓，你怎么到了这儿?”“总理，有几个教授的名单，请批一下!”陈赓说着就递上了名单。“你等一下不行吗?”“等一下您就走了，还是批吧!”陈赓抓得紧，总理全力支持，几个月内，便从华东、中南、西南、京津地区的学校和研究院所抽调了一大批有名的教授和专家，成为后来扩展壮大“哈军工”师资队伍的优良种子、优质“母鸡”。

在此过程中，有两件事令本来刚到北京“哈军工”筹委会报到时还满腹狐疑、顾虑重重甚至有些战战兢兢的这批专家教授彻底释怀了，并充满了对陈赓院长的敬意，坚定了跟着陈赓办好“哈军工”的决心和信心。

其一，当陈赓首次跟先期报到的来自南京的几位出过国、留过洋的教授学者聊天时，得知他们多是出身于旧社会富裕家庭，社会关系复杂，普遍担心共产党不会信任自己，对自己到了“哈军工”能不能接触机密专业、能不能从事机密研究心存疑虑，陈赓便对大家敞开心扉地说：“请你们来筹办军工学院，当然能够接触机密专业、从事机密研究了。要说剥削阶级出身，不瞒你们说，我跟你们一样，我出身大地主家庭呢。要讲个人经历、社会关系，那我就更复杂了，我当年在黄埔军校跟随蒋介石东征，在战场上救过蒋介石的命，我不成了大大的反革命?出身不能选择，革命的道路要靠自己走，党是信任大家的。”他还针对不少知识分子的潜意识中觉得老干部都是打天下的“老资格”，和老干部共事有点敬畏局促、谨小慎微的现象，推心置腹地说：“你们总觉得我们是老资格，什么算老资格?人到七老八十才算老资格?老资格是指他参加革命的时间早或长，对革命、对人民解放事业的贡献大或多。如果老资格是这样一个含义，那么，你们在科学技术方面奋斗了几十年，搞出了成果，对人民不也是贡献吗？我们打仗无非是解放全中国，有益于人民，你们在科学技术上的成就，也同样是有益于人民的啊，你们在科学领域里就是老资格，真的，你们也是老资格呀！你们就是国家的主人，你们不要有自卑思想。”陈赓的一席话，说到教授们的心坎里去了，说得大家热血沸腾。他并且说到做到，在学院正式成立时，他把这些早期慕名从各地选调来的著名专家学者，不管其出身如何，都赋予了重要职务职责，充分发挥他们的领军带头作用。

其二，有一个被称作“大将风度，‘刀下客’戴罪立功”的故事更令人称奇叫绝，彰显了陈赓求贤若渴、爱才如命，为办好学校无私无畏、勇于担当、敢担风险的超人胆略和高尚人格。他从先期请调来的专家教授口中听说民航总局有一名叫沈毅的弹道专家，是留学法国研究弹道学的高手，他在抗战时期曾当过国民党第三战区的少将专员，解放战争时期在东北起义，后来对我军建设兵工厂、制造枪炮有过贡献。但是在民航总局工作时贪污挪用了大笔资金，解放后在“三反”中被查获，被判处死刑，尚未执行。陈赓深知，作为军事工程学院，弹道学这方面的课程教学和科研将是必不可少的，而当时非常缺乏这样的人才，因此他得知这一消息后，激动地说：“人才难得，我们要这个‘罪犯’！”并当即先后给当时主管全国“三反”“五反”运动的薄一波（国家财政经济委员会副主任兼财政部部长）、最高人民法院院长董必武和中央组织部副部长兼政务院人事部部长安子文打电话，向他们做汇报，请求支持。他在电话中与董必武院长说：“董老啊，中央要我办军工学院，我缺专家教授啊！听说你那里关押一个死刑犯，叫沈毅，他是个留学法国的专家，对建设我军炮兵有过贡献，现在我办大学正需要这样的人，董老呀，能不能从轻发落刀下留人哪！”薄一波、董必武、安子文等几位领导都被陈赓此刻急需人才、求贤若渴的心情深深感动，同时鉴于沈毅贪污公款并不都是为自己挥霍享受，有相当大一部分是挪用去擅自购买了一批先进的法国照相器材和书籍资料，打算搞点炮兵工程方面的技术研究，尽管这在当时也是不被允许的，但在量刑时可有一定伸缩余地，于是最高人民法院在与一些民主党派人士充分沟通的基础上，经过慎重考虑，很快便同意将沈毅改判为“死缓”，交军事工程学院监外执行。后来，沈毅确实也没有辜负陈赓的期望，他努力做好组织上分配给他的工作，他翻译的弹道学方面的资料，为“哈军工”初期的教学科研提供了难得的技术保障。由于他在“哈军工”表现一直很好，因此受到了减刑的待遇，到 1965 年时已是自由之身。①

陈赓在任职“哈军工”院长的十个年头中，他把广大教师，特别是费尽九牛二虎之力从全国各地“挖”过来的那些老教师看成宝贝，看得比自己的生命还重要。1959 年陈赓重病复发，被医生从死亡线上拉回来后在上海住院治疗。此时的他还时刻挂念着“哈军工”那支教师队伍，怕他们受到不公正待遇。这次他想出了一个巧妙的办法，以参观社会主义建设成就的名义，把老教师们请出哈尔滨，让他们避开汹涌而至的政治运动。当年 11 月初，他得知“反右倾”的运动正在学校两个党员干部会上如火如荼地开展，正准备下一步组织非党干部和学员进行学习。他在沉思良久后拨通了学院的电话，先对在家主持工作的谢有法政委说：“谢政委呀，我有一个建议。这次‘反右倾’主要是党员干部的事，就别让学院里的老教师们介入了，想个什么办法好呢？我看是不是组织他们去集体参观，看看‘大跃进’的巨大成绩，受点教育嘛！”接着又交代刘居英副院长：“居英啊，我刚才对有法同志说过，把老教师们和运动隔离开，免得又让他们担惊受怕、祸从口出。你带他们离开学校去参观学习，运动差不多完了再让他们回来，你明白我的意思吗？参观地点嘛，南不要过山海关，这件事由你亲自抓，不要对老教师讲明真实意图。”谢政委、刘副院长对陈赓的良苦用心都心领神会。他们和党委一班人都认为，陈院长这个主意太妙了，

① 王克曼，徐南铁．王牌军校高端访谈［M］．广州：岭南美术出版社，2010：7－9．

否则难免不冲击到老教师们。后来由副院长刘居英将军亲自带队，和其他几位机关领导一起，领着全校88名当时七级以上的老教师去长春、吉林两市，参观游览了长春电影制片厂、第一汽车制造厂、小丰满水电站、净月潭和长白山等一些著名单位和景点。一共花了将近一个月的时间离开教学岗位去游山玩水，这些老教师普遍既惊喜又有点不理解，甚至到了后期许多人还表现出有些不耐烦，要求早点回去。信息反馈到陈赓那里，他不便直说，只好冲着刘居英发脾气，怒气冲冲地说："回去找死啊!"就这样，刘居英领着教授们一直转悠到运动结束才打道回府，从而保护了一大批骨干教师。很久以后，当这批老教师和其他教师终于明白学院组织这次集体参观学习活动的真实意图后，无不感激涕零、激动万分。陈赓如此爱护保护知识分子，应是中国现代教育史上独此一家的传奇!

陈赓在任"哈军工"院长期间，围绕如何办好我军的军事工程技术高等学府，提高学校教育教学水平，加速培养能满足军队迫切需要的高素质军事工程技术人才，立足国情，面向世界，提出了一系列行之有效的办学思想和教育理念。其中最重要的办学思想是"两老办院"。所谓"两老"，是指老干部和老教师。前者泛指一大批忠于祖国和人民的，富有牺牲精神又能征善战的，以将校级军官为主的老将军、老军人、老战士；后者是指从全国各地请来的那批学养丰厚的老专家、老学者、老教授。陈赓深入分析了出身工农、在革命战争中出生入死的老干部和出身学生、在国内外学习研究中苦苦求索的老教师这两个不同群体的现实情况、心理特点、思想状态和优势劣势。他认为，一方面，作为新中国最高军事工程技术学府的"哈军工"，是中国人民解放军一支具有高度机密性、关系到国家和军队安危的特殊部队，由一批久经考验、德高望重的老干部执掌大权，对于保证党对它的绝对领导，确保它培养出的人才在政治上、技术上都过硬，是十分有利、十分必要的；另一方面，"哈军工"毕竟是培养军事工程技术干部的理工科高等学府，必须由学养深厚、专业熟悉、业务精通的教授去讲课、授业、解惑，教育训练学生，才能达成培养掌握驾驭先进军事技术和武器装备的人才的目的。因此“两老”缺一不可，他们是支撑学院的“两根柱子”。

办学中，陈赓高度重视发挥知识分子的作用，学校有关业务方面的领导如科教部正副部长、教务处等处的正副处长、各系分管技术的副主任和图书馆主任等，他都尽量安排专家、教授担任。非但如此，他还特别强调干部不能以教育者、改造者、领导者自居，要把知识分子当成“自己人”，特别提倡全院要尊师重道，对知识分子做到“政治上信任，思想上关心，工作上放手，生活上照顾”，尤其在生活上，尽可能给专家、教授以优厚的待遇。他自己更是身体力行，以身作则。生活上，他把学院当时条件最好的楼房分配给老教授们住，并为他们专建饭厅，请来厨师为他们做饭。为解决他们的后顾之忧，他还亲自抓他们的家属就业、子女升学等问题。政治上，他关心老教师的思想进步，为他们讲党课，勉励他们自觉改造世界观，积极发展他们入党。在发展第一批老教师入党时，他亲自到基层党支部看材料，并参加老教师新党员的宣誓仪式；在很多特殊时期，他都指示各级领导要慎重对待老教师的问题，强调“老教师都是从旧社会过来的，有点旧思想是难免的，有错误也是允许的。”千方百计保护老教师免遭残酷迫害和错误处理，处心积虑为他们创造条件远离政治斗争旋涡。当他发现部分老干部对特殊照顾老教师有些想不通、不服气时，他苦口婆心地教育各级领导岗位上的老干部，要求他们顾全大局，正确认识和对待知识分子，为此他讲过一句石破天惊的名言：“既要承认你的‘长征二万五’，也要承认人家的‘十年寒窗苦’。”他还说：“我们国家的国防建设目前最迫切需要的是科学技术知识，你我有吗？你们是老共产党员，调你们到这里来，是让你们来发扬光荣传统、来带作风的，不是来比照顾的！”陈赓的一席话警醒了“哈军工”各级老干部，从此“你有‘长征二万五’，人家有‘十年寒窗苦’”成了各级领导严格自律的座右铭和教育广大行政干部的口头禅，也成了感动、激励广大知识分子教员自觉改造思想、奋发有为工作的强大动力。为了促进“两老”之间的团结，形成办好军工、早出人才的合力，陈赓费尽心机，用心良苦，甚至把哈尔滨市京剧团请进学院，演出全本老生戏《将相和》，请老干部、老教师和广大教职员工观看。他曾对“哈军工”政治部副主任、后来担任国防科学技术大学首任校长的张衍说过：“从中国历史上看，知识分子同你相交，不是看你官位大小，而是看你是否把他们视为知己，真诚相待。所以，古有‘士为知己者死’的说法。”

陈赓以“两老办院”的教育思想为核心、为基础，还配套提出和推行了一系列卓有成效的其他办学思想和教育理念，如：需求牵引，特色办学，坚持与时俱进；寓教于爱，寓教于严，坚持严爱合一；以教学为中心，以科研促教学，教学科研互动发展；校以师为本，师以生为本，教育本质是服务；等等。而所有这些思想理念的集中体现和一以贯之的红线是“善之本在教，教之本在师”，即尊师重教。在推行这一系列思想理念的过程中，陈赓打过很多通俗的比喻，比如在如何理解“校以师为本，师以生为本，教育本质是服务”的内涵，如何处理教员、学员和干部三类学院主要人员关系的问题上，他打过一个既生动形象、通俗易懂，又精辟准确、恰如其分的比喻：“教员是掌勺炒菜的，学员是点菜吃菜的，干部是端盘子端碗的”，并广为流传。他要求全院上下都要树立教学神圣、自觉为教学服务的思想，尤其要求各级干部要牢固树立为教员学员搞好教学而端好盘子的思想。为了给老教师们提供一个相对宽松的政治环境和充分自由的学术环境，他倡导成立了全军院校第一个“教育工作者协会”，又称“教授会”，由老教师们自己管理和提高自己。为了落实他实事求是和从严治校、治教、治学的思想，他倡导了“三老四严”（说老实话、做老实事、当老实人和严肃的作风、严谨的学风、严格的纪律、严整的秩序）的校园风气。

正是一代名将陈赓以“两老办院”为核心的一系列独特的教育思想，成为开启中国军事工程技术学府大门的钥匙，成为“哈军工”成功办学的基石，为“哈军工”铺垫出名将名师的办学格局，使之横空出世不到十年的时间里就迅速崛起、声名远播，成为当时中国热血青年争相报考的著名大学。

由上所述，新中国成立后，我国大学所实施的以管教分离、政学分开为主要特征的“专职化”管理模式，由于管理者与被管理者（广大教师）是两股道上并行跑的两类车，不存在大的矛盾和利益冲突，加上那些专事管理的领导们大多能全身心扑在尊师重教办好学校上，所以那时的大学里管教关系、政学关系普遍比较融洽，领导在教师中的威信较高，广大教师对各级领导发自内心地尊重。通过上下齐心、合力而为、协同工作、各尽所能，在短短十几年中，新中国的高等教育尽管中间有过一些起伏，但总体看来，大学的校园氛围是团结、紧张、热烈、和谐的，学术空气是浓厚的，办学规模明显扩大，教学水平和育人质量稳步提高，基本上满足了新中国建设对高级专门人才的需要。

“文革”期间，全国停止高考招生，办学上课一度停顿，校园秩序失常，正常的大学管理体制不复存在，而先后代之以“革委会”“工宣队”“军队工作组”来管理学校。1977年恢复高考招生制度后的一段时间内，我国对大学的领导班子基本上仍是按管教分离、政学分开的模式建立和运转的，使此前大伤了元气的学校迅速走上了正轨，步入了正常发展的轨道。例如华中工学院（即现在的华中科技大学）院长朱九思，他作为主持该院工作30余年的专职老院长，在“文革”后学校恢复正常办学之时，顶住压力，敢作敢为。一方面，提出走学科结构综合化道路，把学校办成以理工为基础的综合性大学和科研要走在教学的前头，使学校由教学中心向既是教学中心又是科研中心转变的学校发展新思路；另一方面，审时度势，采取超常规办法广揽优秀人才，大力充实增强教师队伍，为学校此后快速进入跨越式发展轨道，相继水到渠成地变成华中理工大学和华中科技大学打下了重要基础。

2. “双肩挑”管理之弊显著

大约是从20世纪70年代末、80年代初开始，对大学各级行政主官（校长、院长、系主任、教务处长、科研处长等）开始改为任命业务专家、教授（或副教授、讲师）来担任了，即开始实行一种以管理和学术研究“双肩挑”为特征的管理模式，这些领导普遍是管教兼任、政学不分。历史地看，这种模式在当时是有一定社会进步意义的。在当时背景下，国内教育、科技极度落后，而起用一批专家、教授来管理学校和院、系，至少对于倡导尊重知识、尊重人才的社会风尚，恢复提高知识分子的社会地位，发挥知识分子的作用，是有积极作用的。而且，当时科教、学术界的风气还很正，社会上的腐败现象基本上尚未侵蚀到大学这一圣洁的领地，那些肩负管、教双重使命的老一辈专家、学者，对于教育管理工作还是很尽职尽责的，对于个人名利看得很淡，因此在团结带领广大教师拨乱反正、复兴高等教育、推动教学改革、推动科技进步等方面发挥了重要作用。以国防科技大学为例，其前身是“哈军工”，1978 年回归军队序列后，也相继任命了一批早在“哈军工”时期就知名的国内一流专家学者做校系领导，其中包括：担任校长的自动控制领域著名专家张良起教授；担任副校长的著名空气动力学专家曹鹤荪教授，著名固体力学专家周鸣瀏教授，著名数学家孙本旺教授和有“中国巨型计算机之父”之称的著名计算机专家慈云桂教授（学部委员）等。客观地说，仅就大学领导管理能力而言，他们与陈赓、刘居英、张衍等相比，还有距离，但他们都是真正的学者，他们当校领导后，一心为公，淡泊名利，把主要精力放在教学改革、教学建设、办好学校上，从不与民争利。更有甚者，像周鸣瀏副校长，他还把自己从在美国留学、工作起几十年节俭积攒下来的十万元，于 1986 年全部捐献给了学校作为研究生奖学基金。因此，这批“双肩挑”校系领导受到了教职员工和学生的普遍好评。

但是，“双肩挑”的实质是管教兼任、政学不分。这种大学领导管理模式的主要弊端可以从以下三个方面看出。

其一，这种管理模式使科教管理人员本末倒置，不能集中主要精力于科教管理。人的精力是有限的，作为一校一院之长或一系一处之主，其本职工作本来就千头万绪，即使倾注全部心血，要做好也实属不易，若还要他们去兼任教授、研究员职责，从事教学、科研、指导研究生等工作，实在是勉为其难。如果硬要他们两头都兼，则可能是两头都干不好，两头都徒有其名。而这于公于私都未必有利，尤其对我国的科教事业将产生不利影响。放眼中国高等教育界的现状，基本上是学而优则仕，担任各类大学尤其是重点大学的院校长们，不是院士便是某个学科领域的带头人，在担任院校长的同时往往还兼任"973""863"等国家、军队重点计划的首席科学家，国家、军队重点实验室的主任或国家、军队、行业专家组的首席专家。然而，一些学者们在担任了行政与学术资源"双肩挑"的校长之后，往往鲜有重大的学术成就，即便有，若深入调查一下也会发现，可能不是他们本人亲力亲为的结果。

长期以来，我国大学用行政管理的方式管理学术事务、用行政决策决定学术问题等。尽管近年来学术权力参与学校事务管理的意识有所加强，但在其深度和广度上都远远不够，这使得学术权力与行政权力之间的失衡或不协调依然严重。在这种情况下，这些管教兼任、政学不分的存在，从表面上看好像使这种学术权力与行政权力之间的失衡或不协调问题得到解决了，似乎在他们身上统一了，但实际上仅仅使这部分"双肩挑"的管理层领导在学校的行政权力、学术权力变得至高无上，可以"大权独揽"。

其二，这种管理模式不利于科教管理人员深入基层、深入群众，可能助长一些思想素质不很高、思想作风不很正的科教管理人员的傲气和霸气。他们既是名正言顺的领导，又是名正言顺的专家。在"官本位"的官场，他们是以单位行政领导的身份出现；在知识界、学术界，他们是以专家的身份出现，并且具有光芒四射、桂冠耀眼、令人敬畏的学术头衔。因此，无论在政界、知识界还是学术界，他们都有高人一等的优越感。其结果有可能疏远教职员工，办事主观专断，难以集思广益，难以使集体最终形成必不可少的向心力和凝聚力。

其三，这种管理模式可能滋生学术腐败。众所周知，目前科教领域技术人员的提职晋级、遴选博导、评功评奖等都与业绩直接挂钩，有时为了做到尽量公平合理，还制定了各种各样的量化指标，诸如获得多少科研教学成果奖，出版多少专著教材，发表多少学术论文，在国内外学术团体、专业组织任了多少职，指导了多少研究生，负责多少科研项目和掌握多少科研经费等。从理论上说，这些做法都是对的，是无可非议的。但在具体实施时，这些看似客观公正的评比条件就不如预期了。

在参评科技成果奖、优秀教学成果奖、优秀教材奖、各类基金奖等奖项时，在职领导型专家教授也有优势。所以，多年来许多单位形成了谁当领导谁挂名的教学科研高等级奖项就多的局面。比如国家级教学名师这项荣誉，据《长江日报》报道，在2009年第五届评选出的全国百位名师中，“纯”一线教师仅占10%左右，90%左右获奖者都有不同“行政职务”，其中大学党委书记、校长、副书记、副校长、校长助理等“校座”就有20多位，引起了广大教师和网民质疑。①

大学教师是否著书立说以及出书多少，也本是衡量其水平高低的重要方面。出版社对书的质量要求很高、把关很严，想在出版社特别是国家名牌出版社出书很难。在这方面，相比有领导职务教授，无领导职务教授要写书、出书也可能相对困难一些。

招收、指导研究生的数量和质量，如果是以学生和导师的双向选择为基础，则确实能在一定程度上代表老师的声望、水平和能力。但是，相当一段时间内，有些大学连这种历来行之有效的双向选择也取消了，将这种研究生的录取、分配权高度集中于在职业务领导的手中。一些领导每年给自己分配最多的名额，挑选最佳的生源（如免试研究生、硕博连读生、直博生、优异生等）。这种权力造成的数量、质量优势能说明什么问题呢？更何况他们招了这么多研究生，有多少是他们

---

① 朱建华. 教育部高校教学名师九成有行政职务引质疑［N］. 长江日报，2009－09－11.

自己指导的呢？我曾在多处听到过这样一个趣闻：某校领导到自己之前的学科点去视察工作，看到实验室有不少研究生正在上机或看书学习，一位他指导的学生见自己的导师进来，赶快起立，他走过去对着这位学生高兴地说：“好啊，同学们都在学习！你是哪个专业的？导师是谁啊？”这一问，把这位学生和在场的其他同学问得哑口无言，等领导走后才面面相觑、哄堂大笑。这听起来像是轶闻，但现实中确实存在。

大学各级职称评定委员会多半是由各级在职领导组成，这使得在职称评审中，“双肩挑”在职领导也有潜在优势，造成不公平、不公正现象。许多在教学、科研一线辛勤耕耘了几十年的老教师，有可能难酬一生壮志。

上述种种“双肩挑”管理带来的不公平竞争，会严重挫伤一线教学、科技人员的积极性，压抑他们的创造性，从而给教育事业造成不可估量的损失。

综合上面关于“专职化”和“双肩挑”两种管理模式的利弊分析，可以看出，鉴于我国国情，目前我国大学管理还是实施“专职化”为好。

（二）关于大学管理岗位职业化

大学管理岗位职业化，其内涵主要可从以下三个方面去理解：

（1）大学管理岗位的职业化，就是由专职管理人员领导管理教学科研工作及各项活动。专职管理人员相对于所领导管理的科教业务来说可能是外行，但他对于管理及业务则是内行，是专家里手。领导者和被领导者，管理者和被管理者，其实都是专家、大行，只是专业不同，职业和工作分工不同，而且在我国高等教育已发展到现有水平的今天，一般来说应该要求专职管理人员也具有较高学历、较高水平和较高的全面素质，这与过去概念上的“大老粗”外行是截然不同的。即使在担任大学领导职务之前是某个学科领域的知名专家，一旦当了领导，也应该把全部精力转移到大学管理上，以成为教育家作为自己的奋斗目标。按照大学管理职业化的思想，从大学校长的岗位性质看，没必要校长一定是一流的学者，但一定要求校长人选具有优秀教育管理专家即教育家的潜能素养，如懂教育、会管理、有国际视野和有较强的社会活动能力等，在这个基础上，如果是某个领域的一流学者，那是锦上添花。以此要求校长，才有可能使校长安心教育管理事务，以教育家的心胸情怀办大学。

（2）实现大学管理岗位的职业化，最重要的是要实现管教分离、政学分开。担任科教管理、行政领导职务的人员不兼任教师职务，不从事教学、科研等学术技术工作，自然也就不得同时聘任专业技术职务，不得参加各类专业技术的评奖。如果因为工作需要，让教师职务人员改任教育管理职务，则从新上任的那天起，应同时停止其教师职务及其相关权利、义务，就像从教育管理职务上退位后即同时停止其领导职责、权限一样。与此同时，对分离的两类职务、两类人员应执行相互独立、互不相同的两种考核标准和奖惩条例。对教育管理人员来说，不是看他做了多少科研、带了多少研究生、得了多少教学科研成果奖等，而是看他领导工作做得如何、主管单位成果多少、成绩大小以及师生员工对他的评价如何等。当然，也要看他在教育教学管理方面的著书立说和发表多少富有独立见解的学术论文等情况，更要看他提出并实施了多少与时俱进、卓有见地又切合实际、卓有成效的办学治校理念和教育教学思想。近年来，已有不少校长自觉在管教分离、政学分开的职业化道路上迈开了可喜步伐，主动开始将大学校长从“职务”推向“职业”，实现从“专家”到“教育家”的角色转换的探索。如2011年年底，湖南大学新任校长赵跃宇主动承诺担任校长期间不申报新课题、不新带研究生，因而一度成为国内焦点人物。① 2012年7月9日，北京师范大学校长董奇在就职演讲中更是庄严承诺：在担任

① 杨亚辉. 大学校长应是大管家而非大学者［J］. 中国高等教育，2011（24）：64.

校长期间，做到“四个不”，即不申报新科研课题、不招收新的研究生、不申报任何教学科研奖、个人不申报院士。[①] 董奇表示，要把100%的精力用于学校管理，要用“整个的心”去做“整个的校长”。不仅如此，他还同时要求自己同一任的领导班子成员都能做到“四个不”，全身心做好自己的本职管理工作。显然，赵跃宇和董奇两位校长之所以做出这种“两个不”或“四个不”的承诺和要求，是希望自己和其他领导都能全身心地投入学校管理，努力成为一名职业化的校长和其他管理者。

其实，这种管教分离、政学分开的校长职业化做法，在一些高等教育发达国家早就不是什么稀罕事，并且大多以立法形式把它变成了不可逾越的法规。在第一届中外大学校长论坛上，时任柏林工业大学校长库茨勒就讲过，“为了使校长能把所有的精力集中在工作上，柏林州的大学教育法禁止校长在任期内从事任何教学和科研”。当时，我国很多与会的大学校长都表示赞许，认为“校长职业化是世界性趋势，也是大学现代化管理的需要”。我想，如果我国大学以校长为首的各级各类院校职业化管理者都能做到管教分离、政学分开，他们不亲自带学生，将有利于带好全校所有的学生；他们不自己做课题，将有利于全校的教师更好地做课题；他们不申报教学科研成果奖，将有利于全校创造出更多更好的各类教学科研成果奖（其实获不获奖不是最重要的，最重要的是能创造出一批批真正的成果、培养一批批高素质人才）。

（3）实现管教分离、政学分开后，包括校长在内的大学管理岗位就成为一种服务于教学科研人员的社会职业，是一类全职的服务性工作岗位。既然是一种社会职业和服务性工作岗位，就需要摒弃过去的职务观念或“官本位”思想，就要遵循所有职业都应遵循的规则，而

---

① 杨德广．学者谈北师大校长四不承诺：专家型校长可适当上课［N］．中国教育报，2012－08－20．

不应具有任何特权。从根本上说，即使大学校长的行政权力也应服务于学校之学术和教学，其任职业绩不仅要得到上级主管部门的认可，更要接受其服务对象——学校师生的检验。鉴于大学管理的难度和复杂程度很高，方方面面的管理事务千头万绪，校长要做好本职工作，不但8小时之内需要全身心投入学校管理工作，即使8小时之外也需要认真思考和谋划学校的改革发展，哪里还有时间精力去顾及具体学科学术的研究及事务！

实行包括上述内涵的“专职化”管理模式将具有明显的优越性。其一，既然科教管理人员相对于被管理的专业业务来说是外行，他就必须充分尊重和依靠本单位的专家教授，调动广大教职员工的积极性，围绕人才培养中心任务做好教学、科研各项工作。有关专业业务方面的问题，必须由专家、教授为主组成的学术委员会或其他组织机构讨论决定，行政领导只是负责组织和管理。这就从制度上制约了各级领导的特权和主观盲目优越感，对他们搞“一言堂”、搞主观专断起到约束作用。其二，既然实现了管教分离、政学分开，一切与教师职务有关的权利、义务及名利均与教育管理人员不相干，这样就不存在管理人员自己的学科专业业务，也不存在他们与教师的直接利害关系。他们个人的命运与前途只与他们所领导单位的整体面貌、成绩、进步有关，而不直接取决于与其管理职责无关的教学科研成果、奖项的多少。因此，他们在考虑问题、做出决策时就容易避免从个人名利的小圈子出发，从全局利益出发，做到公平公正、合情合理，而且也有益于做到不为个人利益分心，集中精力做好教育管理工作。

当然，并不是说只要实行了“专职化”管理模式，管教分离、政学分开，大学管理中的一切腐败现象就会销声匿迹，还需要推出一些与之配套的其他措施。而无论采取什么样的措施，最基础、最关键的还是要从干部管理体制入手，切实按“任人唯贤”的原则，选拔、任用真正德才兼备、综合素质好的干部去从事教育管理工作。这是科教领域管理体制改革另一个极重要的课题，是政治体制改革的范畴，不是本书讨论的内容。

也许有人会说，实行管教分离、政学分开的管理人员职业化后，教育管理人员不是官了，其特权和好处都没有了，还有谁愿意去做管理工作呢？我认为这是杞人忧天。因为人各有志，凡有人群的地方，都有人爱文、有人爱武，有人爱经商、有人爱做工务农，有人爱搞技术、有人爱做管理，有人爱当科学家技术专家、有人爱当教育家政治家。再说，人还各有所长，毕竟有的人组织管理能力强，适于当领导、搞管理，却不一定适于钻技术、做学问，反之亦然。至于有些专业技术水平高、业务能力强，又有管理才华的教师，如果组织上想选拔他去改行从事教育管理，他完全有最终的自由选择权（我想组织上应该充分尊重本人的选择），而一旦选择了改行，自然就意味着心甘情愿与教师职务和专业技术脱钩，从此走上职业化的行政道路。当然，在实现大学管理职业化的同时，也应该建立完整的相应职务保障制度，包括履行职务时及离开职务后的制度保障，让校长等大学专职管理者在履行职责的过程中，能够轻松愉快、全心全意地以管理、经营、服务大学作为自己毕生为之奉献、引以为豪的事业，没有后顾之忧，不必担心在卸任校长等管理职业后会失去立身之本。

综上所述，如果能在大学乃至整个科教领域实现以管教分离、政学分开为主要特征的管理岗位职业化，无疑将使我国的体制改革又向前推进了一步，为最大限度地激发广大知识分子的创新热情和聪明才智，进一步解放第一生产力，为加速实现“科教兴国”伟大战略注入新的活力。当前，我国高等教育正面临着一个上水平、上质量的形势，这对高等教育的发展无疑是一个极好的机遇，也是个极大的挑战。为了迎接和适应这一机遇和挑战，按教育规律改革教育管理体制、清除学术腐败、理顺学校各种关系、合理配置人力资源、充分调动一切力量，就显得尤为重要。

（三）关于大学管理的行政化

我国大学管理一直采用的是一种行政化的管理体制。这种行政化管理主要体现在两方面。

一是管理组织结构与政府组织结构几乎无异。即，大学组织基本上都是按上级行政部门的要求设置相应对口部门，造成大学部门林立；学校一级配备了完备的职能部门，管理学校总体的职能活动，在院系一级又配备相应的职能部门，上通下达管理院系内部的职能活动。这导致大学组织职能机构交叉与重叠，机构臃肿庞大。而且，这种大学人事管理体制使人才无法正常流动，不能形成灵活、合理的用人机制和淘汰机制，导致大学组织人员庞杂，人浮于事。这样，既要占用大量的人力资源，又要占用大量的财力物力资源。

二是大学各级领导都有和政府机构领导相同的行政级别。存在行政级别的弊端很多，它一方面为政府和教育行政机关过度干预大学办学自主权提供了依据，另一方面也为大学内部管理的官僚化倾向提供了温床。[①] 既然校领导有行政级别，那么各级就会推演出现诸如“教授对应于什么行政级别”的荒唐命题。因为各级领导不可能把教授的行政级别推演确定得比本级还高，所以教授对学校一切事务（包括学术事务）都不可能有真正的发言权，“教授治校”“教授治学”只会是一句空话。同样，因为大学领导的级别通常都低于或至少不高于其所属领导部门主官的级别，所以校领导对学校发展的许多重要决策、事务也不可能有真正的最终发言权，而必须听命于其上级领导。因此，要使大学成为一个真正符合教育教学规律和学术发展规律的育人机构、研究机构，应该消除大学内部的行政级别，其中首先就应取消校领导的行政级别，并在学校各级干部的任用方法与过程方面都要符合大学作为教育和学术机构的特质。

---

① 肖春飞等. 中国需要什么样的大学校长？[N]. 中国青年报，2010－08－02.

实际上，对于取消大学的行政级别，早在《国家中长期教育改革和发展规划纲要（2010—2020年）》中就明确提出了，但遗憾的是，十年规划期已到，进展却很有限。

（四）关于大学管理结构的扁平化

大学作为社会上的一个教育学术机构，和人类社会中的其他组织机构一样，必然要按层级化思想形成若干管理层级，以协调全校教职员工的行动和有效率地达成某种目的，其必要性和重要性一般说来不容置疑。问题的关键在于究竟分多少个层次才是合理的，在于在变化与变革日益频繁的社会环境中如何避免层级化组织的过度僵化。

目前我国的大学普遍存在管理层级太多的问题。20世纪末以前，各大学基本上都分成校—系（所）—室三大管理层级，运行效率效果不错。此后又普遍都在校—系之间增设了一个“学院”层级，变成了校—院—系—室四大层级。其实学院大体上就相当于原来的系，现在的系就相当于原来的室，现在的室则相当于原来室下面的教研组。学校和学院这两个层级中，一般又设有几个子层级，如在学校这一层中，在校领导（正副校长、正副书记）下面都设了若干处，处下面有科，科下面有办事员等；在学院这一层中，在院长、书记下面也设有一个或几个办公室，室中有正副主任和办事员若干。这种层级太多的大学管理结构，带来的后果是不仅延长了管理信息的流程，降低了工作效率，加大了大学管理成本，削弱了大学适应外部变化的能力，更是使大学变得越来越像个衙门，从上到下一层管一层、一级管一级，层级权威壁垒森严，极大助长了大学的行政化、官僚化，背离了大学应有的学术自由、教授自治、民主开放等通用原则。

广大一线教师教授对此就很不理解，一个学校有必要设置这么多的管理层级来“管”师生员工吗？就拿教学工作来说，无论教学计划（人才培养方案）、教学大纲（课程标准）的制定，还是教学质量的评价，这些本是教师教授们熟悉、分内的事，放手充分让广大教师通过他们自己的学术机构——教授会、学术委员会或其他临时组成的专家组织去完成好了，还有必要经过层层与教学没直接关系的大小领导和办事员去审去批吗？搞学术研究、科学研究更是如此，搞什么、怎么搞，本是教师自己的事，研究项目也大多是教师教授们自己申请来的，由他们按申请书、任务书要求，直接对项目下达主体负责即可。若要论这个奖那个奖、这个荣誉那个荣誉的评审，依我之见更简单，凡认为自己符合申报条件标准的人，都可以自由申报，组织评审专家组，按条件标准和名额限制，根据申报材料或现场答辩情况评审出结果。这样既公开民主又公平公正，可减少不少麻烦和矛盾！至于差旅报销和各类教学科研经费报销等事宜，在必要手续具备的前提下，谁经办的事谁负责，由财会人员按政策规定把关办理即可。我认为，完全没必要设这么多层级领导和办事人员去做这些"管理"的事，只需要设很少的层级和人员去做好教学、科研的服务保障工作和必要的监督管理审计工作就可以。

目前这种大学组织管理结构，从行政管理的角度看，基本上是一种线性组织的多层级的金字塔式结构，这么多的中间层级在整个组织架构中主要是起上传下达的作用，架构的末端是广大师生员工，发号施令的是处于架构顶端的校长、书记，一条命令、一个决定从上贯彻到下，或者反过来把贯彻执行的效果从下反馈到上，要经过这么多中间层级，每经过一个层级都有延迟且不说，每经过一个层级，都会形成由这级领导或办事员的认识水平和理解力决定其性能的"滤波器"，对信息进行过滤也是必然的。因此，下达（上传）的信息到了末端（顶端）时，出现失真是不可免的！

要改变上述现状，必须对现有的大学组织管理结构进行改革，最大限度地减少管理层级，实现管理结构的扁平化。在实现扁平化的过程中，要与时俱进地解决好以下一些问题。

（1）从管理的科学性和有效性出发，从学校的长远发展出发，削减可有可无的管理层级或职务级别与类别，合并可并的管理层级或管理部门。首先，对“校—院—系—室”四个大的层级，完全可把中间两个层级合并成一个，恢复到“校—院（系）—室”三层级架构。近20年的实践证明，四层级架构相比原来的三层级架构，弊端十分明显，由此带来了机构臃肿、成本大增、效率降低、办事艰难等问题。在大的层级减少的前提下，再切实贯彻“精兵简政”的原则，对校和院（系）这两大层级的内部子层级从纵向和横向作最大限度精简。在这点上，军队已在2016年初遵循军委主席命令，按照“军委管总、战区主战、军种主建”的总原则，对军委机关进行了改组，把“总部制”改为“多部门制”，将解放军原有的总参谋部、总政治部、总后勤部、总装备部4个总部，改组为军委衔下的办公厅、联合参谋部、政治工作部、后勤保障部、装备发展部、训练管理部、国防动员部、纪律检查委员会、政法委员会、科学技术委员会、战略规划办公室、改革和编制办公室、国际军事合作办公室、审计署、机关事务管理总局共15个职能部门。这实际上也是一种扁平化的管理结构改造。

（2）确立责权统一、责权结合原则，把组织的责任科学地配置到相应的层级，让每个层级的每个人都有职（有事）有权，而不存在任何一个只有权不干事的岗位。为了提高组织的运行效率，协调好责任、权力在纵向层级间和横向部门间的平衡至关重要。在大学“校—院（系）—室”三层级组织架构中，首先应该区分决策层次，实行校和院（系）分权，明确各自责任。显然，学校的决策应侧重于学校的大政方针、发展方向与规划、学位的授予、经费的筹措、预算、财产、争取社会支持等方面；院（系）是大学学术管理的重心，是教学和科研的基地。院（系）的自主权应相应增强，应将其作为一个相对独立的实体，在教学、科研、学生管理、教师管理、财产与财务管理等方面有自己的决定权。至于室（教研室、研究室），是大学教学科研最基层的单位，要强化基层与学术人员的力量，使他们对自己所从事的工作具有广泛的控制权，同时要注重教师这种特殊的人力资本的自由性、独立性、主动性和需求多元化特性，注意到它的激励性和不可压榨性。

从现今大学运行的实际看，学校各职能部门要做的具体事务有越来越向下转移的趋势，校（院）许多重要事项的策划、重要活动的安排、重要文件的拟定、重要报告的起草、重要规划的编写等多出自某些基层干部和一般工作人员之手。因此，可以按照“就低原则”来处理大学的各项管理事务，形成一种有利于实施扁平化管理的权力结构。

（3）注重大学学术自由和管理民主化的需求，形成与大学学术机构特性相适应的扁平化管理模式。在各层级的管理体制改革上，把办学过程中可能涉及的主要事项及管理权限，如发展规划和发展目标定位、学科专业建设、课程建设、人事管理和师资队伍建设等，在各个层级上和同一层级的各个部门做出细致详尽的分割配置，即解决好纵向（层级）、横向（部门）和具体岗位的权责分配及其上下级关系问题。其中，纵向主要体现为权力在行政系统和学术系统上的分配，而横向主要体现的是大学权力配置的特殊性所在。大学作为一个学术性组织机构，内部运行有学术和行政两种权力起作用，要为这两种权力建立起权责既协调统一又适度分工制衡的体制机制。为此，要通过一定的程序和制度的保障，让教师、学生代表尽可能多地参与学校管理，参与到学校重要问题的咨询、决策、审议、监督等主要环节中来。

（4）根据自己的组织目标（也即办学目标），在“校—院（系）—室”三层级架构的基础上，打破专业、学科以及部门之间的壁垒，实现组织的整体化和组织边界的模糊化，使之成为既有对外统一意志理念，又有内外学术交流渗透、学科交叉融合高度灵活性的更加开放的组织系统。随着科技的发展，技术间和学科间的联系日益紧密，许多技术和问题只有通过多学科相互合作才能解决。任何重大的社会经济问题的解决也均依赖于多学科的密切配合。在现代社会，把教师固定地附属于一个特定的院（系），甚至特定的室，由其安排教学和科研活动的大学组织结构，必定会人为地割裂学科之间的联系，压制大学教师的创新能力，削弱大学的整体科研能力和学术水平。因此，在校内，要消除组织惰性，打破学科专业间和院（系）间的壁垒，充分整合利用各类资源，去建立跨学科专业、跨院（系）的交流平台，甚至在传统的院（系）之外，调整、组建一批跨学科的研究中心和以问题为中心的研究院所等，以利于高水平研究工作的开展，促进新兴交叉学科的产生和壮大，激活大学组织的学术细胞，真正构建以学术为本、以人才培养为中心的组织结构；在校外，要立足于履行“社会服务”的大学天然职责，以社会需求为导向，与时俱进地调整专业、课程设置，调整学科、科研方向，坚持产学研结合，使大学的学科专业建设和教学科研工作与外部关联力量接轨，通过输出合格人才和转让科研成果满足社会需要，同时使大学师生有机会广泛接触社会，拓宽知识面，促进理论联系实际，激发创新创业活力，增强解决社会需求问题的意识和能力。

今天，要实现向具有上述内涵和时代特征的扁平化管理结构的转型，是有许多有利条件的。首先，有先进的计算机技术、通信技术、信息技术和互联网技术做支撑。基于计算机网络的现代化办公方式已在社会相当普及，信息的传递已不像过去那样一级一级地传达，上层的指令可以迅速地通过电话、传真和网络等媒介直接传到组织的各个执行层、执行人。同时，便利、发达的交通也对扁平化管理结构的形成极为有利。这些都成为组织实行扁平化管理的重要物质基础。其次，人员的技术化程度大大提高。现在，组织中各个层级的管理人员基本上都受过专业的技术训练，综合素质普遍较高，能独立处理所面对的问题。再次，知识经济的时代，民主化的价值观比较普及也是组织结构扁平化的主要成因之一。

总之，大学应该顺应时势，实现大学管理结构的扁平化，以此建立一种既有明确的层级、部门划分和岗位分工，又便于在一定程度上打破管理层级之间的严格边界，使僵化、静止的各层级之间竞相开放与流动，呈现出有生机与活力的、“松散耦合”的现代大学组织管理形式。从根本上改变目前大学的职能机构交叉与重叠严重、机构臃肿庞大、机关人员庞杂、人浮于事、效率低下的现象；从根本上改变用行政管理的方式管理学术事务，用行政决策的方法决定学术问题的做法；从根本上形成一种有利于加强跨学科学术交流合作，有利于教师实施教学科研创新，有利于灵活调整组织结构，方便组成适应跨学科专业教育教学改革和多学科交叉融合科学研究需要的项目队伍的机制。

三、大学校长的六大职责

大学特殊的社会地位与功能职责，决定了社会和公众对大学校长的素质具有极高的要求与期望——政治家、教育家、思想家、管理家、社会活动家、著名学者等。① 但在对大学校长素质的诸多期许中，最重要的是其应首先成为具有先进教育理念、科学教育思想，并且谙熟教育规律和育人之道的教育家。应该说，我国大学目前最缺的尚不是各学科门类的专家、学者，而是能团结带领专家、学者去实现大学办学目标，为实现科教兴国战略而培养更多更好创新型高素质人才的教育家和管理家。大学校长应该把奋斗目标定在后者上，而不是前者上；国家对他们考察评价的标准也应该在后者，而不是前者。

那么，大学校长如何才能走向教育家、管理家的境界，具有教育家、管理家的情怀呢？他们究竟应履行哪些天然职责呢？为了寻求这个问题的答案，我认真研读、分析、总结了国内外近百年来，大家公认为办得很成功、很著名的十余所名校的校长的办学治校理念和履职做法。这些名校包括美国耶鲁大学、哈佛大学、普林斯顿大学、斯坦福大学、麻省理工学院、西点军校，英国牛津大学、剑桥大学，我国民国时期的五所国立大学——中央大学、北京大学、清华大学、浙江大学、武汉大学和一所私立大学——燕京大学，以及新中国成立以后创建的“哈军工—国防科大”、中国科技大学和“上海工大—上海大

① 司晓宏. 大学校长如何走向教育家的境界 [N]. 中国教育报，2011 - 12 - 27.

学”等。通过对这些名校的校长们履职做法的研究、分析和总结，再结合自己作为一名致力于教学科研一线工作几十年的教师，对所见所闻校长履职情况的感受和期盼，我认为作为大学校长，必须履行好以下六大职责。

1. 强化职业意识，以全力投入学校管理为天然职责

校长作为学校的最高管理者，负责管理全校各项事务，对外代表学校，对内主持校务，肩负学校发展的重大责任，在任期间必须把它作为一种职业，全身心投入。大学校长也许当校长前是从事某领域研究的教授专家，甚至是优秀的学者和学术带头人，但既然当了校长，就必须有所取舍，要处理好领导工作和原来学科专业工作之间的关系，把主要精力投入到学校管理的各项职责中去，应为学校的发展呕心沥血、全力以赴、心无旁骛。学校事业发展了，师生员工的积极性调动起来了，教学科研学术成果不断涌现，其意义远远大于个人取得的学术成就。校长奋斗的目标应是努力使自己成为有家国情怀的教育家、管理学家，而不是其他某个方面的专家学者。

我所研读的各所国内外名校的卓有成效的校长们，可以说无一不是这样做的，无论任职前本是行政人员的校长，还是任职前本是教授学者的校长，从上任起就把全部精力放在当好校长、管理好学校上。在他们看来，大学校长是一个需要全神贯注、专心致志、全力以赴去做的事业，不可能有时间精力再去旁顾其他的事情，如带研究生、领衔科研项目等。例如世界顶尖大学之一耶鲁大学，其任职时间最长的校长理查德·C. 雷文，从上任起就把全部精力放在当好校长上，再也没有带过一名研究生，没有挂名领衔做过一项具体的科研项目。他只出过唯一的专著——《大学工作》，收集的是他的就职演说、他对历届入学新生及毕业生的讲话以及他对大学在社会中的作用的思考文章。他完全使自己的校长工作职业化了。

清华大学经济管理学院原院长钱颖一，虽然他不是一校之长，只是大学下面一个学院之长，但因为他有过 25 年在美国多所名牌大学学

习（哥伦比亚大学、耶鲁大学、哈佛大学）和任教（斯坦福大学、马里兰大学、伯克利加州大学）的经历，亲眼看到和亲身感受到那些大学的院校长们是如何当好院校长的，所以他一担任经管学院院长，便全力以赴投身于院长工作，把它作为自己一项事业、一次人生选择，毫不迟疑地将自己原来的经济学者角色转换为教育管理者和教育改革者角色。用他自己在2016年出版的《大学的改革（第一卷·学校篇）》引言中的话说，“这些年来，我在清华经管学院没有带过一个博士生，没有申请过一笔科研经费，也没有主持过一个自己的研究中心、研究院或研究所。……我的全部精力都用在了办学上，因为在我看来，做一流的院长和做一流的学者一样，都需要全身心的投入。在我心目中，做一流的院长和做一流的学者同等重要。”① 正因为这样，所以他连任院长四届，把清华经管学院带得风生水起，办得在国内外知名度很高，办成了国内首屈一指的经管学院。

曾经于1999年12月至2008年11月担任过9年北京大学校长的许智宏院士，对此也深有体会，他坦言：在中国做大学校长很累，必须要有献身精神，因为大学校长要承担很多原本由社会承担的事情，每天的日程都会被各种行政性事务和会议、接待等工作排满。在这种现实之下，校长们如果还说能够在管理好学校的同时做好自己的学术研究无异于自欺欺人。因此，作为一名校长应该明白自己身上的重担和首要责任，首先把自己最应该做的学校管理工作做好才能是一名称职的大学校长。

2. 把握办学定位，以培养人才、繁荣学术为根本任务

为国家民族培养人才是大学承担的主要职责，崇尚科学、繁荣学术是大学的应有之义。因此大学校长理应把培养受社会欢迎的人才作为立校之本和自己的矢志追求，将促进学术繁荣发展、提高人才培养质量放在自己职责的核心地位。为此，大学校长应不断研究时代的新

---

① 钱颖一. 大学的改革（第一卷·学校篇）[M]. 北京：中信出版社，2016.

变化、新发展和新要求，不断研究当代大学生的成长成才新规律，在千头万绪的学校工作中，始终以人才培养为根本，把教育教学、科学研究、服务社会、文化传承与创新有机结合，为国家、军队、各行各业的发展，为社会进步、民族复兴，培养出更多更好的高素质新型人才。校长作为学校教育教学质量的第一责任人，要始终把提高教育教学质量作为自己的工作目标，正确处理扩大规模与提高质量的关系、统一性与多样化的关系、"成人"与"成才"的关系、规范管理与深化改革的关系；要坚持育人为本，从教学内容、教学方式、评价方式和管理模式上强调因材施教、个性发展和综合素质的培养，致力于建立多种不同的符合教育教学规律和人才成长规律的人才培养模式。

无论培养人才还是促进学术繁荣发展，关键都是要找准和把握好学校的办学定位，形成具有优势的办学特色，包括背景目标特色、学科专业特色、教学特色、管理特色、校园文化特色和办学模式上的特色等，而学科专业特色是大学特色中最主要、最鲜明的标志。从一定意义上说，一所大学的优势学科专业所在，就是这所大学的特色所在。学科和专业是既有紧密联系又有很大不同的两个概念，学科指向的是学术范畴中特定的知识领域及分支，而专业指向的是需要某些特定知识、能力、素质的职业。大学从培养人才（出口）的角度看，关键是要设置若干专业，使培养的学生走上社会后能够胜任某些专门的职业。而就任何一个专业的教育（过程）而言，为了使学生毕业后能够胜任该专业的业务工作，又必须为他们打下许多学科领域的知识、能力、素质基础。这就决定了大学既要重视学科建设，又要重视专业建设，两者合起来常统称为学科专业建设。一所学校究竟要设置哪些专科生、本科生、研究生专业，这取决于学校的整体办学定位；为了提高专业人才培养质量，原则上建设的学科越全越有利，但实际上受各方面因素的限制，不可能贪大求全，只可能有所为，有所不为。学科、专业设多少，怎么设，这就是校长职责范围的事，他必须从学校的办学定位、学校现有基础和长远发展战略出发，充分依靠专家教授，加强学科专业建设的顶层设计，调整结构，优化布局，正确处理好重点与一般、传统与新兴、基础与应用等关系，分清轻重缓急，提出整体发展思路和发展措施，确定哪些学科专业需要加紧建设，实施重点突破，哪些需要有计划、有步骤地扶持，循序渐进地做好基础建设，使各学科专业在不同的发展平台上快速、协调发展，从而促进学校办学水平的整体提升，逐步形成和扩展特色优势。至于具体如何建好一个学科、办好一个专业，则是这个学科、专业的教授与专家的事，我认为校长要充分相信并依靠他们，没必要去过多干预、越俎代庖。也正是从这个意义上说，校长不一定要是某个具体学科专业的内行专家，但一定要是一个有足够智慧、才能、思想、胆魄和责任心、使命感的教育谋略家和办学总设计师。

新中国成立之后早期的一批校长们，就大多是这种教育谋略家和办学总设计师。例如蒋南翔，在他任清华大学校长（兼任党委书记）期间，努力贯彻党的教育方针，创造性地坚持德智体全面发展的培养目标，积极探索适合中国国情的社会主义办学道路，实行以教学为中心的教学、科研、生产三结合，使学校成为教育与科研两个中心；他重视最新科学技术的发展，率先在清华创建了原子能、自动控制等一批新技术专业与学科，促进了我国新技术的发展；他重视对学生的马克思主义教育和思想政治工作，首创“双肩挑”的学生政治辅导员制度；他注重加强基础理论教育与因材施教，注意体育锻炼，提出“为祖国健康工作五十年”的口号，促进了德智体全面发展；他重视教职工队伍建设，提出“要争取团结百分之百的教师”和“各按步伐，共同前进”的主张，他呕心沥血，为清华培养了一支新老结合、又红又专的教师队伍和“双肩挑”的干部队伍。他在学校工作中，从实际出发，提出对学校的过去和现在要用“三阶段、两点论”的态度。所谓“三阶段”，就是把清华在解放前、解放后学习苏联和1958年以后走自己的路作为三个阶段；“两点论”，就是对每个阶段都要采取分析的态度，一分为二，有优点、有缺点。他认为清华在解放前严谨治学的传统是应当发扬的。在当时，能够提出继承解放前的好传统是需要有足够的勇气的。这个著名观点对于学校正确处理继承与发展的关系，既保持和发扬清华大学各时期办学的优良传统和优良学风，又按照新的情况不断改革创新与时俱进，发挥了重要的指导作用。在办学过程中，他十分注意处理好数量与质量、理论与实际的关系，他在1956年党的第八次全国代表大会上作了题为《为提高高等教育的质量而努力》的发言，他说："在高等教育中，提高质量比发展数量更困难，可是更重要。"如果不解决这个问题，就会造成"我们长时间不能依靠本国培养的专家来独立解决工业建设中的重要关键问题"。他重视教学中理论联系实际，加强实验、实习和设计等实践环节。一度有的同志又走到另一极端，主张教学过程也要按照"实践—认识—实践"的公式，他明确表示，不赞成这种忽视理论的倾向。他认为教学是认识的特殊形式，不可能事事都经过直接实践，可以是"理论—实践—理论"的过程。在他主理校务期间，清华大学的规模有很大发展，水平有很大提高，成为全国人民心目中公认的首屈一指的大学。清华培养的数以万计的学生活跃在祖国的各条战线，成为科学家、教授、工程师、企业家以及党政各级领导干部，为国家经济建设和社会发展发挥了积极作用，受到社会的好评。学校能够培养出大批优秀人才，尽管原因是多方面的，但与蒋南翔当年提倡并推行的"学生在校期间要多做一些社会工作，一个人在20岁左右的时候，做一些社会工作，终身受用不尽"的教育思想是有很大关系的。

又如陆平，他在任北京大学党委书记兼校长时，以贯彻当时的《高教六十条》为契机，坚持以教学为主的原则，重视教学，重视提高教学质量和师资水平；他主持全面修订教学计划，增设了生物、物理、计算技术、声学、西班牙语等十多个专业学科，创建了十三陵等几个理科教学基地；他重视并加强基础理论、基础知识、专业技能方面的教学，着手创建了北大附中，组织开展了胰岛素、微电子等十多项前沿科学的研究；他改革教学方法，实现清华、北大科研联手合作；他领导制定了北京大学十年自然科学发展纲要，确定了重点发展的科研项目和学科；他明确提出要为国家培养一批批又红又专、德智体全面发展，既有文化又有科学知识的劳动者。他围绕建设世界一流大学的目标，1962 年在一次讲话中提出：北大怎么办？过去我们学习苏联，现在不要因为苏联“修”了，就把苏联的教育都否定了，不学苏联了。苏联的高等教育还是有好东西，比如重视基础，培养了很多人才，他们的人造卫星上了天。英美的大学要不要学？中国过去的高等教育，很多是学英美的，现在英美的科学技术比我们先进，还要参考他们的东西。中国的老大学有很多经验，如老北大、老清华都有好东西，也要继续下来。为此，陆平在北大建立起教育情报研究室，把苏联的莫斯科大学、英国的剑桥大学和牛津大学、美国的哈佛大学和斯坦福大学、日本的东京大学等教学计划翻译过来，与北大的教学计划比较，研究参考其精华。在这一思路下，陆平组织修订理科 6 年制教学计划，强调打好基础，并把第二外国语英语作为必修课，用6 年制培养硕士水平的学生。

再如匡亚明，他在主持吉林大学和南京大学期间，主张对大学生既要用主要时间加强基础课教学，使学生切实掌握专业的基本理论、基本知识和基本技能，又要着力培养学生的独立钻研和创新能力；他提倡安排教授和有教学经验的讲师为大学生开基础课，提倡讲究教学法，开展公开观摩教学，提高教学效果；他冲破旧束缚，注重传统文化教育，努力探索社会主义大学的办学规律，形成了具有鲜明特色的办学主张；他认为中国的大学应该根据不同的基础和条件发展自己的特色，至于重点的综合大学，要像抓重点经济建设项目那样抓重点大学建设；他强调要把我国的重点大学办成教学中心、科研中心和文化学术活动中心，从而更好地为国家培养高水平的专业人才提供研究成果和教育经验。在他领导下的吉林大学和南京大学，无论是在学校的专业设置和学科建设，还是在人才引进和人才培养方面，无论是在教师队伍的管理，还是在校风建设方面，无论是在教学科研，还是在行政管理方面，都取得了巨大成就。

还如李昌校长，他在主持哈尔滨工业大学期间，对学校发展，在教育体制、教学规划、学科设置、教学方法、人才培养等方面，提出了一系列远远超越教育部当时教育大纲的长远思路，指导进行了大胆的改革，可以说，他是当时当之无愧的中国教育改革带头人之一。正是由于李昌校长对人才培养的重视和他一系列教育思想的推行，才为哈工大长远的又好又快发展奠定了坚实基础，得以培养出一大批航天事业等各行业、各领域的著名代表人物，为我国的军事和国防事业做出不可磨灭的贡献。

谈到办学定位，还有一点是需要把握的，就是本科生教育和研究生教育的关系问题。不少学校把自己定位于研究型大学，定位于要办一流大学，似乎研究型大学、一流大学的重点就是抓科学研究、抓研究生教育。我认为这是错误的。殊不知，没有一流的本科教育，哪有一流的研究生教育！离开了一流的教育教学、一流的人才培养，何谈一流大学和研究型大学！

3. 坚守大学职能，以传承弘扬大学精神为重要使命

合适正确的办学定位和特色优良的大学精神，是办好任何一所大学必不可少的。而办学定位实际上也多体现在大学精神中，所以大学精神是一所大学文化的基础、内涵的体现。那么，什么是大学精神？一般认为，大学精神是大学在长期的发展过程中所形成的约束大学行为的价值和规范体系，它体现了一所大学整体的理想和目标定位，反映了一所学校独特的风格风貌、价值取向和精神气质。大学精神包括科学精神和人文精神两大方面，前者主要指追求科学和真理的理念和勇气，旨在“求真”；后者主要指富有人类关怀和生命关怀，意在“求善”。就其内涵而言，大学精神又无非包括科学精神、道德精神、仁爱精神、时代精神、创新精神等内容，各者互相关联、相得益彰。当某一具体的大学精神确定之后，它可以也必然作为一种起统帅作用的因素，以一定的形式在大学的设置和运行的各个环节中体现出来。大学

校长作为大学的最高行政领导，是大学的一个极其重要的人文象征符号，是大学独特风格与精神的载体，也应该是社会先进文化的代表，他们应该通过自己的立德、立言、立行来为师生、为社会树立良好楷模，更要在学术立校、教化树人上下功夫，履行守护大学的职能和使命，弘扬捍卫追求真理的大学精神。而对大学精神的弘扬捍卫，主要应表现为支撑大学发展中强烈的追求意识，追求知识、追求真理、追求高尚、追求卓越、追求创造；同时尤其应表现在大学履行基本使命和基本职能，推进学术研究和教育教学中，所必不可少的独立精神和对自由学风的坚守。换句话说，每所大学的办学定位主要是由校长根据学校自身的特点来找准、明确和坚持把握的，大学的精神也主要是靠校长来倡导、养成和不断弘扬的，大学校长应该是本校特色化校风学风和办学优势形成发展的首创者或推动者。

而且，当社会在某一方面或某几方面出现失范时，大学校长应有勇气带领他的教授们一起挺身而出发警示之言、行正义之举。故而，大学校长须行于大道，养浩然之气；须和而不流，容百家争鸣；须不计权力之高下，不争名利之大小。这样，大学才能充满生机和活力。也唯其如此，大学校长才应当由兼具精深学术与崇高人格的教育家来担任。大学校长唯有具备良好的前瞻力、决策力、执行力和感召力，才能在领导大学的过程中，倡导塑造或传承执行大学精神。他要能纵观世界高等教育的走向，谙熟中国高等教育的特点，找准自己学校的位置，形成具有本校特色的办学治校理念和教育教学思想，科学管理，打造优势，才有可能凝练出一所大学的精神。当然，大学精神的形成一定是在多年办学实践中特色经验沉淀积累的结晶，因此往往需要经过一任甚至几任校长带领师生员工，接力棒赛跑式地长期努力。但无论怎样，大学校长独特的人格魅力、远见卓识、学术造诣、教育理念、领导才能是决定大学精神形成的关键，也是一种好的大学精神得以接力传承的关键。

大学精神在许多学校常常是以校训的形式体现出来的。而当下我国大学的校训或者贪大求全，或者标语口号式，或者把党和国家对大学的一些共同要求作为校训，而且明显存在着同质化的现象。校训没有鲜明特色，也就说明大学精神没有特色，说明大学办学没有特色。这也正是我国大学目前存在的主要问题之一。今天的中国，要实现强军兴国、强国富民的民族复兴梦，急需一大批有特色、高水平的大学，更需要一大批献身教育、不懈追求、善于办学的教育家型校长。

4. 重视人文关爱，以延纳汇集一流师生为核心追求

我很赞同耶鲁大学第23任校长雷文在他出版的专著《大学工作》的序言中所写的一个观点：对任何一所大学的校长来说，为了办一流大学，其“压倒一切的目标，是吸引第一流的教师，培养第一流的学生”。原因既简单又明了：学生是学校的主体，没有学生何需学校？教师是教书育人的主体，没有教师谁去培养学生？因此，延纳、汇集、建设高水平高素质师资队伍，吸引、招收、培养一批批求知若渴的高水平高素质学生，理应成为校长心中念念不忘、挥之不去的情结。当然，大学是分层级的，对不同层级的学校，一流师生的绝对标准是不同的，但相对标准应是相同的。每所学校的校长，都应以吸纳、汇集与本校层级的培养目标定位相适应的一流师生为核心追求。

汇集建成一支高水平高素质师资队伍，是办好学校的关键，是校长要重视、主抓的最重要方面和头等大事。师资队伍既要有尽可能多的与学校层级定位相称的高层次人才、大师级专家学者作为学科学术带头人和专业教学领头羊，又要有足够多的学科专业后备学术骨干和优秀青年人才，形成各方面结构合理、团结协作、梯次发展的学科专业团队。为此，校长必须深入实施人才强校战略，充分遵循教师成长发展规律，加快培养和引进一批既活跃在国内外学术前沿，又热衷于教书育人的高层次人才和优秀中青年骨干，增强人才队伍可持续发展能力，努力培养和造就一支有理想信念、有道德情操、有扎实学识、有仁爱之心的老中青结合的优秀教师队伍。与此同时，为了使建立起来的队伍能够人尽其才、才尽其用，必须努力建立有利于人才成长和

优秀人才脱颖而出的良好机制和氛围，营造鼓励人才干事业、支持人才干成事业、帮助人才干好事业的校园人文环境，尤其要充分放手发挥专家教授的治校治学主体作用。要不喜私利，不好权柄，只谋大局，不揽局部，放手相信、充分尊重专家教授，自觉主动将处理学校许多大事，特别是学术发展大事的权力，释放给教授会、学术委员会和各类专家评审委员会。同时，也要真诚关心广大教师，给教师特别是专家教授提供尽可能良好的工作条件和生活环境，为他们解除后顾之忧，使之安心安神、全心全意致力于工作。

例如民国时期中央大学的校长罗家伦上任伊始，就把延聘教师作为首要之举，上任后整顿校务的第一步就从延聘师资入手。他一方面极力挽留原有优良教师，另一方面随时添聘专门学者，并主张教师队伍以专任为主，“凡可请其专任者，莫不请其专”，以求其心无二用，专心授课，以充分保证师资队伍的稳定和质量，对少数为政府或其他学术机关所倚重，“本校所欲罗致而事实上又不可能”的某些学科的专家，则把他们聘为兼任教师，请来上课。罗家伦重视师资，不仅在于延聘，而且还体现在对教师切身利益的关心保障上。当时公教人员断薪是司空见惯的事，可罗家伦为了解除教职员的后顾之忧，在经费吃紧、时有短缺的情况下，总是极力维持定期发薪，绝不拖欠，即使挪用其他款项，他也毫不含糊。

北大校长蔡元培更是把“揽人才”作为他主抓的最重要大事，他以“积学而热心”即学有专成又热爱教育事业为标准聘请教师，罗致汇集一大批学派、观点各异的学术大师、大家到北大，使北大教师队伍一时出现流派纷呈的局面。如在文科教师队伍中，既集中了许多新文化运动的著名代表人物如李大钊、陈独秀、鲁迅、胡适、钱玄同、刘半农等，也有政治上保守而旧学深沉、主张发扬国故的国学大师如刘师培、黄季刚等。在政治倾向上，有的激进，有的保守，有的主张改良。在新派人物中，有马克思主义、三民主义、无政府主义、国家主义的不同代表。当时的北大，“新潮”与“国故”对垒，白话与文言相争，百家争鸣，盛极一时，各派学者纷纷登上北大讲坛。

清华大学校长梅贻琦也是上任伊始即把选聘一流教师作为自己工作的重中之重。他选聘教师坚持不唯学历，不唯资历，只凭真才实学，相继为清华引进了一批又一批顶级学者，如诗人闻一多、热力学大师王竹溪、历史学家雷海宗、性心理学泰斗潘光旦，还有后来被破例聘为教授的钱钟书……。其中有清朝翰林，有留美博士，有的学富五车，有的学贯中西，各门各类的大师齐聚于此，使清华园里出现了空前绝后的百家争鸣盛景，为把清华办成一流大学奠定了最重要的基础。梅贻琦校长关于严格遴选和延聘师资人才对大学的重要性，有一句名言："所谓大学者，非谓有大楼之谓也，有大师之谓也。"这已成为时贤们所公认和广泛征引遵循的重要办学指导思想。

新中国成立后，我前面提到的一大批著名校长们，也无一不是高度重视教师队伍的建设，充分发挥教师的核心作用。例如陆平在任北大党委书记兼校长时，特别尊重知识，爱护知识分子，重视发挥专家、教授作用。在他的努力下，早在 1959 年，北大党组织就吸收了周培源、黄昆、段学复等一批闻名教授入党，紧接着又提拔了 100 多名知识分子到北大各级领导岗位上。在他的建议与努力下，1962 年 3 月国务院还一次就任命了历史学家翦伯赞、化学家傅鹰、理论物理学家王竹溪、语言文字学家魏建功四位教授担任副校长，加上已担任副校长的哲学家汤用彤、物理学家周培源两位教授，共有六位文理科教授进入了校领导班子。为了提高北大师资水平，1963 年，陆平还亲自挂帅制订了《北京大学师资培养暂行办法》，强调依靠老教授们传帮带来培养青年教师。同时，他还高度关心知识分子的生活待遇，他决策开设了华侨师生食堂、教授食堂。他把自己本应享受的高干补贴让给年老体弱的同志，自己却得了浮肿病。他强调要区分两类不同性质的矛盾，坚持实事求是的路线，保护了一大批知识分子和专家教授免遭伤害。

再如曾先后担任吉林大学和南京大学两校校长的匡亚明，他在吉林大学聘请古文字学家于省吾"出山"，被高教界誉为"三顾茅庐"聘贤才，至今仍传为美谈。于省吾是中国著名的古文字学家，他在甲骨文、金文释读、古籍校订、古器物研究等方面成就卓著，为国内外学术界所公认。匡亚明到吉林大学后，千方百计要把于先生请到长春任教。然而，做了半辈子教书先生的于省吾此时更愿意与古物打交道，始终不为所动，但匡亚明并不灰心，曾三次面见于先生，谈了他的教育思想和主张。于省吾被匡亚明的真诚所感动，毅然来到了冰天雪地的长春市，成为吉林大学考古学科的奠基人。匡亚明与化学家唐敖庆、蔡镏生，物理学家余瑞璜，数学家王湘浩，经济学家关梦觉，文学家冯文炳、张松如（公木）等知名学者的交往和友谊，对他们的器重和使用，也都体现了他尊重人才、重视人才的思想，在吉林大学有很大影响。1977 年，他在南京大学再次恢复校长工作伊始，就果断地决定聘请一批当时尚未落实政策的学者、教授。陈白尘是著名剧作家，"文革"中被诬为"叛徒"，当时尚未有平反结论，但匡亚明却甘冒风险，聘他由北京南下就任南京大学中文系主任。[①] 当时，此事曾引起文化界、高教界不小的反响。同时，他又聘请文史学家程千帆、哲学家孙叔平、神学家丁光训等著名学者来校，安排他们上课并担任适当的行政职务，充分发挥他们的积极作用。他的这些做法有力地促进了全校知识分子政策的落实，当然也推动了南京大学办学水平、教育质量的提高。

又如李昌，他担任哈工大校长 11 年间，非常重视师资队伍建设，尤其是青年教师培养。为了满足新中国成立初期国家对高级专门人才的迫切需要，他刚到任哈工大校长，便提出必须靠自己的力量尽快造就一支过硬的教学科研队伍。在培养提拔青年教师方面采取了一些"不拘一格"的超常措施。到 1957 年，学校先后提拔副教授 13 人，年龄最大的仅 37 岁；1960 年评定副教授 40 名，平均年龄 34 岁。1957 年全校教师队伍 800 余人，平均年龄仅 27.5 岁。这个数字正好与 1937 年

① 赵成昌. 匡亚明：不拘一格用人才［N］. 中国教师报，2019-02-27.

上海“八·一三”抗战中，死守四行仓库的中国军队第88师524团团长谢晋元率领的“八百壮士”数目巧合，所以广大教职员工便把这支教师队伍戏称为“八百壮士”。为了确保这支加速培养提拔起来的年轻教师队伍能胜任教学科研任务，李昌校长向广大教师提出了“功夫到家”的口号，此后又进一步提出教学必须做到“规格严格，功夫到家”，保证把学生教好的要求。从此，“规格严格，功夫到家”八个字成为哈工大的校训，成为“八百壮士”教师队伍的座右铭，也成为哈工大人永远继承和发扬的优良传统。

除延纳汇聚高水平教师、造就一流教师队伍外，延纳汇集培养一流学生也是校长的核心追求，因为“学生就是大学，大学应以学生为本、以学生为中心”，这是现代大学的一个重要理念。这一理念不仅一直被耶鲁、哈佛、斯坦福等世界一流大学所遵循和实行，而且于1998年被联合国教科文组织写入世界高等教育大会宣言，提出在当今这个日新月异的世界，高等教育显然需要有以生为本、以学生为中心的“新视野和新模式”，要求“国家和高等院校的决策者应把学生及其需要作为关心的重点，并应将他们视为高等教育改革的主要的和负责的参与者”。我一向认为，以生为本，以学生为中心，最重要的标志就是对学生充满爱、充满责任，爱和责任是师德的灵魂，没有爱就没有教育，没有责任也当不好教师。一般教师尚且如此，作为教师之首、学校之长的大学校长就更应如此了。一个优秀的大学校长，一定要懂得教育的真谛，对学生怀有满腔感情、满腔爱心、满腔责任心。那爱和责任又体现在哪里呢？要体现在对学生学习、生活、前途、命运和人生健全发展、长远发展的全方位的关爱上，爱生如子，并且为他们创设自由发展的条件；要体现在经常给学生指点迷津、指点方向，引导他们向更高的目标攀登上。民国时期的那些著名校长就都是这样，他们既以研究高深学问为办学宗旨，更以培养学生研究学术的志趣和能力、促进学生健康的人格成长为教育目标，并以具体措施确保这些根本理念贯彻到学校教育的全过程和学习生活的各方面。如北大蔡元培校长的“以美育代宗教”，清华梅贻琦校长的“五育并举”，浙大竺可桢校长率先引进实行剑桥、牛津的“导师制”，规定导师的职责不限于指导学生的专业学习，还要负责指导学生的思想品格养成等，都是着眼于此。

当然，关爱学生、爱生如子有时更会表现在：当有的学生在现实中因出于正义或乏于社会经验，不慎失足踩越红线而遭遇政治不测时，校长敢于抛弃个人利益，不顾个人安危，利用自己的威望影响力，以学校的名义，或仗义执言力争，或代生认错受过，倾其全力保护学生，对学生负责。例如，民国时期的一些著名校长们大都是这样做的，大凡有学生在如五四运动、“五卅惨案”等各种运动中被抓被关，他们都是以保护学生为第一职责，总是以身掩护或保释学生。正是这种爱的力量，才使得近代大学在兵荒马乱的年月里能永葆理想气质。据我所知，现今我们有校长在这方面也做得不错，如武汉大学校长刘道玉在师生中亦有这种美誉，他在关键时刻就挺身而出，全力保护过自己的学生。所以刘道玉校长在师生中的威信非常之高，在他主持武汉大学的八年间，是武汉大学近半个世纪以来知名度、综合实力提升较快的一段时期，也是学生思想较为活跃的时期。

5. 协调政校关系，以有利大学长远发展为行动指南

目前中国的大学绝大部分都是国家或地方政府办的公立大学，多年来也出现了少量民办私立大学，无论公立还是私立大学，都不可避免地要跟各级政府打交道，在业务上接受政府的指导，在校舍校园的建设管理、生活保障和校园内外环境的治理上取得政府的支持，对公立大学来说，办学经费来自政府的拨款。显然，所有这些与各级政府打交道的事，第一责任人无疑是校长。因此，校长在处理好学校与政府之间的关系问题上必须有胆识、有魄力、有艺术、有能力、有作为。比如，能不能向政府争取到尽可能多的经费支持，这是能不能办好学校的重要条件之一。为此经常“跑部（步）钱（前）进”是必不可少的。以我之见，只要是出于公心，为了学校建设和发展的需要，正常

"跑部""跑省"甚至"跑"中央、"跑"省部领导，去争取包括师资、经费、立项等在内的各种支持，不仅未尝不可，而且值得赞赏。像陈赓大将当年为创办"哈军工"几乎找遍了从中央到地方的军地各有关部门领导，包括"跑"到厕所门口去截堵周恩来总理签字。从中央级领导到广大师生员工，对他唯有充满敬意、赞誉和佩服！

另外，当学校和主管政府部门在某些涉及大学理念和大学精神等原则问题上出现矛盾冲突时，为了维护学校的根本利益、学术的独立性和良好的声誉，校长也应该具有敢于向政府说"不"的过人胆识，敢于据理力争，而不是唯唯诺诺一味服从。校长能不能这样，有没有这种胆识，许多时候也会成为一所大学能否生存发展的关键。民国时期那些著名大学的校长们普遍都有这种胆识，他们平时多以谦谦君子治校，但一到关键时刻，一旦政府和自己的治校理想追求相矛盾时，他们为了大学的生存发展，则敢于"做狮子吼"，对干涉力量说"不"。其实也正是他们在权势面前表现出来的这种过人胆识和无私无畏的铮铮铁骨，才更加赢得了师生员工的敬佩和尊重，从而产生了巨大的办好学校的凝聚力。我认为，对于今天一切有志于办一流大学的校长们，在这点上也是应该向那些前辈校长们好好学习的。

总之，大学校长要正确处理学校和政府之间的关系，既勇于保持学校作为一个办学主体的学术上的独立性，又善于争取各级政府对学校方方面面的支持。

6. 秉持高风亮节，以谦和民主、廉洁奉公为行为准则

这条似乎只是对校长个人德行品格的一种自律要求或能够担任校长的一个必要条件，而不像是校长的一项应尽职责。其实不然，因为校长的人格品格是校风的标杆和灵魂，他们的人品不仅是个人素质的体现，而且影响全校师生员工乃至全社会的价值取向，因此它应该上升为校长身份对其个人德行品格修炼修养方面的一项必要职责。校长应以自己的品格和学识、胸怀和担当、正直和真诚、宽容和善良、谦和和民主、廉洁和清明、奉公和节俭等，为学校立下良好正派规矩，

为师生营造清爽“精神乐园”，为社会树立高尚而具人格魅力的道德榜样。近代以来，我国大学在办学实践中，涌现出不少具有这种思想并努力按此行动的好校长，他们受到广大师生员工的高度认可和赞赏。如北大校长蔡元培、清华校长梅贻琦、浙大校长竺可桢、“哈军工”院长陈赓、上海工大—上海大学校长钱伟长等，无一不是如此。

进入新时期以来，也出现了一批这样关心爱护学生、促进学生成长、带领学校发展的好校长，其中受学生欢迎度高、社会影响力大、公众耳熟能详的，恐怕要算刘道玉、朱清时、李培根、郑强等几位了。我感到他们虽各有特色，但都有一些共同的特点：他们都有教育家的情怀和特质，不是汲汲于名利的官僚，有人格魅力，也精于业务；他们都有追求、有抱负，有开放精神、开拓精神，又少有行政思维，多有对学术自由和教授治校治学治教的尊重；他们都既宽容又不失原则，甚或有时威严，有些贵族气质；他们都热爱教育，喜欢学生，甚至会把青年学生称作“我的太阳”；他们都很亲民爱民，没有架子，乐于善于与教师学生打交道；他们都不畏权贵、敢于直言，言辞犀利、语出惊人，且思辨机智、语言诙谐，切中时弊、充满正能量，深受学生欢迎和喜爱，常被学生亲切地称为“某叔”“某哥”；他们都不但这样想了讲了，而且在能力范围内这样做了，给所在学校和师生心中留下了值得回忆的、挥之不去的东西。而所有这些思想品质、所作所为的凝结，就构成了青年学子心中所渴望的理想大学。

2012 年才成立的、由华东师范大学和美国纽约大学强强联合创办的上海纽约大学的首任校长俞立中先生，也是这样一位用行动传递出“以学生为中心，以教授为中心”的人性化教育思想的好校长，而这种思想理念的源泉正出于他对教育事业和每一名学生的理解和关爱。他被学生们誉为“丝毫没有领导架子”的“最亲民校长”和“最有魅力的校长”，在外人看来，他也总是那样谦逊有礼，给人以亲切、随和的深刻印象。在办学理念上，他和美方常务副校长中西合璧，从一开始就致力于让学生成为学校的中心，让这种理念在上海纽约大学得到真正的全面的体现，为此他领导上海纽约大学创造了一系列他们称之为“新玩法”的新教学模式和新学生自主学习模式，包括：允许学生自主设计专业，自主选择适合自己的专业课程；对学校事务中的其他任何事情，首先考虑的也是对学生成长的影响，只要对学生发展有利，哪怕需要大投入，学校也会认真考虑，全力去做。例如学校采取的是小班教学，规定的师生比例为1∶8；越是规模小，越强调精英化教育；即使只有一名学生选课的情况下，教授按规定也要如期开设此门课程。对于学校管理，俞校长特别注重权力下放与民主讨论的过程，尤其在涉及学术和教学等事务方面，决定权都在教授手中，教授晋升、课程改革、课程目标等问题都由学校下设的教授委员会讨论决定，充分保证了教授在学校的话语权和主观能动性，并且提升了他们的责任感。俞校长认为，学校在行政管理中，更多的是提供理念而不是指令，好的想法必须和大家沟通，让大家理解，达成共识后再付诸行动。我相信，按照这种理念去办学，将纽约大学全球教育体系中丰富的智力资源融入灿烂的中国文化，一定会实现他们“带领学生获得学业与精神的双重收获，培养他们成为人生旅程的领导者，在无涯的学海中求索关于人与自然的新知卓见”的愿景。

当然，上面提及的这些学生喜欢的好校长，他们所做的每一件事，处在不同地位、站在不同角度、出于不同认识的人，都可能做出不同的评判，更何况他们在主持大学时事实上也不可能做到样样都好。每位校长能在某一方面或某几方面做到极致，且能取得丰硕成果，让同时代人和后人赞叹不已，就够了。世上没有十全十美的校长，就像没有十全十美的人一样，只要他们励精图治、问心无愧，就足矣。但无论如何，作为一名校长，不懈追求上述这些品质、气质、素质，努力使自己具有高尚的情操、宽宏的气度，既平易近人、谦和民主，又清明廉洁、节俭奉公，则是应该的、必须的。

以上六个方面，可以说是大学校长的天职。应该说，近几十年来我国出现的成千上万大学校长中，不乏尽职尽责的校长，但真正能做到上述全部职责的校长还是有限。大学校长应当让具有教育家情怀和综合素质强，但未必是知名院士、专家、教授的教育家人才去担任。如果一定要让知名院士、专家、教授去当校长，那就最好要求他放弃学术事业，而专心致志当好校长，争当教育家型校长。

在此特别说明一点，根据中国目前国情，大学最高领导并非只是校长，还有校党委书记，而且党委书记是一把手，所以要办好学校，从校领导的角度看，单讲校长的职责和履行职责还不够，还必须明确党委书记的职责和确保其履行好职责。党委书记的职责是什么，依我之见，简言之就是要确保党的教育方针在学校得到贯彻落实；换言之，也可认为是要代表中国共产党，监督和确保大学校长的天职能够忠实履行，与校长同心协力，一起达成为国家培养一批批高素质新型人才的目的。从这个理解上说，两者的职责本质上是一样的，加之现实中很多大学的党委书记原本都是从校长任上提拔起来的，因此本书谨以校长代表大学领导。

四、大学的教学与科研关系的处理

（一）教学与科研的关系

教学与科研是大学以人才培养为中心工作的两项主要任务，两者是相辅相成、互相促进的关系。

1. 科研是教学的“源头活水”

如果没有科研做支撑，大学课堂教学就会失去“灵魂”。著名科学家、教育家钱伟长曾指出，“教学没有科研做底蕴，就是一种没有观点的教育，没有灵魂的教育”。① 具有较高科研水平的教师，必然对教学内容思考得更为深刻，对知识的把握更为准确，教学更易做到“深入浅出”，有助于学生的学习与理解。而且，对科研的关注使教师能够及时将最前沿的学术成果不断充实到自己的课堂中，弥补原有课程知识与最新研究之间的“断层”，这将极大地激发学生的学习兴趣。此外，科研对教学的促进不仅在于教学内容，在大学课堂中，学者型教师对于学生影响更多的是他们思考问题的方式、严谨的科研态度和刻苦的学习精神。

2. 教学是科研的“隐形动力”

教师如果缺乏对教学的关注，可能会失去提高科研水平的机会和驱动力。很多教师觉得，上课、备课、批改学生作业，会占据做科研的时间和精力，投入太多，对科研发展“有害无利”。其实不然，要给学生一杯水，教师自己就得有一桶水，高质量的教学将会有效推动教师的科研工作。教师要上好课，绝不能局限于课程知识之内，必须要有渊博的知识、宽阔的眼界，这将有助于拓宽科研工作的思路和领域；在精心备课过程中，教师需阅读参考大量与课程相关的文献资料，这将促进教师对专业问题的深入思考和理解。此外，教师绝不要忽视课堂教学和课外辅导答疑中师生相互启发的作用，也许在与学生的答问讨论交流过程中，教师会获得新的科研灵感和科研切入点。一个有多年教学经历经验的教师，对学科专业的知识内容，往往比纯搞科研的人要掌握得更系统、更全面，理解得更深入、更透彻，而纯搞科研的人，一般只是在自己项目研究的方面和若干点上了解得更多，钻研得更深透，应用得更熟练。

既然教学和科研是相辅相成、互相促进的，那么作为大学，就必须像钱伟长先生说的那样，“教学必须与科研结合，教学不能和科研分

---

① 钱伟长. 钱伟长院士论教学与科研关系［J］. 山西师范大学学报（社会科学版），2005（2）：117.

家”，“必须拆除教学与科研之间的高墙”。① 作为大学的教师，既不能“浮于”教学而忽略科研，也不能“沉于”科研而抛弃教学，更不能在面临双重压力时一味地抱怨迷茫，而应树立信心，充分认识教学与科研的内在联系，并将这种联系真正落实于日常本职工作中，做一名称职的研究型教师。这又正像钱学森先生1978年8月在全国力学规划会议上曾说的：“教书的一定要做研究，只教书不研究，不好；但做研究的也要教书，只研究不教书，也不好，因为科学研究上的好多启发是从学生中来的。”

3. 教学与科研都很重要，但应侧重教学

如前所述，对大学来说教学与科研都很重要，两者相辅相成、相互促进，服从服务于人才培养中心工作。例如国防科大，多年来一直提出和践行把学校办成“两个高地”（高素质新型军事人才培养高地和国防科技自主创新高地）的目标定位，2017年习近平主席在对全军院校改革中重塑的国防科技大学颁发的训词中，又再次确认标定了这一办学定位。我认为这是非常正确的，是符合国防科大历史使命和长期办学形成的特色优势的。但即使科研置位如此之高之重的国防科技大学，要说工作也是侧重教学，而且教学与科研各方面工作都只能围绕人才培养这个中心开展，并为之服务。这就像其他各行各业的单位一样，专门的科研院（所），只能以科研为中心；各野战部队，只能以打仗和准备打仗为中心；医院只能以诊病治病为中心；等等。所有单位，除了中心工作外也必然还有其他可称之为“重点”或“高地”的工作，但都不能喧宾夺主。

那大学科研的重心应放在哪里呢？依我之见，这也应从大学的性质特点出发去研判确定。大学搞科研，应扬长避短，坚持有所为有所不为，以科技发展前沿和国家重大需求为导向，以提升高水平科学研

---

① 钱伟长．钱伟长院士论教学与科研关系［J］．山西师范大学学报（社会科学版），2005（2）：117.

究能力，建设一批国内领先、国际一流的优势学科专业和领域为目的，以提高基础理论和关键技术研究水平，争做国际学术前沿并行者乃至领跑者，加强战略性、全局性、前瞻性问题研究，提升解决重大问题能力和原始创新能力为重点。重心要放在基础理论研究和关键前沿技术攻关上，前者旨在产生原创性理论成果，发现新知识、新理论、新原理；后者旨在攻克基础理论研究成果转化为实用产品（系统）中的一些关键的新技术、新工艺、新方法。学校的科研宜止于开发出体现新理论、新原理、新技术、新方法等的原型系统，而从原型系统变成实用系统（产品）的工作，尤其是大的工程项目工作，原则上应通过产学研结合和产教融合，以技术转让的形式，让渡给专门的科研机构或企业去做，这样，从全社会和整个国家来说，科研的效率会更高、效果会更好。

大学在从事学术和科学研究的过程中，一方面应将大学的学科建设与推动经济社会发展紧密结合，着力提高大学对产业转型升级的贡献率，努力成为促进大学学科、人才、科研与产业互动，打通基础研究、应用开发、成果转移与产业化链条，推动产业技术变革、成果应用转化，加速创新驱动的策源地；应强化科技与经济、创新项目与现实生产力、创新成果与产业的对接，推动重大科学创新、关键技术突破向先进生产力的转化，增强大学创新资源对经济社会发展的驱动力。另一方面，应打造一批具有中国特色和世界影响的新型大学智库，提高服务国家、军队决策的能力；应建立健全具有中国特色、中国风格、中国气派的哲学社会科学学术评价和学术标准体系；应营造浓厚的学术氛围和宽松的创新环境，保护创新、宽容失败，大力激发师生的创新活力。

（二）正确处理教学与科研的关系

那么，大学应如何正确处理教学与科研的关系呢？对此我有以下几个观点。

1. 大学和每个大学教师必须既搞教学又搞科研

一所大学不管如何定位，都是要既搞教学又搞研究，只是两者的比重因定位不同而有所区别。对高水平、研究型大学来说，教学和科研就像车之两轮、鸟之两翼，需要协调推进，比翼齐飞。对应用型本科和高职高专院校来说，则既要坚持以教书育人为本，也要高度重视科研，正确处理好教学与科研的关系，努力做到教学科研协调发展、相得益彰。

身为大学教师，你若不教课，就不能称之为真正的教师；若不搞科研，则不是好教师。或者说，教学是对教师的必要的要求，但不是充分的要求，充分的要求还需加上科研。科研反映你对本学科清楚不清楚。一个教师在大学里能否教好书，与他搞不搞科研关系很大。教师上课，应该逐步完成这样一种观念上的转变：教师不是教书匠，不能仅靠背那几本教材讲义，照本宣科讲课，讲完走人。教师走上讲台讲课，对教学内容既要有正确讲解，又要有深刻理解，更要有独立见解。讲好课从根本上说就是两条，一要有学问，二要有口才，有学问比有口才更重要。因此，称职的好的教师必须一边教书，一边做科研，通过教书启迪拓展科研，通过科研增长深化学问，这是培养提高教师综合素养的根本途径和有效方法。大学的教师队伍必须是由一批既学科基础扎实、学术造诣深厚，又专业实践经验丰富的优秀的研究型教师组成的队伍，否则就别指望能培养出真正有创造力的学生来。现在常讲中国有许多学生，包括一些“双一流”院校的学生，往往高分低能，为什么会高分低能呢？恐怕与教师的质量问题、能力问题不无关系。教师如果长期甚至压根不在学科前沿或产业前沿搞科学研究，他们在教授任何一门课的时候，就不能把本学科最新的信息、前沿的技术带进课堂、带给学生。教师只有既搞教学又搞科研，才总有一种好奇心在不断地思考、提出问题，挑战自我，也才有可能培养出一批具有好奇心、创造力，勤于思考、分析、探索问题的学生。

既搞教学又搞科研本是天经地义的事，但实际中许多教师要么不想这样做，要么不敢这样做。不想做是理念认识上的问题，不敢做是信念信心上的问题。对于常搞科研很少接触教学的人，对讲好课往往充满了畏惧；反之，长期只搞教学而未涉足过科研的人，也对科研充满了畏难情绪。对于部分刚入教不久的青年教师，则可能在两方面都存在一定的神秘感，缺乏跨出第一步的足够勇气和信心。诚然，无论教学还是科研，要做好都不容易。但要起步又都不难，因为毕竟如上所述，教学和科研是一种相辅相成、相互促进的关系，只要具备了当一个大学教师足够的理论基础、学科专业知识水平和综合能力，又肯下功夫，就没有做不好的。

2. 每个教师在教师生涯的不同阶段，教学科研的侧重点应有所不同

人的时间、精力是有限的，因此教师的教学和科研在时间、精力安排上有替代性，教学上花的时间、精力多了，科研的时间、精力就少了，反之亦然。这就要求掌握好一个平衡点。要让每个教师都找到这个平衡点，实现教学和科研两不误、总相宜，关键在于学校要建立一个很好的激励机制。一个教师教不好书，完不成教学任务，就没有资格评副教授、教授，但是也不等于说你教好了书，完成了教学任务，就可以当副教授、教授，必须是教学和科研两者结合得好，两者成绩都突出，才有资格、有条件当副教授、教授。美、欧、澳那些世界一流大学，教授都从事很多前沿科技研究工作，但同时教学工作量也很多，普遍比我们的教授要多。

美籍华人著名数学家、哈佛大学终身教授、中国与全球化智库（CCG）学术专家委员会专家丘成桐先生 2010 年在谈到中国的本科教育时提到，他发现国内大学存在的几大“怪现象”之一，是一些所谓的“名教授”不花时间参与本科教学。他以美国哈佛大学和中国北京大学为例做了比较。他介绍说，哈佛的教授数量比国内大学要少很多，数学系也就十七八个正式教授，但是数学系每年都要开一两次会，研究讨论本科生和研究生的学习进度，教授会花很多功夫去培养本科生。

比如数学系的本科生，一年级就会根据学生情况划分不同水平，选择最好的学生去重点培养，当本科生毕业的时候，一般就会有 2 ~3 个毕业生的学术论文可以登载在第一流的杂志上。北京大学数学科学学院的教授有 100 多个，有学生 1 万多人，而哈佛有学生 6400 多人。如果按照比例，国内应该有条件让教授带本科生，提高教学质量。但为什么那些“名教授”没有时间带学生、踏踏实实搞教学做学问呢？丘成桐先生一语道破原因：“现在名校教授花时间不是在学术上，至少三分之二的时间用在学术交易和拉票。算起来，三分之二是非学术生活。当然不愿意做学问了。”①②

为什么会出现这种现象？我看主要是思想理念和管理是否严格的问题。当然，教学与科研的结合和统一绝不是说要同时既搞教学又搞科研，相反，同一时段（如同一学期）最好应防止教学、科研兼顾，既然上课，就全身心地投入教学、精心教学，免得两头都顾、两头都顾不好，甚至出现科研冲击教学的现象。从人的成长成才规律出发，在教师队伍整体工作安排上，处于三十而立、四十不惑阶段，精力旺盛、敢想敢干、创造力强的中青年教师，可适当多做点科研；而处于五十以上年龄，见多识广、经历经验丰富、综合水平造诣相对较高的中老年教师，包括著名专家学者名师，则应把主要精力放在教学特别是本科教学上。这样无论对教师个人的成长发展，还是对教师队伍整体水平的提升和实力的增强，抑或对学生的培养，都更为有利。目前现实中的情况恰恰与此相反，越年轻的教师承担的杂务事越多，讲课工作量也越大，而那些科研活力精力明显减弱、科研效率明显降低，从事教学优势相对明显的老教授们则反而远离教学、远离学生，这种对人才的逆用，显然是对人才的极大浪费。这一点以我之见理应彻底改革，凡当了教授的人，承担的教学工作量，尤其是本科生学科专业

---

① 数学大师丘成桐痛击中国学术腐败［M］. 北京科技报，2005 - 08 - 10.

② 数学大师痛击中国学术腐败［EB/OL］.（2005 - 08 - 17）［2018 - 05 - 01］. http：//edu. people. com. cn/GB/1055/3622257. html.

基础课教学工作量，一定要比那些没当教授的教师大，承担的社会服务工作也要多。这样可以使得年轻教员在最富创造力的年龄阶段，有更多的时间进行开创性科学研究工作，而使青年学生（无论本科生还是研究生）在就学期间能广泛接受到水平相对最高、学养相对最深的一批老教师的直接教育和熏陶。

3. 对什么是科研、怎么才算搞科研要有正确理解

"科研"是科学研究的简称。科研大体上可分为基础研究、应用研究和开发研究三大类。① 基础研究是对新理论、新原理的探究，目的在于发现新的科学领域，为新的技术发明和创造提供理论前提；应用研究是把基础研究发现的新理论应用于特定目标的研究，它是基础研究的继续，目的在于为基础研究的成果开辟具体的应用途径，使之转化为实用技术；开发研究又称发展研究，是把基础研究、应用研究成果应用于各方面实践的研究，是科学转化为生产力、战斗力的中心环节。② 这三类科研也可以说是整个科学研究系统的三个互相联系的环节，它们在一个国家、一个学科专业领域、一个大学的科学研究体系中应协调一致地发展。对研究型、教学型等不同类型的大学和理科、工科等不同学科门类的大学，尽管一般说来这三类科研都应开展，但侧重点是大不相同的，因而对他们的科研内涵、研究重点及评价指标也应大不相同。比如理科院校的科研应偏重于基础理论研究，而工科院校的科研则应偏重于应用技术的研究和实用系统的开发研究。

对科研的认识，在现实中还有两个重要误区，我觉得也是很不利于科研的发展，更不利于人才培养工作的开展。

一是似乎只有立了项、进了钱的课题研究才算科研，把科研项目、科研经费与科研等同起来。这是十分有害的。尽管有项目、经费支持

---

① 赵志德. 应用科学的研究程序和管理（上）［J］. 科学学与科学技术管理，1982（06）：33－36.

② 赵志德. 应用科学的研究程序和管理（下）［J］. 科学学与科学技术管理，1983（01）：34－36.

对做好科研无疑更为有利，但决不能认为没有立项、没有外来经费支持就不能做科研，不能指导研究生做论文课题。众所周知，能不能立到项目、能立到多少，能不能拿到经费、能拿到多少，在现实国情、潜规则下，除了与水平高低、能力大小有关，还与其他一些复杂的因素相关。许多拿不到项目和经费但确有水平有能力的教授、副教授，为什么不能依托学校的实验室条件，通过自提课题开展前沿理论和关键技术的研究呢？国家每个五年计划甚至每年都要给每个学校下拨上千万甚至上亿的学科、专业建设经费，用于建立、扩充、更新、完善实验室及关键实验设备装备和软硬件平台，建立这些实验条件做什么呢？难道不是建给有志于开展科学研究的广大师生，特别是一时没有项目经费支持的教师使用的吗？

二是似乎只有科学技术研究才算科研，而教育教学研究不算科研。这也同样是十分有害的。学科的门类很多，教育学也是一门科学，因此在以人才培养为中心、以教学育人为主要天职的学校，教育教学研究无疑也是科研的范畴，而且应该引导鼓励广大教师高度重视这方面的研究。现实中，各类大学对这方面的重视很不够，在要求参加多少研究项目、发表多少学术论文的规定中，很少把参加教育教学研究项目及发表相关学术论文同参加科学技术研究项目及发表相关学术论文平等对待。

4. 把大学搞科研同专业研究院（所）搞科研的目的和出发点区分开来

大学搞科研应有别于社会上专业研究院（所）搞科研。大学教师搞科研的目的，主要不是为了出多少科研成果，而是为了更好地跟踪学科发展前沿、提高学术造诣水平、增强自身理论联系实际解决问题的能力，以便不断提高教学水平、提高人才培养质量。就像许多化学反应和工业生产过程一样，其主要结果是出某种产品，但同时也会出一两种有价值的副产品。学校所做的一切工作都是为了源源不断地出高水平、高素质的人才这种“主产品”，在此过程中也会出一些科研成果，这些成果也可能具有可观的社会效益和经济效益，但归根结底这些都只能认为是学校的副产品，不能代替哪怕冲击主产品的地位。

大学和大学教师搞科研，一定要突出其为人才培养服务的功能，要牢固确立科研服从服务于教学的观念，着眼于、落脚于科研向教学的转化。这种转化主要体现在两方面：一是用科研中学到的新知识、新技术和积累的实践经验来充实自我，增强学科底蕴、深化学术造诣、提高教学水平，以利于教学时介绍学科前沿更加得心应手，阐释知识概念更加深入透彻，理论联系实际更加游刃有余；二是将科研成果和科研经验融汇于教学中，转化成教材讲义、实验装置和数字化教学平台等教学资源，推动教学改革和教学建设。

教师自己在科研中能够获得高等级成果固然可喜，但看到自己教育培养的学生具有很强的科研能力，他们走向各行各业工作岗位后能够频频传来取得科研成果的捷报，则更值得欣慰、高兴和庆贺。这是教师应有的气度、胸怀、境界和“生爱”情怀，这也正是所谓教师要淡泊名利、甘当人梯在科研方面的重要体现。

正是基于上述思想认识，我从教几十年中，在坚持以教书育人为本，将主要精力致力于教学工作、教学研究、教学改革、教学建设的同时，也高度重视科学研究，通过科研增强学科底蕴、提高学术造诣，坚持以科研促进教学质量和教学水平的提高，努力将科研成果转化为教学资源，为人才培养服务。我是学校最早从事科研（包括纵向科研和横向科研）的教员之一。早在20世纪70年代初中期，就为铁道部和北京地铁成功研制了“内燃机车速度表转速表自动校验台”，在全路和北京地铁推广应用，并被国家成功推广应用到朝鲜平壤地铁。1987年又最早申请到全国首批“863”计划项目，成为全校、也是全国首批“863”计划项目负责人之一，主持研究的“机器人力反馈依从控制技术与力控制器”成果被国家智能机器人主题专家组评定为居于国内领先、国际先进水平，因此成为我校智能机器人技术研究的奠基者之一。90年代中期，通过跟踪美军等外军动态，自提“单兵装备数字化技术研究”课题，在学校和国防科工委（原总装备部的前身）的相继支持下，在国内最早开展了数字化部队与数字化战场技术方面的立项研究，先后在全军首届信息战理论暨数字化部队建设研讨会、全国军事电子信息学术会议、《国防科技大学学报》和《现代军事》杂志上发表了《单兵数字化系统及其相关技术研究》系列论文（共6篇）和《浅谈我军数字化部队的装备建设与发展》等论文，在国内军事、军事技术学术界和有关军事领导部门产生了较大影响，被许多同行专家引用和多种权威文献检索机构收录。后来又与中南大学、湖南大学同行合作，参与主持完成了一项国家自然科学基金重点项目，结题验收时被评为优秀。从事这些科学研究虽然也曾获全国科学大会奖和多项部委级科技进步奖，以及多篇军队、湖南省、学会和杂志优秀论文奖，但我并不看重这些奖，重视的是怎么及时将这些科研成果和科研中积累的科研经验融汇于教学中，充实到教材和讲课中，用于更新教学内容与教学手段。我编写的40余本教材著作，大都是自己长期从事过程监控、控制与管理一体化，智能机器人控制，智能化仪器仪表与自动化装置，以及其他计算机应用方面科研成果与经验的结晶。

第二章　大学教师队伍建设

现代大学实际上就是一个小社会，涉及的建设方面很多，包括教学建设、科研建设、后勤建设、校园环境建设、校园文化建设、人才队伍建设等。仅就人才队伍建设而言，又涉及各个方面、各种类型人才队伍的建设。显然，教师队伍的建设是大学最重要、最根本的建设，即要提升大学教育质量，关键在于大力加强教师队伍建设，只有建成一支高水平高素质的教师队伍，学校的办学水平、办学质量才有保障，才有可能为国家、为军队培养出一批批高水平高素质的新型人才。

一、立足点：强化教师天职意识

1. 教师的天职是“教书育人”

教师的天然职责植根于学校的性质和天然职责。如前所述，大学有人才培养、科学研究、社会服务和文化传承创新四项基本功能，这就决定了大学教师的天然职责也有这四项；大学的第一天职是引导组织广大教师热爱教学、精心教学、把书教好、把学生培育好，这就决定了教书育人或说教学育人，同样是教师的第一天职。

作为大学教师，一定要从学校和教师的天职的高度去理解教学的重要性和教书育人的必要性。既然选择了在学校工作，选择了当教师，就意味着把教书育人作为自己的职业，就理应牢固树立“以学生为本”“以人才培养为中心”的思想，一切以是否对学生成长成才有利为出发点和行为准则；理应增强育人的自觉性和积极性、主动性，把教书、上课作为育人的主渠道，将育人寓于教书、上课之中，将教好书育好人当作自己的主要职责和人生最大追求、最大乐趣。事实上，一个教师，不管你主观上是否想要去教育学生，是否承认、是否自觉在做着教书育人的工作，客观上你的每一堂课、每一次辅导答疑，乃至一言一行、一举一动，面对的都是学生，都会对学生起着潜移默化的作用。也就是说，你在与学生的接触中几乎无时无刻不在以自己的言论行动影响和教育学生，而且这种影响和教育是深远的，有时甚至是终身的。因此作为教师，一定要自觉地、不断地增强教书育人的责任感、使命感，要自觉地、主动地有心为之，并且要日积月累、坚持不懈、一以贯之。自觉主动地做，育人的效果会更好、更显著；不自觉主动地做，育人的效果就会打折扣，不那么明显。

对于教师的天职，其实我国唐代杰出思想家、政治家、教育家韩愈在他著名的《师说》中，就用“师者，所以传道、受业、解惑也”（受，通“授”，即传授）做了高度的概括。从此，“传道、受业、解惑”这六个字便成为我中华民族公认的教师职责。用现代的话说，所谓“传道”，主要是教给学生修身立命的道理，告诉他们怎么立德做人；所谓“受业”，主要是向学生传授从业谋生的知识、学问和本领；所谓“解惑”，则是对学生在“传道”“受业”过程中的修身养性学习进行辅导答疑，释解各种困惑存疑的问题。其实时至今日，这六个字已经有点不够了，应该有所发展：除了传道，更需要激发学生悟道；除了授业，更需要激发学生自学；除了解惑，更需要激发学生思考。

除此之外，古今中外许多著名教育家对教师的职业性质、职业特点、职责义务等也都有过诸多论述，如：

第斯多惠说：“教师要把教育事业作为自己一生的使命，要为教育贡献出自己的整个心灵，……按天职他是教师，教学成为他的生命，他的养料。”

杜威说：“每个教师应当认识到他的职业的尊严，……教师总是真正上帝的代言者，真正天国的引路人。”

苏霍姆林斯基说：“教师不仅仅是教课的老师，也是培养人的教育者，是生活的导师和道德教员。”

赞可夫说：“教师既是学生的年长的同志，同时又是他们的导师，无论对集体或者每一个个别的学生，都时刻不要放松自己肩负的指导责任。”

陶行知说：“教师的职务是‘千教万教，教人求真’。先生不应该专教书，他的责任是教人做人。”

徐特立说：“教书不仅是传授知识，更重要的是教人，教育后代成为具有共产主义思想品质的人。”

纵观这么多教育家的论述，我深深地领悟认识到：大学大学，是因大批学子待育而立的；教授教授，是因教书授课需要而聘的。没有学子待育要办大学干什么?！没有授课需要聘任教授干什么?！这是起码的常识，应为大学每个领导和每个教师所理解和牢记。因此，身为大学教师教授，理应以通过教书授课来培育一批批学子（即教书育人）作为自己的天然职责。

正是基于上述认识，我长期以来一直把教书育人当作自己的人生事业和光荣职责，把一届届毕业生看作自己最大的成果和乐趣。无论当助教、讲师、副教授时期，还是当了教授以后，以至2003年被评为首届国家级教学名师以后，我都始终坚守三尺讲台，无怨无悔站在本科教学为主的教学第一线，全身心地投入人才培养工作中。从教四十多年中，我为各层次教学对象先后讲授过基础课、专业基础课和专业课共15门，仅退休前的十年中，就为本科生授课近2 000学时，年均近200学时，外加指导研究生、兄弟院校访问研究学者、本科优异生和本科生毕业设计百余名。与此同时，还认真履行系列课程重点岗位教授和教学创新团队带头人的职责，重视扶持、培养年轻教师，力所能及地发挥自己的“传、帮、带”作用，毫无保留地把自己的教学经验体会传授给他们，与他们共商教学方法，带领、指导他们设计教案、编写教材、撰写论文，帮助他们尽快掌握教学规律，提高授课水平，站稳站好讲台，加速成长为课程改革建设的顶梁柱，为本学科专业形成合理的教师梯队，促成系列课程组“一人多课、一课多人、后继有人”的良性局面，确保各门课程的教学质量稳定提高，做出了自己的努力。

2. 教师的天职教育要常抓不懈

要打造高水平高素质的师资队伍，首先必须让每个教师认清和履行教师的天职。为此每年都要对新入校教师进行岗前任职培训，把教师天职教育作为任职培训的第一课。通过培训，务求使每个新老教师都能从天职的高度去理解教学的重要性和教书育人的必要性，把为国家培育高素质创新型人才作为自己的根本任务和终极目的，增强教书育人的责任感和自觉性、积极性、主动性，将育人寓于教书、上课之中，并将教书育人当作自己人生的最大乐趣和毕生追求。

教师要怎样才能履行好教书育人的天职呢？我认为要坚持好“五为”：以教好书为先，以为人师表为本，以恰当言教为责，以创新驱动为源，以执教能力提升为基。

（1）以教好书为先

在我看来，教师的人生价值首先应体现在教书上，在课程教学上。每个选择当教师的人，无不希望自己能讲出一堂堂、一门门精彩的课，得到学生和同行的认可，以此来最大限度地体现自己的人生价值。因此，上讲台、多上课，理应成为每个教师孜孜以求的心愿；不断创新教学、提高讲课水平，理应成为每个教师矢志不渝的追求；如何上好课，理应成为每个教师不懈探究的课题。

（2）以为人师表为本

为什么说教师的立教、育人之本是为人师表呢？这和前面理解教书育人是教师的天职时一样，同样可以从古今中外一些著名教育家的论述去理解。如：

苏霍姆林斯基说：“知识的教育作用在很大程度上取决于，知识究竟跟教师个人的精神世界（他的信念、他的生活的整个的道德方向性和智力方向性、他对自己教育的对象即年轻一代未来的观点）是否紧密地融合为一体。教师的个人榜样，这首先是指他的信念的力量，他对科学的热爱，以及他的道德面貌（用自己的智慧、理智和知识为社会主义社会的崇高理想而服务）。”

第斯多惠说：“希望引导别人走正确的道路，激发别人对真和善的渴求，使别人的素质和能力得到最高的发展，因此他应当首先发展他本身的这些优秀品质。”

车尔尼雪夫斯基说：“教师把学生造成一种什么人，自己就该是这种人。”

乌申斯基说：“教师个人的范例，对于青年人的心灵，是任何东西都不可能代替的最有用的阳光。”

卢梭说：“在敢于担当培养一个人的任务以前，自己就必须要造就成一个人，自己就必须是一个值得推崇的模范。”“做老师的只要有一次向学生撒谎撒漏了底，就可能使他的全部教育成果从此为之毁灭。”

陶行知说：“要学生做的事，教职员躬亲共做；要学生学的知识，教职员躬亲共学；要学生守的规则，教职员躬亲共守。”

徐特立说：“教师是有两种人格的，一种是经师，一种是人师。人师就是教行为、就是怎样做人的问题。经师是教学问的，就是说：除了教学问以外，学生的品质，学生的作风，学生的生活，学生的习惯，他是不管的。……我们的教师是要采取人师和经师二者合一的，每个教科学知识的人，他就是一个模范人物，同时也是一个有学问的人。”

…………

以上著名教育家的论述，都充分说明了为人师表对于一个教师履行好教书育人天职的极端重要性。

习近平同志在北京大学师生座谈会上的讲话中指出：“古人说：‘师者，人之模范也。’在学生眼里，老师是‘吐辞为经、举足为法’，一言一行都给学生以极大影响。教师思想政治状况具有很强的示范性。要坚持教育者先受教育，让教师更好担当起学生健康成长指导者和引路人的责任。”①

那么，怎样才算为人师表呢？我认为应以师德为根本、师才为基础，以德才兼备、德艺双馨为最高境界。

师德主要表现为具有良好的教师职业道德：志存高远，淡泊名利，具有正确的世界观、人生观、荣辱观和崇高的使命感、责任感；甘作“蜡烛”，甘为人梯，具有乐于在三尺讲台上挥洒汗水、迸发才智、实现自我价值的奉献精神，把教书育人作为一种乐趣、一种享受；治学严谨，科学求实，具有不弄虚作假、不沽名钓誉、诚信至上的思想品质；严于律己，宽以待人，具有关爱学生、平易谦和、诲人不倦的道德情操；教学相长，不耻下问，具有虚怀若谷、谦虚好学，不以长者师者自傲、唯以科学真理是从，从不居高临下、不懂装懂、故步自封的学者风范；等等。此外，还表现在有强烈的先进性和楷模意识，以及时时、处处、事事严格要求自己的自觉性，以自己良好的形象（言行）、特有的人格魅力和学识魅力、卓有成效的工作去教育学生、影响学生、感染学生。教师只有师德高尚，学生才能“亲其师，信其道”，传道授业才能收到事半功倍的效果。

师才主要指具有本专业、本学科领域较深厚的理论功底，较过硬的业务本领，以及精于教学、研究教学、创新教学的能力。为此，要不断加强学习、与时俱进，并重视教学与科研结合，在坚持以教书育人为本，将主要精力致力于教学工作、教学研究、教学改革、教学建设的同时，也高度重视科学研究，通过科研夯实学科底蕴，增强学术造诣，提升专业素质，提高教学水平和执教能力。正所谓“要给学生一碗水，自己要有一桶水”，教师只有师才过硬，学生才能从他那里学到真本事、学会做学问。

只有高尚的师德、精湛的师才，才是对学生最生动、最具体、最深远的影响和教育。

---

① 习近平在北京大学师生座谈会上的讲话［R］. 新华社，2018-05-03.

（3）以恰当言教为责

要育好人，除通过为人师表进行“身教”外，也要重视合情合理、恰到好处的“言教”，这对一个教师来说同样是非常必要的。要坚持用价值观引领知识教育，把社会主义核心价值观融入教学全过程，通过自身的潜心教书育人、静心治学、言传身教，充分发挥教化育人作用，引导广大青年学生勤学、修德、明是、笃实，使社会主义核心价值观成为基本遵循，促进学生和教师共同努力，合力形成优良的校风、教风和学风。

所谓合情合理、恰到好处的“言教”，就是要找准时机、贴切自然。尤其对自然科学和工程技术课程的教师来说，将育人寓于教书之中，绝不能刻意生硬、牵强附会。但只要有合适机会，不能放过，一定要自觉肩负起教师育人的责任。教师在课程教学过程中，应结合教学内容，自然地、不失时机地对学生进行一些爱国主义、理想信念、科学精神、严谨作风、思想品德、治学态度、人文素质等教育。比如在讲到科技史中一些新科学理论、新技术发明的出现和现实中的前沿科技成果时，可顺理成章、水到渠成地介绍科学家们的高尚品德；在结合本人或本单位科研项目、科研成果讲述教学内容时，可恰到好处、实事求是地介绍自己或同事的人文情怀。我在课堂上就经常会这样做。例如：在讲微处理器发展历史和现状时，专门介绍以“龙芯”等为代表的“中国芯”工程的来龙去脉和发展水平、现状、前景；讲存储器时，专门讲述 U 盘发明人邓国顺发明 U 盘、申请国内外专利、创办朗科公司的故事；在讲计算机在测控系统中的应用时，专门简介中国以 921 工程（载人航天工程）为标志的航天控制成就与“特别能吃苦、特别能战斗、特别能攻关、特别能奉献”的载人航天精神，穿插介绍一些哈军工—国防科大校友在该工程中所做贡献的故事。讲述这些的目的在于，激发学生的爱国热情和努力学习、攀登高峰、报效祖国的雄心壮志和信心勇气。在介绍“中国芯”工程时，也特别讲述和痛斥了相关人员在“中国芯”工程实施过程中“汉芯”造假和其他一些学者乃至校长种种学术造假和腐败的行为，旨在对学生进行学术道德、诚信操守、理想信念等方面的教育。在课间、课外，我也经常会以交流聊天等形式，结合自己的人生经历和切身体会，与学生聊人生观、世界观、价值观、挫折观，谈“哈军工”精神、“哈军工”传统，以至日常礼仪、社会公德等。学生对此很感兴趣，每每聊得很开心、很自然、很热烈。实践证明，以这种闲聊的方式和学生平等交谈，往往比专门给他们一本正经讲一堂思想政治教育课和做一场专题报告效果还好，常能起到“随风潜入夜，润物细无声”的作用。

打造高素质的师资队伍，目的是为了培养一届届高素质的学生。对军校来说，就是为了培养一代代高素质新型军事人才。一般来说，作为军校学员，综合素质应包括思想素质、业务素质、人文素质、军事素质、身心素质等。为此，国防科技大学在多年的办学实践中凝练出了“理想信念坚定，军事素质优良，科技底蕴厚实，创新能力突出，身心素质过硬”的五句话人才培养总目标、总要求。相比之下，我感到军校学员的思想素质和人文素质普遍较高，但仍值得注意的是，思想素质的培养不仅要重视课内外的政治学习和思想政治教育，还要重视日常的道德品质教育和文明公德养成。而实际上前者并不等同于后者，政治成绩好并不等于思想觉悟、文明程度高，思想政治教育不能代替道德品质教育。因此，如何科学培养提高学员的思想素质值得反思。文明程度高、综合素质好，是要融入骨髓，体现在随时随地、一言一行中的，正所谓领导在与不在一个样，校内校外一个样。而这，在很大程度上要靠教师和其他广大教育工作者的言传身教。

（4）以创新驱动为源

大学是科学的殿堂，而科学技术的发展是日新月异的，加上教学对象（学生）的知识和能力起点随着社会的进步和时代的变革也在日益提高，这就决定了作为人类文明的传承与创新载体的大学教师，要肩负起培养一代代富有创新精神的时代新人的责任，就必须首先自己富有创新性，包括创新精神和创新能力。而要有创新性，就要求教师必须具有独立人格，有自己独立的思想观点，而不是人云亦云、墨守成规、没有观点。如果只能循规蹈矩按部就班地照着已有的计划、大纲、教材讲好一门课或几门课，按照别人现成的思想、方案、路线做科研搞设计，而没有自己的创新思维、独特见解和创造性工作，恐怕至多是个好的“教书匠”“工匠”，而不是现代意义上的好教师。

一个富有创新性的好教师，应该具有以下创新性特质：

1）具有较高的学科专业方面的学术造诣和教学水平。这意味着，能够及时跟踪学科发展和教育技术发展的前沿，积极参加科学研究、教学研究和科技开发、服务社会等活动，并及时将这些活动中获得的经验、成果应用于教学中，转化为促进课程、专业、学科等不同层面教学改革、教学建设的资源，以适应时代发展、贴近学生特点和满足社会需要。这是一个教师能够顺应内外各种变化和需求，与时俱进、得心应手地开展不同层次、不同方面的教学创新思想、教学实施方案的设计，在教书育人岗位上履好职尽好责，成为一个称职教师、优秀教师的必要基础。

2）具有多角度、多维度的灵活思维习惯和能力。这种灵活思维包括抽象思维、发散思维、跳跃思维、集成组合思维、分化分解思维、超系统跨学科思维等诸多超常规的思维。正确适时地采用其中一种或几种思维，就有可能孕育出许多突破惯性思维、不落传统俗套的新颖高效的教学方案、教学模式、教学方法，产生出其不意的教学效果。

3）具有实事求是、解放思想、开拓创新、与时俱进的强烈自觉意识和思想行为素质。这是能够肩负起把大学办成教育创新、科技创新、体制创新和理论创新的教育园地，把当代大学生培养成能适应和推进时代变革的一代创新性新人的历史使命和责任的先决条件。

4）具有独特的教学魅力，善于采用与众不同的教学模式方法。注重在教学中引导学生思考问题、提出问题、探究问题、解决问题，善于创设研讨问题的氛围，指导学生开展自主性、创新性学习，以此达到启迪学生智慧、激发学生灵感、增强学习效果的目的。注重培养学生兴趣，有效提高学习内动力和学习效率。重视指导学生把着力点放在由输入与吸纳知识转化为应用知识的能力与素质上。注重引导学生学会综合，善于把本课程和前修课程学到的知识点综合在一起，去分析解决一个实际问题。注重鼓励学生破除迷信、勇于突破，有意识地突破前人、突破书本、突破老师，着力培养严谨、求实、探索、创新的学术品格和科学精神。

5）具有突出的教学调控能力和教学效能感。课堂上善于营造民主平等的教学氛围，平时则善于为学生创设选择性学习空间。具有比常人更强的教学敏锐性和效能感知度，并善于利用此优势去调动学生学习积极性，发掘学生潜能，焕发学生活力，激发学生创新，鼓励学生展现自身价值，有效实现因材施教。

（5）以执教能力提升为基

教师要履行好教书育人的职责，必须以提高执教能力为基础。所谓教师执教能力，简单说是指教师执行教学的能力，也常简称为教学能力；确切点说，则是指教师在教学思想指导下，通过运用科学的恰当的教学模式、方法和手段，有效地将知识、能力和素质传授给学生的教学能力。

教学的内涵，我认为应包括日常教学（包括课内外理论、实践教学等）、教学研究、教学改革和教学建设四个方面。因此，所谓教师执教能力应包括这四个方面的教学能力，教师执教能力的提升也应从这四个方面去努力。

总之，我认为大学一定要对教师队伍的教书育人天职教育常抓不懈，要让每个教师都有强烈的天职意识，既热爱教学、精心教学，具有为人师表的品质和教书育人的本领，又有思想、勤实践、善总结，具有以创新驱动教学改革不断深化、一路前行的开拓创新精神和能力。

3. 围绕教师天职打造高水平高素质师资队伍

大学的功能定位和大学教师的天职决定了，所谓高水平高素质的师资队伍，就是能够高标准高质量地完成学校以人才培养为中心的教书育人各项任务，具有雄厚的教学科研和文化传承创新实力的教师队伍。具体说来无非是两大方面：一是教书育人的意识和自觉性强，且为人师表好；二是教书育人的能力强，教学效果好。前者大体上主要说的是素质，后者指的是水平。习近平同志在2014年教师节同北京师范大学的师生代表座谈时就如何做一名好老师提出了四点要求，即：要有理想信念、有道德情操、有扎实学识、有仁爱之心。在2018年北京大学120周年校庆前夕同师生代表座谈时，又用“政治素质过硬、业务能力精湛、育人水平高超”这三句话来注释高素质教师队伍，并强调首要的标准是师德师风。我对此非常认同。如作展开点理解，我认为要称得上是一支高水平高素质的师资队伍，其成员，无论学科学术带头人还是一般教师，应都能达到以下基本要求：

（1）热爱教学，爱岗敬业，乐于教书育人；

（2）钟情教学，坚持教书育人，为人师表；

（3）精心教学，有创新教学的精神和能力；

（4）重视教学的前提下走教学与科研结合之路，两者协调发展；

（5）具有较强的科研转化为教学的意识和能力；

（6）执教能力强，教学水平高，教学理念先进，教学效果好。

而贯穿于这些基本要求中的一根红线，我认为应该是长春工业大学原校长张德江老师多次在教学研讨交流场合所呼吁的“三爱三情”，即：一爱学生，见到学生就动情。有了这种真情，对学生的责任感、亲切感就会油然而生，就会避免冷漠和怨气，拒绝敷衍和低俗，全身心投入教学。二爱岗位，一上讲台就激情。这种激情源于对教师岗位的热爱和追求卓越的冲动，源于对教学内容的深刻理解、切身体会和胸有成竹，源于对学生的热爱和负责。这种激情注定会感染学生，焕发学生的激情，成就教学的精彩。三爱专业，一谈专业就痴情。达到这种境界、处于这种状态，才能做到工作忙而不累，乐而忘忧，始终“忙并快乐着”，也才有可能在教学上有大突破、出大成果。

如果每位教师都能按这“三爱三情”来对待教学、履行职责，这无疑就称得上是高水平高素质的师资队伍。

那么，如何才能打造满足上述要求的高水平高素质师资队伍呢？我的见解是，除了以强化教师天职意识为立足点，还应以加强师德师风建设为首要点，以建好教研室主任队伍为突破点，以提升教师执教能力为着力点，以按“三支创新团队”思路建队伍为切入点，以政府加大教师培训投入为支撑点。

二、首要点：加强师德师风建设

（一）加强师德师风建设的重要性

长期以来，在人们的心里、在社会的舆论场中，大学是“象牙塔”，是“科学殿堂”，是无比纯洁高尚的学术圣地。而这种纯洁性高尚性，全靠大学的教师来体现、来张扬。因此，要建成高水平高素质的师资队伍，我想途径举措、努力方向可以讲出一箩筐，但最重要最关键的还是要大力加强师德师风建设，培养造就一支有理想信念、有道德情操、有扎实学识、有仁爱之心的优秀教师队伍。

关于加强师德师风建设对于大学的重要性，习近平同志有过一段很精辟的论述。他说：“‘才者，德之资也；德者，才之帅也。’人才培养一定是育人和育才相统一的过程，而育人是本。人无德不立，育人的根本在于立德。这是人才培养的辩证法。办学就要尊重这个规律，否则就办不好学。要把立德树人的成效作为检验学校一切工作的根本标准，真正做到以文化人、以德育人，不断提高学生思想水平、政治觉悟、道德品质、文化素养，做到明大德、守公德、严私德。要把立德树人内化到大学建设和管理各领域、各方面、各环节，做到以树人为核心，以立德为根本。”①

（二）大学师德师风的现状

当前我国大学师德师风的现状如何？对此，习近平同志在一次讲话中也有过一个宏观论述。他说：“我们的教师队伍师德师风总体是好的，绝大多数老师都敬重学问、关爱学生、严于律已、为人师表，受到学生尊敬和爱戴。同时，也要看到教师队伍中存在的一些问题。对出现的问题，我们要高度重视，认真解决。要引导教师把教书育人和自我修养结合起来，做到以德立身、以德立学、以德施教。”②

学术界本身和其他的社会各界一样都有自身的利益，如果以真实学术水平的优胜劣汰的方式来得到这些利益，那么这种利益的获取方式就是促进学术健康发展的正当手段；如果是以非学术或伪学术的方式获得利益，就是学术上的不当得利。国际上通常以学术不端（academic misconduct）或学术不诚实（academic dishonesty）来指代这种不良现象，而在我国却使用了“学术腐败”这个极具特色的词。我觉得用得很好很确切。近年来相继卷入学术不端和学术腐败事件的院校、院校长、院士名流层出不穷，不胜枚举。

不可否认的是，这些年来在各大学的教师队伍中，存在着急功近利、乱拉关系和追名逐利、不尚务实的学术不端行为，以及弄虚作假、学术造假和以权谋私、利益输送的学术腐败行为。教师队伍中存在的诸如此类师德师风方面的问题，若不从根本上解决，将直接影响大学教书育人职责的完成。

---

① 习近平在北京大学师生座谈会上的讲话［R］. 新华社，2018-05-03.

② 习近平在全国教育大会上发表重要讲话［R］. 新华社，2018-09-10.

（三）加强师德师风建设迫在眉睫

大学作为一个学术的共同体，维系其生命的自然是学术。科研也好，教学也好，一切都是以学术作为它的维系点。如果学术腐败了，这个大学就腐败了；而大学腐败了，大学就失去诚信、失去社会对她的起码尊重了，那办一流大学就根本无从谈起。[①] 可见，加强师德师风建设应是大学当前迫在眉睫的任务。

（1）加强师德师风建设的最重要方面，是要加强对校领导和广大教师的学术诚信、学术自律教育，严肃处理、坚决杜绝一切学术不端和学术腐败行为，全力捍卫学校的学术尊严。为此，要从制定学术规范标准入手，以明确的规范规避权力的自由裁量，对学术领域的研究和管理的各个方面，从课题的申报到科研经费的管理，从学术成果的评价到学术职务的晋升，从论文的发表、著作的出版到著述引文等，方方面面都做出具体的明确的规定，使从事学术活动的每一个人都非常清楚哪一种行为符合学术规范，哪一种行为属于违规失范；要从制度上使违规行为付出沉重代价，这既是对诚实学术研究的一种保护和激励，也是对官僚权力入侵的防范和规约；要通过学术评价透明化、公开化、学术化和程序法定化等措施，摆脱权力因素对学术评价的不良影响，避免权力寻租、暗箱交易、依靠权力腐败获得学术利益的行为。一旦出现学术腐败，一定要严肃追责，严厉制裁。这种制裁的对象不仅是针对违规的个人，也要针对违规的部门。一般官僚造成的学术腐败，不仅仅是为了获得不当的学术上的名利，更多的是为了获得官位和权力，以便权钱交易、权色交易。对于这类学术腐败，也应像对待官场和经济领域里的违规腐败行为一样，加大惩戒力度，增强制裁威力。只有这样才有可能从根本上遏制学术腐败。

（2）加强师德师风建设的关键，是要把学术道德和学术规范作为

---

① 5位大学校长：对学术腐败绝不宽容［N］. 法制日报，2009-03-08.

教师培训尤其是新教师岗前培训的必修内容，并常抓不懈，以切实提高广大教师的学术自律意识；同时把学风表现作为教师考评的重要内容，把学风建设绩效作为大学各级领导干部考核的重要方面，以形成学术道德和学术规范教育的长效机制。从教育的过程看，高尚的师德是实现教育根本功能的前提。因为学生身心的健康、思想品德的高尚、智能发展的充分，很大程度上取决于给他们提供养分的教师的综合素质。师道不立，其教不成，学生成才就成了无源之水、无本之木。在学生的心目中，教师往往就是社会的规范、知识的化身、道德的楷模。他们不仅把教师看作是学习的榜样，甚至自觉或不自觉地模仿其言行举止。因此，应该把师德师风建设作为每一所学校常抓不懈的工作，既要有严格制度规定，也要有日常教育督导。

（3）加强师德师风建设还有一个重要方面，就是要扭转一切向钱看的思想，杜绝为了多赚钱不顾职业道德，到处兼职、频繁跳槽的行为。有些教师把本职工作作为副业应付，而把主要精力放在挖空心思四处兼职多捞钱上，放在“人往高处走”“劲往钱多处使”上，甚至有不少教师，包括有的院士、校长，编制岗位在学校，人和心却在自己开办的公司或兼职的单位，常年在公司或外单位上班。更有甚者，有的研究生导师还把自己在学校承担的课程教学任务全部或大部分让自己的研究生去代劳，并强制研究生去自己的公司充当无偿或廉价劳动力，按公司员工一样对他们分配任务、进行管理，“表现”不好，卡住不让答辩、不放毕业。诸如此类行为实际上也是另一种形式的学术腐败，要遏制、杜绝，同样要两手抓，一手抓正面教育，防微杜渐，一手抓建制立规，加大处罚力度，使之不想腐、不敢腐、不能腐。非如此，建设高水平高素质师资队伍将无从谈起。

三、突破点：建好教研室主任队伍

大学的组织结构一般是由学校、院－系、教研室三级或四级行政组织构成并进行管理的。教研室主任既是学校最基层的一级行政领导，又是教学科研的一线教师，其地位特殊、使命重要，是学校整个师资队伍中一个特殊的教师群体。建设好这个特殊的教师群体，是建设高水平高素质师资队伍的重要组成部分，而且意义格外重大。

（一）教研室主任的职责

要理解教研室主任的职责，首先需要了解教研室的性质和任务。教研室的性质，可理解为是按学科、专业或课程门类归口组织起来的学校教学科研管理基层单位、人才培养前沿阵地。广大教师是通过一个个教研室组织起来的。教研室的任务，就是保质保量地按时完成学校通过中层组织（院、系或部）下达的人才培养各项任务。

教研室主任作为教研室的负责人，其职责，简言之就是带领全室人员完成教研室肩负的各项任务；细说之，就是什么事都要管，有行政的、业务的，有教学的、科研的，有对内的、对外的，常被教研室主任们自己戏言“是打杂的”。大学老师们形象地称之为“上面千条线，下面一根针”，教研室就是那根针，就是上面各项工作任务汇集的焦点。因此，别看教研室主任称不上是什么官，可任务却是千头万绪，必须理清思路，抓主要矛盾，提纲挈领，才能做好工作。

为有利于理清思路，抓住主要矛盾，做好教研室主任工作，应从两方面去深刻理解、正确看待教研室主任的职责：

先要从大学的功能定位看教研室主任职责。既然教研室是学校的一级组织，教研室主任就是一级领导，那他们要完成的任务就必须融入学校的任务之中，或者说上、下的功能定位从整体上看应是一致的。

而如前所述，大学的立身之本和根本任务是育人，而育人的主途径、主渠道又是一门门课程教学，即教书，因此，作为教研室主任，最重要的职责是要调动每个教师（包括教授）教书育人的自觉性、积极性和主动性，并协助上级领导（如系主任）认真组织好教学。当然，教研室也有“管”好教研室所承担科研任务的职责和义务，但因为科研项目一般都是由教研室的专家教授、学科学术带头人或其他教师自行申请获得并主持开展研究，其工作从过程到结果原则上都是直接向项目发布单位（常称乙方）负责，因此教研室主任对科研工作的“管”，总的说来应是宏观的、粗放的、协助性的，管多管细了反而有所不宜。

再要从教学的内涵看教研室主任职责。如前所述的教学的内涵决定了，作为教研室主任，所谓履行职责组织好教学，主要是要以提升教学水平和人才培养质量为宗旨，带领全室人员落实日常教学，开展教学研究，深化教学改革，实施教学建设。

（二）教研室主任应有的素质

教研室主任既是学校的基层领导又是一线教师，所以他应该兼具教师和领导的素质。

1. 教研室主任首先应是一个好教师

什么是好教师？按照英国牛津大学教育研究系制定的“教师证书培训方案”中所说，好教师应具有以下六种教学能力：有效的课堂教学和管理能力，因材施教的能力，发现问题和解决问题的能力，有效解决学科教学以外的教育问题的能力，认识学生个性和差异的能力，按照教育理论认识和发展学校教育及课程教材的能力。

依我之见，换种说法，好教师应该具有创新型教师的基本素质（特征），包括以下几方面：

（1）较高的学科专业方面的学术造诣和教学水平。能够及时跟踪学科发展和教育技术发展的前沿，适时更新教学内容及其组织体系，改革教学方法手段，以适应时代发展，贴近学生特点和满足社会需要。

（2）较强的教育效能感、教学调控能力和独特教学魅力。

（3）勇于改革、不断探索的开拓创新精神和开拓创新能力。这是能够肩负起把大学办成科技创新、体制创新和理论创新的教育园地，把当代大学生培养成能适应和推进时代变革的一代创新性新人的历史使命和责任的先决条件。

（4）民主的教学作风和激发学生活力的本领。课堂上善于形成平等研讨的教学氛围，平时善于为学生创设选择性、拓展性学习空间，重视在课内外教学中发掘学生潜能、激发创新活力。

2. 教研室主任同时应是一个好领导

什么是好领导，特别是好基层领导？我的体会是，好基层领导应具有以下基本素质：

（1）高尚的思想道德水准和品质。教研室主任权力有限，岗位清贫，责任却不小，教学、科研、行政事务几乎件件都要靠主任去落实，这就要求主任做事首先要学会做人，做人首先要讲德行，要时时处处事事以身作则、率先示范，要严于律己、宽以待人，千万不要与人争名、与人争利。

（2）较强的组织协调能力。要善于承上启下、承前启后，协调各种内外关系和资源要素，发挥教师队伍的整体功能，调动各方积极性，利用各种有利条件，消除不利因素，增强凝聚力、向心力，提高工作效率，确保各项任务完成。

（3）奋发向上、志在一流的进取心，以及前瞻思维、探索精神和创新能力。要有不甘平庸，力争带出一流教师队伍、干出一流教学科研业绩成果的不懈追求。优秀的教研室主任不仅自己要争当教学能手、科研中坚，更应成为全室教师教学科研的排头兵和组织者。

（4）较强的谋划能力、管理能力与思政能力。要善于利用各种有利条件，化解不利因素，通过自己的以身作则和思想政治工作，发挥教师队伍的整体功能，增强凝聚力、向心力，提高工作效率，确保各项任务圆满完成。

（5）为人谦虚谨慎，作风民主。要善于听取不同意见，善于吸收集体智慧，博采众人长处，化消极因素为有利因素，调动各方积极性。尤其要充分发挥专家教授的学科领军和学术带头作用，紧紧依靠他们，协力打造一支老中青结构合理、优势特长互补、综合实力较强的教师队伍、教学团队。

上述各条素质中，（2）（3）（4）三条说的是工作精神、工作能力问题，而（1）（5）两条则说的是思想境界、思想作风问题。应该说，有高的思想境界和好的思想作风比工作精神、工作能力更重要。日常千头万绪的工作都要通过教研室主任去落实，确实很辛苦，但不可否认的是，平时各种主要依据定性而不是定量的条件指标授予的名利荣誉，如每年的报评先进、嘉奖、立功、教学优秀奖、优秀共产党员、优秀科技工作者等，也都是首先经由教研室提名申报的。常常可以看到，一般教研室主任在任期内获得这些奖励荣誉是较多的（实事求是地说，如按功行赏，这些奖赏绝大多数都是无可非议的），但确实也有不少教研室主任真的非常谦虚谨慎、淡泊名利，表现出十分可贵的高风亮节，从来都是把诸如此类的奖励荣誉推让给别人。这两种主任在教研室的威信就大不一样，单位的向心力、凝聚力和完成任务的战斗力也大不一样。

我在20世纪80—90年代也曾有过几年担任教研室（兼研究室）副主任、主任的经历，所在教研室相当于后来学校实行“校—院—系—室”四级行政管理组织结构后的一个系，人员规模和所辖教学科研范畴比后来的一个系还大。加上期间正是我领衔申请并主持国家首批“863”计划项目和学校首批重点课程建设项目的时候，还有意有志借此机遇，实施一系列自己跃跃欲试的教育教学改革举措。可是又自认才识疏浅，要担负起这么繁重的“领导”责任，深感压力很大，唯有全心全意依靠全室教师，充分调动每个人的积极性、主动性、创造性，才有可能不负组织同事信任，不辱岗位职责使命，不没个人理想信念。于是我默默下定决心，向心目中那些一向大公无私、从不计较个人得失、总是礼让好处名利的老主任们学习。在我任教研室副主任、主任期间，只把一心扑在似乎永远做不完的工作上，而绝不考虑个人任何得失，立功、受奖、评优，我一概礼让放弃（我现有的所有奖励荣誉，都是在此前此后没有担任任何领导职务期间获得的）。因为赢得了绝大多数同仁的信任支持，大家和我共同努力、集体奋斗，课题组、教研室呈现出极大的战斗力，教学科研成效十分显著，我们课题组、教研室先后被评为湖南省先进科技单位和优秀教研室。

教研室主任领导管理的实质上也就是一个小团队，因此也可借鉴牛津大学关于高级团队管理师认证（Oxford Senior Team Management，OSTM）的条件来理解教研室主任应有的素质：个人领导艺术与资源使用能力，团队的建立、优化与成员协作，团队成员潜能的激发，团队内、外的氛围保证，团队目标达成过程与结果，团队管理经验总结及培训讲课能力。

综上所述，教研室主任既是学校的基层领导又是一线教师，而学校和教师的根本职责和中心工作都是教书育人，所以无论从哪种身份看，教研室主任都应把带领包括自己在内的一批教师教好书、育好人作为自己的主要职责和主要追求，同时也尽力组织协调好必要的科研项目争取、承接和完成。

（三）教研室主任队伍的建设

学校在抓教师队伍建设的过程中，应特别重视对教研室主任队伍这个特殊教师群体的建设。目前，我感到各大学普遍对此重视不够，有的甚至对这支特殊队伍基本上是放任自流，只管任命使用，不管培训提高。为了建造一支综合思想素质好、基层管理水平高、末端执行能力强的教研室主任队伍，学校有必要建立对教研室主任的岗前培训制度，就像每年都要对新入教的青年教师进行岗前培训一样，通过培训使他们熟悉教研室主任的职责、应有素质及履职尽责的方法程序；对他们进行树师德、铸师魂、锤炼教育教学基本功的强化培养和修训。

平时也要重视为他们多提供发展提高的机会，鼓励支持甚至组织他们走出去参加一些高规格高水准的充电学习、参观见学和学术交流，使他们开阔视野、提高水平、增强才干。当然，事实上现在的学校，我觉得不仅是对教师、教研室主任，对任何职位、岗位的人，从院校长到办事员（军校的参谋干事），从教授、副教授到讲师、助教，都很有必要进行岗前职前培训，通过培训让他们了解本职岗位的职责内涵及权利义务，了解履职尽责的要素及程序方法等。而现实中，这类岗前职前的培训教育普遍不足，因而失范失矩、违反常规的问题常有出现。

四、着力点：提升教师执教能力

如前所述，育人是教师的根本任务，通过教学育人是教师的首要职责、天然职责。因此，提升执教能力理应成为教师的毕生追求。

如何提升教师执教能力呢？原则上应从日常教学、教学研究、教学改革和教学建设四个方面去努力。由于执教能力最终的落脚点肯定应表现在日常教学能力上，而教学研究又是提升日常教学能力的基础和关键，没有持续不断的教学研究，就谈不上教学改革和与之相适应的教学建设，当然也就谈不上高水平、高质量、有特色优势的日常课程教学。因此，教师为了提升执教能力，首先要重视教学研究，并努力提高教学研究水平，增强教学研究能力；在搞好教学研究和不断加强业务学习、提高业务水平的基础上，再努力提高自身的日常教学能力，包括课前教学设计能力、课内外教学执行能力和课后总结反思升华能力。

1. 基础在教学研究

教学研究准确地说应叫作教育科学研究或教育科研，只不过在实际中人们喜欢更通俗地简称或代称为教学研究，在此不妨也这样称呼它。教学研究的内涵很广、范畴很宽。要搞好教学研究，使之卓有成效，我的体会是要注意如下几点。

(1) 有明确、正确的研究方向，找准切入点

在学校搞教育教学研究，可切入的层面、方面很多。从层面看，可针对校（院）办学定位、办学思想、办学理念，学科、专业发展建设，课程改革建设，知识单元、知识点教学等诸多层面开展研究。对任一层面，又可从教学内容与课程体系改革、教学模式方法改革、理论与实践教学改革、教学手段条件建设、纸质（电子）教材建设、考试考核方法改革、教学管理与质量评价体制改革等不同方面切入研究。应该说，在学校工作的每个教师和教育工作者，都可以根据自己的岗位特点、兴趣爱好找到教育教学研究的切入点。例如，对担任了某级领导职务的教师来说，研究的题目可宏观一点；对没有任何领导职务的普通教师来说，研究的题目可微观一点，甚至可微观到如何上好某门课、如何设计（讲授）某个知识单元或知识点、如何设计或组织实施某个实验、如何出好期末考试卷、如何开展某门课或某个知识单元的研讨式教学、如何写好教案等。当然，也不尽然，宏观微观只是相对的，一切因人而异、因材施研。总之，只要有心，人人都可以找到研究的题目，从某一层面、某一方面入手，开展教育教学研究，探索适应新时代要求、提高教书育人质量的有效方式和途径。

(2) 以国家的规划（计划）为导向，以行业、部门等的需求为牵引，以单位的办学定位和发展规划为驱动

国家在每个五年计划期间一般都有相应的高等教育发展规划和重点建设工程计划，往往还会发布与之相适应的教育教学研究项目指南。例如，“十五”“十一五”期间实施了“高等教育质量工程”，“十二五”期间实施了“本科教学工程”，“十三五”期间启动实施了“双一流建设”规划等。这些工程、规划中都设置了若干重大项目。显然，教学研究主要应以各时期的这些国家高等教育工程项目和建设规划项目为导向。

对于军校教师，需要花大力气研究如何使课程教学尽可能做到既

不失学科内容的基础性、先进性，又具有军事应用特色。为此，除开展与地方大学相同的教育教学共同规律的研究外，还要特别重视围绕如何培养高素质新型军事人才开展教学研究：一要研究在教学计划（人才培养方案）制定、课程设置、教学设计上，如何实现学校与部队接轨、课堂与战场对接、内容与装备对焦，如何面向实战搞教学、着眼打赢育人才，如何根据军队特色履行“传道、受业、解惑”重任；二要研究在课内外教学具体实施过程中，特别是各门主要技术基础课和专业课的教学中，如何通过教学内容、教学模式方法的改革来体现为军服务、为战育人的思想。就履行“传道、受业、解惑”重任而言，我认为重点要突出传革命军人核心价值观之道，授攻克关键国防科学技术、驾驭先进高科技武器装备、打赢数字化信息化战争之业，解如何带兵打仗、练兵打仗和研究、设计、使用、维护、改造现代化、机械化、信息化、智能化武器装备之惑。对于从事自然科学和工程技术类专业教学的教员来说，应大力开展武器装备案例素材库建设和研究，以支持各门主要技术基础课和专业课的军事特色案例教学和项目研讨式教学。对于从事军事指挥类专业教学的军事教员来说，更要面向战争、面向部队、面向打赢搞研究，在自己从理论与实践的结合上学习、通晓现代战争理论和制胜机理的基础上，深入研究如何传战争之道、授战胜之技、解打赢之惑，使学生从兵之初、官之初就夯实当兵打仗、练兵打仗的素质本领，研究如何快速高效地把学生培养成适应战争需要的军事人才。

每个教师所在的院校，也都会有自己的长期、中期发展规划和短期发展计划，还会有自己的办学目标和办学特色定位，教师开展教学研究，也应兼顾所在院校的发展需要和教育教学研究重点导向，力求在单位发展中作贡献，在贡献中求个人发展。

（3）有勇于开拓进取的创新精神，敢于走别人没有走过的路，志在追求卓越、争创一流、形成特色

我一直认为，一个教师如果只能照着已有的计划、大纲、教材，

循规蹈矩、按部就班地讲好一门课甚至几门课，而没有自己的独特思想见解和创造性工作，最多只能算个好的“教书匠”，而不是真正意义上的好教师。一名好的教师，应敢于开先河，用创新的思维、创新的方法去培养创新性人才；要在科学理性分析的基础上，在经过分析认为通过主观努力可以达到的前提下，把工作目标定位得高一点，瞄准一流，着眼于做出优势特色。这样有利于变压力为动力，把工作做得更出色、更卓有成效。

正是基于这种认识，早在20世纪70年代初，我便开始进行教学改革探索，紧密联系工厂技改项目进行晶体管电路课程教学，确保学员既达到课程教学理论与实践要求，又通过完成技改项目任务，培养提高工程实践能力。80年代初，我率先在本科学员中进行电子类课程实验环节的大胆改革，变传统的验证性实验为综合设计性为主的实验和课程设计，变封闭性实验为开放性实验，并从1988年起积极倡导和组织实施一年一度的本科生电子设计与制作竞赛，从而将实践性环节的改革从课内进一步扩展到了课外。上述改革，有效地提高了学员的独立分析解决问题能力、综合素质、创新能力和团队合作精神，受到了学员的欢迎和专家们的好评，并得到了教育部有关课程“教指委”的高度重视和肯定。这些以实践性环节改革为特色和主要内容的电子类课程教学改革成果（后来又推广辐射到自动控制系控制类、软件类课程），先后于1989年、1993年和1997年获得国家部委级优秀教学成果三等奖、一等奖和军队级教学成果一等奖。90年代以来，我们团队又在国内首开先河，对计算机硬件技术基础（微机原理与接口技术）类课程进行全方位的改革和建设，形成了以自编优质系列教材为龙头，课程资源建设与课程改革相互促进、协调发展的良性循环，先后多次获得军队级、省级、国家级教学成果奖；相关课程先后被评为军队优质课程、国家精品课程和精品资源共享课程，系列课程组先后被评为首批湖南省优秀教学团队和国家级教学团队。

（4）既重结果，更重过程、重积淀，切忌急功近利、心态浮躁

教学研究的直接成果是指导教学改革、教学建设的思想方案。而任何思想方案的提出，不经过几轮“思想—实践—总结”的循环，是很难证明其效果好坏的。因此，教学研究必须立足于脚踏实地、艰苦细致的工作，把功夫花在做实事、求实效上；要力戒浮躁心态、搞花架子、做表面文章，更要切忌急功近利、临时抱佛脚，不要只重总结材料、申报成果奖励，而不做实事、投机取巧。

这里讲的“思想”，是指对解决教学中存在的突出问题和对实施教学改革创新有指导作用的创新见解和思维方案。它源于不断学习思考，源于对学科技术发展、专业建设需要、教学对象特点和国内外相关动态等的不断研究分析。这个思想必须接受实践的检验，才能证明其对错好坏、优劣利弊。而这种证明又只有通过总结才能确认，通过总结对实践的过程进行反思，对实践的经验进行挖掘凝练。每完成一遍这种“思想—实践—总结”的循环，就可以升华原有的思想，提出进一步改革的新方案，从而进入下一轮“思想—实践—总结”循环。如此不断循环往复，教育教学研究才能不断深入，教育教学工作才能不断有所创新、有所发展、有所前进。

我从教40多年中，基本上就是按上述原则去想事做事，去开展教学研究和教学改革、教学建设实践，去实施日常教学的。因此从教学到科研，确实在国防科大乃至全国做出过较多具有“首创”性质的业绩，也得到过不少在全校、全军、全国具有“第一”特性的荣誉。

2. 落脚点是上好课

平时常说的“搞好教学”，通俗点说就是教好书、上好课。这是提升执教能力的落脚点和关键，因为毕竟教书上课是学校教学的主要环节，是教师之所以为教师的职业特色性工作。

（1）如何上好一门课

要上好一门课，我认为应多方面着手、全方位努力、全身心投入。

1）首先要有上好课的强烈欲望和满腔激情，以及对学生的爱心和

责任心。

这是上好一门课的基础和先决条件。在我看来，教师的人生价值首先就应体现在课堂价值上，每个选择当教师的人，无不希望自己能讲出一堂堂、一门门精彩的课，得到学生和同行的认可，以此来最大限度地发挥、体现自己的人生价值。舍此，一切上好课的思想做法都无从谈起。因此，首先要用教书育人的天职意识来武装头脑，激发自己上好课的强烈欲望和满腔激情。仅此还不够，还必须有对学生的一片爱心和责任心，以此激发自己上好课的自觉性、积极性和创造性，始终站在使学生成长、成才的高度去对待教学。

在此前提下，还要不断提高口头、书面表达水平和能力，增强当好教师上好课的基本素质。

2）开课前要做好两件事。

一是精心备课。通过备课，对所上课程的全部教学内容、教学实施要了然于胸，包括熟悉整门课的教学大纲（课程标准）和所在专业的教学计划，了解课程的性质、任务及其在专业培养计划中的地位、作用，明确课程的重点、难点所在，以便高屋建瓴，从一开始就能站在较高的境界上，从全局理解、把握好一门课的全部知识单元和所有教学环节。

二是了解学生。要到学生班（军校叫学员队、学员连）去了解学生的情况，包括基本信息和本课程开课前学生的学习情况、思想风貌、兴趣爱好、有何期待，以及班（队）学习风气等，以便在教学过程中有的放矢地接触学生、了解学生、因材施教。这样才能避免教师在教学过程中的盲目性和随意性，增强自觉性和针对性，也才能拉近师生心距，增进师生情谊，激发学生的学习热情和积极性，增强其学好课程的自信心。

3）不仅要熟悉本门课程，还应了解、熟悉相关课程，即同系列前后课程。

早在 20 世纪 80—90 年代，我就在本单位提出并倡导实施按系列课程（起初叫按课程线）的思想来组织管理课程教学，谋划开展课程改革和建设，原因就在于从多年教学实践中，深深感到如果只是孤立地备好一门课，而对前后相关课程知之甚少，甚至一无所知或基本不懂，要把这门课上得很好、很精彩、很自如，可以说是不可能的。所以，要想成为一个好的主讲教师，我认为一定要立志精通同系列所有课程，比如要讲好“微机原理与接口技术”（或“计算机硬件技术基础”）课程，就必须对电路分析基础、模拟电子技术、数字电子技术等相关性很强的课程都非常熟悉，有都讲得很好的素质和能力。

4）在重视教学的前提下走教学与科研结合之路，积累相关领域的科研经历经验，并能自觉地把它融汇于课堂教学中。

不然，将很难对课程内容有深刻的理解，很难在课堂上从理论与实践的结合上提出和分析、解决问题，站在学科和专业发展的前沿，向学生传授既先进又实用的知识和技能，因而也就很难担当起在各教学环节中向学生授业、解惑的重任，尤其很难适应开展各类启发式、研究式教学的需要。

当然，这并不等于一定要同时既搞教学又搞科研，相反，同一时段最好应防止教学、科研兼任。既然上课，就全身心地投入教学、精心教学，免得两头都顾，两头都顾不好，甚至出现科研冲击教学的现象。

5）处理好“一人多课”和先讲好一门课的关系。

一个年轻教师，在毕业后的短短几年内就走马灯似地讲很多门不同课是不可取的，这样看似重视教学，实是敷衍教学，是只求数量、不求质量、急功近利、作风浮躁，对自己、对学生不负责的表现。当然，长时间只讲一门课也不可取，“一人多课”是师资队伍建设的目标之一，但这是就中长期目标而言的。对每个人来说，要在先讲好、讲精一门课的基础上逐步达到多课，并要多得有度、多得恰当，且最好是在一个课程系列中讲多课，绝非讲课门数越多、涉及面越宽越好。与其讲课门数很多，门门讲得不好或反映平平，不如集中时间、倾注精力先讲好一门课，把讲台先站稳。蜻蜓点水似的这里点一下，那里点一下，虽然一时看来可能增加了工作量，但一旦给学生、专家、领导留下了讲课不好的印象，要扭转局面、改变印象是事倍功半的，对长远发展未必有利。

6）只埋头看一本书备课是讲不好这门课的，要尽可能地博览所有见得到的国内外相关教材和参考书，熟悉其中最主要、最流行的几种。

任何一本教材，包括教学大纲中选定的教材，再好也有缺陷、不足，任课教师应在博览群书的基础上取长补短，形成有自己特色优势的讲课内容、体系和方法，切忌照本宣科、照搬内容和内容组织方法。不但自己讲课如此，而且要告诉学生，再好的教材也只能把它作为一本主要参考书，讲课内容比教材上有补充、删减和前后重组是正常的，是符合大学教学规律的。要在教材之外向学生推荐一些较好的参考书和其他纸质、数字化参考文献资料。

关于这点，不妨引用苏联著名教育家苏霍姆林斯基在他著名的《给教师的建议》一书中相关的几段话，与读者共享：

“教师知道的东西应当比他要讲给学生的东西多十倍、二十倍——那样一来，他在上课时的言语就会运用自如，学生感知这些信息就不太费力。如果教师到了面对学生的时候才来挑选正确表达思想的词句，而且有时候还说得词不达意，那么学生就要费很大的劲来领会所讲的东西，做不到透彻地理解。

“只有当教师的知识视野比学校教学大纲宽广得无可比拟的时候，教师才能成为教育过程的真正的能手、艺术家和诗人。

“学生的智力生活的一般境界和性质，在很大程度上取决于教师的精神修养和兴趣，取决于他的知识渊博和眼界广阔的程度，还取决于：教师到学生这里来的时候带了多少东西，教给学生多少东西，以及他还剩下多少东西。对一个教师来说，最大的危险就是自己在智力上的空虚，没有精神财富的储备。

“教师越是能够运用自如地掌握教材，那么他的讲述就越是情感鲜明，学生听课以后需要花在抠教科书上的时间就越少。……那种对教材的知识很肤浅的教师，往往在课堂上造成一种虚张的声势，人为地夸夸其谈，企图借此来加强对学生意识的影响，但是这样做的结果却是可悲的：虚张声势会使人空话连篇，爱说漂亮词句，所有这些都会腐化学生的灵魂，使他们内心空虚。

"怎样进行这种准备（指上好一节课的准备）呢？这就是读书，每天不间断地读书，跟书籍结下终生的友谊，潺潺小溪，每日不断，注入思想的大河，读书不是为了应付明天的课而是出自内心的需要和对知识的渴求。"

7）特别重视讲好绪论课和总结课。

绪论是课程的纲，纲举目张。讲好了绪论课，可以说是讲好了课程的一半，它对于激发学生学好这门课的兴趣，建立学好这门课的信心，至关重要。绪论内容一般应包括：课程的性质、地位与任务、要求，有关学科技术发展的历史、现状和趋势，课程研究的主要问题及主要教学内容，与前修课程的联系和区别，课程特点和重点、难点，理论与实践的关系，对学习方法的建议，教学的基本要求和考试考核方法（含作业、实验要求）等。对于新的讲课教师，尤其要精心准备绪论课，绪论课但求讲好、讲精彩，不求赶进度、省时间。必要时，也可像讲究自由的欧美大学教师的常见做法那样，利用绪论课点名、聊天、开开玩笑、幽默一下，这样有利于彰显教师魅力，拉近与学生距离，增进与学生亲密关系，带动学生轻松进入学习状态。还可安排点互动环节，如向学生发放预先准备好的调查表，征询学生对本课程教学的期待和教学方法建议等，以有效构建和谐课堂，激发学生兴趣和自信，推动学生进入最佳学习状态。总之，绪论课以能激发学生对本门课的浓厚兴趣和学习热情、信心为主要目的。只要能达到这个目的，多花了点时间没关系，后面不难补回来。现在有不少学校都为学生开设了针对一个专业或一个课程系列的导论课，我觉得绪论课与导论课有点类似，只是导论课是一门课，导的面较宽，一般要十几、二十个学时；而绪论课是一门课中的第一节课，时间一般为十几、二十分钟至一两个学时不等。两者的目的、任务、内容等大同小异，可认为绪论课是导论课的压缩版，导论课是绪论课的扩展版。

总结课是指一门课程的最后一次课。一般来说，在一门课的全部教学内容都完成之后，原则上应安排一次总结课。总结课最好以边讲边板书和师生互动的方式，提纲挈领地将全部知识单元中的重要知识点如名词、概念、术语、原理、方法等，用一条线或几条线有机地穿为一体，这对帮助学生抓住整门课重点和逻辑主线，将“厚书”读“薄”，达到将全部知识前呼后应、融会贯通的目的很有好处。

无论绪论课还是总结课，要讲好绝非易事，必须以较深厚的学术造诣和教学经验为底蕴。

8）正确处理课前的教学设计与教学实施过程中的随机应变的关系。

作为备课的重要组成部分，开课前必须有一门课的整体安排和各章节课时的预先分配及教学设计，但在讲课过程中也不必过于死板，而要善于根据实际变化、学生反应和综合效果反馈信息，适时做出微调。一节讲得好的课、内容丰实的课，一般不可能是完全预先设计好的，必然在课堂上有机敏思维的迸发和师生间真实情感的交流，有师生、生生互动的过程，其间难免出现气氛活跃的状态，这时教师随机应变启迪思考或引发研讨，是合情合理的。作为教学管理部门及工作人员，要允许并鼓励教师在保证达到教学基本要求的前提下，酌情微调教学内容、局部学时分配和教学实施方法，这是大学教师应有的能力和自主权，也是形成教师个性化教学风格、风采的必要条件。我与同行交流时，曾听说某次本科教学工作评估专家听课时，以及有的学校平时教学督导组专家查课时，有的专家竟要对照课程教学日历表来检查教师上课的内容，检查是否有这次课规范的教案，以此作为评判教师上课好坏的打分标准之一。我认为这种机械的、教条的做法显然是有违高等教育教学规律的，是绝对不可取的，不仅不值得提倡，而且原则上应该坚决反对。

关于这点，苏霍姆林斯基在《给教师的建议》中论述较多。他说："上课并不像把预先量好、裁制好的衣服纸样摆到布上去。……真正的教育技巧和艺术就在于，一旦有某种必要，教师就能随时改变课时计划。一个好的教师，好就好在他能感觉出课的发展的逻辑，使课的结构服从于思维的规律性。

"在上课时，教师不仅要注意自己的关于本门学科的思路，而且要注意到学生。……这时，处于教师注意中心的就不是自己的讲述，而是学生的思维情况。这时，教师从学生的眼光里就能看出他们懂了还是没懂。如果有必要，他就迅速地变换讲法。"

我无论在担任校内教学督导专家期间，还是担任军队院校本科教学工作评估专家组专家，去其他学校评估听课期间，秉持的一直都是自己心底的以下观点和原则：教案是写给自己看的，不是给别人看的；写教案是手段，不是目的；看一个教师的课上得好不好，关键看其教学效果，看他课堂上讲得怎么样，而不是看他的教案。对于课讲得好的，完全不必看其教案，包括教案的有无和详略；对于讲得不好的，则有必要检查其教案，看其是否课前做了充分准备，目的是督促警示其要认真备课。至于教案形式并不重要，不必强求格式统一，弄得千篇一律。只要符合教学规律、个人特点，有科学合理的教学设计就可以。恰恰相反，应鼓励教师写出能反映自己特色的或详或简的个性化、风格化教案。

9）正确处理授课内容体系与教材内容体系的关系，构建教学相宜的授课体系与教学方法。

作为主讲教师，应在熟悉教学大纲和教材内容的基础上，根据课程特点、具体教学对象特点和学科技术新发展，构建教学相宜、有自己风格的授课体系与教学方法。一般不外乎以下几类授课体系及方法：

一是章节推进式体系方法。这种授课体系方法基本沿用教材各章节的内容体系，有详有略，突出重点，化解难点。它便于学生预习和复习，适于难度较大的课程和自学能力较弱的低年级、低学历层次学生；同时备课工作量也相对小些，教学经验不足的青年教师把握起来比较容易。

二是重点讲座式体系方法。这种授课体系方法先扼要介绍教材（课程）的基本内容及内在联系，然后归纳成几个重点问题，分别理论联系实际地展开讲解。它对教师来说，对课程内容的熟练程度和把握能力要求高一些，备课工作量也大一些，但授课的主动性强一些，对驾驭课堂的能力要求相对低一些。

三是典型案例式体系方法。这种授课体系方法将全部或主要课程内容通过一两个典型案例串起来，然后基本采用案例驱动式教学方法，按照整体—局部—整体的思路，组织全部或主要教学内容。它要求教师的科研经历比较丰富，理论联系实际能力比较强。

四是专题讨论式体系方法。这种授课体系方法把课程教学内容归纳合并成几个专题，每个专题先由教师综述主要内容，指导学生围绕教材内容或参考文献自学、查阅资料，再组织学生开展讨论，最后教师进行点评或重点讲解。它要求学生有较强的自学能力，教师有较强的课程内容把握提炼能力和专业造诣应变能力。这种方法比较适合于研究生和高年级本科生教学，尤其适合没有教材或教材内容变化较大、学时数较少的专业课程教学。

当然，这几种教学体系方法也不是绝对孤立的，一门课程教学可以是一种体系方法贯穿到底，也可以是几种体系方法结合运用。

10）把课堂讲授、课后作业、课程实验以及课程考试，作为一门课程教学过程的整体来进行设计。

对于含有实验的课程，课堂讲授、课后作业、课程实验和课程考试考核，是一门课程教学的不同环节。在进行教学设计、实施教学过程时，要统筹考虑、综合设计各环节，注重整体教学效果。作业、实验、考试都是课堂教学的延续，甚至深化，有些内容可以课堂上不讲，而放到作业、实验中去学习、理解、掌握；通过改革考试考核方法，有些内容也可以通过考试考核环节去加深理解和熟悉使用，达到熟练掌握的目的。依我之见，一门课程的结束，不应该在考试之前的那次课，而应该在考试之后还有一次课，这最后一次课专门分析考试的结果，详细讲解每一道考题的正确解题思路及答案（方案），这样才能体现出考试仍是课程学习过程的一部分。这不仅是对整门课程考前教学的总结及教学效果的检验，而且是对考前教学内容的凝练、深化和升华。

对于含有实验的课程的主讲教师，不仅要求其对理论部分的每个知识单元、知识点要熟悉通晓，还要对实验部分的每个实验项目及其技能点也非常熟悉。因此，任教这种课的主讲教师，光有理论造诣还不够，必须还具有较丰富的相应实践工作经历经验。试想，如果主讲“微机原理与接口技术”课的教师，自己从来没有参加过计算机接口方面的科研；主讲“自动控制原理”课的教师，从来没有独立做过一个自动控制工程的项目；主讲“计算机控制技术”课的教师，从来没有承担过一个实际计算机控制系统的项目研究……，而且他们甚至连去实验室亲自动手完成一个课程规定的实验都没有过，他们怎么能从理论与实践的结合上去讲好这些理论性、工程性都很强的课程呢?!

要想具备把一门课程教学过程的各个环节作为一个整体设计好、实施好的能力，平时必须高度重视教学研究，重视提高教学水平，重视加强工程实践能力、积淀教学经历经验。

（2）如何上好一堂课

上课是一种类似于艺术表演的创造性活动，也是一种科学的演绎过程。因此，科学地组织课堂教学，艺术地策划安排各种教学环节及教学形式、手段，是教师创造力和驾驭教学能力的体现，也是上好一堂课所必须的。

1）要上好一堂课，首先要精心备好课，其次要有充分自信，这是决定讲课能否成功的两大关键。

“台上一分钟，台下十年功。”这话一点不假，演戏是这样，讲课也是这样。要想上好一堂课，必须做充分准备，平时的长期积淀性准备不算，每次课前还要“突击”备课，即使是讲过很多次的课程，也不例外，绝不可掉以轻心，否则还有可能讲不好。更何况初次上课或上课次数还不多的年轻教师呢？

备课包括熟悉讲课内容和设计课堂教学环节、教学进程两方面，在这基础上写出实施教学的讲稿或教案。至于讲稿、教案写的是详是略，我认为并不重要，完全可以因人而异，关键在于内容准备得是否熟而不死、活而不乱，教学环节、教学进程设计得是否科学合理、了然于胸。熟悉讲课内容不单是指本堂课的内容，而是指整门课的内容。只孤立地准备好一堂课，而对后面各章节内容知之甚少或理解不深，基本上是走一步看一步、讲一次备一次，是绝对上不好这堂课的。一定要做到对所讲内容真正吃透，务求准确精通，理解深刻。“以其昏昏，使人昭昭”是不可能的。过去新教员开新课，要求一定要在开课前把整门课都备好，原因就在于此。至于在备课时设计好课堂教学环节、进程，这点也非常重要，其中包括拟采用什么教学方法、形式，准备提什么问题，采用什么启发方式，什么时候用多媒体CAI课件、什么时候用板书，板书在黑板上如何布局，以及要不要安排互动式、研讨式、情景式、案例式等教学环节，如何安排、组织，布置什么作业题、思考题等，都应该充分考虑谋划好。作业题、思考题的设置应能促使学生查阅资料、思考问题，激发他们的学习兴趣和钻研精神。

在课前做好充分准备的情况下，还必须有充分自信。这对初上讲台的新教师来说尤为重要。一旦上了讲台，就要全身心都放开放松，胸有成竹，洒脱一点，不要有任何拘谨和紧张，要有点“目空一切”、天不怕地不怕、此处“唯我独尊”的心气。年轻教师上课比较常见的现象是，讲课过程中两眼只盯着上方、下方或黑板，不敢看学生，不顾学生反应，这样势必使课堂变得死气沉沉，学生打不起精神。还有一种现象是不敢面对来听课的专家和领导，本来讲得好好的，一见有专家、领导进了教室就精神紧张，甚至身体发抖、语言失控、忘记内容。这种现象不仅在年轻教师中存在，有的讲课多年的中年教师也常有发生。平时讲课本来效果不错，但一到公开课、观摩课、授课竞赛，甚至平时发现知名专家来听课，就情不自禁地心慌，无法发挥出应有的水平。这主要是心理素质不强的问题，需要锻炼、培养一点“旁若无人”的霸气。当然也还是有平时可能准备不足或过度准备的问题。所谓过度准备，就是课前把讲课内容、节奏设计背得滚瓜烂熟，而不是理解得深入透彻，到了课堂上拿着准备好的东西来表演，没有多少新的东西好呈现，一旦出现意外场景和外部环境变化，打乱了既定的章法，思维就失常了。其实课堂有其独特的价值和规律，它并不是一潭静止的死水，而是一个或多或少、自觉不自觉存在思维碰撞和互动交流的学术空间，因此认真充分备课，决不能满足于甚至追求把内容、环节、节奏背得很熟，而是要理解得深透、掌握得灵活，能随机应变。

2）每堂课都要有精心设计好的导入方法，为后面精彩的教学起好铺垫搭桥作用；每堂课的结尾一般应有内容小结，归纳好这堂课的结论及重点、要点。

一堂课如何开始，如何导入，很有讲究。有人说，课堂开始的导入语犹如提琴家上弦、歌唱家定调，第一个音定准了，就为演奏或者歌唱奠定了良好的基础。我看此说颇有道理。可见，采用合适的、引人入胜的导入方式方法至关重要。具体的导入方式方法无一定之规，常见的有很多，例如：

承前启后式导入。这是最常见的导入方法。许多教学内容转折跨度较大的课，特别是每章开始的那堂课，一般都应有承前启后。通过承前启后，达到复习、巩固并强化前次或前几次课的内容，引出新内容的目的。这种导入方法，前后知识间的衔接过渡合理自然、逻辑严谨清晰，不仅利于学生温故知新，而且可以引发学生积极而缜密的联想式、渐进式思维。

创设情境式导入。在新课导入中，通过精心构思、设置恰当的情景，包括口头讲述或音视频播放一些有趣的生活故事、科学趣闻、名人轶事等，甚至巧布一些科学悬念，再辅之以必要的引疑、激疑、质疑，可以有效激发学生兴趣和好奇心，诱发学生想象力和科学思维，紧紧吸引住学生的注意力，使其在不知不觉中进入角色，处于积极主动的学习状态。

教具演示式导入。通过实物、模型等教具的演示，从让学生观察现象入手，有利于引导学生朝着解决实际问题的方向去思维、联想，带领学生自然、愉快地进入新课学习，把课堂变成发现知识和知识间内在联系的乐园，可以培养学生紧密联系实际分析解决问题的能力，有效提高课堂的教学效果。

提问讨论式导入。新课伊始先提出一个有利于去旧迎新的问题，然后通过组织学生开展短时讨论，在讨论中不断地、适时地追问设疑，在问答辩议中精彩展开新课内容。这种导入方式有利于开启学生思维之门，引导学生进入求疑探索、发现真理的过程，养成良好的互动交流学习习惯。

开门见山式导入。这是一种最简单的导入方式，一开始就直奔新课主题，按一、二、三、四……顺序直入教学内容。这种方式虽然简单，但也不无好处。通过直接导入，利于学生明确学习目标要求，收到课始意明之效，并且教学时效高，学生容易抓住重点。

此外，每堂课结束前，一般应有这堂课讲授内容的小结，归纳出要点和重点。有时也可结合布置作业题、思考题进行小结，必要时如一章结束时，还可安排一定时间组织学生开展讨论，在讨论中得出结论，总结出要点。具体的小结方式方法也和导入方式方法一样，并无一定之规，例如常用的方式方法有：

提纲挈领式小结。教师以准确简练的语言，画龙点睛地总结、归纳出一堂课所讲主要知识点及重点，既给学生以系统、完整的知识点内容，又帮助学生准确抓住重点要点，加深对所学知识的理解和记忆，并培养其对教学内容删繁就简、综合概括的能力。

设问练习式小结。教师在一堂课结尾时，不仅简要总结本次课乃至本次课以前多次课的知识为容，而且巧设疑问悬念，给学生留下值得回味的问题，为下一堂课埋下伏笔，让学生回味无穷。当堂小练习则可以使教师及时了解学生的学习情况，获取反馈信息，切准学生“脉搏”，把握后续教学进程，也有利于学生巩固知识，学以致用，提高分析解决问题能力。

启导未来式小结。在小结时恰到好处地启迪思维、延伸知识，有利于调动学生对学习新知的向往性、积极性，使之产生“课已完而意未尽”，以兴奋、期待、主动、迫切的心态来迎接下一堂新课到来的教学奇效。这样也有利于激发学生有的放矢自主学习的热情，培养自学习惯，提高自学能力。

首尾呼应式小结。从开头导入的本堂课要解决的问题入手，总结归纳出本堂课学了哪些知识，解决了哪些问题。这种首尾呼应的小结，可以使学生对教学内容，特别是要点重点内容的印象更深刻，并有利于在知识的举一反三和咀嚼回味中享受到消除悬念、解决问题的无穷乐趣，增强获得感，激发学习热情。

寓教于乐式小结。对于有些特定的课程课堂内容，也可借助诗歌、音乐、影视片段等娱乐形式来结课。这种小结方式生动活泼、趣味性强，蕴含在娱乐中的主题、要点令人印象深刻、回味无穷，达到寓教于乐的效果，而且能使学生从“乐”中增添情感体验和感性理性思考，既提升学生学好学科专业知识的兴趣和激情，又在德、智、体、美更多的维度上激发学生心中潜在的情趣和情怀，培养学生文理交融、智美合一的鉴赏力和想象力，从而收到意想不到的教育奇效。

3）课堂上，要善于激发学生的求知欲望，调动学生的积极性和主观能动性，把着力点放在启发学生思路，引导学生探索知识、发现真理上。

课堂上，学生是主体，教师是主导，因此教师最主要的任务是“导”，而不是“灌”。德国著名教育家第斯多惠说得好：“一个差的教师只会奉送真理，而一个好的教师则是教学生发现真理。”这和我们平时常说的“教师重要的是要向学生授之以‘渔’，而不是只一味地授之以‘鱼’”是同样的道理。为了体现重“渔”重“导”的教育思想，教师上课时要注意为学生留有充分的思维空间，精心设计一些问题让学生自己去思考、学习、研究，着力培养学生联想思维、发散思维、批判思维和创新思维的能力。讲每个新知识点时，都应尽可能先揭示矛盾、提出问题，然后围绕如何解决问题去展开内容，在讲课过程中又要善于通过提问、讨论或自问自答等多种互动形式来引导学生开动脑筋、思考问题，去探索知识、发现真理。

真正进入教学角色的教师，不应只是知识的解说者，而应是知识的再创造者。课堂教学的最高境界应是，使教师和学生都陶醉在对所讲知识的认知、探究过程中，从中体验着探索和创造的快乐。一个好的教师，应能以自己教的创造性的充分发挥去调动学生学的创造性。只有教的创造性和学的创造性的统一，才能使教学过程成为生机勃勃、洋溢着创造气息的过程，教学过程也才能从根本上成为引导学生探索知识、发现真理的过程。

讲课过程中的提问，不应仅作为一种活跃课堂气氛的形式为提问而提问，而应作为一种激发学生积极思维，推动师生、生生间讨论交流的教学互动环节而设置的。因此，何时提问、提什么样的问、怎么提问也是很有讲究的。对提的问，可以教师点名回答，也可由学生自告奋勇回答，且为了有利于引发思想碰撞交流，最好让多位学生相继自主回答或补充回答，而不是一人回答定音，或对或错了事。学生回答后，教师实时做出准确合理评价十分重要，评价时要注意几点：一是务必尊重学生的个性差异，以有利于调动学生学习积极性、扬起学生自信风帆的鼓励性评价为主，切忌简单否定甚至讽刺挖苦，伤害学生自尊心和自信心；二是对学生回答中的错误，要亲自或请别的学生有的放矢地指出和纠正，并善于在“出错—纠错”的探究、引导、升华过程中成就自己教学的精彩；三是要善于捕捉、利用学生回答中观点的分歧，引导学生展开争辩讨论，促使学生在辨析比较中发现真理、掌握知识。

换句话说，一堂好的课，应该使学生的学习成为确有意义的，而且这种意义是多层次的：首先，最初步的是学到了新知识；进一步是锻炼提高了能力；往前发展是增强了积极的、良好的情感体验，产生了强烈的进一步学习的求知欲；再发展一步，就是建立了学习的积极性、主动性，而且具有乐于、勇于探索知识和发现真理的钻研精神。

4）不断提高语言、板书表达水平和能力，增强当教师的基本素质，练就教学上课的基本功。

教师上课的基本手段是讲和写，通过嘴巴讲，通过板书写，因此所谓基本素质和基本功，主要是表现在嘴讲和手写上，包括讲述或书写的内容正确、概念准确，重点突出、难点分散，叙述精练、表达生动，条理清晰、主次分明，逻辑严谨、科学求实，版面整洁、书写流利等方面。其中，内容正确、概念准确、条理清晰、逻辑严谨、主次分明、重点突出是对教师讲课的最基本要求，如果连这都做不到，严格讲就不能上讲台。

在这些基本素质和基本功的基础上，要想把课上好上精彩，尤其需要重视语言艺术的运用。

首先，需要艺术地运用声音语言向学生讲课、与学生交流。讲话声音要洪亮、有底气，而且要有轻重缓急、抑扬顿挫，不要一个声调、一种节奏贯通到底，使听众或者昏昏欲睡、打不起精神，或者弦绷得太紧、过于疲劳。要控制课堂的节奏、气氛，张弛有致。必要时也可恰到好处地开点玩笑，幽默一下，以活跃课堂气氛，振奋大家精神。

其次，也不能忽视恰当地辅以形体语言同学生交流。所谓形体语言，是指教师的仪态、神态、手势、姿势等教姿教态。有一个端庄、自然、大方的教姿教态，也是教学成功的重要条件。教师讲课必须精神饱满、情绪高昂、神采飞扬、富有激情，给学生一种强烈的感染力和求知信心。一堂精彩的讲课，往往会赢得学生心领神会的眼神、聚精会神的表情、情不自禁的点头和欣喜快乐的笑声笑容。对于没听懂或不理解的地方，学生也会以摇头、皱眉、沉思等神情表情回应。教师应在讲课过程中随时关注、捕获学生诸如此类的反馈信息，据此控制、调整自己讲课的节奏和韵律，创造、掌控生动活泼的课堂气氛，形成师生互动的“教学气场”。关于语言艺术对于讲课效果的重要性，许多著名教育家都有过论述。

苏霍姆林斯基说：“教师的语言修养在极大的程度上决定着学生在课堂上的脑力劳动的效率。我们深信，高度的语言修养是合理地利用时间的重要条件。”

彼得罗夫斯基说：“教育活动的高度有效性在许多情况下依赖于教师语言的修养。……教师对学生个性的影响力，在很大程度上决定于他的言语的丰富性和动人的表现力。”

夸美纽斯说：“一个能够动听地、明晰地教学的教师，他的声音便该像油一样浸入学生的心里，把知识一道带进去。”

塞门斯说：“在教师的许多特性中，声调占着一个重要的地位。……一种不好听的或低沉的声调，很可能阻碍教师成功的事业。有时教师的失败，是由于他的声调太弱了，以致学生听不清他的话，而他也不能用他的声调来控制学生的注意。另一方面，有些教师的声调如粗糙的晨号声，听得非常刺耳。”

马卡连柯说：“教师的声调还要给学生一种亲切感、确信感。你的心情不管怎样，但你的腔调都应该是真正的、好的、坚决的声调。……只有在学会用十五种至二十种声调来说‘这里来！’的时候，只有学会在脸色、姿态和声音的运用上能够做出二十种风格韵调的时候，你才变成一个真正有技巧的人了。”

季亚琴科说：“教师如果要使自己的语言得到发展，应精心分析著名演说家语言的范例及自己的讲话的磁带录音，扩大积极词汇的词汇量，提高发音水平并十分关心本学科的用语。”

…………

可见，教师要上好课，除深化学科底蕴、提高学术水平外，也要在语言修养、语言运用方面下功夫，努力提高语言表达和知识传播能力。

5）多媒体使用要得当，应以知识信息最有效的表达为目的。

并非所有课程都要使用多媒体课件教学，用与不用、用到什么程度，全因课程和知识点而异。像画法几何、工程制图、机械设计、机械制造、电机学之类的课程，在涉及复杂部件的内部结构及其装配、分离、剖面等内容时，显然媒体用得越多越好，借用色彩丰富、形象逼真的二维、三维动画来表现，对于帮助学生加快理解和培养抽象思维能力，具有其他手段无法比拟的优越性。相反，像数学之类的课程，除少数确有必要用多媒体课件的知识点外，还是通过板书来边讲边写边推导更有利。至于电子信息类课程和大多数其他自然科学技术类课程，虽然引入多媒体 CAI 教学很有必要，有利于提高课堂教学效率，增大课堂信息量，以适应知识经济时代科学技术迅猛发展，新知识、新技术不断增多的教学需要，但要用得有度。毕竟我们的教学对象是大学生，而不是中、小学生，什么概念、知识点都运用动画说明，反而对培养学生的逻辑思维、抽象思维和创新思维能力不利。

对于这些课程，我认为计算机辅助教学主要是解决一个帮助教师绘图、制表的问题，免得临时在黑板上徒手画图、画表，既费时费力，使课堂节律不紧凑，又效果不好。总之，对大多数课程来说，所谓多媒体 CAI 教学，恐怕最好的方式还是“电子教案联机投影 + 必要板书”，因此传统的“黑板加粉笔”授课方式不仅不能丢，而且还应大力培养和加强这种体现教学基本功的授课能力。为了提高授课效果，优化板书布局、提高板书水平是很重要的，因此备课中应有必要的板书设计，尤其对新教员上课更是这样。就一般而言，在信息化技术高度发达、信息化教学手段应用十分便捷的今天，将 PPT 与板书恰当结合上课应该是最可行的。但如果板书设计能力很强，且写字画图水平高，板书快捷美观，不用 PPT 只用板书讲课也未尝不可，甚至效果更好。

例如，西安电子科技大学梁昌洪教授的板书被称为“比 PPT 还好看的课堂板书”。近年来尽管学校已经全面普及新媒体教室，但他还是坚持用色彩鲜艳、图文并茂的板书来代替电脑投影的PPT。在梁教授的课堂上，黑板上常常充满的是一排一排工整的字，有红色、白色、黄色等各种鲜艳的颜色，下笔有力，重点的地方还用下划线或边框突出。配合文字的是排版严谨的框图，或笔直的直线，或流畅的曲线，框图该有的元素一应俱全。为了让学生集中注意力听课，他在书写板书时，不仅注意排版工整，还偶尔会穿插画一些科学家的头像，使本有点枯燥严肃的理工科课堂瞬间变得有趣生动起来，课堂气氛一下子变得活跃起来。因为他讲课风趣幽默，板书清晰明了，尽管采用的还是“老式”的教学方法，坚持的一直是传统的板书授课，但在学校，他的授课风格却被同学们普遍认为“挺新潮的”，依然受到学生们的广泛欢迎，他的课成为全校一座难求的“明星课程”。其实在国防科大，在我身边，根据我多年的督导听课，发现也不乏这样的老师、这样的范例。由此可见，只要有过硬的板书和讲课素质，又有高度的事业心、责任心，舍得花功夫精心备课，即使不用PPT，只用板书，也同样可以把课讲得很精彩、很受欢迎。当然，如能恰到好处地辅之以多媒体PPT，实现两者的有机结合将更好，但只是单一地使用PPT，完全不用板书，一般说来课是讲不好的。

6）善于营造课堂教学中的一些精彩片段，以获得意想不到的教学奇效。

一堂上得好的课，一定不能从始至终都平淡无奇，而应或多或少地存在一些令人难忘，甚至令人称奇的精彩片段。怎么才能形成精彩片段呢？应该说教学有法，教无定法，形成精彩片段的方法途径同样无一定之规，有的是在课前教学设计时弹性预设的，有的则是在教学实施过程中因势利导灵机一动即时生成的。精彩片段出现的时机可以在一堂课的开头、结尾或中间。如何在开头和结尾力争营造精彩，实际上在前面第2）条谈导入和小结方法时已讲过。要在教学实施过程中营造精彩，可从多方面入手，例如：

善从学生的答问质疑中捕捉错误或分歧，小题大做，营造精彩。以问题为牵引是一种应用越来越多、行之有效的教学模式方法。在这种模式方法教学中，从如何创设内含悬念和知识拓展空间的问题情境，吸引学生注意力，到如何启发学生积极思考、探究作答、辨析质疑，引领他们不知不觉进入一种以问题为中心的互动学习状态，到最后如何以释疑和新的质疑结束，为进入后续新知识点学习奠定良好基础，处处都存在着营造精彩的机会和可能。其间，学生答问出现这样那样、或大或小的错误或者出现观点分歧是难免的。只要教师捕捉到“有价值”的错误和分歧，就可抓住不放，见微知著，乘机营造一段令学生记忆深刻的教学精彩。即使在学生的答问、补充、质疑、释疑中找不出明显错误和分歧，只要想把某处作为引导学生进行重点探究的切入点，教师自己也可借引导、插话、小结之机，智慧地埋设进若干原则性破绽，然后启发学生去辨析发现其中的错误，并逐步启迪他们严谨思维，引导他们识错、纠错，最后让思想观点概念回归正确。

善在突发事件中随机应变，灵活应对，营造精彩。所谓突发事件，都是非预设性的，如突然听到有学生对教师某处内容的讲解或对某问题的思考发出意外之音，教师若判断它对引导大家碰撞升华为思维火花有价值，便可抓住不放，穷追不舍，不失时机地、巧妙地引发一段精彩的短时讨论，帮助大家在讨论中探究和发现真理，获得新知。

善用归因心理，引导学生深入探究，营造精彩。人们普遍具有一种归因心理，遇事总喜欢刨根问底，追问为什么，少年儿童、青年学生尤其如此。但多数人这种归因心理只是为了满足更原始的好奇心。作为人类灵魂工程师的教师，要想办法在必要时将学生的这种本能的归因心理引导到自觉的刻苦钻研、深入探究知识上去。实际中，几乎凡讲到新知识点、技能点时，爱学习的学生都情不自禁地会问个为什么。根据知识内容在专业培养目标中的要求定位，若需要学生深入理解和熟练掌握的，则可因势利导，把学生引导到追根问底刨因上去，带动他们更好地学习，并培养其执着钻研的精神和勇于接受挑战的进取心。当然，对一些专业培养目标定位不需要刨根问底的知识点，也要引导学生避免归因心理的干扰，不钻牛角尖。

善用多媒体资源营造气氛，提升水平，生成精彩。教师在课堂教学中恰当运用多媒体技术，引入多媒体资源，既可烘托气氛，刺激感官，把本来可能枯燥无味的教学过程变得轻松愉快、生动形象，达到激发学生学习兴趣的作用；又可使学生从直观快乐学习中学得更细致深入，理解知识内容更透彻准确，起到提高学习水平的作用；还可打破“学校围墙”的限制，使课堂教学延伸到社会，延伸到现实生活，起到拓宽学生视野、激发学生自主学习意识、提高理论联系实际能力及自觉性的作用。当在课堂上讲到某个既是重点又是难点的内容时，如果能匠心独具、恰到好处地选播一两段与内容相关性很强的、图文声音动画结合紧密的影像视频，则可达到出奇制胜的效果。

综上所述，教师要上好一堂课，特别要上出一堂精彩的课，必须靠深厚的造诣、底蕴。而造诣、底蕴又不可能是一朝一夕造就的，只能是教师平时勤于实践、善于总结、有心积累、海纳百川的结果。只有自己腹中装满了“水”，而且是一腔“活水”，才能做到得心应手，灵活使用各种方式方法、技能技巧把课上好。

（3）如何上好实验课

工科为主的大学，其自然科学技术类课程，无论公共基础课、学科（专业）基础课还是专业课，大多数都包括理论教学和实验教学两部分。其中实验教学部分，有的是和理论教学放在一起作为同一门课开设，有的则是独立于理论教学单独开课。无论哪种情况，实验课与对应理论课的关系及其教学实施要素是相同的，因此上好实验课的要则也是相同的。原则上，前面如何上好一门课、一堂课的思想观点，对实验课也是适用的。但实验教学毕竟有别于理论教学，比如实验教学总的目标是通过与课堂教学的密切配合，使学生巩固和扩充课堂讲授的理论知识，加深对课堂教学内容的理解，训练科学实验的基本技能和工程实践的基本方法，养成严谨的科学态度和工作作风，培养应用所学理论知识独立分析、解决实际问题的能力和实践动手能力；实验教学实施的过程，是学生在教师的宏观指导下独立动手实践的过程；等等。基于诸如此类的特殊性，要上好实验课、指导好实验，除遵循和上理论课一致的共性思想做法外，有的特殊要领还是有必要特别注意。

1）不仅要对实验课本身的内容很熟悉，还要对相应的理论教学内容，特别是各实验项目对应的知识单元、知识点内容很熟悉，并能紧密配合理论教学开展实验。为此，实验教师（包括安排指导实验的研究生）要加强与主讲教师的对接协调，最好能全面跟听主讲教师的理论教学课，以便打牢理论基础，提高从理论与实践的结合上思考、分析、解决实验中问题的能力，使实验教学与理论教学结合好、配合好、不脱节。

2）在首次上某门实验课之前，对课程要求的每个实验项目都自主做过至少一遍，对实验的难点及解决办法做到有的放矢、心中有数。当一个实验存在多种设计方案时，最好通过平时的积累，对多种实验方案都能亲自做至少一遍，这样指导起学生来将更加胸有成竹、得心应手。凡是新设计的实验项目，必须教师先做过。

3）对本门课实验中用到的全部实验仪器、设备、器材，以及支撑实验的软硬件资源平台，都做到功能、原理熟悉，操作、使用熟练，这是能够胜任实验指导工作、上好实验课的基础。因此，实验课教师备课的主要内容之一，就是必须结合为开课检查、维护、准备好全部实验软硬件条件，认真从功能、原理、使用、操作等方面去熟悉每一种资源，做到熟能生巧、游刃有余。

4）处理好精心指导和适度指导的关系，把握好指导的“度”，既不当“袖手掌柜”，又不当“全职保姆”。当学生在实验过程中遇到问题有求于教师时，要及时引导学生酌情解决：如属器材设备、实验室条件保障方面的问题，要积极主动排解，无条件做好服务；如属原理理解、技术实现、调试方法等方面的问题，则要循循善诱，启发引导学生自己分析查找问题，帮助他们逐步自主解决问题。既要防止对学生的提问求助漠不关心、放任自流，当不负责的“袖手掌柜”，又要防止一有问题就喧宾夺主，越俎代庖，完全包办代替学生去排查故障、解决问题，当“全职保姆”。

5）具有独立设计课程实验，指导学生开展课内外创新性、综合性实验的能力。现今的实验教学改革主要方向之一，是要引导学生尽量多做自主性、设计性、综合性、创新性、探究性实验，并因材施教，以最大限度地培养其创新创造能力。而学生的差异是很大的，总有一些学生学有余力又有兴趣，他们不满足于只做实验教学大纲中规定的实验，而具有课内扩展实验内容、实验任务要求，课外自做更多更富创新性实验的积极性。作为合格称职的实验课教师，应能满足学生这种欲望和需求，并具有指导他们自主设计、开展任何与本课程学科知识相关的实验项目的能力。当然，有了这种能力，当需要制定新的人才培养方案，修订或新订与时俱进的实验教学大纲时，也就有了独立承担相应工作的能力了。

五、切入点：按“三支创新团队”思路建队伍

在学校，无论是要做成做好一件教学改革、教学建设方面的较大一点的事，还是要完成一个较复杂一点的科研项目，靠单枪匹马是不行的，必须依靠集体的力量，依靠团队的合作。那么，应按什么原则、什么思路组建教学科研团队更科学合理、高能高效呢？我结合几十年在学校从事教学科研工作的经历经验，尤其是近20多年来协助单位建团队谋发展的经验，深感大学（这里着重针对的是理工科大学）如能按教育教学研究为主、基础理论研究为主和应用技术研究为主这样“三支创新团队”的思路去整合建设师资队伍，将比较科学合理，建设效率较高、效果较好。本节以我所在的国防科技大学自动化系（原自

动控制系）为例，来谈谈以“三支创新团队”思路建设师资队伍的基本思想、基本做法、主要成效和重要启示。依我之见，这些思想做法若推广应用到院校层面，也同样是有效的。

（一）基本思想

截至20世纪末，我国大学普遍存在着重科研轻教学的突出矛盾，而且这种矛盾有愈演愈烈之势，严重影响了教学水平、教学质量的提高。我所在单位也不例外，那时教师队伍中同样存在着重科研轻教学，以及做科研又重工程应用研究轻基础理论研究的倾向，教师队伍能力素质与教学科研协调发展要求很不适应，在人力资源使用上基本上是散兵游勇式的各自为战，这就严重制约了教学科研水平和教书育人质量的提高。

为了解决这些主要矛盾与突出问题，系党委组织会同主要学科学术带头人，乘世纪之交新的国防科学技术大学调整组建、老的自动控制系重组新建之势，借制定单位“十五”“十一五”发展规划之机，对全系教师队伍建设，从建设理念到组织体系上进行了较系统的研讨分析。经过几轮的谋划论证，党委和专家教授逐步统一了思想，认为就理工科大学的师资队伍建设而言，最好能以如下几项思想原则为出发点和基本遵循：

（1）符合现代高等教育和科学研究既高度综合又高度分工，以及人的精力有限、人无完人、人各有志、人各有长的特点，利于实现单位发展与教师个人发展的统一，调动每个教师的积极性和创造性。

（2）符合大学的性质特征和人才培养、科学研究、服务社会的三项基本功能定位，利于促进教学与科研和科研中的基础理论研究与应用技术研究的协调发展。

（3）符合学校的办学定位及其所承担的主要任务。

（4）有利于广大教师从散兵游勇式的各自为战转变为团队作战，使教师的培养提高能够实现从自我设计到适应单位需求转变。

依据上述思想原则，把全系教师队伍整合成教育教学研究为主、基础理论研究为主和应用技术研究为主这样三支主业不同的创新团队，然后以建好这“三支创新团队”为抓手去抓好全系师资队伍的建设，这样比较科学，效率较高，效果较好。据此便形成了按“三支创新团队”思路建设教师队伍的思想，并于2005年把它正式列入“十一五”建设规划，经上级党委批准启动实施，按这一思想全面整合教师队伍，重组教研室，实行组织结构调整。

（二）基本做法

（1）根据自动控制系教师队伍的现状和长远发展需要，整合重组全系教师队伍，建立了三支主业不同、主辅相得益彰、优势互补共享、既有分工又有合作的创新团队，并明确了团队带头人和各团队的主业及教学功能定位。

这三支团队是：以首届国家级教学名师（邹逢兴）为带头人的教育教学研究为主创新团队；以长江学者特聘教授（胡德文）为带头人的基础理论研究为主创新团队；以“973”计划国家重大安全基础研究项目技术首席（胡小平）为带头人的军事应用研究为主创新团队。

这三支创新团队的主业和教学功能定位如下：

教育教学研究为主创新团队以早已形成的“计算机硬件技术与控制系列课程”教学团队的骨干教师为主构成，重点负责计算机应用和控制两大主干系列课程的教学研究、教学改革和教学建设；面向控制学科和全校完成相关学科专业基础课的理论教学和实践教学；建设计算机应用技术和控制技术两个对全校本科教学质量起重大支撑作用的基础平台性教学实验室；指导学员开展课外科技创新设计与工程实践活动，组织学员参加全国大学生“挑战杯”大赛、电子设计竞赛、嵌入式系统设计竞赛等各类学科实践性竞赛；适当承接开展一些自然科学基金项目、国防科技预研项目和原创性计算机应用项目等偏基础理论和关键技术攻关方面的项目研究。

基础理论研究为主创新团队以机器人的智能控制为目标，融合认知科学和智能控制理论研究，使之形成一个整体（模式识别与智能控制教研室）、两个重点方向（认知科学方向与智能控制方向）的新格局。该团队除重点开展以自然科学基金项目为主的相关学科前沿的原创性基础理论研究外，人才培养方面主要承担本科生“控制理论”系列课程、自动化专业课程和研究生专业课程的教学任务与条件建设，以及负责研究生创新研究。同时，该团队为主承担“机器人”创新实践基地的建设，并组织学生参加全国央视机器人大赛 Robocon、国际 RoboCup 机器人大赛等各类大学生智能控制创新比赛。

军事应用研究为主创新团队充分利用长期“为军服务”所形成的特色优势和自主科技创新能力强的特点，继续以军事国防需求为牵引，在自主导航、航空弹药制导、飞行控制、重力测量系统等领域，深入开展学科前沿技术的前瞻性研究，力求在前沿核心关键技术和信息化、智能化武器装备型号研制方面不断有原创性进展和突破性应用。在人才培养方面，该团队主要承担本科生导航工程专业的建设，以及“导航、制导与控制”系列课程、研究生专业课程和继续教育课程的课内外教学与课程改革建设任务，并负责相关专业和学科方向的本科生、研究生实验室建设与创新实践能力培养。

这三支创新团队在组织结构上有四个特点：其一，团队不是一级行政组织，而是一个在系党委统一领导、支持下，组织开展教学科研改革建设的学术性机构；其二，每支团队分别依托至少一个教研室，但其成员又不局限于所依托的教研室，可以跨室整合，动态流动；其三，每支团队不仅有第一层次带头人，而且有明确的第二层次骨干和有发展潜力的第三层次后备人才；其四，基于如上，再分别根据各创新团队不同的主辅特点，建立相应的分级教学岗、科研岗及其评价激励机制。

在三支创新团队中，为体现学校以教书育人为主要天职的思想，突出教育教学研究为主创新团队在人才培养中心任务中的核心地位，促使该团队率先培育成就一批“国字号”“军字号”教学成果、教学品牌，然后发挥其示范辐射作用，带动深化全系教育教学的立体化改革，整体提升全部课程的建设水平，进而推动科学研究和学科建设也升水平、上台阶，促使三支团队比翼齐飞，协同发展。

（2）对本单位承担教学任务的全部课程，按其内涵及相关性划分为计算机应用基础和控制两大课程系列，然后基于系列课程和四级教学责任岗组织实施课程教学、研究、改革和建设。

自动控制系承担教学任务的课程，主要是面向自动化、仿真工程和导航工程等专业的专业基础课和专业课，也有些是面向全校的跨学科技术基础课。这些课程按其内涵及相关性划分为计算机应用基础和控制两大课程系列后，前者以“微型计算机原理与接口技术”（前些年按全国计算机基础教育的统一叫法，叫“计算机硬件技术基础”）为核心课程，后者以“自动控制原理”为核心课程。位于这两个课程系列交汇处的一门课程——“计算机控制技术”，也属核心课程。三门核心课程的前后都还有若干相关主干必修课和选修课。在厘清全系课程体系和核心课、主干课及其相互关系的基础上，我们一方面重点抓好核心课程建设，以点带线促面，带动促进全部课程的建设；另一方面按“教育教学研究为主创新团队—系列课程组—核心课程组—一般课程教学岗”四级体系设置教学责任岗，组织实施全部课程的教学研究、教学改革和教学建设。通过分级教学责任岗制度的实施，强化师资的梯队建设，充分发挥国家级教学名师、知名教授和学科学术带头人的传帮带作用，中年教师的骨干作用和青年教师的生力军作用，多管齐下加速青年教师的成长，为三支创新团队的长远可持续发展储备优秀后备人才。为了加速青年教师的培养成才，采取了以下举措：

1）在安排教授上本科生课的同时，配备青年教师从事教学辅导和实验指导，使他们在教学实践中增长才干，认识教学规律，培养教学素质。

2）采取派出去、请进来的办法，对年轻教师进行教育心理学、教育方法学等师范类学科课程的培训，全面提高教师的学术造诣、教学水平和教学艺术等综合素质。

3）选派有培养潜质的中青年教师以教学访问学者的身份去科技、教育发达国家的世界一流大学访问进修，观摩、参与其课程教学和教学研讨，为改革创新课程教学，实现与国际高等教育理念、模式、方法的接轨准备骨干力量。

4）为每位新任课的年轻主讲教师指定一名教学经验丰富的教授或副教授指导课程教学，加强教学观摩、交流、研讨和教学质量跟踪、讲评。

（3）在落实“教学责任岗制度”的同时，建立实施“课程准入制度”，并正确处理教师任教课程的相对稳定性和适时轮换性的关系，确保“一人多课、一课多人、质量稳定、后继有人”良性局面的形成。

“课程准入制度”规定：只有教学科研结合、以教学为主，且长期坚持本科一线教学、学术造诣深、教学水平高、教学理念先进的教授、副教授才有资格竞聘系列课程组和核心课程组负责人岗位；年轻教师竞聘教学岗担任主讲教师，必须有一定的计算机应用或控制理论与控制工程方面的科研经历，又有志于当好教师上好课，且岗前培训合格和经历过两届以上跟课辅导，对拟任课程已有完整教案。对所有教学岗上的主讲教师，对其任教课程的安排，既要保持相对的稳定性，又要掌握好在同系列课程中实现不同课程间适时交叉轮换的时机，确保形成全系“一人多课、一课多人、质量稳定、后继有人”的良性局面和发展态势。

（4）从人的成长成才规律出发，科学合理突出不同年龄段教师在教学科研工作任务安排上的侧重点，实现教师个人成长发展和单位教学科研全面协调发展的两个整体优化的统一。

人的生理发育规律决定了，不同年龄段的人具有不同的优势和劣势，而且中青年人和中老年人的优势、劣势往往具有较大的互补性。因此，在团队建设指导思想上，顺应教师成长发展规律，以加速中青年教师成长发展为主要出发点，优化中青年教师成长发展、脱颖而出的制度环境，力求培育跨学科、跨领域的创新团队，增强人才队伍可持续发展能力。在教师队伍整体工作安排上，处于三十而立、四十而不惑阶段，精力旺盛、敢想敢干、创造力强的中青年教师，尽量安排适当多做点科研；而处于五十以上年龄，见多识广、经历经验丰富、综合水平造诣相对较高的中老年教师，则尽量让他们把主要精力放在教学上，使包括本科生在内的青年学子有机会广泛接受大学一流教师、知名专家教授的亲身教诲和悉心指导，感受到大师学者的人格魅力和学术风范。

（5）把团队建设发展融入单位的建设发展，依托单位制定、实施有利于教学科研协调发展，教学科研人员各安其职、各尽所能、各得其所的公正合理的用人机制和评价奖励机制。

通过发挥重点教学科研任务的牵引力、政策导向和激励措施的凝聚力、学科学术骨干的影响力，以及党组织的领导协调推动力，加速培养青年骨干教师队伍，确保团队可持续发展有后劲。所谓重点教学科研任务，就是指国家精品课程、国家精品资源共享课程、国家级规划教材等“国字号”教学工程项目和一批校级以上重点教育教学研究项目，认知科学和脑机接口等国家自然科学基金重点项目，机器人、无人作战平台、导航制导等“863”计划项目、“973”计划项目、国防预研项目等。在具体用人机制上，一方面鼓励选拔有丰富教学经验、教学水平高、教学能力强、学术造诣深、教学理念先进的一线专职教授来主持重点课程建设和一些教学立项研究，把“好钢”用在“刀刃”上，并把教学领军人物和科研领军人物同等对待；另一方面依托这些重点教学科研项目，把一批中青年拔尖人才和后备人选放在关键岗位上磨炼，加速锻造一支具有突出创新能力的青年骨干教师队伍，驱动团队可持续发展。在评价奖励机制上，则在各级党组织的全力支持下，形成并采用科学合理、体现差异、一视同仁、公平公正的业绩总结奖励和职级评审晋升评价体系。

总之，在积极推进创新团队建设和单位发展的过程中，三支创新团队带头人在系党委的领导和大力支持下，紧密联系单位实际，主动改革，大胆进行了一系列调动教师工作积极性、主动性、创造性的有益实践。这些实践体现在教学科研、管理教育等各个方面：

1）按照教育教学研究、基础理论研究、应用技术研究三支创新团队进行整体布局，建设教师人才队伍的实践；

2）按照“深化改革，优化结构，全面协调，加快发展”的指导思想，对教研室和教师的工作侧重及有机组合进行优化调整的实践；

3）按照建立先进典型和业务骨干“两个方阵”的构想，不断挖掘教师人才潜力，树立先进模范的实践；按照“并行发展，有机融合”的思路，推进学科专业建设和教学科研工作的实践；

4）按照“组织起来，民主讨论，集体研究，自我管理”的要求，成立教授会实行治学业务性咨询指导组织的实践；按照“指令安排与志愿申请相结合”的要求，坚持开展学术交流与报告制度，建立学术活动长效机制的实践；

5）按照“形式公开，内容分开，民主考评，党委把关”的方法，改进教师专业技术职务任职任期考评的实践；

6）按照“宽严相济，疏堵结合，虚实互补，粗细适宜”的原则，针对教师队伍特点实施有效管理的实践；

7）按照“主动探索，适时规范，逐步拓展，不断完善”的做法，积极推进管理工作，逐步进行专项治理，以及推行本科生全程导师制的实践；等等。

（三）主要成效

提出并逐步实施按“三支创新团队”思路建设师资队伍的思想以后，从教师教学科研和人才培养角度看，成效十分显著。

(1) 通过实施“三支创新团队”思想，较好地整合了教师队伍，解决了教学科研之间的平衡发展问题，奠定了自动控制系以人才培养为中心的教学、科研工作全面协调可持续发展的基础。

这三支团队主辅相得益彰，优势互补共享，既有分工又有合作。多年的建设实践表明，按“三支创新团队”思路建设教师队伍，有利于单位的全面协调可持续发展，防止学科方向间、教学与科研间发展失衡、顾此失彼；有利于合理整合队伍，聚集力量，优化师资队伍整体结构，让学科学术带头人和骨干教师发挥“传帮带”作用，为年轻教师更快地成长成才，提供更好的平台与环境；有利于每个教师找准相对定位和发展方向，强化各自特色优势，使其在团队的相对主业定位中发挥重要作用，在其他交叉岗位任务中发挥积极作用。其结果是，明显促进了以人才培养为中心的各项工作，尤其破解了原来许多教师不愿上课的难题，调动了广大教师投身于教学研究、教学改革、教学建设的积极性：一方面，教授、副教授上本科一线教学的自觉性明显提高，全系所有教授每人每年至少都完整讲授了一门课，而且教学质量基本上都达到“优”；另一方面，青年教师从事本科教学的热情和向有经验老教师学习，精心教学、钻研教学的主动性空前高涨。全系新老教师普遍热心教学研究、争上教学一线的“重教学”氛围得以形成。

（2）按三支创新团队的思路整合、建设教师队伍后，每个教师的工作重点突出、优势特色明显、发展方向明确；全系教师则最大限度地实现了主辅相得益彰、优势互补共享、分工合作共赢。

三支不同主业创新团队建设的布局有利于整合力量，集中精力，放手探索。三支团队中的教育教学研究为主创新团队本着“一流的教学团队、一流的教材、一流的教学内容、一流的实验条件、一流的网络课程和一流的教学管理”的原则，认真谋划教学任务，建设教学梯队，不断培养和调配优秀教师到教学一线，编著、遴选优质教材，实现一流教学，建设精品课程，促进了教学团队在三支创新团队中率先走进国家层次。与此同时，充分发挥教学团队的示范带动作用，统筹凝聚三支创新团队的力量，共谋推进教学科研的建设。经过多年的建设，全系取得了一批在全校、全军乃至全国一流的业绩和成果，形成了众多“国字号”品牌，为学校控制学科综合实力排名始终位于全国同领域前列做出了突出贡献，奠定了坚实基础。教育教学研究为主的创新团队早已成为湖南省优秀教学团队和国家级教学团队，在军内外有很大的影响力和知名度。其他两支以科学技术研究为主的创新团队也既搞科研又搞教学，以自己高层次高水平的科研支撑教学、促进教学，在国内同行中同样具有较大影响力，被评为湖南省科技创新团队。

（3）探索建立了科学研究与教学研究相互促进，科研成果向教学资源尽速转化的两者互动融合机制，使科研真正成了教学的源头活水，教学真正成了科研的不竭动力。

近年来，三支创新团队，特别是基础理论研究为主和军事应用研究为主创新团队，承担的科研项目明显增多，先后承担了包括国家自然科学基金重点项目、“863”计划项目、“973”计划项目、科技攻关（支撑）计划项目、国防基础科研项目、武器装备预研基金项目、武器装备预研计划项目、国防型号工程项目等在内的几十项科研任务。各团队、各课题组、各位教员，都高度重视将科研转化成教学，努力促进教学。这种科研转化教学、促进教学的作用主要表现在以下几方面：

1）科研促进了教学内容、教学方法的改革。大量的科研项目及成果为深化教学内容改革，保持课程教学水准的先进性、前沿性提供了有力支撑。团队每位教师都能自觉将科研项目与相关课程建设紧密结合，以科技创新引领教学实践，及时把科研成果中的典型工程案例融入课程理论教学和充实创新性、综合性实验内容，拓展了教学内容的深度和广度，使课程内容常教常新，始终贴近学科技术发展前沿。如：“计算机硬件技术基础”“计算机控制技术”“自动控制原理”等课程的教师自觉地将团队在机器人控制、磁悬浮控制、航天器控制、高炮随动系统控制、导弹控制等科研中完成的实际工程项目作为典型案例，不失时机地充实于教案和教材中，确保了教学内容的先进性和实用性，激发了学生的学习兴趣和求知欲望，调动了学生发奋学习的积极性和主动性，提高了教学效果。再如：军事应用研究团队将自主导航技术、航空弹药制导技术的研究成果转化为研究生的实践课程，通过“自主导航理论”课程开设了地磁匹配导航、惯性导航软件设计、动基座对准等实验，通过“制导与控制”课程开设了制导控制系统设计、复合制导设计等实验，培养学生的科技创新能力；认真研究信息化条件下、复杂电磁环境下的作战训练课题，通过“导航定位”“精确制导技术”“精确打击武器系统作战运用”“复杂电磁环境下精确打击”等课程以及相应的参观见学任务，将科研成果有机融入，有效地保证了教学内容、教学方法的先进性。

2）科研促进了教学水平、教学质量的提高。通过科研凝聚、锻炼了人才，造就了名师、学科学术带头人和一大批优秀中青年教师，大大促进了教师队伍建设。丰富的科研实践、科研阅历，使教师的知识结构得以更新，学术视野得以拓宽，学术水平得以提高，严谨的科学作风得以养成，从理论与实践的结合上思考、分析、解决问题的能力和创新能力得以增强。其结果是，师资队伍的整体教学水平得到极大提升，持续稳定的教学质量得到根本保证。尤其以科学研究带动研究生的创新研究，使研究生的培养质量稳步提高。绝大部分研究生学位论文选题来自自然科学基金、“863”计划、“973”计划、探索研究、武器装备预先研究等项目和装备型号关键技术攻关任务。通过论文研究，研究生的独立科学研究能力得到极大的加强。学位论文中不乏全国百篇优秀博士学位论文，全国优秀博士学位论文提名论文，全军优秀博士、硕士论文，湖南省优秀博士、硕士论文。获全国百篇优秀博士学位论文的武元新博士研究的对偶四元数导航算法，相关成果发表在 *Journal of Guidance Control and Dynamics* 等国际期刊上，惯性导航领域的国际权威专家 Bar－Itzhack 教授（IEEE/AIAA Fellow）评价该成果是“groundbreaking”。

3）科研促进了教学条件、教学手段的建设。科研项目直接支持了本科教学条件的建设和实验设备、教学手段的更新改造。依托“控制科学与工程”国家级重点一级学科的科研优势，及时将科研成果以自研自制或自研定制的方式转化为教学资源。以智能机器人系统和数字化、信息化武器装备研制的成果、经验为基础，自行设计开发制造了与实验改革思路相配套的无人作战平台和微机接口技术实验平台；从导弹、火炮的自动瞄准系统中抽象出来，自行研制生产了小功率随动系统实验装置；从磁悬浮列车技术的基本原理出发，自行研制生产了磁悬浮球控制系统实验装置；以自研定制（自己研究设计、委托专业教育装备厂家制造）方式开发研制了组合机器人装置。

4）科研促进了学生创新思维、创新能力的培养。依托国家和军队重大专项或重点科研项目建成的各科研实验室，也普遍向本科生全面开放，和教学实验室、教学创新实践基地一起构成了一体化综合实践环境，共同支撑着多层次、多类型学员的实践教学，为吸纳更多学有余力又有兴趣的学生到实验室来开展综合性、设计性、探索性实验研究，提高他们利用计算机和控制技术思考、分析、解决学科领域问题和其他实际问题的能力，奠定了坚实基础。通过这些教学、科研合力构建的一体化综合实践环境、实践平台的锻炼，学员的科技创新能力和自主开展科学研究的能力得到增强。一批尖子学员依托这些实践基地、平台，参加历年的国际 RoboCup 机器人大赛，亚太大学生机器人大赛（Robocon）国内选拔赛（即 CCTV 机器人大赛），国内国际大学生数模竞赛，“飞思卡尔”杯大学生智能汽车竞赛，物联网大赛，各级电子设计、机械设计、嵌入式系统设计、挑战杯、创新杯等诸多大学生设计和发明大赛，获得了包括国际 RoboCup 机器人大赛冠军 5 项、亚军 1 项在内的一大批优异成绩。截至 2017 年，参加这些赛事的本科生就发表学术论文 18 篇，获得授权专利 2 项，3 次连获 Robocon 国内选拔赛（CCTV 机器人大赛）亚军，有 163 人次在各类学科创新大赛中获奖，包括国际特等奖 1 项，国际一等奖、二等奖 14 项，全国一等奖和二等奖 7 项、三等奖 4 项，湖南省一等奖 14 项、二等奖 11 项、三等奖 15 项，另获批国家级、省级大学生创新训练计划项目 7 项。依托这些实践基地，自动控制系还支持学员成功举办了一年一届的“机器人文化节”，以此逐步引导激发了广大学员特别是本科学员深入研究机器人技术的兴趣，为进一步扩大创新人才培养理念的影响力起到了重要作用。

（4）取得了一批在全校、全军乃至全国一流的业绩和成果，形成了众多“国字号”品牌，为控制学科综合实力排名始终位于全国同领域前列奠定了坚实基础。

1）先后获评的各类国家级、军队级、省部级教学科研成果包括：国家级教学团队1个，湖南省科技创新团队1个；国家级教学成果二等奖1项，军队级教学成果一等奖2项、二等奖1项，湖南省教学成果一等奖2项、二等奖1项；国家精品课程2门，军队优质课程1门，湖南省精品课程1门，军队MOOC课程2门，全国高等教育优秀网络课程一、二等奖各1门，全军院校优秀网络课程一、二等奖各1门，国家精品资源共享课2门，全国二等奖精品视频公开课1门；国家级虚拟仿真实验中心1个，湖南省实验教学示范中心1个，湖南省专业综合改革项目1项（自动化专业）；国家自然科学二等奖2项（实现军队零的突破），教育部自然科学一等奖1项，国家和军队科技进步二等奖共4项、三等奖1项；国家发明专利和软件著作权等知识产权11项；湖南省优秀教研室1个（“控制理论与控制工程”教研室）；国家级、军队级统编通用、重点规划教材专著30余部，其中获国家级教材一、二等奖各1部、中国图书奖1部、湖南省优秀教材奖1部……

2）先后涌现出获得国家级、军队级荣誉的教师，包括：首届国家级教学名师1名，国务院特殊津贴获得者3名，全军优秀教师1名，长江学者1名，军队院校“育才奖”金奖获得者2名、银奖获得者6名，中国十大杰出青年科技创新奖获得者1名，国家杰出青年科学基金奖获得者1名，教育部全国高校优秀青年教师奖获得者1名，教育部新世纪人才2名，国家中青年科技创新领军人才1名，国家新世纪优秀人才支持计划1名，军队学科领军人才培养对象1名，军队学科拔尖人才培养对象2名，军队优秀专业技术岗位津贴获得者21人……

总之，经过十余年按“三支创新团队”的思想建设专业师资队伍，自动控制系教师队伍的整体实力和影响力已进入国家级层次，为控制学科的教学科研协调发展、教书育人质量稳步提高奠定了坚实基础和强大后劲。

（四）重要启示

从多年来按“三支创新团队”思路建设教师队伍的实践中，可以得到以下几点重要启示。

启示之一：按教育教学研究为主、基础理论研究为主和应用技术研究为主“三支创新团队”思路建设教师队伍，对于缓解当前大学普遍存在的重科研轻教学、重工程应用研究轻基础理论研究（或者反过来）的现象，较好解决当前制约高等教育质量提高和师资队伍建设发展的主要矛盾来说，是一种行之有效的师资队伍建设思想方案、途径方法，它使教师自我发展提高，使教师队伍能力素质与教学科研的发展和人才培养中心工作的要求相适应，有利于从根本上全面履行好大学的基本功能，提高人才培养质量。

启示之二：三支不同主业创新团队建设的布局有利于合理整合队伍，聚集力量，给学科学术带头人和骨干教师发挥“传帮带”作用，为年轻教师更好地向老教师学习、更快地成长成才，提供更优越便捷的条件；有利于每个教师找准相对定位和发展方向，强化各自特色优势，使其在团队的相对主业定位中发挥重要作用，在其他交叉岗位任务中发挥积极作用，从而增强师资队伍整体实力；有利于单位的全面协调可持续发展，防止学科方向间、教学与科研间发展失衡或顾此失彼。在三支团队建设过程中，如能根据中青年教师和中老年教师的优劣势互补规律，对他们的教学科研侧重点做出科学合理安排，则无论对教师个人的成长发展，还是对教师队伍整体水平的提升和实力的增强，以及对学生培养质量的提高，都更为有利。

启示之三：“三支创新团队”的建设要想卓有成效，既要按明确的主业分工去突出各自特色，又要以团队之间的分工协作去促进课堂教学、实验教学与科研工作的互动融合，还要用人才培养根本任务和教育教学中心工作去统筹三支团队的协同。因此，在推进三支团队同步建设、协同发展的时候，一方面要不断在提升团队每个成员的教学水平、教研科研能力和开展创新性工作的能力，增强每支团队的主业特色优势，形成团队间、团队内成员间交叉融合并取长补短，三支团队同步协调发展的师资队伍整体实力方面下功夫；另一方面也有必要突出教育教学研究为主创新团队在三支团队建设和人才培养中心任务中的优先地位、核心地位，该团队首先应本着追求卓越、争创一流的精神，不断优化梯队结构、强化教学研究、深化教学改革、建设优质资源，实现一流教学，促进高层级教学成果、"国字号"教学品牌的率先诞生与快速发展，然后由它统筹凝聚三支创新团队的教学力量，统一谋划教学任务、教学改革、教学建设，推动有关学科专业各门核心课程、主干课程的建设，全面提升单位以教学为中心的各项工作水平和人才培养质量。

启示之四：对单位承担的全部课程，按其内涵及相关性划分为几大课程系列，然后基于系列课程去进行课程教学的改革、建设和管理。在厘清全部课程体系和核心课、主干课及其相互关系的基础上，按"院系（学科）教学团队—系列课程组—核心课程组—普通教学岗"四级体系，设置不同层次的教学责任岗，推动课程师资队伍建设和课程教学的全面改革和建设。若实施"三支创新团队"思路的单位规模比较大或层级比较高（如院校一级），能在这四级体系中再增加一层"单位首席教学指导专家"将更好。

启示之五：为了实现以人才培养为中心的教学科研各项工作的全面、协调、可持续发展，促进高素质创新型人才培养根本目标的达成，要把团队建设发展融入单位的建设发展，依托单位制定、实施相应的政策，确保教育教学研究为主人员、基础理论研究为主人员、应用技术研究为主人员（实际上还有各级各类管理人员）能够和谐共处，各安其职、各尽所能、各得其所，相互之间除了分工不同外，绝无高低贵贱、地位高下之分，只要是在学校的必要工作岗位上，只要完成了本职工作的岗位职责，取得了相似业绩，做出了相似贡献，就应该获得大体相当的物质报酬和精神奖励。为此，对各类人员，应有不完全相同的评价指标体系，评价侧重点应不同。报酬（特别是工资外收入）除了与岗位重要度有关外，只能跟业绩、贡献挂钩，不宜因分工不同而有大的差异。以往的评价指标体系，要求每个教师都面面俱到，其结果只能是每个人都业绩平平，没有亮点。一支教师队伍实力雄厚，绝不可能是其中每个教师都是多面手、万能人，而是各有专攻、各有千秋、各有特色，经合作互补以后才达到整体“样样都行”、力量雄厚。

六、支撑点：政府推动实现教师培训常态化

建立高水平、高素质教师队伍，光靠教师本人的自觉修行和院校的自发作为还不行，还离不开从中央到地方各级政府的高度重视和大力支持。这种重视和支持不能只停留在口头上、纸面上，而要落实到行动上。

一方面必须如前所述，推动学校坚持不懈、持之以恒地加强对教师的岗前和任职期间的培训，创新中青年教师培养培训新模式，形成有利于中青年教师师德师风水平不断提升和学术发展与教学能力不断增强的新机制，实现中青年教师培养培训常态化、制度化。各院校可以像教育发达国家的世界一流大学普遍做的那样，建立适合本校特色的教师教学发展中心，积极开展教师培训、教学改革、研究交流、质量评估、咨询服务等各项工作，以提高本校中青年教师教学能力，满足教师个性化、专业化发展和人才培养特色形成的需要。

另一方面，各级政府也应加大投入，建好一批大学教师教学发展示范中心和教师网络培训中心，组织开展有关教学改革热点与难点问

题的研究，加强对教师特别是基础课程教师的教学能力培训。只有这样，才能确保教师的能力水平和大学的教学质量，与国家军队对高素质创新型人才日益增多的需求相适应。

教育部从“十二五”实施“本科教学工程”开始，已经启动了这项重要工作，从国家层面到省（市、自治区）层面，乃至许多学校，都相继建立了一批教师教学发展示范中心和教师网络培训中心，这些中心采用讲座、沙龙、工作坊、座谈会（研讨会）等多种形式，对大学教师进行不同主题的培训，有力促进了大学教师以教学发展为中心的全面发展。但整体看来，培训形式还是比较单一，明显以讲座为主。尽管讲座独具优势，能够在短时间内讲授大量的内容，实现多人同时受益，但是这种高效单一的讲座如同碎片化知识一样，不一定能够有效转化为教师自身的能力素质提高；此外，发展中心培训活动内容的科学性、系统性、整体性、有效性仍有所欠缺，且各种内容和形式之间存在失衡的状况，因而教师参与活动的实效性不足、积极性不高。

教师发展中心应当借鉴国外名校教师发展中心的工作经验，着力提升活动内容的质量，实现内容和形式的完美统一，组织开展能够促使教师深度学习并能为其所用的丰富多彩的活动，打造能够满足教师个性化、专业化发展需要的独具特色的精品活动系列，吸引教师积极参与其中。只有这样，才能激发教师个人发展的内在动力，才能在活动中确有所获，不仅了解最新的教学理念、教学策略和方法技术，还可将收获用于实际教学之中，所学即所得，利于满足个人教学发展的需要。

第三章　大学教学方法研究与创新

大学教育的过程，不应该只是受教育者从教育者那里源源不断地获取、储存、增长知识的过程，而应该是把一个需要教师才能获得知识的人，通过几年的学习，培养成不需要教师也能获得知识、能够无师自通的人的过程。社会发展无止境，科学发展无止境，知识学习也无止境。社会需要的是成千上万具有自学能力、能不断为自己人生发展进行知识更新扩展，进而具备创新开拓能力的人才。培养造就一批批这样的人才，就是大学教育应有的任务。

要担当起这样一种教育任务，必须创新大学教育，而要创新大学教育，必须在适时改革课程体系和教学内容的同时，努力顺应教学技术的进步，大力加强教学方法研究与创新。依靠传统的“授鱼”式的知识传授型教学方法是不行的，必须采用“授渔”式的能力培养型教学方法，积极倡导各类以学生为主体、为中心的启发式互动式教学，如案例式、研讨式教学等。

一、重视开展教学方法研究

这里所述教学方法是个比较广义的说法，它是对通常所说的教学模式和教学方法的笼统说法。从教育学意义上理解，教学方法与教学模式是两个不尽相同的概念，前者是指教师和学生为了实现共同的教学目标，完成共同的教学任务，在教学过程中运用的具体方式方法与手段的总称，而后者是指在教学实践中基于教学形式和方法的系统结合而产生的一种综合性的方案形式。两者既有联系，也有区别。相比之下，教学模式是一个大概念，它应该反映其理论依据、指导思想、步骤程序和方式方法等；教学方法则是一个小概念，它是包含在教学模式之中的具体方式方法和手段。平时多数人并不严格区分这两个概念，多以教学方法而统一代指，本章也按此处理。

（一）教学方法研究的必要性与关注点

前文在论及如何做好教学研究和如何上好一门课、一堂课时，多半是就至今还占主导地位的教师传授为主的传统教学而论的。在这种教学模式下，理论课的教学活动主要限制在课堂，实验课则主要限制在实验室；教室和实验室是剧场，教材教案和实验指导书是剧本，黑板、粉笔和课件是道具，作为主角的教师基本上是在演一场独幕剧。按照这种教学模式，执教能力再强，课上得再好，也限制了学生的发散思维，限制了学生创新思想、创新能力的培养。事实上，在信息技术飞速发展、网上资源急剧增多、信息化手段日新月异的今天，已完全有条件摒弃这种传统的教学模式，而代之以以学生为中心、为主体的师生互动式现代教学模式，以适应创新型智慧型人才的培养要求。因此现在来论教，理应基于这种师生互动式现代教学来谈论。这种现代教学，也就是常说的开放式、研究性教学，其核心是完成教师和学生在教学活动中角色的转变：教师从知识的传授者变为指导者，学生从知识的被动接受者变为知识的主动建构者。鉴于此，教师的教学研究、日常教学、教学改革和教学建设的着力点，应该转移到如何设计和组织实施这种开放式、研究性教学，以及如何指导学生成为学科知识的主动建构者上来。为此，作为任课教师要特别注重以下一些方面。

（1）突破教材的束缚，使教材由主导地位变为辅助地位，由课程教学根本遵循改为主要教学参考书。这就需要教师在开课前学习和熟悉信息技术、信息手段，广泛涉猎其他教学参考书和网上相关信息资源，并善于从网上采集最新的活的信息，一方面向学生推介，另一方面为自己所用，随时充实到课程教学中。

（2）将辅助教学工具从“黑板+粉笔”为主转换成多媒体课件为主，善于创建信息技术环境下以学生为中心的、全新的师生互动教学模式、教学场景。为此，教师在教学中应以先进教育思想理念为指导，致力于以优异的信息化网络环境、网络资源为依托，进行现代化信息与课程科学整合的研究，致力于设计开发出能满足开放式、互动式教学需要的全新多功能多媒体课件或网络课程。这就要求教师具有针对两类不同特性的课程，利用多媒体信息技术设计出两种不同教学过程的研究性教学能力：对于工程应用性强的课程（工科专业的多数课程），多以面向结果的方式呈现知识，即只突出结论及其应用，而对知识理论的形成过程没必要了解过多过深，因此介绍较少，即使介绍也尽可能精练。这类课程研究性教学的“研究性”主要体现在实现应用目的的思想、方法的探究上。对于偏理论的课程（理科专业的多数课程），则最好以面向过程的方式呈现知识，将学科概念、原理等得以产生的起因和研究过程展示给学生，因此一般不宜采用由果到因的推论式教学方式，而宜采用强调科学原理形成过程的教学方式。这类课程研究性教学的“研究性”主要体现在引导学生进行由因到果的科学原理发现过程的探究上。无论是前者的知识应用思想方法探究，还是后者的知识发现过程探究，都要在探究中注重引导学生的发散思维，激发学生自主学习和探究的动机，增强学生自身参与知识建构的积极性和自觉性。

（3）熟悉国内外相关的主要网站和公众号等网络信息资源平台，善于在设计和实施课程教学的全过程中，得心应手、合法合规地选用所需信息资源。这也是现代教师执教能力的一个重要表现方面。近年来国内外的课程教改实践表明：即使有了合适的软件，教师对信息化技术也比较熟悉，也并不一定能很好地应用这些软件来支持自己的教学。因此，如何在教育中学会恰当地使用信息化技术，使之充分发挥作用，提高教学效率，突破重点难点，甚至在技术的支持下改革现有的教学方法、教学内容和教学观念，优化教学方案设计，是又一个极为重要的课题。无论有多么好的教育技术、教学手段，也无论采取多么好的教学模式、教学方法，比如近年来国内外高教领域陆续出现了大规模开放在线课程（Massive Open Online Course，MOOC，又称慕课）、小规模限制性在线课程（Small Private Online Course，SPOC）、微课（Mini Course，Micro Lecture，或 Micro Lesson，又称碎片化课）、翻转课堂（Flipped Classroom）等有关教学方式方法的新名词、新术语、新概念，但其实都是一些具体的教学形式，每种都优缺点并存。从根本上说，决定课程教学质量、教学效果的，终究还是施教者的教学理念、教学水平和驾驭教学的能力。

（4）熟悉一些必要的教育专业的基础理论知识和教学观念方法，力求用先进的教育思想理念来武装头脑、引领教学，实施有思想、有品质的教育。目前大学的教师，除少数公共基础课教师具有师范院校的学历，具备教育学、教育心理学、教育方法学等教育专业的基本知识、基本理论外，绝大部分都是非师范类学科专业毕业任教的，在这些方面其基础相比于师范类毕业生可能稍不够扎实。而大学教师这一职业，理想地说应该具有双专业性，既要具有所任教学科专业的学术底蕴，又要具有教育专业的知识基础，前者用于解决“教什么”，后者用于解决“怎么教”。

（二）研究要以先进教育思想理念为指导

先进的教育思想理念应是大学教学工作的灵魂和先导，也是教师所必须具备的。无论是哪个学科专业的教师，要想成为教学的行家里手，都要在先进教育思想理念的指引下，树立正确的人才质量观和现代教学观。

树立正确的质量观，就是要明确什么样的教学是高水平的教学，什么样的教师是好教师，什么样的学生是好学生。高水平的教学是充分体现以学生为主体的启发式、激励式、参与式的教学，是注重培养学生学习能力和创新能力的教学，是理论与实践紧密结合的教学。好的教师是一个对学生高度负责，针对社会需要认真研究教育规律和教学要求并在自己的教学过程中努力实践的教师，是一个既传授给学生重要知识，又启发学生主动思维的教师，是在传授知识的同时，注重培养学生科学精神、创新精神和勤奋严谨治学精神的教师，是既教书又育人的教师。好的学生则应是一个既刻苦学习又善于学习的学生，是一个知识、能力、素质协调发展又个性鲜明的学生，是一个既胸怀大志又脚踏实地，诚实、务实的学生，是一个讲责任、求创新、懂得尊重人、乐于善于与人合作的学生。

树立正确的教学观，就是要懂得作为一个教师，传授知识技能只是最基本的任务，此外还需谨记四个更重要的方面：一是指导学生学会学习比教给学生现有知识技能更重要，大学学到的知识技能可能会随着科技的发展进步而变得过时无用，但大学学到的如何学习知识技能的方法技巧却是终身有用的，也就是说，今天的教是为了明天不需要教；二是培养学生的科学精神比传播科学知识更重要，要努力培养学生严谨、求实、探索、创新的科学精神和学术品格；三是激发学生的学习兴趣比强制学生学习更重要，需着力提高学生学习的内动力和探究热情；四是引导学生学会应用知识比单纯向学生传授知识更重要，要让学生懂得学习重在“习”，知识重在“识”，文化重在“化”，应用重在“用”。

指引教学方法研究的先进教育思想理念，主要指的是：

（1）在教学观念上，由以教师为中心向以学生为中心转变，由单纯的教书向全面育人转变，尊重学生的人格，关心学生的状态，重视学生的差异，使他们真正成为学习的主人。

（2）在培养模式上，由注重知识传授向既注重知识传授更注重综合能力培养转变，由继承性教育向创新性教育转变，由大一统的人才培养模式向注重培养学生个性的多样化人才培养模式转变。

（3）在教学方式上，由灌输式向激发式转变，激发学生的学习积极性和主动性。

（4）在教学内容与课程体系上，由滞后于时代发展、跟踪科技进步向顺应甚至超前时代发展、引领科技进步转变，适时更新教学内容，优化课程体系。

（三）研究成效的集中体现

教学方法研究的目的是要促进教学方法改革与创新，而教学方法改革与创新的集中体现或重要标志又应在以下四个方面。

1. 体现以问题为主线，实行开放互动式教学

教学中善于提出问题，引导学生思考问题、讨论问题，增强学生的问题意识。不仅给出课程中目前的结论和结果，还要给出学科的发展过程和近期需要研究和解决的问题，使学生明确探索问题的目标，引起学生研究问题的兴趣。学生的大脑不只是一个装知识的容器，更是一个需要点燃的火把，教学中能够点燃一个个火把，使学生们围绕着一个个问题作积极思考，这样的教学就是成功的。有问题虽然不一定有创新，但没有问题就一定不会有创新。提出问题的能力在于学生；能不能以问题贯穿教学，从而培养学生提出问题的能力则在于教师。

开放互动式教学，主要指师生间、生生间互动。师生间互动，旨在实施教学相长的教育。在此过程中，通过师生之间思想与思想的碰撞，心灵与心灵的沟通，生命与生命的对话，感情与感情的交融，教师用自己的热情和忠诚去投入，用自己的责任和心血去作为。其结果是，教师不仅可教育培养学生，也可从学生身上发现亮点，吸取力量，还可促进思考、激发灵感和改进教学、拓展科研。生生间互动，旨在实现合作学习、共同研讨和相互启发、共同提高。其实还可扩展到教师与教师间互动，以便实施团队作用的教育。在此过程中，教师融入一个团队，可以避免个人单打独斗，通过与他人的团结合作共事，从而向其他教师学习，吸取别人的经验智慧，取长补短，相互促进，起到加速教学能力提升的作用。

2. 体现科研成果或实践经验，实行教学与科研互动、理论与实践互动

能不能做到这一点，是一流教师和三流教师的重要区别；有没有比较多的教师能做到这一点，是一流大学和三流大学的重要区别。照本宣科是最容易的，也是最使学生感觉乏味的。所以，要想从根本上提高教学水平，教师就要搞科研、下实验室，深入社会和科研生产第一线，直接获得工程经验和第一手资料，充实到自己的教学中。一个好的教师必须是一个好的学者，有自己的科研经历、学术见解和学术造诣。

通过教学与科研互动，实现有思想、有体会的教育，在此过程中，可带动学术水平、教学效果与科研能力的全面提升。通过理论与实践互动，实施学以致用的教育，一方面可在理论教学中以明确的实践基础和应用背景做支撑，另一方面在实践教学和指导学生开展课内外创新实践活动中，能善用理论来分析解释现象。这是提高教学质量的重要保证。

3. 体现对教学内容的删繁就简、吐故纳新，实行教学内容对学科专业发展的适时跟踪

课堂上讲的过细过繁，不利于学生学习能力的培养，又占用了大量的课堂时间，所以要尽量讲得简洁精练。

教学内容的吐故纳新是教学上永恒的要求。科学技术在发展，专业内容更新快，教师要教给学生不过时的东西，尽可能把新的进展和内容充实到课堂上。这就要求教师及时跟踪学科新知识。过去说要给学生一碗水，教师得有一桶水，现在要求教师只有一桶水还不够，得有一江水，且是活水，表明教师不但要知识多，而且知识要时时更新。所以，做一个称职的教师理应坚持终身学习、不停研究，确保始终掌握（起码熟悉）新知识、新技术，教给学生的内容总不过时。

4. 体现学科教育与素质教育的结合，将素质教育融入专业教育之中

素质教育不是靠开几门课来解决的。不能设定哪门课是进行素质教育，哪些课是进行学科教育的。素质教育首先是一种教育思想和理念，它应该是无处不在的，应该在所有的教学环节中、在每一门课程中体现和落实。当然，这首先要求教师能够自觉地把素质教育融入教学之中。在理工科的课堂上，教师要注意通过教学提高学生的文化素质特别是人文素质。在文科的课堂上，则要注意提高学生的科学素质。这一点能不能做好，关键是教师的自身素质和人文水平。专业教师在教学过程中实施素质教育，并不是要占用很多时间，而是要画龙点睛、恰到好处，要精准、管用。这就要求教师平时要勤于善于学习，以自己丰富的知识、崇高的境界、深厚的感情来感染学生和教化学生。素质教育主要是做人的教育，主要目的是帮助学生树立正确的人生观和价值观。

前文在谈论如何提升教师执教能力时，基本上全是从教师自身的角度去谈的。但其实教学包括的是教与学两个方面，提升执教能力，光从教师的“教”去着力还是不够的，还必须调动学生“学”的积极性，实现师生互动、教学互励，才能有好的成效。按照现代教育理念、教学模式，教师在自己致力于研究性教学的同时，还要鼓励和组织调动学生开展研究性学习。研究性学习是基于人类对学习活动的不断认识，逐步形成的一种现代学习观，强调学习者的主动探究和亲身体验，以及基于真实任务对所研究问题的解决。对于课程教学来说，则是学生在教师指导下，选择与课程内容相关的专题进行研究，并在此过程中主动获取知识、应用知识、解决问题的一种学习活动。教师开展高质量研究性教学的关键是研究性教学方案的设计。因为教学的目的是培养具有创新能力的研究型人才，所以研究性教学方案的设计，不仅要支持教师开展研究性教学的各个环节、各个方面，而且需要支持学生进行自主性、研究性学习。因此，如何激励学生投入教师设计的开

放性、多向互动合作研究性教学的情境，激发他们自主开展研究性学习、自主建构课程（学科）知识体系的积极性和主动性，也是教师提升执教能力的一个重要方面、重要课题。仅此也可衍生出一个研究专题，在此不述。

综上所述，在信息化、智能化技术发展异常迅速的21世纪，在世界早已进入信息化时代，开放式、互动式、研究性、学生自主性教学模式正在成为高等教育普遍趋势的今天，教师执教能力的内涵已延伸拓展得越来越宽了，对教师执教能力的要求无疑也越来越高了，所以大学教师要成为一个执教能力强的好教师，决不能仅仅是个传统意义上的优秀“说教者”“讲授者”，而且还必须是现代先进教育理念的信奉者、坚守者和先进教学实施方案的设计者、践行者。为此，新时代的教师任重而道远，必须与时俱进，坚持终身学习，永不懈怠。

二、教学方法手段的正确采用

（一）建构主义理论下的教学方法恰当选用

我经过对各种教学模式及其分类方法的研究，比较认同基于建构主义学习理论的教学模式。建构主义最早源自瑞士著名的心理学家皮亚杰（J. Piaget）关于儿童认知发展的理论，他所创立的学派被人们称为日内瓦学派。后经科恩伯格（O. Kernberg）、斯滕伯格（R. J. sternberg）、卡茨（D. Katz）、维果斯基（Vogotsgy）等学者相继进行的越来越深入的研究，这一理论越来越丰富和完善，为实际应用于教学过程创造了条件，逐渐发展为应用越来越广、影响力越来越大的建构主义学习理论。

建构主义学习理论的内容很丰富，但其核心是提倡在教师指导下的、以学习者为中心、以学生“学”为主的教学模式。也就是说，既强调学习者的认知主体作用，又不忽视教师的指导作用。它认为教师是意义建构的帮助者、促进者，而不是知识的传授者、灌输者；学生是信息加工的主体和意义的主动建构者，而不是外部刺激的被动接受者和被灌输的对象。这就意味着，教师如按建构主义学习理论开展教学，就必须在教学过程中对传统的教学理论、教学观念提出挑战，彻底摒弃以教师为中心、强调教师“教”、把学生当作知识灌输对象的传统教学模式，而采用与该学习理论相适应的全新的教学模式、教学方法和教学设计思想。由于建构主义学习理论所要求的学习环境得到了当代最新信息技术成果的强有力支持，这就使之日益与广大教师的教学实践普遍地结合起来，从而成为国内外学校深化教学改革的重要指导思想和越来越普遍采用的教学模式。

在建构主义的教学模式下，目前主要有支架式教学（Scaffolding Instruction）、抛锚式教学（Anchored Instruction）和随机进入式教学（Random Access Instruction）等几种教学方法，每种方法都由多个教学环节组成。各种教学方法尽管具有不同的特点及组成环节，但它们的教学环节中都包含情境创设、协作学习、对话讨论和意义建构等建构主义的四大要素。

我及负责的国家级教学团队在多年的教学中，较多采用建构主义教学模式下的“抛锚式”教学方法。这种教学方法要求建立在有感染力的真实事例或真实问题的基础上。确定这类真实事例或问题被形象地比喻为“抛锚”，就像轮船被锚固定一样，一旦真实事例或问题被确定了，整个教学内容和教学进程也就被确定了。抛锚式教学一般由创设情境、确定问题（抛锚）、自主学习、协作学习和效果评价五个环节组成。由于这种教学方法是以现实中的真实典型案例或典型问题为基础，所以通常将它叫作“案例式教学”或“基于问题的教学”。实施抛锚式教学的关键在于：一要确保选定案例或问题的典型性，以此确实能较好地支撑有关课程、课程系列或有关专业的主要知识单元或知识点的教学；二要确保自主学习和协作学习理念的贯彻。自主学习就是面对实际问题，不是由教师直接告诉学生如何去解决，而是由教师向学生提供解决该问题的有关线索、指南，并要特别注意发展学生的“自主学习”能力，包括：从解决给定问题出发确定学习内容的能力；获取有关信息与资料的能力；利用、评价有关信息与资料的能力；学习消化有关信息与资料后，利用获取的知识解决当前问题和延伸解决其他类似问题的能力等。协作学习则是一定要有讨论、交流环节，通过讨论、交流中不同观点的交锋，补充、修正、加深每个学生对当前问题及其解决方法思路的理解。至于效果评价环节，与建构主义教学模式下的其他几种教学方法的效果评价环节基本相同，都应包括学生个人的自我评价和学习小组对个人的学习评价，评价内容主要包括自主学习能力、对小组协作学习所做出的贡献和是否完成对所学知识的意义建构等方面。按照这种教学方法，学生学习的过程就是解决问题的过程，由该过程即可直接反映出学生的学习效果。因此从理论上说，学生学习效果的评价无须进行独立于教学过程之外的专门考试，只需在学习过程中随时观察并记录学生的表现即可。实际中，考虑到种种其他因素，对学生最终学习成绩的评定，在目前还不宜完全取消课程结束之后的考试的情况下，虽然不能仅由学习过程的表现为据，但至少可以对他们在学习过程中的表现的观察记录为主要依据，而以考试成绩为辅。

在按抛锚式教学方法组织教学时，教师应成为学生建构意义的帮助者、指导者。这种帮助、指导的作用主要表现在以下几方面：一是激发学生的学习兴趣，帮助学生产生学习动力；二是通过创设符合教学内容要求的情境和问题，指导学生采用探索法、发现法，通过主动搜集并分析有关的信息资料和对所学习的问题提出各种假设并加以验证，去建构当前所学知识的意义；三是组织讨论与交流，并在此过程中通过适当提问和提示新旧知识之间联系的线索，引导学生把当前学习内容所反映的事物尽量和自己已经知道的事物、已经学过的知识相联系，并对这种联系加以认真思考，使讨论朝有利于意义建构、问题解决的方向发展，一步步加深学生对所学内容的理解，不断启发诱导学生去发现规律、解决问题和升华认识。在整个教学过程中，要把发挥学生的主体作用贯穿始终，使学生真正成为知识意义的主动建构者。

上述建构主义教学模式下的抛锚式教学方法，实际上囊括了人们通常所说的启发式、案例式、研讨式和讲授与自学结合式等多种教学方法。鉴于一个人在校学习的时间和记忆力都有限，教师不可能把所有的知识都教给学生，抛锚式教学方法的基本立足点在于：应由知识灌输转向能力培养，逐步使学生由知之不多到知之较多，由学会知识到会学知识，主动地把学到的知识内化成能力和素质。因此，教师在课堂上要力戒形式主义，加大改革力度，真正做到“精讲精练”。精讲学生必须掌握的或不易理解的知识，抓住重点和难点，把有限的时间更多地留给学生，让学生通过动脑、动口和动手去理解、接受新的知识。精练要形式多样、层次分明，每次练习不是简单的重复，而是循序渐进，逐步登高。

在课程教学的开课形式上，对公共基础课群和跨学科基础课群平台中的有些课程，可考虑逐步改为“BUS课”形式，即授课单位按教学模块和教学计划定时授课、定时考试（如同公共汽车定点发车），且同样的内容每周可讲授多次，考试可安排多次；学生根据自己的安排自由选听、自由选考（如同乘客自由上下车），考试通过不分时间先后，通过就行。这实际上也就是一种同“学分制”相适应的开课形式。据我所知，一些学校的实践证明了这种开课形式的有效性和优越性。

为了按“抛锚式”教学方法组织教学，根据我所负责教学团队的教学研究和教学实践，觉得有几个实际问题的解决尤为重要。

一是开展案例教学的典型案例即“锚”的选择问题。各行各业、各个领域的院校或学科专业，都可为自己的课程教学找到合适的专用或通用典型案例。案例通常来源于工作、生活实践中的一个科研、试验项目，一种仪器、设备、装置、系统，一种方法、算法等，无论来自什么，案例应具有较好的典型性和相对于所支持教学内容的通俗易懂性。如对军队院校来说，为了顺应与战场对接、为打赢育人的需要，各门课程应尽可能地选择部队武器装备作为典型实例开展案例教学。通过典型案例，使教学内容和培养的人才与部队武器装备的发展相适应，使学员通过学习不仅能懂得武器装备中蕴涵的技术原理，而且能掌握和驾驭现代武器装备，以增强对毕业后岗位任职的适应能力。按照传统的做法，为了结合装备开展教学，有关院校就应该建立“实装”仓库，请领充实并适时更新其中的教学装备。而现代军事装备种类繁多，科技含量高，价格昂贵，且更新换代快，要完全靠“实装”仓库来满足开展武器装备案例教学的需要是不现实的。怎么办？我认为，解决这一矛盾的有效办法，是综合应用计算机技术、多媒体技术、网络技术、虚拟现实技术和人工智能技术等，建立一个数字化的虚拟武器装备案例教学素材库，里面收集、存放一些典型武器装备从整体到局部的结构、原理素材，作为对不同课程开展不同知识单元、知识点案例教学的案例支撑，并且案例及其素材库中的内容还可以随着部队武器装备的发展而低成本地动态更新、修改、充实、丰富。这项工作，多年前在我校已经通过我作为项目总负责人的专项研究启动做了，并且取得了阶段性成果，初见了成效。以我之见，现在仍有必要以原来立项和取得的阶段性成果为基础，继续推进武器装备案例教学素材库建设工程，为改革创新军队院校教学模式教学方法、全面提高军事人才培养水平和质量提供重要支撑平台。这对全军院校教育乃至部队（继续教育、任职教育）都是一项具有重大现实意义和深远历史意义的事情。

二是尊重差异因材施教的问题。建构主义教学模式最重要的教学理念是要以学生为主体、为中心，实行自主性、个性化学习。而每一个学生群体和个体，客观上相互间都存在差异，因此，尊重差异，因材施教，便成了高效实施建构主义教学模式下抛锚式教学方法，使该教学方法的人本主义思想理念得以落地落实的核心。从学生群体角度看，学生差异对因材施教的影响主要表现在，对不同时代、年代、学科、专业的学生，教学内容的选取、课程的设置、课程标准的制定、教学案例的采用，以及教学实施过程中、研讨环节中对知识内容的延伸拓展方向启发等，都应有所不同。从学生个体角度看，学生差异对因材施教的影响则主要表现在，对具有不同人生经历、不同学业基础、不同学历层次、不同兴趣爱好、不同性格特长的学生，应采用不同的教学方式方法，帮助他们制定不尽相同的学习目标和方法策略。为了有效开展因材施教，精准了解学生的差异十分重要，不但要了解上述“死”的差异情况，还应及时掌握教学进展过程中“活”的学情变化情况。为此，有必要充分运用近年来涌现出的雨课堂、云班课、SPOC 等网络信息化智慧教学工具，在支撑丰富的师生互动式教学的同时，还借以准实时地掌握每个学生的即时学情数据，据此不断适时调整教学进度、教学重点，动态优化教学方法、教辅方式。

三是考试考核和成绩评定方法的同步改革问题。按照建构主义教学模式的内涵，评定学生学业成绩的主要形式不是考试，而是教学过程各环节特别是讨论交流环节中的表现。通过讨论，不仅可以考察学生知识理解掌握的深度和广度，还可以从个性化发展的角度考察学生的创新思维能力和对问题的发散理解能力。因此，教师在整个教学过程中必须重视观察记录学生的表现，包括记载完成作业实验、撰写报告论文、参加创新实践等方面的情况，同时还要适度引入和不断改进完善学生相互之间的客观公平评价机制，并合理确定教师评和同学评的比例。这无论对学生还是对教师，都提出了更高的要求。

（二）信息化条件下的教学手段合理运用

从信息论的观点看，教学过程实质上是一个信息传递的过程，教学信息要在师生之间有效传递，必须借助一定的媒体。心理学的研究表明，调动学生多种感官参与学习活动，是提高学习效率的重要措施。传统教学中，采用的媒体简单抽象，难以调动学生的积极性。进入 21 世纪以来，电子信息技术和计算机网络技术高速发展，教育信息化成为新世纪教育现代化的必然发展趋势，基于先进信息技术的各种新型多媒体智慧教学手段、教学资源不断出现。在这种情况下，如何合理运用信息化教学手段，使之成为促进先进教学模式、教学方法形成和教育教学质量提高的有益工具，是必须考虑和重视的。

1. 必须顺应信息技术的发展，重视在课程教学中适时适度引入信息化教学手段

随着信息技术和信息化教育技术的快速发展，信息化教学手段在课程教学中的应用，经历了从初级阶段到高级阶段的演进。初级阶段以开展多媒体计算机辅助教学（CAI）为基本特征，凭借的主要工具手段早期是电化教学幻灯片，后来是多媒体 CAI 课件，实现的只是信息化手段和课程教学的紧密结合或简单整合，支撑的基本上还只是传统的、封闭的“以教室为环境、以教师为中心”的单向广播型课程教学模式。在这一阶段，信息化手段的作用主要表现为改变了教学信息的呈现方式，特别是多媒体课件把文本、图形、图像、动画、声音和视频集成处理，并把教师的讲解、说明结合起来，构成一个全方位的网络刺激系统，综合作用于学生的视觉、听觉和动觉，能够充分调动学生学习的积极性，发挥学习的最大潜能，有效提高课堂教学效率。而高级阶段则是以利用网络、多媒体等现代信息技术，网络环境，以及网上海量信息与日益增多的数字化教学资源为支撑，实现信息化手段与课程教学的深度融合，形成双向互动型课程教学模式。

无论是初级阶段还是高级阶段，高度发达的信息技术催生出的信息化教学手段对于推动教育改革、教学创新，都将发挥重要的作用。作为站在现代科技前沿的大学教师，对于这种现代先进的教育技术，在教学过程中理应主动去熟悉它、适应它，不失时机地引入它、掌握它，并且不断跟踪它的新发展、新应用，逐步做到对它用得得心应手、游刃有余。

2. 在信息化教学手段应用的初级阶段，把握好多媒体 CAI 课件在课程教学中应用的“度”，处理好它和传统板书的有机结合

在初级阶段，信息化手段相对于“一块黑板 + 一支粉笔 + 一张嘴巴”式的传统教学手段有利有弊，用与不用，用到什么程度，用了好还是不好，不能一概而论，一切应因课程和教学内容而异，应以教学效果最佳为采用原则和评价准则。实践证明，多数课程、多数情况下，引入多媒体 CAI 课件后，只要课件设计合理，使用适度、恰当，优越性还是明显的，教学效果也更好。但若课件设计不好，使用又不当，甚至课件内容基本上只是教材内容的翻版，讲课时基本上是“照屏宣课”，那用比不用更糟，效果适得其反。为了兴利除弊、取长补短，关键在二：一是课件要设计得符合教学规律，页面内容既简洁清晰、重点突出，又层次分明、推播有序，多媒体运用恰当合理，不画蛇添足、过分渲染、喧宾夺主；二是讲课时要将课件推播与传统板书有机结合，掌握好多媒体课件使用的“度”，摆正课件和板书合理的功能定位。一般来说，抽象性的、图表说明性较多的内容，宜用多媒体课件展现和对照讲解；而逻辑性、数理性强的内容，特别是数学推导内容，则以边板书边讲解更合适，另外也可通过板书来对需要特别提请学生注意的重点概念及关键词起强调和画龙点睛的作用。总之，在信息化教学手段应用的初级阶段，每位教师在应用 CAI 课件辅助教学的过程中，决不能盲目地依赖多媒体教学，尤其要防止“照屏宣课”，防止把 PPT 变成“骗骗他”，决不能忽视教学基本功的训练和个人教学素质的提高；相反，要在板书的精心设计、合理使用和新旧教学手段的优势互补、综合应用等方面多下功夫。

3. 在信息化教学手段应用的高级阶段，要在建构主义教学理论的指导下，把信息化手段、资源和课程教学融为一体，不断探索构建突出学生主体地位，实现师生、生生多向互动的教学模式

当信息化教学手段的应用进入高级阶段后，其应用的性质、内涵发生了根本的变化。各种信息化教学手段和包括网上资源在内的各类

数字化教学资源，已经成为新的课程教学模式的不可分割的要素、成分。从概念上讲，课程教学是教学材料、教师、学生、教学环境等整合而成的一种教育生态系统，是实现教育目标的主平台、主渠道，其功能体现于：传授知识、技能、技术，形成思想、观点、信念，培养语言、行为、习惯，发展智力、培养能力等。而信息技术是指对信息进行采集、传输、存储、处理、应用的各种技术之和。如何根据课程的教学目标和信息技术的特点，创建新的课程教学模式，是主讲教师在信息时代应有的能力和永恒的教学研究课题。

传统的知识传授型教学模式下，强调的是接受学习、死记硬背、机械训练等旧的教育理念，利用简单的“一块黑板＋一支粉笔＋一张嘴巴”的传统教学方式和手段，基本上就可以达到教育目的。而现代新的教育理念是倡导学生主动参与、乐于探究、勤于动手，培养学生搜集和处理信息的能力、获取新知识和建构知识意义的能力、分析解决问题的能力以及合作交流的能力[①]，这样，传统的教学方式和手段就显然不够了，难以适应信息化的现代社会。信息技术的飞速发展，使这种旧的理念受到极大的冲击。中国有句俗话：秀才不出门，能知天下事。讲的是有识字读书能力的人，可以通过读书看信听课等方式了解天下大事。而在信息技术飞速发展、高度发达的今天，在高等学府求学的“秀才”不仅可通过教师，而且可通过具有海量信息、资源的网络，获取知识、接受教育，因此今天的教育是多元多向的，是全方位的。这就对现代大学教育和大学教师提出了新的、更高的要求。

（1）必须更新教育理念，特别要改变以教师为中心的知识传输型教学模式，建立以学生为中心的能力培养型教学模式。在教学过程中要尽可能利用网络、多媒体等现代信息技术，充分挖掘网上共享教学资源的潜力，成功构建完整的基于网络环境的新型教学体系，将教师单向广播式教学转变成师生双向互动式教学。在这种新型教学体系和

① 教育部. 基础教育课程改革纲要（试行）[J]. 人民教育，2001（09）：6－8.

教学模式下，形成“教材—教师—计算机—学生”四元关系，以及四元中两两相互间互动形成的多元互动和协作，在建构主义教学理论的指导下，探索自主式学习、交流式学习、交互式学习、探究式学习、情境式学习等多种有效的学习方式，培养学生对信息的获取、分析、加工、存储、运用的能力，培养学生的创新精神和创新实践能力，使之真正成为学习的主人。

（2）运用信息技术创建新的课程教学模式，关键在于实现信息技术与课程教学的有机整合和深度融合。这种整合包括教育与学习理念的整合、教学目标与内容的整合、教学方法的整合、教材的整合、教学环境的整合等。所谓有机整合，就是要把各种信息化技术手段完美、恰当地融合到课程教学中，就像在课堂教学中使用黑板和粉笔一样自然、流畅。这就要求教师要主动学习现代先进的信息技术，熟练掌握信息技术与课程教学的整合技能，熟悉应用现代教育设施和信息化教学手段改进优化课程教学、提高课程教学效果效益的思路方法。

目前网上共享教育资源很丰富，汇集了全国各地优秀教师的教学研究成果，含有大量优质的多媒体教学资源，如各门各类精品资源共享课、精品视频公开课、慕课、动画、电影、科普科幻片、网站、公众号等，教师既可以根据教学实际需要，选择合适的教育资源直接应用于教学；也可以根据本人的教学实际和自己的教学设计，对现有的多种类型的本地或远程资源进行整合和二次开发，开发出更多有特色、有价值的多媒体教学资源，充分应用于教育教学，大力推进信息技术在教学过程中的普遍应用，促进信息技术与课程教学的有机整合、深度融合，达到课程教育改革的目标。

（3）实现信息技术与课程教学的有机整合和深度融合，实施信息化教学，不仅要熟练掌握信息技术和信息化手段，更需要深刻了解教育的本质，结合技术、手段所提供的能力，更好地进行现代化教学的设计。所谓“信息化教学”，与其说是把信息化手段引入教学，还不如说是以基于信息技术的现代化教育思想理念来指导教学。为此，教师要加强学科修养，掌握学科最新进展以及教育理论、教育技术和教育心理学的基本理论与实践，把握课程教学的目的和本质，解决用信息化教学手段更好地达到教学目的的理论问题。这就像计算机进入教学本身并不能直接推动教学改革，真正推动教学改革的是教师的教育理念一样。如果教师不转变教育思想理念，信息化手段在教学中的作用仍将是十分有限的。因此，培养建立教师的现代化教育思想理念才是最重要的。当教师有了先进的教育思想理念后，又掌握了信息化教学手段，教师的教学设计和执教能力就会大大增强。

例如：教师可以采用“互联网 +”教学模式，通过网络与学生进行互动交流，而打破传统课堂教学的时空界限；可以从光盘数据库和云存储资源库等媒介中快速查找所需的内容，而不必去图书馆和阅览室；可以通过让学生在计算机上自主地操作和上网，通过访问丰富多彩的在线学习平台及其提供的多维度网络化教学资源，组织学生开展线上线下相融合的探究和学习活动，充分实现个性化、自主性学习；可以通过合理运用雨课堂、腾讯会议、瞩目、钉钉等智慧教学软件提供的“实时投票答题”“弹幕交流互动”等多样化的师生互动方式，及时收集学生的课前预习环节答题情况、课堂互动交流情况、课后作业完成情况等学习数据，以及关于课程进展的问卷调查反馈数据等，持续地跟踪学生的学习状况，为动态优化教学方法、适时调整教学进度、定向推送教辅资源、针对性开展个别辅导提供重要参考，畅通反馈闭环回路；等等。这些在客观上便为教师开展差异化因材施教，实现有个人优势特色的信息化课程教学提供了广阔的能动空间。

三、创新教学方法的一种好模式——研讨式教学

研讨式教学是一种源于 18 世纪的欧洲大学，风行于西方发达国家大学的现代新型教学模式。从 20 世纪 90 年代后期开始，我国大学也越

来越重视和采用了这种教学模式。它以启发式、互动式教学思想为基础，以解决问题为中心，通过由教师创设贴近实际、富有吸引力的情境，提出有思考价值的问题，启发学习研究思路，然后师生共同查找资料，开展研究、讨论、实践、探索，提出解决问题的方式，使学生掌握知识和技能。它一方面要求教师对创设研讨的问题有全面、深刻、独到的见解，并能熟练利用先于学生收集的资料和现代化教学手段，组织和引导学生研讨，确保研讨式教学既有深度又有广度；另一方面要求学生通过自主查阅资料、参与研究讨论后能较好掌握分析解决问题的基础理论和思路方法，并在此过程中追踪本学科领域最新进展，提高自主学习和独立开展探索性研究工作的能力。

研讨式教学是从长期教学实践中发展起来的一种新的课程教学形态，它不仅能使学生增长知识、开阔视野，有助于提高学生综合能力，还有助于师生共同探索、发现和研究，进而密切师生关系，促进教学相长。

（一）研讨式教学的内涵特征

从内涵上看，研讨式教学基本上等同于建构主义教学模式下的抛锚式教学，要求以“导”为主，设置贴近学生生活和社会实际的情境，提出有意义建构价值和拓展思考价值的问题，要求学生通过查阅资料、自主研究、与人讨论后理解问题、解决问题、升华理论并掌握知识和本领。

研讨式教学的心理学基础是：通过认识过程去掌握认知结构，即让学生掌握学习方法，具有独立研讨问题的心理准备和心理负载能力，能够逐步离开教师这根“拐杖”独立“行走”，从“学会”走向“会学”。

研讨式教学的宗旨是：为学生提供思考问题和讨论问题的机会，在学习过程中创设一种有助于探索研究的开放的情境和途径，使学生围绕某一主题主动地搜索选择、加工处理信息，并应用知识解决问题。

它不仅能使学生增长知识、开阔视野，尤其有助于学生综合素质、创新能力的培养提高。例如：学会运用数据和事实支持论点，训练探究知识、发现真理的科学方法；学会分享已有知识与经验，训练灵活运用知识思考分析实际问题的能力；学会倾听和理解不同的观点，加深从不同角度、不同方面理解概念、解决问题的能力；学会团队思考和应对决策，锻炼合作学习、协作攻关的能力；等等。

研讨式教学的课程理念强调要关注学生体验、感悟和实践的过程，重视课程内容与现实生活的联系，通过学习情境的创设、实践环节的开发，丰富学生的经历和经验，以改变学生的学习方式。这就要求教师从建构主义的视角出发，重新思考知识和学习的性质以及教育活动诸要素，转变教学观念，改变教学方法，深化教学改革，提高教学的有效性。要积极地在课程教学中为学生创设富有真实性、复杂性的学习环境，让学生在探究问题或解决问题中自主地建构知识的意义。

研讨式教学和建构主义理论下的抛锚式教学一样，是基于逼真情境的问题解决模式，它建立在有感染力的真实事件或真实问题的基础上。通过确定真实事件或真实问题，从而确定教学内容和教学进程。研讨式教学具有以下一些基本特征。

（1）学生的主体性。它要求学生成为学习行为的主人。从结合问题的查阅资料、获取信息，到探索研究，寻求解决问题的方法，到教、学效果的分析评价，学生始终处于主动学习、主动探索、主动思考、主动建构意义的认知主体位置。其中每个环节，由于都是学生在教师的指导下自主完成的，非常有利于发挥学生的主观能动性，发掘创新创造潜力，施展才华。例如学生自己带着问题通过线上线下各种渠道查找资料信息，往往会获得比问题解决所需的更多的信息，学生必须判断信息的有用无用和可用价值，这种信息的不确定性迫使学生要深入分析思考、做出取舍决定，有助于提高学习的注意力和自觉性，激发内在学习动力。

（2）教师的启发性。这种启发性体现在两方面：一是要求教师设计的问题要有启发性，要有探究研讨的价值；二是要求教师在研讨过程中，在自始至终尊重学生的主体地位、坚持以学生为中心的前提下，要不失时机地启发学生的思路，引导研讨尽量向着正确的预设的方向发展，适时地引发学生的设计思想交锋争论、设计方案比较质疑。

（3）教学过程的渐进性与无序性。从课程教学的整体上看，研讨式教学与传统教学一样，都是要求教师从预定的教学目标出发，按照由易到难、由浅到深、由简到繁的循序渐进原则，进行逐个知识单元的教学设计和各单元教学的有序推进。只有这样，才符合人的认知规律，才能达到学生个体与班级整体的同步共进。但在一次次研讨式教学活动的过程中，通过设置问题情境时作开放式的把握，对不同的学习结果及其与教学目标的某些偏离，也应采取宽容甚至鼓励的态度，从而使教学过程有较大的弹性，也即无序性。正是这种无序性，才有利于学生的发散性、批判性、创新性思维的培养。

（4）师生关系的互动性与和谐性。研讨式教学是一种类似于教师当“导演”、学生当“演员”的演艺性教学模式，创设了师生、生生之间平等、和谐的教学环境，教师和学生间是一种互相交流、双向互动的“学习伙伴”关系。在某种意义上教师也是学生，充分体现出教学的民主化，就是通过师生间、学生间的有效合作，通过师生共同探索、发现和研究，来促进师生的双向互动、共同学习、共同发展，从而形成师生间和谐共进、教学相长的境界，进而密切师生关系。

（5）研讨问题的开放性与迁移性。在研讨式教学中，研讨问题设计得是否科学合理至关重要。问题的科学合理性主要在于具有知识能力内涵的基础性、典型性、一定综合性和可拓展性，以及问题的开放性、迁移性。其中开放性意指：每个问题的解决都存在着多种可能的解决方案，即多解性。这种问题的多解性对于开展研讨式教学尤为必要，因为只有存在多种解决方案可能性的问题，才容易引起学生有趣而深入的讨论、争辩和探究，容易激发产生各自独创的解决问题的方案。迁移性是指，学生从结合特定问题的研究中获得求解问题的方法技能后，有利于向外拓展“迁移”。

（6）教学评价的多元性与多样性。对研讨式（抛锚式）教学效果的评价，看重的主要不是学习结果如期末考试，而是学习过程。而对学习过程的评价采用的是教师评价、自我评价和他人评价相结合的多元性评价方式和多样性评价标准。将评价融于学习和解决问题的过程，本身就是对学习效果的评价和奖励，这种源于学习过程本身的评价有利于激发学生的内在动机，又能使教师在教学中及时了解学生的进步，促进学生的自我监督、调节、激励和提高。

（二）研讨式教学对教师的特殊要求

变传统的以教师为主体的单向知识传授式教学模式为以学生为主体的双向师生互动型研讨式教学模式后，对教师的要求不是低了，而是高了，而且高得多。在传统的教学模式下，尤其又基本上从始至终采用 PPT 课件辅助教学后，教师只要把教学内容记熟了，加上好一点的口才，就可以把课上好，因为中间没有任何学生主动提问和质疑，即使有“互动”环节，也是教师备课时主动预设的，答案是准备好了的。所以我平时在一些教学学术报告中常说，按这种教学模式，一个教师只要能大体看懂一门课的内容，又具有较好的口头表达能力，他就能“胜任”这门课的教学；如果他还能掌握一点上课的技巧和艺术，他还可以把课上得很“好”，获得学生、专家“好”的评价，根本不需要什么学科功底、学术造诣。可能也正是因为这样，才造成了平时许多学科学术带头人和院校领导误认为“教学好对付”“教学好坏不像科研那样分得清”，以致在工作中和评职称时只重科研不重教学。真采用研讨式教学，情况就完全不是这样了，要上好研讨课，不仅要求教师必须对相关课程的知识内容在理论上真懂真理解，在实践上会用会动手，而且在这种最基本的要求（原则上只要是教师，都应符合这种要求）之外，还提出了许多特殊的要求。

1. 教学理念方面的特殊要求

（1）树立学习者兼引导者的双重角色理念。传统的“满堂灌”教学中，教师基本上是个做好充分准备的头头是道的“说教者”。而研讨式教学要求教师既是信息提供者、引导者和支持者，又是学生的“学习伙伴”，教师自己也是一个学习者。教师的这种学习者兼引导者的双重角色身份，决定了既要从学习者的观点出发去亲身体验学生问题及其解决思路的生成过程，又要把握适当的时机给予学生指导，让学生更自主地探索和民主地协作。它不需要教师像传统教学那样，当一个从头讲到尾的“说教者”、灌输者。在研讨教学的全过程中，包括在大班研讨的课堂上，教师要放弃历来在课堂上的中心地位、主体地位，将“舞台”留给学生，自己不必作太多“表演”、说太多话，但为了达到既定的教学目标，又必须“该出手时就出手”或“该上台时就上台”，恰到好处地、精练地说少量关键的启发导向性话语，以巧妙灵活地引导讨论的方向，并在整个过程中恰如其分地与学生互动交流。实现这种从“说教者”到学习者兼引导者的双重角色的转换，是研讨式教学对教师提出的最重要挑战。

（2）树立以学生为本、为主体的理念。这是研讨式教学最主要的理念之一。在坚持以学生为本，尊重学生的中心地位、主体地位的前提下，教师如何发挥主观能动性，履行好“主导”的作用，帮助学生转变学习方式及提高学习的有效性，是研讨式教学中教师需要面对的另一个重要挑战。应该说，研讨式教学对教师的业务能力的方方面面都提出了更高的要求，只有不断学习，才能求得不断发展，不断提高自己的教学水平和指导能力。在传统的“满堂灌”的教学中，常常是教师讲十句，学生记不住一句，理解不了半句；研讨式教学要求教师讲一句，学生能扩展引申出十句。可见，教师要适应、胜任研讨式教学，一定要坚持对学生“与其扶着走，不如让其学着走”的教学哲理，绝不当“保姆”，而只当“导演”“教练”，充分尊重信任每一个学生，把学生当成学习的主人，在提高鼓励、指导学生自己学、自己演、自己练的水平能力上下功夫。

（3）树立教学相长、共同学习、平等相待、和谐相处的师生共同成长发展理念。在研讨式教学中，既然教师是学生的学习伙伴，那么师生之间很自然的就是一种平等相待、和谐相处的新型师生关系。在共同学习过程中，每个学生为了完成教师布置的任务，解决提出的问题，都要大量翻阅参考文献资料并做分析整理；教师为了跟进指导，自始至终也要不断深入学习、查阅资料。师生之间、生生之间，查到的资料不可能完全相同。知识就在同学之间、师生之间大量的信息交流中和小组、大班的互动研讨中形成并获取，达到共同成长发展的目的：学生能在研讨中听取别人的发言并做比较，取长补短，扩大视野，得到没有得到过的知识；教师也能在与学生的互动交流中深化、升华已有的知识，甚至还能从一些学生分析解决问题的发散性、批判性思维中获得灵感，加深对知识的理解，产生解决问题的新思路、应用知识的新方法。在此过程中，教师要能最大限度地了解和掌握学生个体和整体的知识准备程度与认识状况，随时调节教学进程，加强教学的针对性和有效性。

（4）树立生长性、成长性教与学的理念。在进入课堂研讨环节之前，师生都会围绕要研讨的问题，在反复阅读教材和参考文献资料的基础上，对已有的知识和其他关联知识进行分析、加工、推理、论证等一系列思维活动，各人的思维通常是很分散的。特别是在研讨和争论过程中提出的问题常常是意想不到的，许多问题无论对学生还是教师，要在极短的时间内抓住问题的本质，组织大脑中储存的知识进行分析、推理、论证，从而得出结论，都是很不容易的。这种高密度、高强度的思维活动，无疑能有效地培养提高师生思维的敏捷性、灵活性和独立性。学生在这一过程中的水平、能力在不断生长、成长，教师无疑不仅要跟着学生一起生长、成长，而且理应比学生生长、成长得更快，否则怎么随时引导、指导、总结？这对教师确实是个极大的挑战。作为教师，为了胜任研讨式教学，必须使自己具备这种能力，不能仅仅具有遵照预先制定好的课堂教学计划、设计好的教学流程方案组织教学的能力，而要随机应变，顺应、高于学生灵活的思维，无论出现什么情况都能沉着稳健地驾驭研讨过程。

2. 课前准备方面的特殊要求

如前所述，研讨式教学是师生互动的教学过程，比传统的教师单向讲授性教学过程具有更多的不确定性。这就决定了，它对教师和学生的课前准备都提出了更高的、特殊的要求。

（1）强化两个重要的备课理念。一是以学生的发展为本的备课理念。备课的重点要在落实学生主体学习地位上下功夫，在落实每一个学生自主学习上下功夫，在落实学生合作学习上下功夫，在充分调动每一个学生的学习积极性上下功夫，在切实提高教学效果效益上下功夫。要关注技术发展的新动向，吸收生活中鲜活的素材，及时地整合到自己的教学中。要让自己变成教材的主人，对教材知识进行重组再创造，激活教材，使之变成有自己特色和时代特色的实际教学组织体系，使教学达到贴近时代发展和实际生活的新境界。二是以学生为本开展教学活动的备课理念。要创设研讨案例或问题，让学生在分析解决实际问题的体验中学，联系学生已有的知识和经验，采用多种方式，把实际背景中的典型案例、问题再现到教学中来，使抽象的教学内容具体化，以更形象的方式沟通书本知识与实际应用，激发学生学习兴趣和热情，引导学生主动思考、探究，激活他们发现新知识、发明新技术、开拓新应用的强烈欲望和创新潜力。

（2）明确教学目标，基于上述两个备课理念进行相应的教学设计和细致的课前准备。在教师不是课堂主体、主宰者的情况下，能否发挥好教师在研讨式教学过程中的引导作用，对于教学的成败至关重要。显然，它对教师的学术水平、教学能力、组织能力、工作责任心等方面，都提出了更高的要求。一些曾经怀着良好愿望想改革传统教学模式，尝试采用研讨式教学的教师，之所以未取得预期效果，未得到学生和专家认可，多半是因为教师没有真正扮演好学生引导者的角色。

他们在实施研讨式教学之前，没有对运用这种教学方式的理论基础和实施要则、实施流程等进行必要的深入的研究，以致在实施时缺乏科学的理论指导，不可避免地带有一定的自发性、盲目性，对学生的指导或者过多、过滥，或者过少、缺失，甚或指导能力不足。因此，在采用研讨式教学方法之前，必须先学习相应基础理论，在理论的指导下再进行相应的教学设计，并将上述两个备课理念贯穿于教学设计的全过程。要注意，教师特别是教学经验尚不够丰富的中青年教师，其课前的教学设计、教学准备是否充分，也直接关系到教学的成败。课前教学设计、教学准备包括：充分了解每次研讨教学的目的；创设合适的研讨题目；为调动学生参与研讨的积极性，围绕主题准备充足、生动、形式多样的背景素材；根据教学内容设计一些环环相扣、引导研讨逐步深入的待讨论问题，并对这些问题预想可能的回答；对可能出现较大争议和容易引发逻辑错误的知识点、争论点，设想启发引导方法；预先想好各次阶段性总结和最后总结讲评中需要强调的基本论点；等等。

（3）把学生的准备工作作为教师课前准备工作的重要组成部分抓好。因为学生是研讨式教学的主体，他们的准备工作直接影响到研讨课的热烈和深入程度。教师应该在创设好研讨题目后，提前向学生发布，并向学生做必要说明，引导他们准备什么、怎么准备，必要时还可向他们推荐一些相关的参考文献资料和网上资源。学生的准备工作通常包括以下几方面。

1）心理准备。要让学生充分认识到，研讨式教学是教师和学生共同的活动，教学双方相互配合尤为重要。光靠教师认真准备、加强指导不行，学生也应按照要求积极主动地学习探索、紧密配合，和教师共同努力才能有所收获。尤其要让学生明确自己在研讨式教学中的主体角色定位，要充分激发他们的主体意识和主人翁精神，激发他们积极参与师生共同学习、同学间合作学习的积极性，克服主观上向往研讨式教学，客观上又不想付出必要的努力、不想花费更多的时间精力去适应它的“叶公好龙”性思想。研讨式教学相比于传统的教学，对学生的要求和对教师的要求一样明显提高了，学习难度、学习压力明显增大了，要让学生对此有足够的思想准备、心理准备。与此同时，教师为了更好地调动学生参与的积极性，也有必要从教学管理、教学评价上采取一定措施，如把参加研讨的次数和在小组讨论、班级研讨中的表现情况，以师评、自评、他评的形式纳入平时成绩等。

2）知识准备。学生要通过阅读教材和教师指定、自己查找的资料，自学将涉及的基本知识点。这样可节省课堂讲授的时间，留出更多的时间用于研讨。

3）问题解决思路、方案准备。针对教师给出的案例或问题，灵活运用知识，经过深入思考分析，形成自己的思想观点和解决问题的思路、方案，以便参加研讨。

4）实践准备。对于理论与实践联系紧密的问题或者直接就是以实验项目为题开展的研讨式教学，要鼓励学生为自己的论点、思想准备事实、数据等支持性材料，或者通过编程仿真和实验验证自己的解决方案。

教师在进入全班课堂研讨前，要深入了解学生的准备工作情况，对准备工作做得好的学生和存在的主要问题做到心中有数，为课前确定或研讨过程中诱导产生主发言人，以及增强集体研讨过程中启发引导的针对性，奠定必要基础。

（4）解决一个能使学生把研讨中所获知识的理解及应用向外自然“迁移”的问题。研讨式教学针对的是某一特定情境（背景）中特定问题展开的研讨，能否使学生具有把从中获取的知识和能力推广应用于一般，即具有知识、能力的自我“迁移”性，这是能否达成教学目标的关键点之一。这种迁移性包括向与先前解决问题的直接相似问题的迁移，向与先前解决问题的情境（背景）有部分相似处问题的迁移，向解“what if”问题的迁移，向课程背景之外问题的迁移，向特定学科领域问题的迁移等，即要培养学生举一反三、由此及彼、由表及里的能力。而怎么培养学生这种能力，也都应在课前的教学设计、教学准备中有所考虑。

总之，要通过教师事先所做的、精心的教学设计、教学准备，力争达到这样一种教学境界、教学效果：教师在整个研讨式教学过程中说的话不一定很多，却总能在合适的时机做出恰到好处、画龙点睛的引导，充分体现出教师指导作用与学生主体作用的结合，对学生的知识建构、能力养成产生很大的帮助作用。

3. 课堂建构方面的特殊要求

高质高效的课堂教学能力是教师执教能力的核心。研讨式教学中，教师要通过自己的新概念教学，让学生以积极、愉快的学习心态，参与到课堂教学中来，并通过与学生的有效互动，有效捕捉学生灵感，使他们积极思考、大胆讨论，达到培养能力、丰富个性、学会学习、喜欢探究的目的。

在课堂建构或者说教学实施方面，研讨式教学对教师具有以下一些特殊的更高的要求。

（1）重视吸引尽可能多的学生参与研讨，营造和谐、平等、良好的课堂氛围。学生是否带着自己的知识、灵感兴致勃勃地参与研讨活动，教师是否带着自己精心准备的预设教案走进课堂，组织研讨过程中教师能否正常发挥敏锐的观察力和随机应变能力，是研讨式教学能否取得实效、获得成功的基础。教师应对学生多些激情，让学生感觉到老师对自己的重视、信任，教学中遇到问题时，教师应与学生共同解决，要尊重学生的认知水平和能力差异，实现师生之间、生生之间的真情互动。这种真情互动应表现在：教师以平等的姿态加入与学生的互动交流中，设法建立因材施教的多层次的互动，还要随机应变，灵活运用教学的互动性，以提高课堂教学的有效性。而教学的有效性归根结底是要提高教学目标的达成度和学生知识能力的提升度。

事实上，几乎每个班级里都会有非常活跃（性格外向型）和非常沉默（性格内向型）的学生，他们是教师在研讨式教学中应该重点关注的对象，就是要了解他们的特点并巧妙地采取合适的针对性措施。比如，非常活跃的学生常常会表现为十分自信，老师的话音刚落就讲出答案或举手发言，爱发表长篇大论，爱频繁打断别人发言等等，这无形中会减少其他同学的发言机会，因此教师必须在保护他们积极性的前提下，巧妙地采用表情暗示和技巧性语言等方法予以干预，把机会让给其他同学。而非常沉默的学生，往往表现为自信心不足，总觉得自己的观点不一定对，怕说错了引人嘲笑，因而说话格外谨慎，习惯于细思多听别人的发言，而不愿说出自己的见解。针对这些学生，教师应在课下课上多加鼓励，一方面帮助他们建立自信，正确对待发言的对错；另一方面指教他们怎么调整心态，消除紧张情绪，怎么在课前准备阶段把准备好的想法、思路稍加整理，写下来使之条理化，研讨时大胆地说。与此同时，为减轻他们面对众人讲话的压力，也可在分组讨论时适当减小小组的规模，且在小组讨论阶段就多关心指导他们，用一些分解的小问题启发打开他们的思路，用火热的心、仁爱的情去感染带动他们忘记紧张、消除恐惧，陪伴他们一起学习讨论、锻炼成长。

(2) 以足够的智慧和能力，调动一切经验和技巧，处理好教学进程的整体有序性和局部无序性的关系。研讨式教学过程特别是其大班研讨阶段的推进，依赖于师生之间、生生之间的语言交流和思想碰撞，存在着很大的时间不确定性。学生的知识背景、兴趣爱好、性格特点，甚至当天的精神状态都可能对研讨的进程造成预想不到的影响。要想成功地驾驭一堂研讨课，教师必须敏锐地观察学生的反应，密切关注课堂进展，针对不同情况，灵活运用各种经验、技巧进行干预。一般来说，当研讨中出现下述情况时，教师应当及时进行干预。

1) 学生对某一细节很感兴趣，讨论争辩非常热烈，已用时太多难以收住时。应该说，研讨课能出现这种情景是非常可喜、令教师鼓舞的，但毕竟课程教学原则上要按计划推进，不能过分陷入某一细节不能自拔，因此为了推动研讨进程，教师必须掌握时间，适时通过巧妙的阶段性总结和提问进行干预，使研讨按既定的方向和进程发展。

2）现场出现较长时间沉默，没人发言时。这是和①相反的另一种极端情况。一旦出现沉默，教师要快速思考原因并立即酌情做出反应，以打破沉默。一般出现沉默有三种可能性：一是教师所提问题过于宽泛，学生无从切入突破，不好回答。这时教师可将问题分解成几个更明确、更小粒度的问题，引导大家思考回答。二是学生对问题所涉概念普遍还存在疑惑而不敢回答。这时教师应当即时对有关概念做出必要的、简洁的讲解。三是某个问题的讨论已较透彻了，学生感觉没什么好再说的了。这时教师应立即做出必要的阶段性总结，引导研讨进入下一阶段。

3）学生的研讨涉及某个既是重点又是难点的主要知识点、技能点时。这时教师可通过追问、提问引导学生对此做深入探讨，以加深印象，引起重视。

4）学生的研讨辩论偏离主题，走入歧途或出现明显的逻辑、概念错误时。这时教师要立即介入，明确纠正，并通过简短总结和巧妙提问将研讨拉回正确轨道。

不管上述哪种情况下的干预，都要特别注意干预的方式，讲究干预的技巧，要以不伤害学生自尊心，保护学生参与、思维的积极性为原则。这就需要教师有随机应变的能力，有语言运用的技巧，有把控驾驭课堂的本领。一个教师教学水平的高低，在这些随机干预的过程中是最能反映出来的。

（3）通过灵活改变课堂教学结构和教学组织形式，处理好学生独立学习、自主探究和与老师同学互动交流沟通、合作学习探究之间的关系。通过研讨式教学，既要培养学生的独立学习思考能力和自主探究创新能力，又要培养他们与人真诚合作、顺畅沟通、互动交流的意识和能力。看起来这两者似乎是矛盾的，但实质上又是对立统一体的两个面。

一般来说，进入研讨交流之前的准备阶段和研讨交流之后的总结、实验阶段，学生是以独自带着问题查阅资料、学习思考、分析研究、动手实践、探究解决问题为主，教师在这两个阶段要特别注意培养学生良好的自主学习习惯和独立思维、独自分析解决问题的能力素质，把教学过程变成一种学生自主探索的过程。要特别注意的是，让学生自主探索绝不意味着是让他们放任自流，当他们遇到困难、出现问题时，教师要善于启发学生思维，引导学生思考，培养学生的个性思维品质，促进学生思维拓展和深化。

而在小组和班级的研讨交流阶段，教师则要真诚地与学生进行合作，与他们沟通，融洽协调教育教学中的有关问题，让他们了解教学进度、教学内容等方面的安排，改善与学生间的双边互动关系，为学生提供更多能动参与的时间和空间；要定期了解学生所反馈的教学信息，适时调整研讨节奏和进度，并采用相应的教学策略；要尊重学生的不同见解，让他们感到自己的见解是有价值的，积极营造学生勇于参与、积极探索的热烈而活跃的课堂教学，充分发挥他们参与研讨的主观能动性，提高研讨效率和质量。

（4）善于把必要的课堂练习变为一个个需要解决的问题，融入研讨式教学的过程。在研讨式教学中，没必要再专门设置传统教学中常有的课堂练习环节，但相应的功能还是应该有。课堂练习改换成研讨问题后，要注意改变通常课堂练习的单一形式，而注重问题的层次性、典型性、针对性设计，形成复合型、全方位的注重学生能力培养的研讨问题结构。这无形中给学生提供了更加广阔的学习空间和练习空间，有利于学生在分析求解问题的研讨过程中，更好地感悟知识的内在联系及其规律性，更好地理解、掌握、应用知识，从而提高课堂研讨的实效性。

（5）把研讨式教学过程当作教学研究过程，不仅要研究如何教，还要研究如何学，更要研究如何指导学生进行高质量的探究学习，从根本上增强教学效果。这是由教师既是学习者又是引导者的双重角色定位所决定的。因为是在做教学研究，所以教师要有强烈的反馈评价意识，在每次研讨式教学结束，乃至其中每个知识点讨论告一段落和每个研讨阶段完成以后，都要随时对教学实施情况及效果进行反思反省。反思反省的灵感常常是稍纵即逝的思想火花，应及时加以捕捉，记录在案，以不断深化反思反省行为，改进后续教学实施设计。

四、实施研讨式教学的五大环节

严格意义上说，研讨式教学如何组织实施，因其类型不同而有所不同。根据课程的性质和教学目标的不同，研讨式教学一般可分为引导型和开放型两大类。引导型研讨式教学实施中，学生围绕教师设计的一系列循序渐进、逐步深入的问题或一个综合性很强的大问题开展研讨，达到系统学习一门课知识并能正确应用的目的。为了使学生掌握相应的知识点，教师对教学过程实施引导，例如将一次研讨课分成若干个阶段，为每个阶段安排一定的时间，通过以学生为主体的师生互动，完成各阶段任务，最后由教师通过总结完成知识点的提炼升华。这种研讨式教学在提升能力的同时仍强调知识点的理解和掌握，通常在理工科的课程教学中应用较多。开放型研讨式教学实施中，则是学生围绕某一主题开展自由研讨，不设置必须通过讨论掌握的知识点，而以启发学生的发散性、批判性思维，锻炼研讨、交流技巧为主要目的，学生可以提出关于这一主题的各种感兴趣的问题并进行讨论。这种研讨式教学相比于前者，学生的主体地位更强，在人文社科及语言类学科的教学中应用较多。

湘潭大学郭汉民教授曾结合“湘籍人物研究”等课程的教学，提出并采用了“研讨式五步教学法”①，将课堂教学分为五个步骤：指导

① 郭汉民．探索研讨式教学的若干思考［J］．湖南师范大学社会科学学报，1999，28（2）：108－111．

选题—独立探索—小组交流—大班讲课—总结提高。“指导选题”即教师提出一系列问题供学生思考，指导学生选取研讨课题，系统传授运用资料撰写论文的方法；“独立探索”是学生带着课题去查找文献，阅读资料，撰写讲稿；“小组交流”是以研讨小组为单位交流研究心得，开展讨论；“大班讲课”是各组推出优秀者在全班以讲课的形式汇报研究成果，师生共同听课、评课，并针对文章提出问题，由讲课同学当场答辩；“总结提高”是让学生根据切身体会，撰写一篇教改评论文章，对教与学提出建议。据调查，“研讨式五步教学法”深受学生欢迎，并被当时学术界十余家刊物所推介和评论，被称为大学教学的创举、一个可资借鉴的成功教学模式。2002 年教育部对湘潭大学进行本科教学评估时，评估专家对“研讨式五步教学法”也给予了充分肯定，认为这种老师“搭台”、学生“唱戏”的教学法，有助于培养学生的综合能力。我学习了郭汉民教授有关学术论文和教学成果，深感他提出的“研讨式五步教学法”确实是实施研讨式教学的一种值得借鉴的好方法。但是，依我之见，它主要适合于上述开放型研讨式教学的教学实施，适合于在人文社科及语言类学科的教学中应用。对于引导型研讨式教学的实施，由于课程多半是理论性和工程实践性都较强的自然科学技术类课程，其特点决定了它的教学实施过程和组织方法，与开放型研讨式教学不尽相同。

在此，我根据多年来开展理工科课程教学的实践经验认为，组织实施引导型研讨式教学，一般应由以下五个环节组成。

（一）课前准备　创设问题

为使研讨课上得生动而不沉闷，能调动学生积极参与的热情，教师课前做好充分的准备和教学设计至关重要，其中最重要的又是围绕教学目标，选定与当前学习主题密切相关的真实案例或问题作为研讨专题。研讨专题也就相当于抛锚式教学中的“锚”，确定专题就是“抛锚”。

一门课的专题可以只有一个，这意味着整门课的研讨教学只由一个较大的典型案例贯穿到底，每次研讨教学对应于一个或几个知识单元的学习，完成专题中一部分功能性能的设计。例如，我曾经在主讲“脉冲与数字电路”课时，就以自己所完成科研项目中的数字测速表，作为贯穿整门课教学的一个大研讨专题，开宗明义第一讲就介绍测速表的功能、实现原理及结构框图，告诉学生学完本门课后你就可设计出这个数字化仪表，以此激发学生的学习热情。此后在讲门电路、组合电路、触发器、时序电路、信号发生与整形电路时，均分别以结构框图中的一两个功能框的设计作为子专题开展教学、研讨和实验，最后再将各部分连为一体开展联调作为最后一个子专题。当然，一门课的专题也可以有多个，每次研讨对应一个，牵引一个或多个知识单元的教学，每个专题可以是也可以不是同一系统的组成部分。

对于理论性和工程性、实践性都很强，兼具理论教学和实验教学的课程，每次研讨的专题如能从精心设计的教学案例或课程实验项目中选取将更好，这样将更有利于实现理论教学与实验教学的无缝对接和紧密结合。

（二）自主学习 独立探究

这一环节一般由学生在课下自主完成，每位学生根据研讨专题提出的任务要求，以及教师提供的解决该问题的有关线索，或者有的放矢地研读主、辅教材，或者带着问题去资料室、图书馆、网上查阅文献资料，思考分析、探究提出解决问题的思路、方案等。这一环节旨在培养增强学生结合实际自主学习扩展知识和独立探究解决问题的能力，养成自学自研的习惯，掌握自学自研的方法。

在自主学习、独立探究过程中，要注意指导学生处理好快速高效浏览资料和紧贴问题善抓要点的关系，处理好学习扩展知识和探究解决问题的关系，坚持以形成解决问题的思想方案为目标、为导向。

当然，在自主学习、独立探究过程中，也不排除同学之间必要的自由讨论和交流，以此达到启发、开阔、矫正解决问题思路，提高学习探究效率的目的。

（三）小组交流　协作学习

小组交流中，一般应要求每位学生都提出自己解决问题的思路方法和方案设想，以此为基础进行比较广泛深入的交流讨论。通过不同观点的争辩交锋、质疑补充，一方面加深每个学生对当前问题的理解和修正各自解决问题的方案，另一方面推举出大家公认相对较好的方案的主人作为本组代表，准备在大班研讨会上做代表性交流发言。

这个环节是通过小组交流开展合作学习的阶段，也是个人的思辨探究与同伴的思考探究相结合，通过讨论争辩实现观点、方案求同存异的过程。在这一过程中，应鼓励学生既要积极发表个人见解，又要虚心听取同伴见解，避免固执己见，学会与人合作学习、合作研究共事。

（四）大班研讨　方案实现

大班研讨时，在教师的引导下，或者由各小组推举的代表逐个做主题发言，每人发言后大家一起质疑研讨、分析评判、补充完善，或者酌情选择一个小组代表做主体发言，其他小组代表以补充修正或提出不同观点的研究探讨方式发表自己的见解，提出自己的方案。全体同学在小组代表发言的过程中随时都可请求发言，提问质疑，做出补充或发表不同观点。整个研讨对于教师来说，不求获得统一观点、统一方案，但求调动学生思维，激发观点碰撞，捕捉思想火花，适时启发引导，帮助学生深化知识理解、强化能力培养。

通过大班研讨升华思想后，每位学生可在课后对自己解决问题的思想方案再做一次审视修改、优化完善，最后写出自己的学习报告（对纯理论性研讨题目），或完成自己的实验、写出实验报告（对工程实践应用性研讨题目）。

（五）总结讲评　效果评价

每堂大班研讨课的最后，或是课后，或是下次课的开头，教师应拿出一定时间对本次研讨式教学进行总结和讲评，简单回顾研讨的进程，澄清混淆的概念，综述重要的观点和求解问题的思想方案，分析不同观点、方案之间的联系和区别，得出相应的结论。好的总结评价可以帮助学生领会到隐藏在研讨背后的教学过程和探究学习方法。这对学生来说，是除了知识和研讨技能之外的另一个重要收获，因为懂得怎样学习知识比获得知识本身更重要。

与此同时，对学生的学习效果做出评价、给出成绩也是必要的。按照研讨式教学的理念，学习过程就是解决问题的过程，由该过程可以直接反映出学生的学习效果。因此只需在学习过程中随时观察并记录学生的表现，以此作为评价学习效果的主要依据即可。评价方式一定要是多元化的。这种多元化表现在三方面：一是评价主体应多元化，要综合教师、学生本人和同学他评的三元评价结果，形成最终成绩。二是评价标准应多元化，要综合各人在研讨过程中各个阶段、各个方面的表现，包括参与热情、自主学习精神能力、合作学习意识能力、创新精神能力、学习水平效果等，形成结构化成绩和总成绩。当然，为确保最后成绩的公平公正性，最后的期末考试考核也不宜完全取消，也应在课程总成绩中占一定比例。三是评价结果应多元化。研讨式教学的评价必须着眼于学生的发展，增强其主动发展的内驱力，形成奋发向上的精神力量，而不能让评价只成为学生之间学习结果优劣的比较，为此，评价结果的表示应是丰富多彩的，除了评分表外，还可以是问题解决的方案、头脑中产生的疑问、收集的资料信息或自己学习的小结等。只要学生围绕研讨题目努力去做了，教师就得认为都是成功的尝试，给予肯定和鼓励。

总之，研讨式教学可看成是这样一种教师与学生的双向互动教学过程：教师在学生学习之前精心设计、拟定计划、布置任务、宏观指导→学生在教师的计划内自主探究学习→教师在学生的学习中随时启发引导→学生在教师的启发引导下不断深化学习。就在这一互动过程中，教师的主导作用和学生的主体作用实现了有机结合，因而能取得良好的成效。

与此同时，研讨式教学法也体现了传授知识与发展能力相统一的规律。这一规律的内涵，是知识的传授与获得和能力的发展与提高，辩证地统一于教学活动过程中。能力的获得离不开知识的掌握，系统的知识是能力发展的必要条件。对于学生而言，只有在掌握知识的过程中学会获取这些知识的方法，并把知识和认识方法自觉地运用到今后的学习、工作和生活中，才能逐步发展自己的能力。同时，学生能力又是掌握知识的重要条件。能力发展水平直接影响学生掌握知识的速度、广度和深度。因而，提高学生的能力既是教学的一项基本任务，又是提高教学质量的根本措施。虽然能力是在掌握知识的过程中发展的，但并不是只要传授了知识，学生能力就自然而然地发展起来了。也就是说，并不是任何形式的知识教学都能使学生的能力得到较好的发展。因而，怎样才能将传授知识与提高能力统一起来，是任何一位教师在教学实践中所应考虑的一个关键问题。

五、研讨式教学的实践反思

我早在从教之初就结合内燃机车数字测速表的设计，做过研讨式教学的尝试。在进入21世纪后，更是做过多届研讨式教学的探索研究。后来利用自己2010年前后连续几年同时给本院自动化、仪器与测控、仿真工程3个电为主专业学生（约120人）和给非电为主的机械专业学生（约45人）分别上“计算机硬件技术基础”Ⅲ（90学时）和Ⅱ（70学时）的难得机会，又专门以给后者按研讨式教学、给前者按非研讨式教学的比较性方法，对研讨式教学模式的方方面面进行了较深入的比较研究。在对机械专业进行研讨式教学的探索试验中，针对全课程几个重要知识单元，先后组织了汇编语言综合编程，存储器与I/O口扩展，中断机理认知与中断处理程序设计，8255、5254与8259综合应用，以及A/D、D/A综合应用共5次渐进性专题研讨。每次专题研讨的题目，都是紧密结合相关设计性、综合性实验项目的内容要求，参考实际计算机应用工程项目背景精心创设的。然后，具体教学实施过程安排是这样的：在拟定开展研讨教学的上一周，在阶段性总结前一个或前几个知识单元要点及应用方法的基础上，宣布并讲解下周要研讨的题目，布置具体任务，说明技术要求；然后，按每组5人左右将学员分成若干研讨小组，每个小组利用课后时间在各人独立思考、初步完成设计的基础上，以每人独立查阅资料、学习思考为主，也可小组合作交流学习，初步提出各自的设计方案，并综合形成代表全组意见的小组设计方案，制作好课件准备拿到课堂去参加全班研讨；下周用2小时或4小时的课内时间（时间不够时，可延用最多同课内时间等量的课外时间），在教室或实验室进行全班交流研讨。全班研讨过程中由临时抽点的一个或几个小组的代表作主发言，讲解设计方案和思想，其他成员可对提出的解决方案进行补充，然后大家一起对硬件、软件方案的合理性、优缺点和能否改进、如何改进等进行研讨，其间教师不断酌情启发、引导、追问、质疑，最后做点评和简短总结，引导学员正确思维和拓展思路；在此基础上，每个学员修改完成各自的研讨题设计方案，并按实验大纲要求，去实验室动手完成相应实验。

通过这样的研讨式课堂教学，学员可以从不同角度提出问题，教员也可以从不同角度了解学员理解问题的症结所在，进而从不同的层面，有的放矢地帮助学员掌握正确的思维方式，以及增强分析解决实际问题的能力。因此很受学生欢迎，也明显激发了学员的学习热情和兴趣，绝大多数学员的积极性、自觉性都明显提高，课下、课上都积极思考、参与，感觉无论比前几届还是比同届另三个电类专业的学员，作业、实验都认真得多，效果也好得多。担任本课程多年教学任务的主讲教员、辅导教员和实验教员都有同感。最后按同一张由选择填空题（15 分）、对错判断题（15 分）、作业重做题（25 分）、实验重做题（15 分）、接口应用题（20 分）和要点小结题（10 分）等 6 种题型组成的结构化一体化试卷进行考试，通过多人流水作业式闭卷阅卷得到的卷面成绩也说明了这一点，机械专业和三个电类专业的平均成绩分别为 84.8 分和 79.4 分，前者比后者高出 5.4 分。这种情况历史上是没有出现过的，一般都是三个电类专业比机械专业分数要高不少。（说明：对采用研讨式教学的机械专业学生来说，卷面成绩并不是课程总成绩，他们的课程总成绩是由期末考试卷面成绩和研讨式学习成绩两部分组成的，前者、后者分别占 50%。）

这种反常情况的出现，基本上可以断定是研讨式教学方式方法的采用带来的结果。当然，研讨式教学采用后带来的好处远不止表现在考试成绩的提高上，它的优越性还很多。

我在经过几届研讨式教学摸索经验的基础上，2011 年利用参与负责教育部计算机基础课程教学指导委员会的试点立项研究的机会，在本人负责的国家级教学团队，在按新制定的学校 2012 年人才培养方案开设“计算机硬件技术基础”（A/B）课程的多个专业，全面推行了小班研讨式教学。我认为，研讨式教学不是目的，只是手段，为了确实发挥其优势，务求取得实效，我把这次全面推行研讨式教学的行为仍然定位于教改试验探索，并在推行一期后，要求每位主讲教师都要认真总结，在总结的基础上系列课程组开展交流研讨。作为总结内容之一，我设计了一份“关于‘计算机硬件技术基础’研讨式教学试验探索的学员评价意见调查表”，并代表系列课程组专门给学员写了一封信，请所有上课学员认真填写该表，并在校园网本课程网站评价模块中积极发表感受和意见，以帮助课程组改进工作。给学员的信和调查表如表 3－1 所示。

表 3-1 推行研讨式教学总结中给学员的信和调查表

****

亲爱的各位同学：

本学期，作为教育部计算机基础课程教学指导委员会的试点立项内容之一，我们在开设“计算机硬件技术基础”（A/B）课程的多个专业都进行了形式不尽相同的启发式、研讨式教学试点探索。为了及时总结经验，为今后不断改进、完善代表教学改革方向的研讨式教学模式教学方法提供参考依据，请你们近日在百忙中抽空完成两件事：

（1）填写下列评价意见调查表，交课代表收上来，以便作定量统计分析；

（2）到校园网上注册进入“计算机硬件技术基础网络课程”的“教学评价”模块，就研讨式教学的实施及效果发表你的感受和评价意见，以便作定性分析。

感谢你的大力支持和合作！

计算机硬件技术与控制系列课程组国家级教学团队

“计算机硬件技术基础”系列课程组

2012 年 1 月 8 日

关于“计算机硬件技术基础”研讨式教学试验探索的

学员评价意见调查表

姓名：________ 学号：________ 所在学院及专业名：______________________

主讲教员姓名：______________ 填表时间（年月日）：____________________

评价项目		评价意见（在相应栏打“√”）			
序号	项目名（问题）				
1	你对研讨式教学模式的喜欢程度	很喜欢	喜欢	一般	不喜欢
2	你们班本课程研讨式教学的整体效果	很好	好	一般	不好
3	你参与研讨式教学的积极性	很高	高	一般	不高
4	你参加研讨式教学的收获	很大	大	一般	不大
5	教员对研讨式教学的准备情况	很充分	充分	一般	不充分
6	教员对研讨式教学的组织情况	很严密	严密	一般	不严密
7	对学员参与研讨式教学的成绩评定方法	很合理	合理	一般	不合理

****

对收回的352份调查表进行统计，统计的结果如图3－1所示。经分析，学生对研讨式教学模式很喜欢和喜欢的占96%，认为整体效果很好和好的占95%，自认参与研讨式教学积极性很高和高的占92%，认为收获很大和大的占95%。

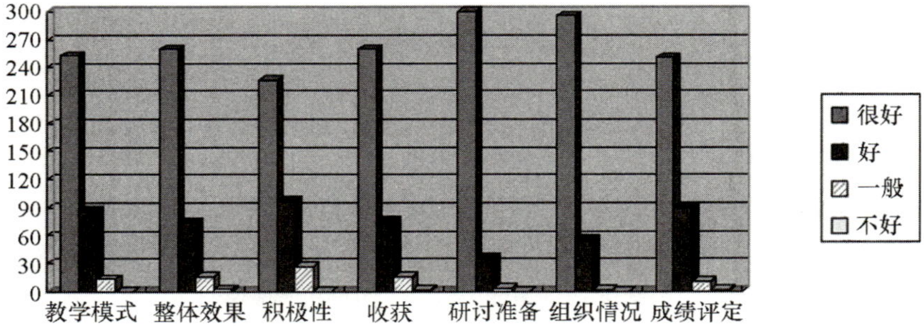

图3－1 学生问卷情况统计

学生在网上也普遍对小班研讨式教学给予了积极的评价，如：

某A说："课堂研讨的形式充分调动了大家的积极性，大家都能参与其中，还可以通过这种方式检测我们的学习情况，并能及时发现、解决问题，它还能对所学的内容进行小结复习，加深我们对知识点的理解。建议多进行研讨交流，并开展多种方式（如请同学上台讲解）来调动大家积极参与，内容也可以多样。"

某B说："硬件课上，教员组织我们对重点难点问题进行课题讨论，这种新颖的教学方式极大调动了我们的学习积极性，在激烈的讨论中加深了我们对课本知识的理解。开拓了我们对问题的思维方式，取得了良好的效果。"

某C说："研讨式教学模式紧贴学科特色，注重培养学员实际动手操作能力，交流协作的能力，以及自学研究的能力。这种模式带动的不仅仅是对所学知识的巩固，更重要的一点是让大家在研讨的过程中培养了科学的方法与钻研精神。"

某D说："学习硬件技术基础课程一学期以来，通过老师的精彩讲解、认真辅导、和同学们一起研讨实验，每名同学都感受很多，收益很多，特别是创新性研讨，同学们认真负责地参与其中，不仅锻炼了我们的动手能力、检验学习效果，而且激发了我们学习的热情和无限的创新思维。一边研讨一边实验的过程中，我们学会了主动查阅资料，学会发现问题和找到解决问题的方法，发挥了主观能动性。”

…………

有一位上过我研讨式教学课的2008级机械专业学员还专门对研讨式教学情不自禁地发表了一番很有代表性的感想和见解。他说：

“初识邹逢兴教授，是在大二的下半学期。那时其他专业开了‘计算机硬件技术基础’这门课程，主讲正是邹教授。我们为一睹名师风采慕名前往，因为邹教授是唯一一个为我们授课的技术三级教授。当时只觉得邹教授是个精神矍铄的老者，身材适中，白发不算多，眼神很犀利，讲话声音洪亮。

“到了大三学年，我们机械专业也开设了‘计算机硬件技术基础’这门课程，这让我们进一步接近邹教授。由于与其他专业课程要求上的不同，我们专业44人单独开课，相比其他三个专业总共122人来说，我们很自然地成为邹教授口中的‘小班’。邹教授根据我们人数少的特点，展开‘小班教学模式’，将我们进行分组，将每次实验课的内容作为一个研讨题，并由每个小组独立完成，邹教授再安排研讨课，每个小组将自己的工作做成PPT，上台汇报。邹教授与他所带的助教和研究生学长们在台下听，若有学员讲得不清楚或者有错误的地方，就及时指出。这样，台上的同学对这些问题印象更深，台下的同学也不会被误导。邹老师的‘小班教学模式’在我们的学习中起到了非常好的效果：第一，结合实验课内容安排研讨，使得实验课效率更高，效果更好；第二，小组模式下，锻炼了我们团队合作学习的能力，这也是大型科研工作的必备能力；第三，提前布置研讨题，有些研讨题的解决需要一些还没有学的知识才能解答，所以必须自学相关内容，这样提升了我们自主学习的意识和能力；第四，上台汇报，使我们对研讨题的印象加深，同时也锻炼了上台人员的口语表达能力。”

从多届教学实践经验看，采用设计科学、安排合理、组织严密的研讨式教学比采用常规传统方式的教学，效果要好得多。但怎么才能设计科学、安排合理、组织严密，使研讨式教学得到推广，且效果良好呢？我的看法是：

（1）采用研讨式教学的先决条件之一，是教学班规模不能大，一般不能超过 50 人，最好在 30 人左右。为此，学校要努力创造条件，争取建设尽可能多的小班多媒体教室，以支持更多的课程（特别是专业基础课和专业课）开展研讨式教学。

（2）小组讨论交流是研讨式教学的五大环节之一，单靠全班课堂研讨，不可能有太多的学生有机会发言，只有通过小组交流活动，才能确保（或者说要求）每个学生都发言，达到全员参与研讨的目的。为使小组讨论交流有良好效果，小组人数以 5 人左右为宜。

（3）任课教师要加强备课，统筹考虑授课、研讨、实验等各课程教学环节，精心设计研讨题目，使之具有知识、能力内涵的基础性、典型性、一定综合性和可拓展性，以及问题求解的多解性，同时对各种解题思路、方法要滚瓜烂熟、了然于胸。这实际上也就意味着对任课教师提出了比传统教学要高得多的要求。而且，这种对教师的高要求不仅表现在学科学术水平和教学业务能力上，而且表现在教师的个人修养、精神状态和师生关系等方面，教师应尽可能与学生打成一片，课前课后多与学生聊天交流，相互熟悉，增进了解，最好熟悉到能记住每个学生的名字，了解许多学生的性格特点，这样更有利于形成融洽的研讨氛围，感染吸引学生积极地投入研讨。如有条件，研讨课堂的座位能安排成圆形或半圆形更好，这样更方便学生与老师、学生与学生的眼神交流，形成师生、生生多向互动的研究讨论气氛。

（4）学生充分的独立思考准备是研讨式教学成功的基础和关键，因此要确保学生有足够的课前独立思考准备时间，当然也常常需要较多较集中的小组和全班的课内课外相互研讨交流的时间。这就像我当年首倡实行设计性、综合性、创新性电子技术课程实践教学改革时一样，改革涉及方方面面，是一个系统工程，它不仅冲击到课程组本身的教学理念、教学实施等，而且冲击到传统的教学组织形式、课表安排等，正因为这样，所以当时要没有校系主管教学领导、校机关教务部门、系机关教务参谋的全力支持，我的大刀阔斧改革也就无从谈起，更谈不上成功。现在要做研讨式课程教学改革也是这样，不可避免地会冲击到传统教学形式方法、教学组织管理、教学保障条件方式等方面，因此需要得到方方面面的支持。

第四章　学生创新实践能力培养

创新是国家发展的灵魂和引领发展的第一动力，是国家综合国力和核心竞争力的最关键因素。为使国家能够依靠自力更生、自主创新，把产生重大科技创新成果的主动权牢牢掌握在自己手里，能够在关键共性技术、前沿引领技术、现代工程技术、颠覆性技术等技术创新上不断取得重大突破，不断抢占科技创新制高点，除大力加强现有学科之间的协同创新，加大对交叉学科群和科技攻关团队的支持力度，充分调动发挥现有科技人才和创新团队的积极性、创造性外，更重要的是应加强大学创新实践能力培养体系、培养机制的建设，并通过教育教学改革和精心培育，从大学源源不断地向国家各行各业、各个领域输送一批批创新意识、创造能力强，推陈出新、发明潜质好的科技创新生力军。这就决定了，对于各级各类大学来说，加强对学生创新实践能力的培养至关重要，应是教学工程的主题，也是课程改革和课程建设的主要出发点和落脚点。为此，必须把它作为重要的指导思想贯穿到学校教育的方方面面，特别是课程内外的实践教学改革中去。

本书着重对工科院校、工科专业的创新实践教学而言。工科院校、工科专业有相当多的课程都具有工程实践性强的特点，比如我主持的国家级教学团队所负责的计算机硬件技术与控制系列课程，基本上都属于电子信息类和智能科学类课程，实践教学环节是各门课程教学的重要组成部分，对加深学生对理论知识的理解和掌握、培养学生的实践动手能力和思考分析解决问题能力，具有理论教学不可替代的作用；对强化学生综合素质、工程实践能力和创新创造能力的培养，具有独特的地位和作用。这就迫切需要高度重视实践教学，强化实践教学地位，营造有利于提高学生工程实践能力与创新创造能力的育人环境和实践条件，下大力气促进学生创新实践能力的培养。为此，我认为大学必须在全面推进教育教学改革，大力加强专业课程体系和课程内容教学改革、教学建设的基础上，特别重视从完善优化实践教学环节入手，从强化创新实践能力培养意识、建设创新实践能力培养体系、打造创新实践能力培养平台等方面着力，切实推进创新实践教学改革。

一、强化创新实践能力培养意识

（一）认清重要性

加强实践环节教学和学生创新实践能力培养，是事关高等教育质量的主题之一。21 世纪以来，教育部在先后实施的“高等教育质量工程”“本科教学工程”“双一流”建设规划中，都把它作为重要内容加以强调。例如：

教育部 2001 年在《关于加强高等院校本科教学工作提高教学质量的若干意见》（教高［2001］4 号文件）中提出：“实践教学对于提高学生的综合素质、培养学生的创新精神与实践能力具有特殊作用。高等院校要重视本科教学的实验环节，保证实验课的开出率达到本科教学合格评估标准，并开出一批新的综合性、设计性实验。文科学生要按专业要求参加必要的社会实践。要根据科技进步的要求，注重更新实验教学内容，提倡实验教学与科研课题相结合，创造条件使学生较早地参与科学研究和创新活动。学校的各类实验室、图书馆要对本科生开放，打破‘学科壁垒’，加强统筹建设和科学管理，实现资源共享，提高使用效率。要建立和完善校内外实习基地，高度重视毕业实习，提高毕业设计、毕业论文的质量。”

2007 年教育部在正式启动“高等教育质量工程”的《关于实施高等院校本科教学质量与教学改革工程的意见》（教高［2007］1 号文

件）和《关于进一步深化本科教学改革全面提高教学质量的若干意见》（教高［2007］2号文件）中进一步提出：要“大力加强实验、实践教学改革，重点建设500个左右实验教学示范中心，推进高校实验教学内容、方法、手段、队伍、管理及实验教学模式的改革与创新。开展基于企业的大学生实践基地建设试点，拓宽学生的校外实践渠道。实施大学生创新性实验计划，支持15 000个由优秀学生进行的创新性试验，促进学生自主创新兴趣和能力的培养。择优选择500个左右人才培养模式创新实验区，推进高等院校在教学内容、课程体系、实践环节等方面进行人才培养模式的综合改革，以倡导启发式教学和研究性学习为核心，探索教学理念、培养模式和管理机制的全方位创新。继续开展大学生竞赛活动，重点资助在全国具有较大影响和广泛参与面的大学生竞赛活动，激发大学生的兴趣和潜能，培养大学生的团队协作意识和创新精神”。重申要“高度重视实践环节，提高学生实践能力。要大力加强实验、实习、实践和毕业设计（论文）等实践教学环节，特别要加强专业实习和毕业实习等重要环节……，推进实验内容和实验模式改革和创新，培养学生的实践动手能力、分析问题和解决问题能力。要加强产学研密切合作，拓宽大学生校外实践渠道，与社会、行业以及企事业单位共同建设实习、实践教学基地。要采取各种有力措施，确保学生专业实习和毕业实习的时间和质量，推进教育教学与生产劳动和社会实践的紧密结合”。

2011年教育部在启动实施“本科教学工程”的《关于“十二五”期间实施“高等院校本科教学质量与教学改革工程”的意见》（教高［2011］6号文件）及随后不久出台的《全面提高高等教育质量的若干意见》（高教三十条）中，再次提出要“整合各类实验实践教学资源，遴选建设一批成效显著、受益面大、影响面宽的实验教学示范中心，重在加强内涵建设、成果共享与示范引领。支持高等院校与科研院所、行业、企业、社会有关部门合作共建，形成一批高等院校共享共用的国家大学生校外实践教育基地。资助大学生开展创新创业训练”。要求

“加强实验室、实习实训基地、实践教学共享平台建设，重点建设一批国家级实验教学示范中心、国家大学生校外实践教育基地、高职实训基地。加强实践教学管理，提高实验、实习实训、实践和毕业设计（论文）质量”。

如此等等，不一而足。教育部代表国家层面发出的这一系列指示、号令，推动全国各级各类大学普遍重视实践教学，加大了实施实践教学改革的力度，取得了较大的进展。许多学校，无论是“双一流”大学，还是各级各类应用型本科院校、高等职业技术院校，不仅花大力气不断加强改进教学计划内各类实践教学环节，而且普遍重视组织、指导学生积极参加校内外各级各类大学生学科设计竞赛活动。这对提高大学生的实际动手能力、工程实践能力和创新创造能力，发挥了较大作用。

（二）明确指导思想

加强创新实践能力培养，对工科院校、工科专业来说，应明确并坚持以下指导思想。

（1）强化实践育人意识，完善实践教学体系，推动以创新创造能力培养为主旨为核心的实践环节教学改革。针对不同学科专业对实践教学的要求，合理制定实践教学方案、完善实践教学体系至关重要。要加强实验、实习、社会实践、毕业设计（论文）等实践环节教学改革，切实保障各环节的时间和效果，不断改进实践教学内容，优化实践教学方法，并通过政策引导，吸引高水平教师从事实践环节教学工作，确保以创新创造能力培养为核心的实践环节教学改革不断取得进展，实现可持续发展。为有利于加强工程实践与创新创造能力培养，大学在办学和教育理念上要向院校植根社会、专业融入产业、课程对接市场、教学面向工程转变。对军校来说，则应向院校接轨部队、课堂对接战场、教学聚焦打赢转变。

（2）建立课程学习与工程实践的相互激励机制。以工程目标为牵引，引导学生转向以问题为导向的探究式学习，养成面向工程应用的创新思维，使学生在课程学习中科学思维能力与工程实践能力得以不断地共同提高。

（3）建立“技能操作—认知学习—实践探索—理论提高—工程应用—联想创造”的学习—实践螺旋式上升通道。在此过程中，一要以学生创新实践能力培养为目标，瞄准学生知识、能力、素质协调发展，确立以学生为中心的实践教学组织理念，把学习效果作为评价实践教学活动的根本标准，突出工程在实践教学中的牵引作用，鼓励、吸引学生参与实际项目研究，依托同学科企业，建立校外学生实习和教师进修基地，突出工程素养培育。二要把重点放在培养学生从系统的角度看问题的能力上，为此需要按照能力来划分课程系列（课程群），在每一个课程系列（课程群）中综合考虑实践的形式和内容，衔接好同一系列中相关课程实验关系，杜绝实验项目重复或必要实验项目空缺的弊端。三要突出拓展和加强自主性实验内容，建立从基础到综合，从验证认知到设计创新，从实际动手到虚拟仿真的系统化、结构化的实验教学内容体系。

（4）在实践教学上，最好按由简到繁、由认知到设计到综合的渐进式、增量式原则设置各门课程实验，最后为各课程系列都设置一门综合实践性课程设计课。这样对于渐次提高学生的科学思维能力、实际动手能力、工程实践能力和创新创造能力大有好处。

（5）对于应用型本科院校和高职高专院校，一定要努力创造条件，争取实现“三结合”，把面向工程实际的实践教学贯穿于各个教学环节、教学活动之中。“三结合”是指：职业标准与专业课程教学计划相结合，国家职业资格认证标准（资格证书鉴定标准）与教学内容相结合，以及鉴定考核与课程考试相结合。应用型本科和高职高专教育与“双一流”等重点本科大学的研究型、学术型培养目标不一样，要求学生有更强的工程观念和动手能力，更强的解决生产实际问题的能力。这就要求他们应在培养地方经济和社会发展需要的高等应用型人才上下功夫，把应用型环节渗透到教学的全过程，强化学生动手能力和应用能力的锻炼，把实践教学放到至关重要的突出的位置。要立足于学生通过课程学习，既会考更会干；学生毕业时能得到毕业证和国家职业资格证“双证书”，成为具有卓越“工匠精神”的真正的高素质技能型“职业人”。

总之，要把创新实践能力培养作为教学改革与教学建设的重点，以此来深化学科专业改革、课程体系改革和课内外各实践环节教学的改革。

二、建立创新实践能力培养体系

创新实践能力培养体系的建立，应体现在实践教学内容体系、实践教学方式方法和实践教学管理机制等方面的改革创新上。

（一）实践教学内容体系创新

在实践教学内容体系创新方面，应包括基本技能训练、综合能力训练和综合工程实践三个层次的改革创新。其中基本技能训练主要指一些认知性、验证性为主的课内基本实验，以熟悉工程实践特点和培养实践动手能力为主要目的；综合能力训练包括综合性、设计性、探索性课程实验和实验课程，以培养综合分析设计能力、建立工程设计概念、强化工程意识为主要目的；综合工程实践包括课程设计、课程实践、课外科技创新、学科竞赛等与工程实际紧密结合的集中实践环节，以解决学科领域的实际问题为目标驱动，旨在培养提高思考、分析、解决综合工程问题的能力。工程实践能力培养体系及平台建设，实质上就是指实践教学改革和实践条件建设两方面，实践条件建设是为实践教学改革服务的。

（二）实践教学方式方法创新

在实践教学方式方法创新方面，要开展一般课程实验和实验课程的教学改革研究和探索。如：可在实验课程中推广实施案例式教学，并通过设计性实验培养学生实践动手能力和工程设计初步能力；可围绕如何促进学员专业知识的融会贯通和创新能力培养，开展综合设计性课程的改革研究和探索；可围绕如何培养学员协同创新和工程实践能力，开展综合实践创新项目的改革研究和探索；可开展实验技术的改革研究和探索，积极引入新的实验技术改进提升传统的实验项目；可开展实践教学考核方式的改革研究和探索，实施面向综合实验能力的多元化考核方式；等等。

（三）实践教学运行机制创新

在实践教学的运行机制创新方面，要研究探索加强实践教学体系建设顶层设计和具体运行管理新机制。

多年来，为保证实践教学体系建设发展路线的正确性、科学性、先进性和可持续性，我们团队结合国家级教学团队建设和国家精品课程建设，在学校已经建立的多项创新能力培养机制的基础上，系统提出了深化实践教学改革所必要的，从实验教学体系、实验组织管理模式、实验室建设思路模式到实验教学运行管理模式等实践教学改革运行新机制。

1. 创新实验教学体系，优化实验组织管理模式

长期以来，我们团队一直把实践教学作为培养学生实践能力和创新能力的重要途径，在坚持实践教学不断线的基础上，不断深化实践教学改革，努力探索实践教学新体系、新模式。从不懈改革经历中深深感到，要培养学生的创新实践能力，关键是要创新实验教学，而创新实验教学的关键又是要创新实验教学体系，完善优化实验组织管理

模式。

早从20世纪80年代初起，我们就依托当时的自动控制系实验室，以“数字电子技术基础”课程的改革为切入点，对电子类课程的实践性教学环节进行了大刀阔斧的改革，变传统的验证性实验为设计性实验，变单一知识单元知识点实验为多知识单元知识点综合性实验，变封闭性实验为开放性实验，并同时改革了实验组织实施管理模式，全部实验都是一人一组由学生独立完成，而且每个实验都是由学生从提供的七八个题目中自主选做一个。在这一改革取得成功、获得成效后，我们又相继在学校发起并组织实施了一年一度本科生电子设计制作有奖智力竞赛，从而将实践性环节的改革由课内进一步扩展到了课外，同时不失时机地将电子类课程实践性教学改革的经验推广应用到计算机应用和控制技术两大系列课程中去。

通过多年的不断探索和改进完善，我们团队承担的两大系列课程逐步形成了“与理论课程体系和课程内容改革配套的，以设计性、综合应用性和研究探索性实验为主，原理和功能认知性、验证性实验为辅，课内实验、课程设计和课外创新实践结合”的创新性实验教学体系。该实验教学体系具有立体化、多层次两大显著特点。“立体化”是指实践教学贯穿在系列课程教学的全过程和全方位，课内实验、课程设计和课外创新实践相结合，基础教学实验、工程训练实践和创新设计实践活动相补充。“多层次”是指实践教学的内容和方法逐次递进，针对不同的教学对象从原理和功能认知性为主的基础实验内容开始，递进到设计性、综合性实验内容，再递进到研究探索性或综合应用性实验内容。

在加大人才培养方案中实践教学比重的基础上，我们进一步从教学内容和课程体系上加强实验教学。对于实验内容较多的课程实行单独设课，规定课内实验学时数和对应的课外实验学时数按照1∶3的比例设置，实验课程中综合性、设计性实验比例达到了85%。从制订教学计划开始，将实验课程分为课程实验和课程设计，开设了自动控制原理课程设计、单片机系统设计、系统仿真原理课程设计、仿真系统综合设计、自动化系统综合设计、信息系统综合设计、微机接口与应用课程设计等多门综合设计性实践课程，为创新性人才培养奠定了坚实基础。

我们结合本单位实际，一改国内传统的实验室管理队伍建设理念，创造性地提出并坚持实行了一种新型实验室建设与实验组织管理模式：以学术造诣深的知名教授领头，负责顶层谋划、设计实验改革方案和实验室建设思路；以教学经验丰富、教学效果好的主讲教师作为实施实验改革方案和组织实验室建设的骨干；以专职实验教员作为实验过程指导和日常实验教学与实验室运行管理的主力。以此确立每个教师在实验教学中的主人翁地位，调动所有教师参与实验室建设和实验教学改革的积极性，确保了实践性教学改革的高水平、高质量和实验室建设的高标准、高效益。

按照这一模式，我在主持系列课程教学和建设的同时，总是力求站在学科前沿，既不失时机、与时俱进地负责谋划、提出一轮轮与理论课程改革思想配套的实践教学改革思想方案，又作为“211”“985”“十五”“十一五”建设规划的专家顾问，负责提出实验室建设的思路，把握实验室建设的方向。教研室一批长期潜心于主干课程教学、教学经验丰富、教学效果好的主讲教师，在完成课程主讲教学任务的同时，一直是系列课程实践性教学改革和实验室建设的顶梁柱。尤其可喜的是，我们还有一支学科基础比较扎实、实践经验丰富、长期保持稳定的专职实验教员队伍，他们勤奋刻苦、甘于奉献、淡泊名利、忘我工作，长期默默耕耘在实验教学一线的各个环节，负责对学员进行全程的实验指导，同时负责实验室日常管理和设备维护工作，为实验改革方案的成功实施和高标准、高水平实验室的建设管理做出了重要贡献。

2. 创新实验室建设思路模式，建设一流教学实验室

要使先进的实验教学体系和实践性教学改革理念得到实施，必须建设与之相适应的，具有一流条件、一流水平的教学实验室。而能够

投入教学实验室建设和日常运行的经费总是十分有限和供不应求的。为了用尽可能少的钱办尽可能多的事，最大限度地提高实验室投资效益，我们提出并实施了“改革需求牵引、改革方案驱动，基础设施确保、重点需求优先，不求高精尖全、务求满足需要，以及自研自制、自研定制和有针对性的采购三结合”的教学实验室建设新思路、新模式，建设成效十分显著。

与此同时，为有利于既节约实验室建设经费，又确保实验室建设的一流条件水平，我们高度重视科研成果向实验教学资源的转化。我们团队所在的“控制科学与工程”学科是首批国家级重点一级学科之一，多年来在智能机器人控制、武器装备自动化、导航制导与控制、认知科学与脑机接口、无人作战平台、磁悬浮列车等领域，有较多的科研成果积累和较深厚的学术底蕴积淀，形成了明显的学科科研优势。为了充分发挥学科科研优势的教学效益，以服务于培养学生的创新实践能力，我们一方面像开放教学实验室一样，向学生全面开放科研实验室，欢迎并吸纳学生们（无论研究生还是本科生）到科研实验室来，结合教师的科研项目开展课外创新实践活动；另一方面及时将科研成果以自研自制或自研定制的方式转化为教学资源，直接用于支持本科教学条件的建设和实验设备、教学手段的更新改造。例如：以智能机器人控制器研制和数字化、信息化武器装备研制的成果和经验为基础，自行设计开发研制了与实验改革思路和全国全军统编教材相配套的新一代微机硬件实验平台；从导弹、火炮的自动瞄准系统中抽象出来，自行研制生产了小功率随动系统实验装置；从磁悬浮列车技术的基本原理出发，自行研制生产了磁悬浮球控制系统实验装置；以多关节机器人控制技术的项目研究为基础，自行研制生产了倒立摆系统实验装置；以自研定制（自己研究设计、委托专业教育装备厂家制造）方式开发研制了单片机控制实验平台；以自研定制方式开发研制了能够应用于一些特殊计算机测控系统的特殊传感器与执行机构实验装置；等等。其中有些实验装置、实验平台不仅满足了本校的实践教学需要，而且被军内外许多兄弟院校所采用。

3. 创新实验教学运行管理模式，实现实验室全面开放

全国大学在经过多年的快速发展和扩招后，教学实验室普遍都存在一个突出矛盾：一方面服务面广、人多、量大，实验资源明显不足；另一方面，为有利于培养创新型人才，又要求综合性、设计性、自主性实验的比例要达到较高的要求，且应鼓励和支持尽可能多的学生到实验室来开展丰富多彩的课外科技创新实践活动，这些要求无疑又进一步加剧了实验资源不足的矛盾。我们教学团队负责的计算机应用技术和控制技术两个实验室都是面向全校本科生的公共服务体系实验室，同样面临着这样一个矛盾。在这种新形势下，我认为，继续推进和坚持综合性、设计性、自主性实验改革方向的必由之路，就是要在不断加强实验条件建设的同时全面开放实验室，推动实验室在时间上、空间上、实验项目实验内容上全面开放，确保学员想来就来、想做就做、想做什么就做什么。

为了确保上述实验改革理念、思路、方案的实施及效果，必须创新实验教学管理模式，使两者相适应。而实验教学管理模式包括实验组织管理模式和实验运行管理模式。新的实验组织管理模式已如前所述，而我们提出的新的实验教学运行管理模式是："虚拟实验准备，网上实验预约，现场实际动手，设备自动管理，过程自动监控，报告自动提交，成绩自动评判"。按此实施实验教学后，有效解决了实验室服务面广、人多、量大和综合性、设计性、自主性实验改革对实验室资源及开放度要求更高之间的矛盾，确保了实验室的全开放机制落到实处，基本实现了学生想来就来、想做就做、想做什么就做什么的实践教学改革理念。

为了确保这种新的实验教学运行管理模式落地实施，我们早在"十五"初期，就自主开发设计了以控制技术和计算机应用技术两个网上虚拟实验室为主要内容的"lab311"网站，并通过创新实验管理模式，引入网上实验预约、虚拟实验准备和实验过程监控等手段，保证

了实验室全面开放，为大面积提高学员实际动手能力、工程实践能力和科技创新能力，奠定了坚实的基础。该网站的建成，使实验室全面开放的含义向虚拟的网络世界延伸，学员可以随时随地登录网站，浏览实验室所有的实验项目，进行在线学习、实验预约和虚拟实验预习，在实验室完成实际动手实验后还可在线交流讨论、提交实验报告等。项目组利用具有三维场景的VRML技术开发设计了一些典型实验项目的虚拟实验，使学员在网络上可以使用虚拟硬件实验平台，根据实验内容和要求，模拟连接线路、拨动开关、运行程序、进行实验，并可用虚拟示波器等观测实验结果。学员通过网上虚拟实验，预习、熟悉每次实验内容、实验方法后，再到实验室实际动手做硬件实验。虚拟实验室网站自建成运行以来，学员对实践教学的重视程度进一步提高，兴趣和主动性大大增强。

按照这种新的运行管理模式改革实验教学后，实验室的使用效率和实验教学的成效质量都大大提高。实验室在服务面广、人多、量大的情况下，不仅教学大纲、课程标准规定的实验项目开出率达100%，而且无论个别以原理认知性为主的实验，还是占比85%以上的综合性、设计性、研究探索性实验，都是“一人一组”独立实施，且每个实验都是由学员从多个同类选题中自选一个自主完成，实现了实验时间、空间、题目内容的全开放。事实上，除了100%完成计划规定的课内实验外，有相当一部分学员还从实验教程中选做了更多的实验。

这种开放性、自主性实验方式，更有利于引导学员进入一个思考和探索的世界，使他们感到自己是研究活动的主动参与者，而不再是知识的被动接受者，因此深受学员欢迎，效果自然也就十分显著。例如，在“自动化系统综合设计”课程中，学员在教员提供的选题之外，提出了磁力起重、基于单片机的超声波测距系统、球杆数字化控制系统、简易光源随动系统、跟踪太阳的寻光控制系统、控制系统通用化数字调节器等一批自主设计性题目，指导教员选题把关后，实验室提供元器件，借用开发调试设备，由学员自行设计制作调试，最后向教员演示验收；在“单片机系统设计”综合设计实践中，由实验室提供单片机各功能模块，学员在此基础上自行设计开发出许多有价值或有趣味的项目，如基于单片机的电动玩具车控制系统、基于单片机的游戏手柄接口设计、基于单片机的点歌系统等。其他课程实验和实验课程也大多是这样。

为提高实验室资源效益，实验室每年还向做硬件为主和控制工程类毕业设计题目的学员全面开放，向他们提供场地、设备、元器件等资源保障和宏观指导，使学员有机会充分利用实验室条件，紧贴武器装备发展和实际需求搞设计。如导弹跟踪随动控制系统设计、嵌入式单兵系统的研究与设计、730 自动火炮模拟训练控制系统设计、非触摸式光电控制开关的应用研究、电缆通断状态检测自动化设计、智能化存储示波器设计、机械手群控系统设计、智能化客车自动报站器设计和多功能电话服务系统设计等，充分锻炼培养了学员的工程实践能力和创新能力。

三、打造创新实践能力培养平台

加强创新实践能力培养，离不开实践教学平台。实践教学平台绝不仅仅是传统的一门门课程实验室，而是应包括校内实验室，校内创新实践基地，校内外实习（实训）基地，校内外合作开展项目研究和新技术、新产品开发的产学研基地，国家级、省级基础课程实验教学示范中心以及其他实践教学共享平台在内的一整个配套的平台系列。系列中的每个平台都要力求营造真实工程环境，遵循全开放的实践教学及运行管理模式。

（一）建好校内实验室

校内为各门课程建设的实验室，是培养学生实际动手能力、工程实践能力和创新创造能力的基础。前面几节，主要是就实验室建设和在实验室开展的课程实验与实验课程的实验教学而论的。为了适应强化对学生工程实践能力与创新创造能力培养的需要，必须如前所述，创新实验教学体系、实验室建设思路模式、实验组织管理模式和实验教学运行管理模式等。基于这些，实验室除了支撑、服务于正常的计划内课程教学实验、课程设计、毕业设计外，平时也应尽量全开放，鼓励、吸纳一部分学有余力、又有兴趣的学生利用课余时间来实验室做自己感兴趣的研究探索性实验或开展其他科技创新创造活动，组织、指导学生积极参加校内外各种学科竞赛（或赛前准备）活动。

校内实验室，除传统的由各种仪器设备装置组成的实体实验室外，还有一类虚拟仿真实验室。要努力自研开发或采购引入尽可能多的虚拟仿真实验项目，以支持开展一些原来无法开设的高成本、高消耗、高危险、高污染的实验，作为对传统实际动手实验的拓展和补充。因为对工科院校、工科专业来说，实验教学的目的毕竟主要是培养学生的实际动手能力、工程实践能力和创新创造能力，所以处理实际动手实验和虚拟仿真实验两者关系的原则应是：虚实结合，相互补充，能实不虚，以实为主。

基于校内课程实验室的实验教学改革，主要突出强调的应是尽量增大设计性、综合性、探究性和一人一组性实验的比例，以培养学生独立思考分析、自主设计解决实际问题的能力。当然，少量的验证性、认知性实验和多人一组实验也是必要的。前者旨在帮助学生加深理解必要的重要理论、原理、机理，后者旨在培养学生团队合作精神和熟悉与人协同完成科研任务的方法流程。

（二）建好实习（实训）基地

实习（实训）教学是大学教学，尤其是工科院校各专业教学的重要组成部分，是学生接触实际、认识实际、熟悉掌握专业基本技能、灵活运用理论知识发现、解决专业中实际问题的重要环节。因此一般而言，校内实习（实训）基地的建设必不可少。同时，也应努力创造条件，通过校企合作，建立稳固的校外实习（实训）基地。无论校内还是校外实习（实训）基地，建设的基本目标和基本指导思想应是相同的。一般实习（实训）基地应具有一定的基础性和共享性，是属于跨专业的学校公共综合实践性教学平台，所以不可能以专业为建设主体，而是按院系或学科或校区建立，属于学校综合教学保障服务体系的范畴。实习（实训）基地的建设，除遵循共享性、效益性、可持续发展性和工程性、生产性、开放性等原则外，要特别重视按产学研结合思想，进行各种实践性教学资源的建设，包括建立真实或仿真的职业环境，实现与职业岗位群的对接，实现各种职业技能和工程素质训练与领域（行业）生产的对接，使各类教学资源从数量质量到服务管理，都能与学校人才培养规格规模和社会对专门人才技能需求的状况相适应。

实习和实训有什么区别？依我看，没什么本质区别。顾名思义，实习是指在实践中学习，实训是指在实践中训练，两者的区别微乎其微。所以，可以说实习和实训是一种含义的两种说法。原先的大学教育都是说实习，没听到过实训的说法，实训大体上是大兴高职院校、高职教育以后才出现的新名词。因此从这个意义上说，也可以理解成目前的实习主要是就本科院校、本科教育而言的，而实训则主要是就高职院校、高职教育而言的。总的来说都是指在真实或仿真的产品研制开发生产场所，学生紧密结合工程实际，边实践边学习训练的一种教学活动。由是，本书此后讲到这一概念时，无论讲实习还是讲实训，都是同一含义，原则上只用“实习”一词。

就实习在人才培养计划执行中的时间节点和主要目的而言，通常有学科专业认识性实习（又叫早期或中期实习）和综合运用所学知识面对实际问题的顶岗生产性实习（又叫毕业实习）之分。前者主要旨在让学生感受实际产品生产的现场气氛，熟悉现场环境，了解工艺流程、生产过程和方法，同时通过实际动手操作加强基本技能训练，例如对电子电气信息类专业的学生，通过操作训练能掌握电路及印刷电路板设计、电路板焊接安装、测量调试和查阅资料等基本技能，并进一步达到能独立完成实习项目的设计制作和总结文档的撰写，提出相关改革的举措。后者主要是让学生真正参与到实习基地产品的设计、开发、生产过程中去，在“顶岗”工作中，训练自己综合运用所学专业知识与技术技能，思考、分析、解决实际问题的意识和方法，达到培养提高工程实践能力与一定实践创新能力的目的。

实习作为学生在校学习的必要教学环节，其间除以学生综合实践为主外，也要辅之以必要的校内外教师授课或组织学生开展研讨教学。但授课或研讨的内容一定要紧密结合实际产品研发生产，授课或研讨最好在企业实际生产现场或基地模拟工作环境中进行，着重强调动手能力培养，具有很强的实战性，能全方位提高学生从理论与实际的结合上分析解决问题的工程实践能力。通过实习，让学生经过培训后，有能力直接胜任岗位工作，并具有一定的创新创造意识和能力。

实习基地的老师应是具有较深厚学术水平和较丰富研发经验的教师，或校外聘请的工程师、技术总监、项目经理等。高职院校的师资队伍建设强调要建成“双师型”队伍，我认为是很有道理的。其实本科院校，尤其是工科院校、工科专业，其教师队伍如能建成“双师型”也更好。

（三）建好创新实践基地

为了加强对学生的创新实践能力培养，除大力开展满足计划内实践教学需要的实验、实习等实践条件建设，依托它们不断深化优化实践教学体系、实验教学内容、实验教学模式、实验运行管理机制等实践教学改革外，还有必要建立各学科的创新实践基地，以吸引广大学有余力又有兴趣的学生，或者虽无余力但对动手实践有特殊爱好的学生，到基地来自主开展课外工程实践和科技创新活动，以及为学生参加各级各类学科竞赛的备战训练提供开放性场地。

我所在的国防科技大学历来高度重视满足学生这方面的需要。早在20世纪末、21世纪初，就在全校成立了数学建模、物理实验、机器人、电子设计、信息管理、计算机应用、空天、光电、军事、社科等10余个本科学员创新实践基地，基本上覆盖了各学院的主要学科专业。每个基地都有稳定的指导教员队伍，每年利用业余时间为学员举办各类学术讲座，开展学科培训，为来基地参加活动的学员提供指导帮助。这些学科创新实践基地及其指导教师队伍和开放性管理机制的建立，很好地满足了学员课外创新实践活动的需要。

以这些基地为主要支撑，催生出了航天科技文化节、数理文化节、机器人文化节、电子科技苑、信息之星科技文化节、银河之光科技文化节、光之韵科技文化节、英语活动月、军事体育文化节、研究生学术活动月等各类以不同学科为主题的校园科技创新文化活动。这些活动除研究生学术活动月外，其他都是主要面向全校本科生，且每届均由有关学科的本科生自主策划、组织和实施，学校官方各级组织只作宏观指导和提供必要的条件支持。各项科技创新文化活动的主体内容，都包含本学科国内外科技创新成果的展示、有关学术讲座交流和学员创新设计实践等。

学校依托这些创新实践基地，还大力鼓励并组织学员积极参加每届大学生“挑战杯”、数学建模、力学、物理、机器人、电子设计、嵌入式系统设计、机械设计、ACM程序设计、网络安全等各级各类创新发明大赛和学科竞赛；为与国际、全国、湖南省各项赛事接轨，学校也建立了多种相应的竞赛制度和参加上级竞赛选手的选拔推荐制度。

依托这些创新实践基地和其他实验室、实习基地等实践平台，学校在实施本科生全程导师制的基础上，还实施了本科优异生培养制度，每个优异生由一名学术造诣较深、科技能力较强的高职称教师指导其开展自主性、个性化学习和科技创新实践活动。

继建立覆盖面、受益面广的本科生创新实践基地之后，学校也投巨资面向各一级学科建立了诸多研究生创新实践基地，并由研究生会自主举办一年一度的、内容丰富多彩的、科技创新气息浓厚的研究生学术活动月。

在这一系列重实践、重创新举措的合力作用下，学校从时间、学科和人员三个维度建立了基于项目和工程实践的创新能力跨学科全程一体化培养体系，实现了包括全程导师制度、本科优异生培养制度、大学生创新训练计划、大学生学科竞赛计划、实验实习和毕业设计等在内的一体化实施，形成了浓厚的创新性校园氛围和优越的创新实践条件，大大激发了广大学员对科学研究和创新发明的兴趣和热情，每年参与各类创新实践活动的本科生、研究生都很多。无论本科学员还是研究生学员，历年在国际国内各类学科竞赛中取得的成绩都十分可喜。截至 2012 年，仅本科学员在国际国内多项学科竞赛中就获得国际级奖励 193 项，国家级奖励 579 项。其中，在国际大学生数学建模竞赛中获得特等奖 3 次、特等奖提名奖 1 次；获全国“挑战杯”特等奖 4 次；蝉联三届中国机器人大赛中型组冠军；4 次进入 ACM 国际大学生程序设计竞赛世界总决赛；2007 年获全国大学生电子设计竞赛最高奖“索尼杯”；连续参加全部五届全国大学生机械创新设计大赛，均获一等奖；连续参加全部五届全国大学生信息安全竞赛获一等奖 10 个；2010 年学校学生包揽首届全国大学生数学竞赛非数学专业组前三名，获东北亚国际英语辩论公开赛外语组冠军；2011 年获全国大学生物理学术竞赛特等奖，获央视机器人大赛亚军，获中国模拟联合国大会最佳代表团……。近年来，合成生物学团队指导的学生在 2017 年夺得国际遗传工程及其设计大赛金奖之后，又在 2018 年首届全国大学生生命科学竞赛中斩获一等奖；在 2018 年美国大学生数学建模竞赛中获特等奖提名奖2项、一等奖10项、二等奖43项，总获奖比例为57%，总成绩居我国参赛大学前列；在2018年首届“翱翔杯”全国立方星及应用创新设计大赛斩获一等奖；在2018年第四届全国高校云计算应用创新大赛中斩获一等奖2项、二等奖1项；在2018年ASC世界大学生超级计算机竞赛中以总分第5名获得一等奖和应用创新奖；在2018年iCAN原创中国精英挑战赛中斩获特等奖；在2018年湖南省第五届大学生物理竞赛中，斩获5个一等奖、2个二等奖，以80%的获奖率再次刷新历史纪录；在2018年第六届全国大学生光电设计竞赛“滨松杯”实物决赛中，斩获一等奖（最高奖）2项、二等奖2项；在2018RoboCup机器人世界杯中国赛中夺得救援机器人组三连冠之后，又在第三届国际无人系统创新挑战赛的无人地面平台系统竞赛中，以全部比赛项目均获最高分的骄人成绩勇夺冠军；2018年上半年，国防科大ACM代表队先后转战中国大学生程序设计竞赛全国邀请赛、国际大学生程序设计竞赛全国邀请赛和ACM－ICPC中国大学生程序设计竞赛，三战三捷，接连拿下3枚金牌……。

四、推进创新实践教学改革

作为教育工作者，只有充分理解创新实践能力的内涵，才能有效推进创新实践教学改革，切实加强学生创新实践能力培养。创新实践能力有三个要素：创新意识、创新精神和创新技能。创新意识也可以说是创新思想，其内涵是有创新愿望，乐于创新，这是创新活动的前提和关键，它影响着大学生对创新活动的态度和行为，并决定着大学生创新行为的方向和力度；创新精神是创新活动得以持续的不竭动力，其核心内涵包括坚持不懈的精神、质疑批判的精神和追求真理、为科学献身的精神；创新技能是指采用怀疑、批判的思维方式，运用知识和理论在科学、艺术、技术和各种活动领域中，不断提供具有经济价值、社会价值、生态价值的新思维、新理论、新方法或新发明，并在实际行动中表现出能正确驾驭某种活动、达成某种结果的实践动手能力。创新意识、创新精神是无形的、不可见的，创新技能是有形的、可见的，综合起来许多地方叫“创新精神和实践能力”，我认为叫“创新实践能力”或“创新性实践能力”更好。因此，所谓创新实践教学改革，归根结底还是通常所说的实践性教学的改革，只是必须把创新精神、创新思维贯穿融汇于改革的过程，体现于改革的结果。在对学生进行创新实践能力培养时，应注重创新精神与实践能力的结合、融合。创新精神是实践的前提，实践活动是创新精神得以实现的保证，是创新精神的发展和延续。创新与实践相辅相成，缺一不可。创新必须应用于实践活动，只有在具体的研究和创造活动中，才能总结经验，精益求精。因此，在培养学生的过程中，把创新与实践有机地结合起来，对于培养社会主义现代化的高层次、高素质创新人才具有十分重要的现实意义。

（一）实践教学存在的主要问题

与我国高等教育的培养规格要求相比，尤其与创新实践教学的内涵及目标要求相比，目前大学的实践环节教学尚有较大差距，还存在诸多问题。尤其随着大批应用型本科院校和高职院校的涌现，这些问题变得更加突出。

1. 学校创新教育理念、机制、手段不能满足大学生创新实践能力提升的要求

高等教育快速发展过程中新涌现的一大批院校，虽然校园、大楼大多很气派，有的甚至称得上豪华，但支撑正规标准实践教学的条件到理念却普遍缺乏或不足。例如：实践教学没有形成清晰和完整的体系，对学生实践能力的要求定位不够清晰，目标不够明确；重理论轻实践的现象客观上仍普遍存在，导致部分实践教学环节流于形式；实践教学场所和设备严重欠缺，使学生学无所用，难以利用实践中获得

的丰富经验来充实思维的内容，加深对所学知识的理解，进而在本质上得到改善和升华，当然更谈不上将创新精神与实践活动很好结合，促进学生的全面发展。

就算实验硬件条件已经不错的院校，实验教学理念、方法也普遍依然比较落后，实验基本上仍是认知性、验证性为主，学生只是被动的实验应付者；缺乏对学生综合设计能力和工程实践能力的有效培养或者重视不够；缺乏对实践教学的有效考核方法和科学评价机制；校内外教学实践基地的建设相对滞后，部分实验室实验设备装置陈旧、落后，台套数少，只能多人一组，学生独立完成实验的机会少；实验指导教师对实验设备、手段、方法了解不全面，只能按部就班照实验指导书指导实验，稍有变化或故障，就无法指导，不利于引导学生创新能力的开发；在引导学生利用第二课堂提高专业能力方面更是缺乏有效的方法和手段，学生综合开发能力和创新能力的培养缺乏相应的环境和条件；等等。这些问题的存在明显制约着工科院校、工科专业应用型人才的培养，使之与学校的办学定位和肩负的人才培养规格要求不相适应。相当一部分工科院校实践教学主要依附于理论教学，未形成相对独立的实践教学课程体系，实践教学模式相对单一，实践教学课程体系结构不够完善严密。

早在“十五”“十一五”期间，教育部组织对各大学开展本科教学工作评估中，在对实践教学评估时，就已经把课程实验和实验课程中实验项目的开出率，以及其设计性、综合性、“一人一组”性及其在全部实验项目中的占比等，作为重要指标进行检查。至今，绝大部分重点院校在这些方面应该说已经全面或大体上达标了，但占本科院校和本科生培养人数绝大多数的应用型本科院校，离达标却依然任重道远！这不能不说是这些年来我国高等教育伴随着本科生迅速扩招和院校大面积“升级”带来的新问题、新矛盾。

尤其近年来，我国的大数据、物联网、人工智能、网络安全、大健康等新兴技术和新经济领域发展迅猛，这些领域普遍出现了人才供给不足的现象，暴露出我国工程教育与新兴产业和新经济发展明显脱节的矛盾，主要表现在工科人才培养的目标定位不清晰，工科教学理科化，对于通识教育与工程教育、实践教育与实验教学之间的关系和区别存在模糊认识，工程教育与行业企业实际脱节太大，工科学生存在综合素质与知识结构方面的缺陷等方面。因此，尽管目前我国拥有世界上最大规模的工程教育，无论工科本科专业布点数，还是每年毕业生、在校生人数，都占高等教育专业布点数和学生人数总数的大多数，但仍远远满足不了上述新经济领域对工科本科人才的需要，且缺口很大。

2. 教师素质不能满足大学生创新实践能力提升的要求

随着高等教育规模的飞速发展，各级各类大学新进了大批教师，与此同时一大批老教师又纷纷退休，这就造成了目前大学教师队伍的高度年轻化。这从长远来看应该说是一件好事，因为这支队伍学历学位层次高，又充满了活力。但从当前来看，由于过于年轻，大多是从学校到学校，缺乏各种实践经验，而且其中相当多的一部分人毕业于办学历史不长、实力不强的院校或学位点，他们虽然学历学位高，但在传统灌输式教学方法的培养下，实际上几乎没有经历过科学研究和工程实践的历练，因此自身非但创新实践能力不强，而且创新意识淡薄，创新精神、创新体验欠缺，其潜在的横向思维、发散思维和逆向思维能力也较弱，甚至对创新概念、创新内涵的理解也未必正确。在这种情况下，一些新兴应用型本科院校在制定实验课程或课程实验的教学计划时，就无法结合自己实际情况、实际条件确定实践教学内容和目标要求，只好盲目地照抄照搬一些重点院校同类课程的教学标准，可实施起来却因各方面资源不足、条件有限而困难重重、流于形式。显然，这在很大程度上会制约大学生的思想与行为，抑制他们潜在能力的发挥，当然更谈不上激发调动他们的创新实践积极性，提升他们的创新实践能力。

3. 实践教学的实施不能满足大学生创新实践能力提升的要求

这方面的问题主要表现有二：一是实践教学课程设置及教学内容与工程实践脱节情况比较严重。课堂所学实践知识与工程实际相差较远，无法实现完整对接，导致学的不能用，用的没有学。从核心内容上看，不少学校的学生在实践环节教学中听教师讲解的多，自己动手实践的少；动口讨论的多，动手实践的少；计算机仿真的多，实际操作的少；对过去经验（案例分析与讨论）总结的多，深入企业体验的少。二是下厂实习与实践教学的脱节也比较严重。由于我国大学在校生数量惊人，在同一时期内需要同时涌入企业进行实习锻炼的学生人数远远超过了企业实际承受能力，企业一时间很难提供能够满足所有学生、适合不同专业、不同地区学生参与实践教学的空余岗位。更有甚者，在一些高职院校，实践教学转化成了学生进企业打工，大量的学生被安排到流水线接受高负荷、高强度、机械式、重复性工作，学生成为企业的廉价劳动力，学校乐意提供劳动力资源，企业乐意接收。实习中没有具体的实践教学大纲，没有结合专业培养目标的实践内容，缺乏严格而规范的实践教学考核体系，考核随意性强，考核内容简单、流于形式。专业实习、毕业实习、下厂锻炼等不同实习实践环节在教学设计方面缺乏系统性和逻辑性，且内容枯燥，学生对实践课程设置和实践教学内容总体满意度偏低，因而激发不起学生学习、实践的积极性。

由于这些问题的存在，使得实践教学整体效果大打折扣，从而导致实践教学质量整体不高，难以满足大学生创新实践能力培养、提升的要求。

（二）创新实践教学改革的方向

为了适应大学输出高水平、高素质创新型人才，使其更好地为社会经济发展服务的需要，学校要对创新人才培养质量目标制定基本规格，应在学生创新实践能力培养方面提出明确要求。在此基础上，我认为应从以下几方面去具体推进大学生创新实践教学改革。

1. 在推进课内各类实践性教学环节的创新性改造上下功夫

课程实验、课程设计、专业实习、毕业实习和毕业设计等课内实践性教学环节是教学计划内规定必须完成的实践教学，是学校培养学生创新实践能力的基本也是主要实践环节，这些环节教学的创新性改造成效如何，将直接关系到所有学生的创新实践能力培养成效。对课内实践性教学环节做创新性改造的核心思想，是要把高度尊重学生的主体地位，发挥学生实践的主动性和创造性贯穿于各环节实践教学的全过程。只有充分尊重学生的主体地位，调动其学习的主动性和创造性，才能培养出高质量的创新型人才。固然，学生的主体地位应反映在人才培养的各个方面，贯穿于人才培养的全过程，但实践性教学比理论教学应该具有更大的重要性和必要性。对各实践性教学环节而言，尊重学生的主体地位，就是要彻底改变以往由教师布置实验（实习、设计）项目、告诉实践步骤，学生按部就班、依样画葫芦地完成实践任务的验证性、模仿性实践模式，通过教师的引导和启发式教学，鼓励学生充分利用学校提供的各种教学保障条件，通过上网或去图书馆、资料室查阅文献，提出自己的具有可行性、可操作性和创新性的实践项目、设计思路和实践方案，并最终自主完成相应的实践任务。

大学实践教学内容必须来源于生产实践，根据生产实践对专业培养目标、人才需求特点、专业基本技能等方面的要求，以及社会经济发展实际等信息，设置实践教学内容和实践教学课程体系。因此，在设置实践教学课程体系之前，应做广泛的实地调研，充分听取与专业相近的企业中高层和基层管理者对实践教学内容体系基本构成的观点和建议。从他们那里全面了解企业对大学毕业生知识、能力、素质构成的基本要求，请他们帮助大学设置实践教学体系的基本构成、主要实践模块、教学要求、考评体系等，并要结合社会发展实际，不断充实完善实践教学内容。

在对实践性教学环节进行创新性改造时，还有必要在学校主导下，通过厂校结合、产教融合方式，与合作企业共同协商确定详细的实践教学计划、实践流程、实践内容、教师配备标准、实践教学考评体系等系列指标，以确保形成完善的实践教学授课、管理和考核体系，从源头上保证实践教学质量。当然，在此过程中有关政府主管部门的支持引导也是必不可少的。

2. 在加强课外创新实践基地建设与管理上花力气

大学只有传统的教学计划要求的一些实践教学平台，只靠几大课内实践性教学环节，是不足以充分满足对广大学生创新实践能力培养要求的，还必须建立尽可能多的校级、学院级、学科或交叉学科群级课外创新实践基地，以吸引和鼓励尽可能多的学生，特别是那些学有余力又对创新实践充满兴趣的学生，到基地来开展更自由、更个性化的工程实践和科技创新活动。这些课外创新实践基地应是以学生为中心，以培养和提高学生创新实践能力为主要目的的专门场所。

创新实践基地除应有必要的创新实践支撑条件，包括相对齐全的硬件软件资源和健全便捷的信息网络工作环境外，还必须有适合大学生科技创新和人才培养活动的开放性高效运行管理机制。在这些软硬件资源和运行机制的保障下，可支持学生广泛参与创新实践，让学生在参与这些实践活动的过程中树立创新意识，培养创新精神，提高创新能力。

创新实践基地的管理体制，在宏观上可以是以教师管理为主、学生为辅，也可以以学生管理为主、教师为辅，但无论实行哪种管理体制，客观上都应该突出学生的主体地位，充分调动学生自己管理自己的积极性、主动性。

创新实践基地一般应根据研究项目进行人员组织和技术开发。研究项目主要来自四个方面：一是用户的需求，即科研、事业、企业单位提出的研究项目；二是学院所承担的横向或纵向课题；三是教师的教学改革和学院管理过程中的项目；四是基地师生自主提出开发的项目。围绕创新这个主题，基地还可根据学生课外创新教育的需要，通过组织大学生课外科技创新作品竞赛和组队参加地区、全国的各种学科技能赛事（如挑战杯、机器人设计比赛等），通过引入各种大学生创新实践激励机制如举办基地技术作品展和优秀作品回收等方式，大力激发大学生参与创新实践活动的热情，全面促进学生创新精神和工程实践能力的培养。

除建设校内创新实践基地外，还有必要通过校企结合、产教融合等方式开辟校外创新实践基地，以为学生的创新实践能力培养提供更充足的实践内容、更实际的创新场景和更充分的条件保障。据我所知，有不少院校在这方面采取了有效措施，积累了宝贵经验。如湖南工业大学在东莞市政府的支持下，在“珠三角”地区组建了由113家核心企业为主体、100余家卫星企业为补充的校外实践教学基地联盟，有效支撑了学校各主体专业人才培养需要。为使产教融合工作落到实处，政府、学校、企业三方均成立了相应的组织与实施机构，建立了长效联络、会商、反馈机制。学校建立了以校外实践教学基地开拓和实践教学组织为主体职能的东莞包装学院，构建了与企业多层次、多方式、全天候的沟通协调机制，形成了全程式实践教学管理模式和紧密型校企实践基地共建特色。实践表明，湖南工业大学长期坚持“钻进企业办大学”理念，依托“珠三角”地区包装产业集聚优势，以建立校外实践教学基地联盟为抓手，着力创新产教融合机制，深入推进“引企入教”，探索了一条“产教深度融合推进实践教学改革”的新路，明显促进了教育链、人才链与产业链、创新链的有机衔接，充分发挥了校企协同育人在学生综合素质培养与创新实践能力提升中的关键作用，取得了显著成效。

3. 建立一支理论造诣较深、实践经验丰富、理论与实践结合能力较强的教师队伍，充分发挥教师对学生创新实践能力培养的主导作用

要培养学生的创新实践能力，首先必须有一支创新实践能力强的教师队伍。为此，必须从这方面着力加强教师队伍建设。

一是对现有教师队伍进行工程实践能力与创新实践能力提升培训。通过强化培训，使每个教师都尽快实现教学与科研结合，理论与实践结合，在结合中提升自身运用理论知识进行创新思维和分析、解决实际问题的能力，以及指导学生开展创新实践活动的能力。对教师队伍中工程实践和创新实践能力薄弱的教师，可通过提供企业挂职锻炼、参加培训机构培训、推荐参加科研团队、鼓励并支持参加各类青年教师“创客大赛”等途径，增强其自身创新实践能力与指导学生创新实践、创新创业的教育教学能力；对其他教师特别是主要从事实践教学的教师，也有必要定期安排深入企业一线，参加生产劳动，从中了解和体会实践教学内容，掌握、提高工程实践和创新实践教学技能。

二是加强多元化、“双师型”师资队伍建设。通过引进和培养教师，邀请名师专家、企业行家、成功人士等，集聚一批高水平师资，引领学生进行创新实践。

三是在教师留用、引进环节，不仅关注其学历、学位、职称和理论水平，更要注重其工程实践经历、“双师”素质能力和创新实践教学水平，对有丰富工程实践经历经验的国内外大学博士、企业高层次人才到学校任教给予政策倾斜。

四是教育每个教师积极转变以知识传授为中心的传统教育观念，树立创新教育理念，同时自觉增强培养创新型人才的责任感和使命感，将大学生创新精神和创新实践能力培养提升放在教书育人的重要位置。

五是定期邀请企业基层管理人员到学校为教师举办实践知识讲座，将企业对学生素质要求、技能要求等信息及时传达给院校教师特别是实践教学教师，使他们清楚了解社会对学生实践技能的需求方向、需求类型和需求特征，有针对性地改革完善实践教学内容，实现学生学有所用、学能被用，切实掌握基本的实践技能，满足社会基本需求。

4. 创造良好的制度环境和加强校园创新文化建设，营造有利于创新实践能力培养的育人氛围

营造一个和谐的有利于创新实践能力培养的育人氛围，是大学培

养创新人才的重要保证。大学育人氛围包括意识观念、教学管理、学术交流、人文氛围、信息网络、校园文化等诸多方面，其中关键是要改革调整学校教学管理、学生管理、教师管理的制度，以及加强校园创新文化建设，为创新人才培养创造良好的制度环境和文化环境。

在教学管理制度建设方面，可以通过实行以学分制为核心，辅之以选课制、主辅修制、重修制、免修制、弹性学制等教学管理制度，从制度上承认学生的个体差异性，尊重学生在个人发展和学习上的合理选择权。通过创新学分认定制度的建立，对学生在科技活动中达到一定水平的成果（如获奖或公开发表论文等）予以承认，并给予学分认定，支持、鼓励学生开展科技创新实践，培养创新实践能力。

在学生管理和评价制度建设方面，要大力提倡民主管理和学生自主管理，改革学生记实综合考评办法，将创新能力列入学生综合考评体系，设立学生创新奖，不断完善创新激励机制，为优秀创新人才脱颖而出创造条件。

在教师管理和评价制度建设方面，要不断改革和完善教师考评体系，促进教师充分认识教书育人的重要职责，自觉妥善处理好教学和科研的关系。调动教师开展教学研究活动的积极性，进一步强化教学工作的中心地位，强化对教师在创新人才培养中所取得成效的考核，增强培养创新人才的自觉性。

在校园创新文化建设方面，首先要建设民主、宽容的育人氛围。在教育管理中坚持“以学生为本”的理念，主动走进大学生的内心世界，认真倾听学生的心声，针对学生的心理特点、个性特征，发挥每个学生的主观能动性，使学生在一个轻松平等的环境中，互相交流，互相督促，健康成长；对大学生在学习实践活动中表现出来的各种创新热情给予充分肯定，宽容学生的不成熟甚至失败，对学生的活跃探讨行为尽可能少批评指责，多正确引导。学校及教师要注重培养大学生求新求变、积极探索的精神，树立创新观念，增强创新意识，使其逐步学会用已知知识获取未知知识，用自身知识创造性地解决实际问题，使创新融入日常学习，成为日常习惯；应鼓励学生增强创新自信，焕发创新热情，充分调动其创新实践的积极性、主动性，激发每个人身上的个性化创新潜能。学校各部门之间要密切配合，尊重学生独特的个性、新颖的思维，提供充分的硬件及软件支持，为大学生开辟广阔的实践空间，使其能够及时将所学知识融入实践活动中，增强其动手操作能力和创新创造能力。

其次，要营造一种适合大学生创新能力培养提升的校园学术氛围。学校要像抓第一课堂那样抓好第二课堂建设，经常在校园内举行各种学术讲座、学术沙龙，强化大学生的创新意识；鼓励学生勇于实践、大胆创新，积极承担学生科研项目，承接科技开发项目，参与教师科研项目；鼓励学生积极参加各种形式的学科竞赛活动；对在科技研究和学科竞赛中取得创新成果或在创新实践方面成绩突出的学生进行表彰与奖励，使创新在大学校园中成为时尚，在大学生中形成人人以创新为荣、个个追求创新的浓厚文化氛围。

5. 构建创新教育无时不有、无处不在的大学生创新实践能力培养“全链”模式

探索形成高效可行的大学生创新实践能力培养模式，对提高大学生创新实践能力至关重要。在多年来大学生创新实践能力培养的实践中，许多学校结合创新实践基地建设，探索提出了一些切实可行、各具特色的培养模式，如基于科研项目的、基于导师制的、基于实验室的、基于工作室的、基于学科竞赛的、基于产教融合视域的、基于课程思政视域的培养模式等。

我认为，对于工科院校、工科专业来说，基于工作室的大学生创新实践能力培养模式优越性较多。这种模式是以工作室为载体，以专业教师为主导，以学生参与为主体，以学科知识为依托，以专业技术应用为核心，将创新实践活动与教学紧密结合，师生共同完成综合专业技术项目的有效平台。其核心内涵为：将教师与学生融为一体，将不同年级、不同专业的学生融为一体，将生产与教学融为一体，形成

一个多层次、多元化的实践教学体系。

显然，学生是工作室作为创新实践主体的第一梯队，该梯队成员一般应从各专业、各年级自愿报名的学生中择优选入，且随着大四学生毕业和一年级新生入学而动态变化。工作室按照工作任务和学生兴趣爱好的不同，可划分为若干个小型工作室，小型工作室随着任务的完成会出现重组。每一个小型工作室通常以大三学生为组长，负责活动组织和日常整理。除学生梯队外，工作室还有第二梯队——指导教师梯队，应从各学科专业中选拔、推荐具有行业经历或有较强创新实践能力的优秀的专业教师、实验教师、工程师加入。指导教师梯队必须具有相对稳定性，除对学生创新实践活动进行指导外，还要负责工作室的日常教学，每名教师可以负责一到两个小工作室。至于大工作室的组织管理工作，既可以以教师为主，学生为辅；也可以以学生为主，教师为辅。这种基于工作室的模式一般将教师的科研项目、学科竞赛以及学生的自主选题与教学融为一体，是为大学生创造一个促进其个性和潜力全面发展的教育生态环境，是为培养大学生科技创新意识、团队合作精神以及专业综合素养搭建一个具有跨学科性和可操作性的创新实践平台。

无论采用基于工作室的培养模式还是采用其他培养模式，培养工作都应在原专业知识体系的基础上，结合不同阶段教学内容的特点和对学生创新能力的要求，通过理论与实践结合、课内与课外结合、校内与校外结合、知识学习和能力培养并重、学习与研究共进、师生研学同行等举措，构建一个以工程设计为主线、以科学研究和工程训练为依托、以综合实践为助推的现代工程实践教学体系。立足创新意识、创新精神、创新技能三个创新能力关键要素，从构建创新生态、优化培养过程、完善组织管理等方面做好创新实践能力培养顶层设计，并将它在时间上贯通大学始终，内容上融入学业全程，努力构建一种创新意识养成无时不有、创新精神教育无处不在、创新技能水平逐步提升的创新实践能力培养“全链”模式。

例如，在制定或修订人才培养方案（教学计划）时，可适时进行教学大纲、教学内容的调整，在传授专业知识的同时，注重将创新意识、创新精神的教育植入课堂教学和各项课外活动；可通过开设新生研讨课、学科前沿讲座、创业教育课等方式，唤醒学生的创新渴求，激发学生的创新冲动；可通过建立创新工作室、科技俱乐部等创新活动平台，营造良好的创新文化氛围；可通过课内课外、形式多样的活动和平台，构筑起在校期间不断线的创新意识养成的教育环境；可通过在课堂上引入创新成功案例，激励学生敢于打破常规，质疑权威；可通过采用多种以学生为主的教学组织形式，引导学生广泛开展研讨辩论，以此培养学生质疑批判和勇于创新的精神；可通过举办名家讲座、组织各级各类科技竞赛，使学生通过与大师们的零距离接触，较多了解学科前沿，拓展学术视野，启迪创新思维，增强创新实践技能；等等。

总之，从教学改革实践看，大学生创新实践能力的培养具有多维性，是整个学校教育教学场景共同生成的，也是一项综合性的教育教学改革系统工程。高素质创新型人才的培养也对大学的教育创新提出了更高的要求。如何进一步完善创新型人才培养的教学模式和质量评价体系，提高大学生创新实践能力培养成效，提升大学生的创新实践能力，将是今后教学改革活动中的重要课题。必须从顶层设计到培养过程的方方面面开展更多、更深入的研究与实践探索，努力从基本技能层面、工程技能层面、专业技能层面和综合能力层面，去分别培养学生的操作动手能力、工程实践能力、科学研究能力和实践创新能力，最终达到培养提升学生应用所学知识，发现、思考、分析、解决实际问题的创新实践能力，并能综合运用专业学科知识创造性地解决工程技术难题的目的。

6. 强化因材施教，尽力突出个性化教育和差异化指导

个性化教育是一种承认差异、重视个性、发掘潜能，催生个体创造性发展的教育，在个体创造能力培养和生成方面具有独特优势。所

以，个性化教育是创新教育的基础和关键，只有实施个性化教育，才能提高学生的创新实践能力，培养出创新型人才。人的创造性往往是蕴含在个性之中，充分地发展个性是有效促进学生全面发展、培养创造能力的必经途径。个性化教育是促进创新实践的根本动力，它强调以个体为出发点的方式激发学生的内在动力和学习兴趣，促进他们主动、有计划、有步骤地去实践，使其具有自我教育、自我管理和自我完善的能力。个性化教育，就是培养个人的自主意识和自觉能力，创新实践失去主动性和自主意识，实践活动就会缺乏活力。

实行个性化教育有利于尊重和扩大学生选择，给学生提供更多的自我实现、自我挑战、自我判断和承担责任的机会；有利于在教学活动中充分唤起学生的求知欲和对个人全面发展的追求，引导他们独立思考，勇于创新，主动获取信息，实现知识能力和人格素质的协同发展，增强创新实践能力；有利于把学生培养成为具有主动适应未来世界变化的能力、具有完善个性和独立创新精神强的复合型人才。

实施个性化教育，应该分类、分层、分人尊重成长层次和各方面基础差别，有针对性地开展因时、因地、因人制宜的差异化教学。体现在教育教学中，要突破以学科知识为主的单一追求，注重以人的全面和多样发展为特征，要突破学科、班级界限，创建平行空间、平等氛围的开放式课堂；体现在指导方式上，要给学生更多的思考空间，让学生从“学会”走向“会学”，要积极创设“问题情境”，有效激活学生问题思维，要尽可能挖掘“疑点”，巧设“陷阱”，参与学生讨论，共同寻找方案，实现师生之间平等互动，使课堂变得意味无穷、趣味无穷；体现在教学内容的安排上，教师更要依据学生不同的成长层次和素质差异，采取不同的教学方法，合理设置问题的梯度，让不同程度的学生都在自己的梯位上找到自信、发挥潜能。

现代社会的教师，要善于发现学生的闪光点，并加以引导，使兴趣发展成特长。把每一位学生看成是具有独立人格的个体，发展学生的个性才能，创设适合学生个性发展的环境，平等地为每位学生提供表现、创造和成功的机会，抛开一些不必要的限制，给学生充分的信任，并对学生有适度的期望和及时的鼓励，这样学生才敢于质疑，敢于自我表现。同时，教师要有宽容度，鼓励学生表达不同观点，允许“标新立异”，提倡“异想天开”，培养学生用自己的眼睛去观察，用自己的脑子去思考，用自己的心灵去感悟，使每个学生在原有基础上都得到生动活泼、主动和谐的发展。

个性化教育所体现的主要教育思想就是“以人为本”，具体表现在：第一，尊重学生的个性，这是由人的价值、地位和教育自身的本质特点决定的，也是个性化教育的最基本理念。第二，强调发展学生个性潜能的优势，亦即寻找每一个学生身上个性的最强点和闪光点。第三，培养良好个性素质和全面和谐发展的人。第四，教育的特色化，体现在不同层次、种类、地区的教育和学校要有不同的办学特色。总之，为了实现对学生个体的个性化教育、个性化培养，必须把个性化教育思想体现在、融汇于学校教育计划的办学思想、教育内容、教育方法和教学形式等各大方面，以及教师教学实施的方方面面。

（三）将“新工科”思维落到实处

鉴于前述实践性环节教学方面存在的诸多问题，以及由此带来的我国大学培养的工科人才工程实践能力和创新能力不强的问题，2017年2月8日在教育部于复旦大学举行的综合性高校工程教育发展战略研讨会上，与会的30所大学达成了一个“‘新工科’建设复旦共识”，从而提出了一个很快就热遍全国的“新工科”概念。按照“新工科”思维，相对于传统的工科人才，未来新兴产业和新经济需要的是工程实践能力强、创新能力强且具备国际竞争力的高素质复合型“新工科”人才。他们不仅应在某一学科专业上学业精深，而且还应具有“学科交叉融合”的特征；他们不仅能运用所掌握的知识去解决现有的问题，也有能力学习新知识、新技术去解决未来发展中出现的问题，对未来技术和产业起到引领作用；他们不仅要在技术上优秀，同时要懂得经济、社会和管理，兼具良好的人文素养。可以说，新经济对人才提出的新的目标定位与需求为“新工科”提供了契机，新经济的发展呼唤“新工科”。这就对目前工科院校、工科专业的人才培养提出了重大挑战，急需发展“新工科”来满足新经济发展的人才需求。

“新工科”的核心内涵和外延重点是什么？其专业应如何设置、建设与发展？培养的学生究竟应具有什么样的知识、能力和素质结构？应如何去培养学生？这一系列问题都有待广大教育工作者和工程技术人员去研究探索。2017 年 2 月 20 日，在“‘新工科’建设复旦共识”发布尚不到半月之时，教育部高教司就颁发了《关于开展新工科研究与实践的通知》（教高司函［2017］6 号），提出要围绕工程教育改革的新理念、新结构、新模式、新质量、新体系去开展新工科研究和实践。之后，教育部又紧锣密鼓地相继在天津大学召开了新工科建设研讨会和在北京召开了新工科研究与实践专家组成立暨第一次工作会议，形成了“天大行动”和“北京指南”，发布了《关于推进新工科研究与实践项目的通知》，并很快启动了首批“新工科”研究与实践项目的立项。依我之见，无论怎么去研究、实践，也无论研究、实践什么方面内容，“新工科”建设和“老工科”建设本质上都是工科建设，都是要使高等工程教育（也即工科教育）满足日益发展的国民经济对工程技术人才的需求。因为支撑国民经济发展的科学技术总是在发展的，因此以培养工程技术人才为己任的工科教育也总是要与时俱进的。只是因为近年来基于电子信息技术飞速发展的各项新兴技术，如大数据、云计算、物联网、脑认知、微创伤、人工智能、智能制造、精准医疗等新概念新技术层出不穷，发展日新月异，使人感到应接不暇，原有的工科教育顿感落后于现状很多，才给业内人士一种空前的工科人才紧缺感和工科教育改革紧迫感。其实科学技术和国民经济发展是必然的、永恒的，这决定了工科教育教学改革也是必然的、永恒的，应永远在路上，这是一种高等工程教育的常态。

为了顺应当今新兴技术和新经济领域的发展，工科教育几乎每年每月都在（或者说都应）革新求变。但今天是新的，明天就变成了老的，明天是新的，后天又成了老的，怎么去区分新老呢？总不能老去改名换姓，在前面加上一个又一个“新”字吧。所以我的观点，叫不叫“新工科”并不重要，重要的是必须让顺应发展、与时俱进、改革创新、满足需求、焕发青春的“新工科”思维、“新工科”共识提出和落实。至于说传统的工科内涵要扩充延伸，要实现与传统意义上其他学科的交叉融合、跨界整合，这是另外一个方面的问题。既然多学科交叉融合是当今科技发展的必然趋势、必由之路，那就说明其他学科如理科、医科、人文社会学科等也存在同样的问题，同样需要弃旧图新，但这并不意味着都要重新提出一个“新理科”“新医科”“新文科”“新社科”等新名词概念。当然，如果经过科学论证人们得到共识，认为现有的理科、工科之类一级学科分类已经过时了，需要审时度势重新定义一些全新叫法的学科，那也未尝不可，但这也同样是另一个方面的问题，似乎也没必要叫一个什么“新××科”的学科名。

“新工科”概念提出不到两年，全国大学尤其是许多应用型本科院校和高职院校，已经如雨后春笋般地涌现出了一大批针对新兴产业、以互联网和工业智能为核心的“新工科”专业，这些专业名中不少都冠以大数据、云计算、物联网、区块链、虚拟现实、人工智能、智能科学、智能技术等时髦词汇。这对我国加速培养满足未来新兴产业和新经济需要的高素质复合型新工科人才，也许是一件好事。但是也不得不提防一窝蜂、一阵风倾向，只看重于、满足于形式上“新”，而忽略内涵上、本质上新（要做到内涵上、本质上新也确非易事）。其实，无论“新工科”还是“老工科”，关键都是要把功夫花在公认的工科专业认证要素和工程教育内涵外延的建设、改革、创新上。眼下我国高等工程教育（即大学工科教育）的燃眉之急，还是要顺应国家新经济领域发展的需要，以培养学生工程实践、创新实践与创新创造能力为主旨、为核心，从创建完善新的理论实践教学体系、加强实践教学基地建设、创新实施新的理论实践教学模式等方面出发，从理论与实践的结合上，积极探索研究各工程专业，包括传统工科专业和新兴工科专业的高素质应用型人才培养的新方略。

毫无疑问，新概念新技术催生新业态，新业态催生大学工科教育转型，这是必然的。对于现实中已炒得很热的“新工科”，我认为相对于“老工科”，主要是新在学科内涵、专业外延、人才培养规格、知识结构、课程体系等宏观的层面，对宏观层面的这些方面，按教高司函［2017］6号文件的精神，围绕工程教育改革的新理念、新结构、新模式、新质量、新体系去开展研究和实践，是很有必要的。至于新时代、新现状、新观念下工科具体的专业教学、课程教学等，因“新工科”“老工科”都是工科，其基本改革建设思路、内容、路线、方法等，应是相同或大同小异的，我认为都是要着眼于互联网革命、新技术发展、制造业升级等时代特征，把培养学生最核心的能力——快速学习新事物新技术的能力和创新创造新知识新业态的能力放在第一位。也就是说，还是要加强学生自主式、师生互动式、启发式、研讨式教学的改革，突出工程实践与创新实践能力的培养。

第五章　优质精品课程与教材的创建

一、课程与教材建设在学校建设中的地位

（一）课程建设是学校建设的主题

如前所述，大学日常的中心工作是教学工作（本质是人才培养），教学工作的主要内容又是一门门课程教学。因此，课程教学对任何一所学校来说都是最基础、最核心的教学工作，是学生获得系统知识、增强学习能力、提升综合素质最重要、最主要的学习环节。课程教学集中体现了学校培养目标的要求、培养规格的标准、培养模式的实施以及培养效果的质量，是体现学校教学水平和办学特色的重要载体。对大学来说，其教学建设通常存在学科建设、专业建设和课程建设等几大层次的建设，几者相辅相成，不可偏废。尽管学科建设必须以相应学科的一些前沿研究课题与科研成果为支撑，但科研成果必须转化成教学资源，才能为人才培养服务，而这种教学资源的主要表现形式之一应该是能开出、开好相应的前沿课程。至于专业建设与课程建设的关系则更密切。所谓专业建设，实质上主要就是构建为专业培养目标服务的课程体系，而课程体系又是由一门门既相互关联、又相互独立的课程所组成，所以课程建设是专业建设的基础。可见，无论学科建设还是专业建设，基础都是课程体系及一门门课程的建设，因此课程建设是大学建设永恒的主题，是大学达成人才培养目标的教学改革的基础和核心。只要院校存在，课程建设就永远在路上。

“十五”“十一五”期间，作为国家“高等教育质量工程”项目之

一，教育部和军队院校主管部门分别以精品课程和优质课程的建设及评审为抓手，大力推动大学课程建设；“十二五”期间，又进一步提升为精品资源共享课建设，推动课程建设再上新台阶。实践证明，这种课程建设思路举措整体看来是正确有效的。依我之见，因为课程建设是大学建设永恒的主题，所以有关优质精品课程建设的思想不仅现在正确有效，将来也永远正确有效，随着时代的变化，为了与时俱进，最多只是建设内涵有所更新扩充而已。

（二）教材建设是课程建设的龙头

众所周知，教材是课程教学的主要载体。因而也可以说，教材是开展日常教学活动、实现人才培养目标、积累传播科学文化知识和培养受教育者创新能力等方面的主要载体，是实施教学内容与课程体系改革的主要体现，也是作为社会精神物质生产的潜在生产力，是一种不同于一般商品的特殊商品，具有重要而又特殊的教育价值和社会价值，在学校的各项基本教学条件建设中具有至关重要的作用。教材尤其是课程建设的龙头，好的教材使教师易教、学生易学，可以启发学生思维、引导学生创新，可以大面积提高教学效果和教学质量，还可引导教学改革和教学思想的转变，对课程建设和课程改革具有引领带动作用。因此，教材建设既是大学全面建设的基本组成部分，更是课程建设和教学工作的重要组成部分。在一定程度上可以说，学校办学成败的关键之一是教材的好坏。大学各级领导和广大教师应把建设学校高质量的教材体系作为学校课程建设的主要内容抓好。对于一流大学来说，各级领导和广大教师更应把出高水平教材放在与出高水平科研成果同等重要甚至比之更重要的地位来抓。

二、关于优质精品课程的创建

（一）何谓优质精品课程

精品课程是当初教育部的提法，优质课程是原总参军训部的提法，两者尽管从字面上深究不尽相同，但本质上和提出的初衷是完全相同的。所以本书将它们视为同义词，并在本章合称为优质精品课程，在书中其他地方，可能优质课程、精品课程和优质精品课程的名称都会见到，但表示的是同一个意思和概念。从字面上解，“优质”是指质量优秀上乘，“精品”更多的是指已形成精巧知名的品牌，一般来说，“精品”一定是“优质”的，而“优质”的未必是“精品”。本书指向重点是要把课程打造建设得质量优秀上乘，而不是过分关注追求是否获得“精品课程”的称号名誉，因此把它们合成一个词讲并无害，不会产生歧义。

优质精品课程，按照教育部启动精品课程建设项目时对国家精品课程的定义，应是在同行中具有“五个一流”，即一流教师队伍、一流教学内容、一流教学方法、一流教材和一流教学管理，并具有一定优势特色和一定示范辐射作用的优秀课程。

优质精品课程的具体标准，可从教育部组织评审国家精品课程和原总参军训部组织评审军队优质课程的评价指标体系看出。历届评审的指标体系及内涵，从 2003 年首评到 2010 年最后一次评，乃至到 2012 年教育部在“本科教学工程”中进一步启动遴选建设精品资源共享课程时，评审国家级资源共享课的标准中，为保证和适应精品课程建设过程的动态发展，每年都稍有修正、改进和完善，但整体是大同小异的。以教育部 2010 年的国家精品课程评审为例，其本科评价指标体系主要包括教学队伍、教学内容、教学条件、教学方法与手段、教学效果五大方面，外加特色、政策支持及辐射共享三项额外指标，详细如表 5.1 所示；其高职评价指标体系则主要包括课程设置、教学内容、教学方法与手段、教学队伍、实践条件、教学效果六大方面，外加特色与政策支持两项额外指标，如表 5.2 所示。表 5.3 给出了军队优质课程评审指标体系（以 2006 年首评为例），它包括课程标准与改革、任课教员、教学条件、教学内容、教学实施、教学效果和课程特色七大方面。这三个评价（评审）指标体系表虽然行文不尽相同，但基本精神和内涵是一致的。后来遴选国家级精品资源共享课程时，只是在前面精品、优质课程评价指标体系的基础上，突出强化了资源和共享的要求，旨在推动大学优质课程教学资源通过现代信息技术手段更好地共建共享，提高人才培养质量，服务学习型社会建设。表 5.4 所示为 2012 年首批国家级精品资源共享课程评审时发布的指标体系。

表 5.1　教育部发布的本科国家精品课程评价指标体系（2010 年）

一级指标	二级指标	主要观测点	评估标准	分值
教学队伍（20 分）	1-1　课程负责人与主讲教师	教师风范、学术水平与教学水平	课程负责人与主讲教师师德好，学术造诣高，教学能力强，教学经验丰富，教学特色鲜明。课程负责人近三年主讲此门课程不少于两轮。	5
	1-2　教学队伍结构及整体素质	知识结构、年龄结构、人员配置与青年教师培养	教学团队中的教师责任感强、团结协作精神好；有合理的知识结构、年龄结构和学缘结构，并根据课程需要配备辅导教师；青年教师的培养计划科学合理，并取得实际效果；鼓励有行业背景的专家参与教学团队。	5

（续表）

一级指标	二级指标	主要观测点	评估标准	分值
	1－3　教学改革与研究	教研活动与教学成果	教学思想活跃，教学改革有创意；教研活动推动了教学改革，取得了明显成效，有省部级以上的教学成果、规划教材或教改项目；发表了高质量的教研论文。	8
教学内容（20分）	2－1　课程内容	课程内容设计	课程内容设计要根据人才培养目标，体现现代教育思想，符合科学性、先进性和教育教学的规律。	10
			理论课程内容经典与现代的关系处理得当，具有基础性、研究性、前沿性，能及时把学科最新发展成果和教改教研成果引入教学。	
			实验课程内容（含独立设置的实验课）的技术性、综合性和探索性的关系处理得当，能有效培养学生的实践能力和创新能力。	
	2－2　教学内容组织	教学内容组织与安排	理论联系实际，课内课外结合，融知识传授、能力培养、素质教育于一体；鼓励开展相关实习、社会调查或其他实践活动，成效显著。	10
教学条件（20分）	3－1　教材及相关资料	教材及相关资料建设	选用优秀教材（含国家精品教材和国家规划教材、国外高水平原版教材或高水平的自编教材）；课件、案例、习题等相关资料丰富，并为学生的研究性学习和自主学习提供了有效的文献资料；实验教材配套齐全，能满足教学需要。	10

（续表）

一级指标	二级指标	主要观测点	评估标准	分值
	3－2 实践教学条件	实践教学环境的先进性与开放性	实践教学条件能很好满足教学要求；能进行开放式教学，效果明显（理工类课程能开出高水平的选做实验）。	
	3－3 网络教学环境	网络教学资源和硬件环境	学校网络硬件环境良好，课程网站运行良好，教学资源丰富，辅教、辅学功能齐全，并能有效共享。	10
教学方法与手段（20分）	4－1 教学设计	教学理念与教学设计	重视探究性学习、研究性学习，体现以学生为主体、以教师为主导的教育理念；能根据课程内容和学生特点，进行合理的教学设计（包括教学方法、教学手段、考核方式等）。	8
	4－2 教学方法	多种教学方法的使用及其效果	重视教学方法改革，能灵活运用多种恰当的教学方法，有效调动学生学习积极性，促进学生学习能力发展。	
	4－3 教学手段	信息技术的应用	恰当充分地使用现代教育技术手段开展教学活动，并在激发学生学习兴趣和提高教学效果方面取得实效。	12
教学效果（20分）	5－1 同行及校内督导组评价	校外专家及校内督导组评价与声誉	证明材料真实可信，评价优秀；有良好声誉。	4

（续表）

一级指标	二级指标	主要观测点	评估标准	分值
	5－2　学生评价	学生评价意见	学生评价原始材料真实可靠，结果优良，应有学校教务部门出具的近三年的学生评价数据的佐证材料。	8
	5－3　录像资料评价	课堂实录	能有效利用各种教学媒体、富有热情和感染力地对问题进行深入浅出的阐述，重点突出、思路清晰、内容娴熟、信息量大；课堂内容能反映或联系学科发展的新思想、新概念、新成果，能启迪学生的思考、联想及创新思维。	8
特色、政策支持及辐射共享	专家依据《2010 年度“国家精品课程”申报表》所报特色及创新点打分。			40
	所在学校支持鼓励精品课程建设的政策措施得力。			30
	辐射共享措施有力，未来建设计划可行。			30

表 5.2　教育部发布的高职国家精品课程评价指标体系（2010 年）

一级指标	二级指标	主要观测点	评估标准	分值
课程设置（10 分）	1－1　课程定位	性质与作用	专业课程体系符合高技能人才培养目标和专业相关技术领域职业岗位（群）的任职要求；本课程对学生职业能力培养和职业素养养成起主要支撑或明显促进作用，且与前、后续课程衔接得当。	4
	1－2　课程设计	理念与思路	以职业能力培养为重点，与行业企业合作进行基于工作过程的课程开发与设计，充分体现职业性、实践性和开放性的要求。	6

（续表）

一级指标	二级指标	主要观测点	评估标准	分值
教学内容（25分）	2－1　内容选取	针对性和适用性	根据行业企业发展需要和完成职业岗位实际工作任务所需要的知识、能力、素质要求，选取教学内容，并为学生可持续发展奠定良好的基础。	10
	2－2　内容组织	组织与安排	遵循学生职业能力培养的基本规律，以真实工作任务及其工作过程为依据整合、序化教学内容，科学设计学习性工作任务，教、学、做结合，理论与实践一体化，实训、实习等教学环节设计合理。	10
	2－3　表现形式	教材及相关资料	选用先进、适用教材，与行业企业合作编写工学结合特色教材，课件、案例、习题、实训实习项目、学习指南等教学相关资料齐全，符合课程设计要求，满足网络课程教学需要。	5
教学方法与手段（25分）	3－1　教学设计	教学模式	重视学生在校学习与实际工作的一致性，有针对性地采取工学交替、任务驱动、项目导向、课堂与实习地点一体化等行动导向的教学模式。	8
	3－2　教学方法	教学方法的运用	根据课程内容和学生特点，灵活运用案例分析、分组讨论、角色扮演、启发引导等教学方法，引导学生积极思考、乐于实践，提高教、学效果。	6

（续表）

一级指标	二级指标	主要观测点	评估标准	分值
	3－3　教学手段	信息技术的应用	运用现代教育技术和虚拟现实技术，建立虚拟社会、虚拟企业、虚拟车间、虚拟项目等仿真教学环境，优化教学过程，提高教学质量和效率，取得实效。	6
	3－4　网络教学环境	网络教学资源和硬件环境	网络教学资源丰富，架构合理，硬件环境能够支撑网络课程的正常运行，并能有效共享。	5
教学队伍（20分）	4－1　主讲教师	师德、能力与水平	师德高尚、治学严谨；执教能力强，教学效果好，参与和承担教育研究或教学改革项目，成果显著；与企业联系密切，参与校企合作或相关专业技术服务项目，成效明显，并在行业企业有一定影响。	10
	4－2　教学队伍结构	“双师”结构、专兼职比例	专任教师中“双师”素质教师和有企业经历的教师比例、专业教师中来自行业企业的兼职教师比例符合课程性质和教学实施的要求；行业企业兼职教师承担有适当比例的课程教学任务，特别是主要的实践教学任务。	10
实践条件（10分）	5－1　校内实训条件	设备与环境	实训基地由行业企业与学校共同参与建设，能够满足课程生产性实训或仿真实训的需要，设备、设施利用率高。	6

（续表）

一级指标	二级指标	主要观测点	评估标准	分值
	5－2 校外实习环境	建设与利用	与校内实训基地统筹规划，布点合理，功能明确，为课程的实践教学提供真实的工程环境，能够满足学生了解企业实际、体验企业文化的需要。	4
教学效果（10分）	6－1 教学评价	专家、督导及学生评价	校外专家、行业企业专家、校内督导及学生评价结果优良。	5
	6－2 社会评价	社会认可度	学生实际动手能力强，实训、实习产品能够体现应用价值；课程对应或相关的职业资格证书或专业技能水平证书获取率高，相应技能竞赛获奖率高。	5
特色与政策支持	特色与创新			50
	学校对精品课程建设的政策支持与措施			50

表 5.3 军队优质课程评审指标体系（2006 年）

一级指标	二级指标	主要观测点	评估标准	分值
课程标准与改革（10分）	1－1 课程标准	教学目的与教学环节	教学目的符合人才培养目标要求；教学环节设计科学，时间分配恰当。	5
	1－2 课程改革	改革方案与改革效果	改革方案符合教学规律，科学完整，思路清晰，操作性强；改革成效明显，有院校级教学成果二等奖以上奖励或大单位教学表彰。	5

（续表）

一级指标	二级指标	主要观测点	评估标准	分值
任课教员（21分）	2－1 课程负责人与主讲教员	教育理论水平、学术造诣及岗位资格	教学观念先进，教改思路清晰，教学水平高、学术造诣深，事业心和责任感强，师德高尚；100%符合岗位资格要求。	7
	2－2 队伍建设	结构状况及培养计划	教员队伍职务、学历、年龄和学缘结构合理，发展趋势良好；在位教员完全满足教学需要；中青年教员培养计划落实，效果显著。	6
	2－3 教学科研能力与水平	教学基本功、信息素质及教学科研成果	任课教员教学基本功扎实，授课质量高；100%教员能够制作较高质量的网络课件、多媒体课件，并能在教学中熟练运用；近三年有军队级以上科研（教学）成果奖，参加竞赛有大单位级奖励或其他一等奖，在正式刊物上发表论文年人均≥1.2篇，其中教改教研论文年人均≥0.3篇。	8
教学条件（18分）	3－1 教材与相关资料	教材建设与选用	选用近期出版的国家、军队重点教材或高水平国外原版教材；自编教材水平高，特色鲜明，有大单位以上奖励；有完善的辅助教材资料，便于学员自主学习和研究性学习。	6
	3－2 网络教学环境	硬件环境和软件资源	硬件环境运行机制良好，具有网络教学功能；软件资源的选编、制作完全满足教学需要且效果明显；信息资源内容丰富，信息量充足，并能经常保持更新；课程适应网络教学。	6

（续表）

一级指标	二级指标	主要观测点	评估标准	分值
	3－3　教学设施设（装）备	配套情况与满足教学需要情况	教学设施与教学设（装）备（含模拟训练器材）配套齐全，完全满足现地教学、模拟训练、综合演练及新装备培训等教学需要；基础课实验设备达到一人一组的标准，能满足开放式教学需要，并具有开设高水平选做实验的设备与技术；有满足课程教学需要的多媒体教室、专业教室、实验室、校内外训练场地和实习基地。	6
教学内容（14 分）	4－1　内容状态	先进性、信息量及更新情况	教学内容先进，信息量大，更新迅速，能及时把教学、科研及部队训练最新成果引入教学，能体现新理论、新技术、新装备、新战法教学。	8
	4－2　内容组织	教学内容安排与设计	重视教学内容优化组合，注重教学内容的基础性与先进性，体现科学性和系统性；科学处理经典与现代的关系；理论联系实际，课内课外结合，融知识传授、能力培养和素质教育于一体，育人效果明显。	6
教学实施（21 分）	5－1　教学准备	教案与教学实施计划	有科学可行的教学实施计划，教员教案完备，符合教学标准，有创新，有特色。	3

（续表）

一级指标	二级指标	主要观测点	评估标准	分值
	5－2　课堂教学	教案方法、手段和教学氛围	贯彻素质教育、创新教育思想，教学方法灵活，教学手段先进，教学气氛活跃，学员参与度高，师生互动效果好。	5
	5－3　实践教学	课程实验与其他实践教学情况	课程标准规定的实验项目全部开出；综合性、设计性、自主性实验占实验教学的比例不低于40%，且效果显著；拉练、演练、演习、实习、见学、毕业设计等实践教学活动设计合理，组织严密，效果显著。	5
	5－4　课程考核	考核方式、试题库建设和试卷质量	考核方法符合课程要求，灵活多样，组织严密，注重对学员知识运用能力和综合素质的考核；试题库完善；试卷质量高，有高质量的试卷分析报告。	3
	5－5　教学管理	制度建设、档案资料、评教评学及教学总结	课程建设有完善的规章制度且执行良好；课程教学资料齐全；评教评学活动经常；课程教学总结制度有效落实。	5
教学效果（16分）	6－1　同行专家评价	院（校）内外专家评价	院（校）内外专家评价高，课程在军内（外）有良好声誉。	5
	6－2　学员评价	学员对课程教学的满意度	≥85%	5
	6－3　抽测成绩	抽测合格率	≥90%	6
课程特色（20分）	专家依据各门课程申报的特色评分			20

表 5.4 国家级精品资源共享课程评选指标体系（2012 年）

一级指标	二级指标	观测点及描述	分值
课程团队（14 分）	1－1 课程负责人	具有良好师德，学术造诣深厚，教学能力强，教学经验丰富，教学特色鲜明，教学成果显著。	4
	1－2 团队成员	团队知识结构、年龄结构、学缘结构及任务分工合理，团队成员包括专业教师和教育技术骨干。	6
	1－3 教学改革与研究	获得省部级及以上的教学成果奖励，承担省部级及以上的教改、科研项目，且项目成果应用于本门课程的教学，效果显著。	4
课程建设基础（10 分）	2－1 课程持续建设与更新	按照原国家精品课程建设工作要求，及时反映高等教育教学改革和社会、科技发展的成果，持续更新和完善课程教学资源。	3
	2－2 转型升级工作	对原国家精品课程进行系统、整体改造，注重高校教师、学生和社会学习者的教学和学习需求，充分运用现代信息技术进行课程资源建设和教学方法及教学手段改革。	7
课程定位和教学设计（18 分）	3－1 课程定位	课程定位明确，对人才培养目标的达成起重要的支撑或促进作用，且与前导、后续课程衔接得当。	4
	3－2 课程内容选择	体现现代教育思想，符合教育教学规律，及时反映学科最新发展成果和教改教研成果，具有基础性、科学性、系统性、先进性、适应性和针对性。适应开放教育和辅助学习需要，有助于学习者创新能力、实践能力和可持续发展能力的培养。	6
	3－3 课程内容组织	遵循学习者的认知规律和能力培养规律，合理安排教学内容，科学设计教学环节，合理分配教学时数，理论联系实际，课内课外结合，融知识传授、能力培养、素质教育于一体。	4
	3－4 教学方法和手段	重视探究性学习、研究性学习，体现以学生为主体、以教师为主导的教育理念；能根据课程内容和学生特点，灵活运用多种恰当的教学方法和教学手段，有效调动学生学习的积极性，激发学生学习兴趣，促进学生学习能力发展，在提高教学效果方面取得实效。	4

（续表）

一级指标	二级指标	观测点及描述	分值
基本资源（30分）	4－1　资源建设	课程基本资源系统完整，能系统反映本课程教学理念、教学思想、教学设计、课程资源配置和应用，充分反映课程改革成果，展现课程团队教学风采。	6
	4－2　资源组织	课程模块结构完整，教学单元的设计和知识点、技能点的拆分或配置合理；各类基本资源均按照教学单元、专题或模块的框架，予以合理、有序的组织和配置，与知识点、技能点对应清晰，导航简明，方便各类用户查阅、使用。	6
	4－3　全程教学录像	全程教学录像与教学大纲和教学日历匹配，内容准确、完整，进程合理，能综合反映教学理念、教学内容和教学方法的有益革新，体现主讲教师较好的风采和水平；录像拍摄和制作水平较高，播放清晰流畅。	8
	4－4　教案或演示文稿	教案或演示文稿经过精心设计和制作，内容准确、系统、完整，对教学内容、教学方法、教学手段等进行了统筹、集成，应用效果好，有助于提高学生学习兴趣，改善教学效果。	6
	4－5　其他基本资源	重点难点指导、作业、参考资料目录及其他类型基本资源契合教学要求，针对性、适用性强，对提高教学效果有实质性帮助。	4
拓展资源（10分）	5－1　拓展资源建设	具有1种以上能反映本课程教学特点、建设优势，应用于教或学的某一环节、支持教学或学习过程的拓展资源。	2
	5－2　拓展资源开发水平	该拓展资源的开发基于现实的教学需求，内容充实完整，适应教或学的内在规律；体现了教学模式和方法手段的创新；具有较高的交互性和智能化水平，开发技术先进，界面友好，兼容性强，系统性、开放性好，用户使用方便，应用于教学能产生实际效果。	8

（续表）

一级指标	二级指标	观测点及描述	分值
知识产权保护（6分）	原创性和非原创性资源处理	知识产权清晰。原创性资源比例较高。非原创性资源，除为介绍、评论某一作品或者说明某一问题，适当引用已经发表作品的非原创性资源，且已指明作品的名称和作者的姓名（名称）外，均已获得许可使用的授权。	6
课程特色与预期效果（12分）	7-1 课程特色	与同类课程比较，本课程在某一（些）方面有实质创新，具有鲜明特色，且这种创新和特色对于提高人才培养质量有显著作用。	6
	7-2 实际效果	本课程的资源具有较好的共享性，能在高校推广应用，将对同类课程的教学质量提升发挥积极作用，并对社会学习者的自主学习提供有益帮助。	6

由表5.1至表5.4的评价（评审）指标体系及其内涵可以看出，作为一门优质精品课程，应具有以下一些特征或满足以下一些条件。

1. *在课程师资队伍方面*

应有师德师风好、学术造诣深、教学能力强、教学水平高、教学经验丰富、教学理念先进、教学特色鲜明、常年坚守在教学科研一线的高级职称教师担任课程负责人，主持课程改革和建设。课程组教师团队的学历、学位、学缘、知识、职称、年龄等各方面结构合理，教学研究活跃，教学改革有创意、有成效。有科学合理的中青年教师培养计划，并取得实际效果，每位教师工作责任感强，团结协作精神好。教师团队从量到质都能满足“一人多课、一课多人、后继有人、质量稳定”的课程建设发展需要。对应用型本科和高职院校的专业课教师团队，还应该体现专兼结合的“双师型”教学团队特点。

2. *在教学内容体系方面*

课程教学内容应能涵盖课程相应领域的基本知识、基本概念、基本原理、基本方法、基本技能、典型案例、综合应用、前沿专题、热点问题等内容，具有基础性、科学性、系统性、先进性、适应性和针对性等特征。其中理论为主的课程，其内容除符合学科要求，具有合理的知识结构外，还要注意学科交叉，正确处理经典内容与现代内容的关系，及时把学科最新发展成果和教改教研成果引入教学；实验为主的课程，其内容则应正确处理技术性、综合性和探索性的关系，着力培养学生的创新思维和独立分析解决问题的能力；设计的课内外各类实践教学活动，应能很好地满足学生的培养要求，在培养学生发现问题、分析问题和解决问题的能力方面有显著成效。

教学内容的组织安排，要坚持理论联系实际和课内课外结合，融知识传授、能力培养、素质教育于一体，将理论教学与实践教学相统一，重视在实践教学中培养学生的实践能力和创新能力。

3. 在教学方法手段方面

要重视研究性学习、探究性学习、协作学习等现代先进教育理念在教学中的应用，并能根据课程内容和学生特征，对教学方法和教学评价进行科学合理设计。

要重视新技术、新手段在教学中的应用，促进教学方法的改革。能灵活运用多种恰当的教学方法，实现传统教学手段和现代教育技术的有机结合，有效调动学生自主学习的积极性，促进学生学习能力的发展。

4. 在教学条件建设方面

教学条件建设也叫教学资源建设。条件建设总的要求，应结合实际教学需要，以服务课程教与学为重点，以课程资源的系统、完整为基本要求，以资源丰富、充分开放共享为基本目标，注重课程资源的适用性和易用性。它分为基本资源和拓展资源。基本资源指能反映课程教学思想、教学内容、教学方法、教学过程的核心资源，包括课程介绍、教学大纲、教学日历、教案或演示文稿、重点难点指导、作业、参考资料目录和课程全程教学录像等反映教学活动必需的资源。拓展资源指反映课程特点，应用于各教、学环节，支持课程教、学过程，较为成熟的多样性、交互性辅助资源，例如案例库、专题讲座库、素材资源库，学科专业知识检索系统、演示（虚拟、仿真）实验实训（实习）系统、试题库系统、作业系统、在线自测（考试）系统，课程教学、学习和交流工具及综合应用多媒体技术建设的网络课程等。

教学条件（资源）建设通常包括教材及相关资料、实验室与其他实践教学平台、数字化网络化教学资源这三方面的建设。

（1）教材及相关资料建设。为满足高水平、高质量教学需要，一定要使用高水平、高质量的优秀教材，包括配套的理论教材和实验教材等。至于这个优秀教材是自编的还是选用的，并不重要，重要的是要让学生用上一流教材。有自编的优秀教材固然更好，若有自编校本教材但不优秀，应选用他编的好教材，切忌闭关自守，一味自编自用。还要为学生开展研究性学习和自主学习提供有效的纸质或电子文献资料支持。

（2）实验室与其他实践教学平台建设。从实验仪器设备到实践环境条件，从规模到质量，从对各类高水平课内外实践内容的支持到各类实践基地的管理，应都能满足设计性、综合性、探究性、一人一组性和开放性实验与实习实训的要求。

（3）数字化网络化教学资源建设。资源应初具规模，并能经常更新；运行机制良好；在教学中确实发挥作用。

5. 在教学效果评价方面

教学效果如何，关键要体现在学生是否受益和受益大小上。课程教学效果好的最重要标志，是教师的讲课有感染力，能吸引学生的注意力，能启迪学生的思考、联想及创新思维。对教学效果的评价，教学督导组等专家的评价固然重要，但最根本的评价还在于学生的知识能力获得感和分析解决实际问题能力的提升度。

6. 在课程教学管理方面

对课程教学的各个环节，从教学准备到课堂教学，从理论教学到实践教学，从辅导答疑到课后练习，从考试考核到成绩评定、教学总结，都应有完善的规章制度，且有效落实、执行良好。同时，课程建设与课程教学文档资料应齐全，并经常开展教学研究和评教评学活动。而教学管理的关键更在于，是否有调动高水平教授承担本科课程教学与课程改革建设的管理制度保障，是否有调动学生自主性、创造性学习的机制举措，是否建立了科学合理的学生评教、教师评学机制。

（二）如何创建优质精品课程

要创建优质精品课程，应以国家精品课程的评价指标体系及内涵作为“指挥棒”去开展课程改革与建设，充分发挥其在各方面建设、各环节改革中的引领作用。具体说，应从以下一些方面去努力。

1. 遵循正确的指导思想

（1）首先必须明确，优质精品课程建设的出发点和落脚点都是确保教学质量的提高和让学生受益，而不是为教师、为单位争取荣誉、扩大名声。

（2）优质精品课程是创建出来的，是长期积淀的结果，而绝不是在申报时临时总结出来的。所以，关键是要重视创造和建设过程，而不是申报总结。要立足于脚踏实地的创造性工作，防止只重总结（组织人写）、不重过程的思想误区和浮躁心态。要把精品课程创建的重点放在深化课程教学改革，促进课程教学建设，引导教师进行教育教学内容、方法的创新上。国家精品课程、军队优质课程作为一种建设项目和荣誉称号的评审，早已成为历史了，但这绝不意味着从此就可以不再开展优质精品课程建设了，恰恰相反，优质精品课程的创建应该成为学校常抓不懈的中心工作之一。正因如此，本章谈论优质精品课程建设，全是以优质精品课程的创建为出发点和落脚点，而不是立足于优质、精品课程的评审。

（3）优质精品课程建设的总要求，是要使建设的课程始终适应学科技术的新发展和社会对所培养人才知识能力结构的新需求。

2. 以国家精品课程、军队优质课程和国家精品资源共享课程的评价指标体系为导向和规范

建设优质精品课程，要在弄清优质精品课程内涵的基础上，以国家精品课程、军队优质课程和国家精品资源共享课程的评价、评审指标体系为导向和规范，扎扎实实、逐项推进课程建设各个方面的工作。国家精品资源共享课程实际上就是国家精品课程的最高形式，因此归根到底，建设优质精品课程就是要以国家精品资源共享课程的标准为导向和规范。那何谓国家精品资源共享课程呢？顾名思义，国家精品资源共享课程 = 国家精品课程 + 资源 + 共享，或者说，国家精品资源共享课程就是具有丰富资源和实现资源充分共享的国家精品课程。因此，建设优质精品课程，就是要抓住国家精品资源共享课程标准的三个关键词，即精品课程、资源和共享。具体而言，就是要重视抓住以下几大方面的重点。

（1）在建设一流教学队伍方面，要特别注重课程负责人在实际教学工作中的引领和示范作用，促进教学团队结构的完善和水平的提高。以我负责的国家精品课程和精品资源共享课程为例，课程负责人不仅自己长期坚守在课程教学一线，精心教书育人，而且一贯重视师资队伍建设，把建设一支高素质、高水平的课程教学队伍作为确保课程教学质量、教学水平的最重要工作来抓。为了提高和稳定课程教师队伍，实现“一人多课、一课多人、后继有人、实力渐强”的课程师资队伍建设目标，多年来在各级领导的支持下，多管齐下，既重视吐故纳新，适时充实年轻骨干教师，又自觉指导中青年教师不断提高师德水平和授课水平，坚持以老带新，通过多渠道加强对青年教师的培养。经过多年努力，建成了一支年龄、学历、职称、知识、学缘结构合理，政治思想好，教学水平高，事业责任感和凝聚力、战斗力强，且教学理念先进，教改思路清晰的教学创新团队，成就了湖南省优秀教学团队和国家级教学团队的荣耀。

（2）在建设一流教学内容方面，要特别重视处理好经典与现代、

理论与实践的关系，重视在实践教学中培养学生的实践能力和创新能力。我所在课程组，长期以来在教学内容的选取上，就一直主动适应学校不同时期所承担的人才培养任务的新变化、新格局，经常分析全国计算机基础教育发展的新形势对本课程提出的新要求，在此基础上，根据本课程在各类专业人才培养计划中的地位和作用，以及军队和教育部高教司、有关课程教学指导委员会对本课程教学的基本要求，正确处理先进性与教学规律性的关系，力求做到基础性、系统性、科学性、实用性和先进性的统一；强调作为计算机基础课程，既应适当反映计算机技术的发展前沿和最新成就，不断更新教学内容，使之具有鲜明的时代特征和先进水平，以适应培养新世纪高素质强军兴国新型军事人才的需要，又应考虑符合教育规律、教学特点，注意保持教学内容的基础性和教学过程的相对稳定性。在课程的内容组织上，则力求符合计算机基础教育的固有规律、学科的内在联系和人的认识规律；内容的深度广度根据本课程在非计算机专业中的地位和作用，以及不同电属性专业的培养目标和具体特点确定，并按模块化结构组织理论教学和实验教学的内容，按整体优化原则协调与同系列其他课程的联系、渗透和分工、衔接。

（3）在建设一流教学条件方面，要特别重视优质教学资源的建设和完善。谈到教学条件建设，除去传统的师资队伍、教材和实验室三大类条件建设外，随着电子信息技术特别是计算机网络技术的飞速发展，第四类教学条件建设——数字化网络化条件建设便应运而生了。对这类条件建设的重视程度和建设好坏，便成为判断一门课程是否为优质精品课程的重要试金石之一。而所谓数字化网络化教学条件建设，主要是指计算机辅助教学（CAI）课件系统、网络课程和课程网站的建设，尤其要高度重视它们各项辅助教学功能的实际使用及效果。如我负责的计算机硬件技术基础系列课程，除在传统的师资队伍、教材和实验室三大类条件建设方面下了大功夫，并取得了显著成效外，对数字化网络化教学条件建设也在国内最早之列给予了高度关注和重视。

早在1999年，课程组就利用此前编著出版全国推行计算机基础教学以来全军、全国第一本“计算机硬件技术基础”统编通用教材的机会，不失时机地设计开发了与统编教材配套的“计算机硬件技术基础多媒体CAI课件系统”，接着2001—2003年又相继研制开发了“计算机硬件技术基础网络课程”和课程网站，并及时把它们应用于教学，对提高教学效时比和教学水平质量，推动研讨式教学和学生的自主性学习，发挥了重要作用，深受教师、学生欢迎和专家好评。该多媒体CAI课件系统于2000年6月通过了学校组织的包括教育部工科计算机基础课程教学指导委员会专家在内的十几位专家参加的评审，评审意见认为：该CAI课件“内容把握准确，重点突出，符合课程教学基本要求”，“图表、文字、动画组配恰当，层次分明，条理清晰，符合课程特点，有利于提高课程教学效果，操作方便、灵活，可适应不同层次、不同风格的教学要求”，“在国内同类课件中属先进水平”。它不仅为本校教学所用，而且被其他多所院校所采用，2001年被评为国防科大优秀CAI课件。开发的网络课程先后被评为国防科大、全军院校优秀网络课程，并获全国高等教育优秀网络课程一等奖，在国防科大校园网的点击率曾长时间高居全校多媒体教学资源榜首。

在校园网上实际运行的“lab311”课程虚拟实验室网站则被学校专家公认，是当时在数字化网络化教学资源建设和多媒体、网络化教学实施方面走在全国大学前列的，在校特色网站评比中，成为文化教育类唯一获奖特色网站。其后，无论对CAI课件系统还是网络课程和课程网站都多次适时更新、完善、改版，并借课程由国家精品课升级为精品资源共享课之机，研发制作了题为《让计算机走进生活——计算机接口技术》的精品视频公开课，置于校园网实现校内外资源共享，次年即经逐级评审申报，获全国教育教学信息化大奖赛二等奖。

（4）在建设一流教学方法与手段方面，要特别重视灵活运用多种教学方法，调动学生学习积极性，促进学生学习能力发展；协调传统教学手段和现代教育技术的应用，并做好与课程的整合；推动以学生为主体、以教师为主导的启发式、研讨式、探究式教学模式方法的改革，从理论与实践的结合上探索培养创新型人才的规律，努力实现主要课程教学既与国际接轨，又有中国特色。我所负责课程从设课时起，在教学实施过程中就努力贯彻素质教育、创新教育的思想，不仅及时跟随教育技术的发展而采用先进教学手段，而且教学方法灵活多样，广泛引入了多种启发式、讨论式、互动式教学方法。根据教学内容的不同特点，有的知识单元、知识点以讲授为主，辅以自学、讨论；有的以自学答疑为主，辅以教师提要、归纳；也有的以讲授和课堂练习相结合；还有的要求学生带着问题去图书馆或网上查资料，然后到课堂上分组汇报、集体讨论。总之，尽量以案例和问题牵引式代替传统的结论牵引式，以师生双向互动式代替教师单向传授式，从而大大调动了学生积极性，活跃了课堂气氛，锻炼了学生的思维能力和创新能力，明显提高了课堂教学效果和课程教学质量。

（5）在实现优质教学资源的共享方面，要努力面向校内外全开放，通过良好的体制机制建设，既实现校内共享，又力争实现校际共享和学校与社会共享。我们团队对已建好的多媒体 CAI 课件、网络课程、课程网站、精品资源共享课和精品视频公开课等各类数字化网络化教学资源，总是及时动态更新、优化改进和加强应用及管理，目的就是想方设法提高资源共享服务能力，实现范围更广、质量更好的优质资源共享。本课程列入首批国家精品资源共享课在爱课网上发布后，由于内容丰富充实，形式活泼新颖，加上后台服务适时，其点击率曾较长时间位居全网前列，成为最受欢迎的资源共享课之一，其课程封面页和课程负责人简介被置于网站首页最突出位置加以推介。

3. 按系列课程思想深化课程改革与建设

所谓系列课程思想，就是把支撑专业培养目标的所有课程，按其学科性质梳理、归并成几个内部关联度较高的课程系列，然后按系列来进行课程改革和课程建设。

我所在的自动控制系早在 20 世纪 80 年代末、90 年代初，就提出并在实际中把全系的本科课程归并成三个系列来进行建设和管理，当时叫控制、电子、软件“三条线”，这种“课程线”的思想实际上就是后来课程系列思想的雏形。该思想成果在1997年曾获得部委级和军队级优秀教学成果一等奖。此后，这种思想引发了越来越多的学校共鸣，并催生了一个能更准确形象表达其思想内涵的名词——系列课程。

后来又出现并流行着一种“专业课程群”的新提法，实际上“课程群”就是“系列课程”的新叫法。可见，同一概念经历了“线”→“系列”→“群”的演变。其实细究比较之下，还是以“系列课程”的叫法更科学合理准确，因为“系列”这个词本身就蕴含着一种内在相关性，而“群”却没这种含义。

根据我们团队大约30年来按系列课程思想进行课程改革与建设的经验体会，深感只要抓住了要点，这样做的好处是很明显的。这样做的要点及好处如下。

（1）教学要求上，将实现专业认证确定的培养目标所必要的学科基础知识点、技能点和专业知识点、技能点要求，分配到各课程系列去，再由各系列分配到各门课程去。这样有利于目标合理分解、达标责任分明、达标要求落实。

（2）教学内容上，按统筹兼顾、整体优化的原则去协调、取舍、重组同系列中各课程的内容。这样既可避免内容的相互重叠，又可避免必要内容的空缺和脱节，有利于提高教学效时比。

（3）教学实施上，重视课程间瞻前顾后、承前启后、相互呼应。如有条件，尽量争取以典型案例一以贯之全系列各门课程。这样有利于帮助学生深刻理解前后课程间的内在联系，增强将各科知识累加内化为思考、分析、解决专业领域问题的能力。

（4）实践教学上，按由简到繁、由认知到设计再到综合的渐进式、增量式原则设置各门课程实验，最后为各系列都设置一门综合实践性课程设计课。这样对于渐次提高学生的科学思维能力、实际动手能力、工程实践能力和创新实践能力大有好处。

（5）师资建设上，以系列课程组为基本教研单位进行建设，务求做到“一课多人、一人多课”。以此为基础，再按“三支创新团队”思想建设专业教师队伍，便可既保证每门课程教学质量，又确保专业的教学科研协调发展和每个教师的全面持续发展。

4. 志在形成与学校人才培养目标定位相适应的特色优势

一门优质精品课程，不仅要具有“五个一流”的特性，而且应在与国内外先进水平、与高水平兄弟学校、与校内其他优秀课程乃至与科学技术和社会发展需求等相比较中，凸现出自己在现代性、科学性、先进性、示范性、共享性和学术影响力等方面，具有与本校人才培养目标定位相适应的明显的特色优势。为此，创建优质精品课程，一定要“精”字当头，在“精”字上下力气、花功夫。追求精品是一种境界，是精益求精的境界；追求精品更是一种责任，是承担教书育人的责任，是引领教学改革潮流的责任。只有以高度的责任心、事业心，以精益求精、追求卓越的精神、境界，才能创建出优质精品课程。

5. 把优质精品课程建设作为一个系统工程，形成课程教学各环节联动建设、相互支撑、共同推进的良好局面

课程教学涉及学生主体、教师主体、教学内容、教材、方法手段、实验室、实习（实训）基地、网络资源与教学管理等方方面面，当然更涉及师生的教学思想观念。只有相关方面协同并进，课程教学的质量才能切实提高。可见优质精品课程建设是一个系统工程，也是学校教学工作大系统中重要的基础性核心系统，对课程教学方方面面的建设应该在学校大政策的支持下统筹规划，全面推进。

在课程建设的方方面面中，教学思想观念是先导，内容体系是核心，方法手段是关键，资源条件是基础，教学队伍是灵魂和保障，科学管理是效力和效益。其中，思想观念主要看是否以学生为本，是否体现知识能力素质协调发展，是否充分发挥学生主体作用和恰当发挥教师主导作用，是否把师生互动、研究探讨、能力构建落到实处；内容体系主要看是否实现了先进性、针对性、适应性、科学性、基础性、

系统性、实用性等诸多特性的统一，是否妥善处理好传统经典和前沿新知的关系，是否紧跟课程改革的综合化、系列化、国际化、层次化、灵活化、专题化、实践化、职业化等发展趋势；方法手段主要看教师的教法、学生的学法是否先进适用，是否积极合理地使用现代教育技术；资源条件主要看是否尽可能把各类基本教学资源和尽可能多的拓展性教学资源放到网上，方便学生自助学习，是否充分利用各类实践性教学条件致力于学生创新实践能力的培养；教学队伍主要看是否由学术造诣高、教学涵养深的名家牵头，是否梯队结构合理、人员相对稳定、教学水平高、教学效果好，是否鼓励吸收高水平教师、研究生、学生一起参加优质精品课程建设；科学管理主要看是否能在实践中，将各方面科学、规范地统筹规划，使整个课程建设工作协调推进，发挥最大效力，实现效益的最优化。

6. 处理好重点和一般的关系，把教材建设作为课程建设的关键和龙头来抓

如前所述，课程建设涉及的面其实很宽，但其重点，应该说是课程体系与课程内容的改革。而课程体系与课程内容改革的集中体现又在教材，因此在课程建设中应突出抓好教材建设。抓教材建设，并非意味着就是要自编教材，关键是要让学生学习使用一流的教材，包括引进使用国外著名大学的原版教材和选用国内高标准、高水平的优秀教材，当然也包括编写使用有本校特色的自编优秀校本教材。一本高水平的优秀教材，对课程建设有直接带动作用。

7. 大力开展以学为主的教学模式方法的改革，着力提升教师的教学能力

经过“十五”规划以来的建设，我国网上课程教学资源已很丰富，如：网络课程、视频公开课、资源共享课、MOOC 课、SPOC 课、微课、翻转课堂等。这些网上教学资源都可以免费观看、方便借鉴。不仅如此，网上可以随意免费观看到的国外一些世界著名大学的诸如此类的视频资源也很多。

其实无论国内还是国外的这些不同叫法的各种课，无非都是一些具体的教学模式或教学形式，每种都优缺点并存。从根本上说，无论采用哪种教学模式或教学形式，万变不离其宗，关键还是靠提高教师教学水平和执教能力来提高人才培养质量。为此，下一步要着力推进“互联网+”时代信息技术与教育教学的深度融合，进一步探索实行传统和现代融合、多种模式优势互补、符合课程特点和学校实际的更科学高效的教学模式，推动教学模式从以教为主的知识传授型向以学为主的研讨探究型转化。例如，可充分利用在线开放课程和虚实结合的实验条件，采用“MOOC（SPOC、微课）+翻转课堂+案例式（项目式）教学+研讨式教学+知行合一”的混合教学模式等，以此作为切入点，来提升教师特别是青年教师的教学能力。

三、关于优质精品教材的创造

（一）何谓优质精品教材

作为一本优质精品教材，一般应该具备以下条件。

(1) 内容设计上，符合人才培养目标和学科内涵，能反映本学科的科学理论、重要概念，以及学科内容间的内在联系和特有思维方式。能够正确处理先进性与基础性、专业性与通用性、柔性（灵活性）与刚性（权威性）、现代与经典的关系，实现两者的统一：既反映本学科技术领域的国内外前沿研究成果和最新成就，又突出基本原理、基本概念、基本方法的阐述，从继承与发展的结合上准确取舍内容，着力培养学生应用基础知识和学科先进科学技术分析解决实际问题的能力和自我学习能力。所选理论内容的广度和深度，既符合人才培养目标及本课程教学的基本要求，满足实践教学和未来从事相关岗位工作的需要，又符合学生未来可持续性发展的要求，满足学生深化和拓展学习更多知识、技能的需要。对高职高专教材，应能突破学科型教材程式，强化应用，注重实践，符合行业企业需求，紧密结合生产实际，跟踪先进技术。要特别注意的是，教材不同于科研著作和学术性专著，为防止误导学生，其内容应该是成熟的技术、公认正确的理论和经过理论证明或实践检验的结论。虽然教材中也可以适当介绍不同学派的观点和未来发展趋势及展望，但不宜过多。教材中不允许写进似是而非的东西和有争议的甚至错误的观点和内容。结论和数据一般都有严格的证明和（或）实践的根据。若教材中引用了不加证明的结论或公式，除行业领域内公认周知的以外，一般都要加注，指明参考文献和来源。

（2）内容组织上，符合人的认知规律和教育教学规律。阐述内容时重点突出、难点分散、深入浅出、易于理解；尽量采用“问题牵引”“任务驱动”的编写方式，融入启发式教学方法，阐述内容富有启发性，便于学生自主学习，利于激发学生学习兴趣、培养学生的学习能力、实践能力和创新能力；在可能的情况下，尽量采用模块化的内容组织原则，以增强教材适应性。教材的体系要符合人们的认识过程和学生的学习规律，通常都是由简到繁、由浅入深、由基础到专业、由单元到整体、由特例到一般、由实践到理论再到实践地逐步展开，逐层剖析，最后达到教学的目标。在这过程中，要注意科学方法的贯彻，对每个知识单元乃至每个知识点，在讲述分析其知识内容时，能讲清分析的目标与依据、分析的思路、分析的方法、分析的主体过程、分析的结论及其物理含义和实际应用等。为使教师好教、学生好学，编写体例最好迎合教学需要，如各章最好有章前导言、名词术语、知识结构图，章中有案例分析、延伸阅读，章后有本章小结、复习思考研讨题等。

（3）知行关系上，切实贯彻理论与实践紧密结合的原则。在具有理论基础性、系统性、完整性的同时，尤其具有实践性、应用性，能从理论与实践的结合上提出、分析、解决问题，使学生学了后懂得有什么用、怎么用。相关基础知识与延伸阅读等内容，具有启发性、广泛性，以适应学科发展快、变化大、应用领域广的特点与市场对人才的需求。对实践性教材，能处理好验证性、设计性、综合性和探索性的关系，能有效培养学生的工程实践能力和创新创造能力。

（4）内容表述上，规范、准确、严谨、流畅。具体表现为：遣字正确、造句规则，文字简练、符合语法，层次分明、条理清楚，逻辑严谨、概念准确，图文规范、语言流畅，通俗易懂、叙述生动等。

（5）教育思想上，注重体现现代教育的先进理念和科学方法。相比于传统教育，现代教育更重视素质能力特别是创新精神、创新能力的培养。因此一本好的教材，除了系统地阐述知识外，还能努力贯彻素质教育和创新教育的思想，注重培养学生的自学能力、分析能力、实践能力、综合应用能力和创新创造能力等。教材中体现的教育教学思想理念，能反映本学科国内外科学研究和教学研究的先进成果，具有鲜明的时代性，能引领新的教改潮流，满足新时代新形势教学需求。此外，在教材中还特别重视方法论的运用，能通过教材对学生进行辩证唯物思维的灌输和严谨科学方法的熏陶。一本好的教材，全书主线应清晰简明，且能贯串方法论思想，使教师在使用教材开展课程教学时，能够沿着主线，突出重点，实现最终目标；能够引导学生掌握科学的分析思维方法，对整个课程既有完整的认识，又能抓住重点，获得要领，最后从头绪繁多的教学内容中达到应知、应会的各项具体要求。

（6）编写风格上，特色鲜明。与现有同类教材相比，在内容取舍、组织结构或体现的教学方法、教学理念上，有一定的独到创新和特色优势。如对实践性较强的工科类教材，尤其是应用型本科和高职高专的工科类教材，具有明显侧重技术应用和例题习题普遍来自实际工程系统等特点。

（7）出版质量上，优良上乘。差错率低，计量单位符合标准；版式和封面设计科学合理、大方美观，与教材内涵相称；印刷清晰，油墨均匀，装帧精美；等等。

（二）教师如何创作优质精品教材

一本优质精品教材，毕竟是靠教师一字一句、一节一章撰写打磨出来的，一定应是教师较长时间课程教学经验和科学研究、教学改革成果的结晶。因此，根据我的教材编写经历体会，要创作出优质精品教材，需要从以下一些方面去努力，或者需要遵循以下一些指导思想。

（1）立足于在教学实践中钻研教学、创新教学，不断丰富教学经验、积淀教材编写素材。厚积薄发，才能写出好的教材。不能急功近利、急于求成。

（2）积极致力于教育教学研究与改革，包括教学内容、教学方法、教学理念和教材的研究与改革。教材建设要与课程教学改革相互促进，形成两者互动发展的良性循环，才能不断推出满足教学改革需要的、与时俱进的优质精品教材。

（3）积极参加科研活动，通过科研跟踪学科发展，了解前沿技术，提高学术造诣，夯实写书底蕴。只有这样，才能正确处理理论与实践的关系，切实贯彻理论与实践紧密结合的原则；才能增强从理论与实践的结合上提出、思考、分析、解决学科领域问题的能力；才能确保教材内容的先进性、实用性。对于理论与实际结合紧密、工程性实用性很强的工科课程，要特别强调从应用的角度组织教材，在重视理论系统性的同时，高度重视突出实践性、应用性，使学生学习后懂得有什么用、怎么用。在教材内容组织和阐释时，要积极引入“案例”，将基本知识单元、知识点的讲解融入典型案例的解决和研究过程中，以培养学生解决工程实际问题的能力作为突破口。

（4）正确处理先进性和基础性的关系，努力实现两者的统一。教材，既要注意在原有国内外同类教材的基础上推陈出新，努力反映学科技术的最新成就，使之具有鲜明的时代特征和先进水平，又要注重符合教学规律、教学特点，突出基本原理、基本知识、基本方法和基本技术技能的阐述，着力培养学生应用基础知识分析、解决问题的创新思维能力和将来独立获取、掌握新知识，跟踪相关学科技术发展的能力。

（5）努力贯彻素质教育与创新教育的思想，尽量采用“问题牵引”“任务驱动”的编写方式，融入启发式教学方法。各知识单元尽量以实际问题、工程实例引出相关知识点，在启发学生分析实例、解决问题的过程中，讲清原理和概念，提炼解决问题的思路和方法，着力培养学生的创新思维意识、习惯和能力，提高学生思考、分析、解决工程实际问题的素质和能力。

（6）以一个初学者的眼光去审视教材内容，根据读者定位，掌握好内容深与浅、阐述详与略、知行比重大与小、例题引入多与少等关系的度。对出现的每一个新概念、新名词、新术语，要交代清楚它的含义、引入它的缘由及作用。对引入的每一个新的定律、定理、公式、算式等，要说明（必要时证明）其来历、实质、物理意义、应用它的前提条件和适用范围，以及应用时应注意的问题等，最好还应举例予以说明。

（7）在动笔写书前，做好顶层设计，先确定本书应具有哪些特点优势，并把全书内容从粗到细思考梳理清楚，形成科学合理的三级以上编写目录。绝不能盲目动笔，天马行空，想到哪里写到哪里，一定要事先从头到尾理出一条贯穿各层的主线，然后把各层的支线配上去，把编写大纲写得细致而具体。特别是几位作者共同编写时，这一点尤为重要。

（8）注意前后章节、上下段句之间的“启、承、转、合”处理。科学总是连贯的，往往在前面的基础上，就能自然地导出后续的内容，因此，在讲前面的内容时，常可以某种方式为讲后面的内容留下伏笔；而讲到后面内容时，则可尽量处理成前面内容的延伸与发展。也就是说，要尽可能做到承前启后、前后呼应。同时，知识体系也经常存在前面一个内容会引出后面多个并行内容的情形，例如前面讲到某种重要概念及其在解决某类问题中的重要作用后，接着将讲解决这类问题的各种常用方法。这种时候，写作中则应精心处理好一转多和多合一的问题，既要有主题内容的引入和引入后的正面阐述，又要有其另一面或另几面的分析阐述，最后是命题内容的结论。通过前后章节和上下文之间恰到好处的“启、承、转、合”处理，使读者能前后连贯起来，感到是“水到渠成”，有利于顺理成章地加深理解。

（9）注意把握好教材属性，正确处理教材与其他著作的区别。教材不是学术研讨和科研专著，不宜旁征博引、求深求全、晦涩难懂，要难度适中，写得通俗易懂；也不宜学术探讨、观点碰撞、对错不分，要把成熟、定论、正确的东西传播给学生。教材也不是设计手册，不宜长篇罗列数据，刊载规格；工程技术基础类教材难免常要引用一些设计数据和图表，但编写时应以满足原理叙述、规格阐述、例题和习题运用为度，不能过于庞杂，占用篇幅过多，甚至喧宾夺主，重点应放在掌握运用查找和使用的方法上。教材更不是使用说明书，不宜写成生产操作规程，也不宜详论条文、细议守则，要去伪存真、去粗取精，高度凝练、提炼原理方法，利于读者举一反三。

（10）注重内容编排的科学严谨性和文字叙述的准确生动性，务求好教好学。在内容组织上，除条理清晰、逻辑严谨外，还要尽量做到重点突出、难点分散、循序渐进，使学生易于理解。在文字叙述上，不仅要概念准确、语法正确，而且要力求富有启发性、互动性、感染性和思想性，重视运用形象思维方法和通俗易懂语言，深入浅出地叙述复杂概念，说明难点问题。在写作技巧上，要重视一些细节的处理，例如，为了把书写得通俗易懂、条理清晰，要在标题、数据、表格、图形、图画、图解、字体、字号等的精心设计、安排和运用方面下功夫，力求使读者一目了然、印象深刻，甚至过目不忘；为了确保结构上、逻辑上的严谨性，令人读后赏心悦目，要重视前后章节和前后段、上下句之间的因果关系，还要注意标点符号的正确使用。

（11）对于具有通用性的教材，要遵循“宽编窄用”的内容选取原则和模块化的内容组织原则。凡教育部课程“教指委”制定了教学基本内容及要求的课程，所编教材均应覆盖基本内容，满足基本要求；其他类型教材的内容选取也应尽量符合多数学校和国内外同行专家的共识。在此基础上再改革创新，努力从继承与发展的结合上来准确把握（取舍）内容。模块化的内容组织主要有利于适应不同专业、不同层次、不同学时数的教学组织和安排。

（12）作者、出版社、读者三方面的共同努力。要产生一本优质教材，作者固然是主体，但出版社的作用也绝不可低估。通常出版社挑选作者、挑选作品认为是天经地义的，但为了把好作品变成好产品，形成一本真正优质的精品教材，具有优秀作品的作者，从出版社的历史长短、运作机制、对作者的重视程度，以及编辑队伍的水平、责任心等方面去考察挑选出版社也是必要的。一本优质教材往往还需要经过多次修订再版，才能不断升华提高，逐步变成精品。而在此过程中，除了作者本人不断与时俱进、不断总结本人本单位新的教学实践经验，不断锤炼打磨，也离不开读者的积极参与和意见建议反馈，作者要勇于善于征求听取广大读者阅读、使用本人教材的意见建议，从中吸收改进提高的营养。

总之，一本优质精品教材，一定应是作者及所在学校、学科课程教学改革和科学研究成果的结晶，应是作者和出版社精诚合作、共同努力的果实，应在内容、体系、模式、行文、形式上有一定创新。

（三）大学如何创建优质精品教材体系

一所大学要想打造一批高水平教材，建设起优质精品教材体系，首先需要重视教材建设，必须对教材建设的重要意义及其在学校建设中的地位有个清醒正确的认识。在此基础上，再从多方面去努力。

1. 把出高水平教材放在与出高水平科研成果同等重要的地位

一所大学完整的教材体系的建设，固然包括自编教材和合理选用、引进国内外现成的优秀教材两方面。各类大学特别是“双一流”建设计划的重点大学，无疑应将自编教材作为自身教材建设的基点、重点，应把形成本校自编教材的特色、优势作为学校全面建设的主要目标之一。这既是满足本校一流建设的需要，也是示范、带领全国大学教材、教学建设，全面提高高等教育人才培养质量和扩大学校影响的需要。

（1）长期以来，许多重点大学对教材建设虽有重视，但重视程度很不够。重科研轻教学、重论文轻教材的倾向一直存在。我认为：创建一流大学不仅要有一流的科研成果，也必须要有一流的自编教材及其支撑的一流教学成果相适应；一本真正高水平、宽使用面的优秀教材给社会产生的效益，给学校带来的影响、声誉，绝不会亚于一项高水平的科研成果。

如清华大学，它作为全国最著名的工科为主综合大学，无疑在科研和教学方面都有雄厚的实力，都有颇多建树，但是，试问有多少人对他们的科研成果有很多了解呢？可对他们几乎覆盖各学科、各专业、各门课程的教材却恰恰相反，只要是大学教师和大学毕业生，几乎无人不知、无人不晓，差不多都能说出几本出自“清华”的本学科、本专业或本课程的教材。所以，改革开放以来清华的名气越来越大，在广大学子和教育科技工作者心目中的地位越来越高，我想恐怕在较大程度上是得益于他们卓著的教材建设成绩。国防科技大学已故中国工程院院士、校研究生院第一任副院长陈火旺教授，不仅担任中国第一台巨型计算机银河I的软件系统总设计师，取得了多项重要科研成果、做出了重要贡献，而且还基于科研经验主编了《程序设计语言编译原理》等教材著作，为同领域的人才培养起到了重大作用，在同行中产生了重大影响，多年来国内凡从事编译软件教学和科研的人员，几乎都是学着他这本书起步和成长起来的，同行中对它和他几乎无人不知、无人不晓。其他诸如此类的人物还有很多，如同济大学樊映川及其主编的《高等数学讲义》，上海交通大学程守洙及其主编的《普通物理学》，北京理工大学李瀚荪及其主编的《电路分析基础》，华中理工大学康华光及其主编的《电子技术基础》，清华大学谭浩强及其主编的

《BASIC 语言》和《C 程序设计》、童诗白及其主编的《模拟电子技术基础》、阎石及其主编的《数字电子技术基础》，北京邮电大学王毓银及其主编的《脉冲与数字电路》等，他们无一不是主要因为编著出版了多本高水平的著名教材，为课程教学、人才培养做出了突出贡献，深受同行欢迎和尊崇，而为自己和学校赢得了荣誉、扩大了影响的。有鉴于此，我一直认为大学理应把出高水平教材放在与出高水平科研成果同等重要的地位上来抓。

（2）把出高水平教材放在与出高水平科研成果同等重要的地位上来抓应体现在两个方面：首先是领导方面，这是关键。只有领导重视，才能有正确的政策导向，才能建立良好的激励机制。其次是教师方面，一个有事业心、有造诣、有教学实践经验和水平的教师，尤其是教授，不仅要热心于科学研究出科研成果，还要乐于搞教学研究出教材成果，应该对编写教材有使命感，自觉以编写教材为己任，以编写出高水平的教材为荣耀，以此作为出教书育人成果、对社会做出贡献的重要体现。只有从领导到教师都转变思想、统一认识并身体力行，才能在全校形成重视教材建设的氛围，才能编写出更多的既有学校优势、特色，又在全国有较大影响的优质精品教材。

2. 建立有效的激励机制，调动教师写书的积极性

曾经，在一些大学教师中流传着一句口头禅："搞科研有名有利，带研究生有名无利，教自费生、自考生无名有利，培养本科生无名无利。"尽管这种言论未必准确，但在一定程度上反映了高等教育领域中各项工作的客观地位及人们心态的变化。这种现象在许多重点大学不仅同样存在，实际上比非重点大学更严重。搞本科生教育工作的地位在许多人看来本来就不高，编写教材的地位自然也就高不了。加上编写教材本身工作量比较大，经常加班加点，可是编写过程中一没有经费支持，二没有加班费劳务费，印刷出版后稿酬又微薄，各方面与搞科研的反差太大。同时，教师从自身经历或者周围同事的经历中普遍感受到：编写教材耗费的心血巨大而回报甚微，两者很不相称。这就

极大地挫伤了教师尤其是高水平教师编写教材的积极性。我认为这是我国高等教育教材总体质量不高的原因之一。

要改变这种局面，把大学的教材建设，特别是一流大学的自编教材建设搞上去，必须从建立正确的政策导向和有效的激励机制做起。我参考清华大学、武汉大学、北京大学、西安电子科技大学、西北工业大学和华中科技大学等许多大学的做法，再结合国防科大的实际情况，提出几条具体的建议：

（1）把教学教材成果与科研成果同等对待，保证教学教材成果与科研成果在教师职务和技术级别晋升中享有同等重要的地位，强调高质量的教材既是高质量的教学成果又是高质量的科研成果。这一点其实党中央国务院的精神早已明确，但关键是如何在各校落到实处。例如，很多教育部和其他系统所属院校获部委级优秀教材一等奖以上的教材，不少能相继获得部委级科技进步一、二等奖，甚至国家级科技进步一、二等奖；而在有些院校获得部委级一等奖以上的优秀教材，在本校评奖中却只能评到部委级科技进步三、四等奖，这显然是对自己优秀教材成果的不重视。

（2）把教材建设引入到校“双一流”工程建设计划等重点建设范围中，将教材建设纳入教学内容和课程体系改革的轨道。“双一流”计划等重点建设经费除用于支持重点科研项目和重点实验室建设外，也应拿出一定数目作为教材出版资金，支持重点教材的编写、出版。校、院、系的科研绩效，也应拿出一定的比例支持教材的编写、出版工作。

（3）凡是列入教材规划的选题，校、院、系应该提供适当的编写教材调研费用、资料费用和日常办公费用，并合理计算教学工作量，付给教学酬金。而且，对于获得校级、省部级或者国家级重点立项的教学工作量酬金，应按级成倍地计算付酬的力度，使作者有充分的时间和条件保证质量、保证进度地完成编写任务。在编写教材的过程中，校、院、系领导和学校主管部门应定期检查教材的编写进度，为作者排忧解难，努力创造一个教材生成的良好环境。

（4）出版社要为教师特别是高水平的教师出版教材提供便利条件，要树立“作者是上帝”的观念和意识。稿酬要合理，要根据书的质量、水平、选用面、印数、市场竞争力和作者写书的知名度等因素，有区别地确定稿酬的标准。

为了确保教材编写的重要地位和作用，学校应该将各种激励机制和政策以法规的形式（文件、规章等）确定下来，使编写教材这项“既光荣又艰巨的工作”从实际上而不是表面上得到应有的肯定和鼓励。

总之，要通过研究和建立一种行之有效的驱动机制，引导和鼓励高水平教师和一流专家教授像潜心于科学研究那样潜心于编写高水平的教材，以此有力促进学校的教学建设取得更大成就。

3. 突出重点，扬长避短，建设具有学校特色和优势的自编教材体系

一所大学的课程总门数一般都很多，因而所需教材的种类也很多，不可能也没有必要全部教材都自己编写。这就有个如何处理自编教材和选用教材之间关系的问题。在这个问题上我认为总的原则应该是：实事求是，扬长避短，强调优势，突出特色，有条件的编，没条件的选，编选结合，统筹规划，实现教材体系的整体优化。对此，我有以下几点具体看法。

（1）凡在国内有一定优势的学科、专业、课程的教材，应尽量动员和组织力量自编出版并努力推介到全国，使之成为与学科、专业、课程优势相适应的优秀教材。优秀教材和优秀学科、专业、课程是一种相辅相成、相互促进的关系，两者如能形成一种优质正反馈，进入一种良性循环，两者的影响力必将都越来越大。

（2）有些课程（特别是通识基础课和学科技术基础课）虽然在科学研究上谈不上有什么创新，有多少优势，但若有一批或者几个教学经验丰富的教师，他们在教学研究上很有造诣，在教学组织、教学方法、理论与实践相结合等方面很有特色，并且深受学生欢迎，对这样

的课程，也应当鼓励和组织相关教师自编、出版自己的特色教材，并努力推介到全国，参与优秀教材和统编教材的竞争。千万不可认为只要有全国统编教材的课程就不必再自编教材了。一本教材只要在一个或者几个方面有其非常突出的优点和特色，就有出版价值，就有可能成为优秀教材。试想，如果一所学校大部分甚至所有的基础课都有自己的符合教育部基本要求的特色教材，并且在国内有一定的影响力，在同行中占有一席之地，那么这所学校在国内外的知名度、影响力和学术地位就不可能不高。

（3）对于既没有优势也没有特色的教材，原则上应该从全国统编通用教材、国家级重点（规划）教材、教育部“教指委”推荐教材或者获部委级以上优秀教材奖的同类教材中选用，只有当选用不到上述教材而又急需时，才支持自编。这样可以避免低水平教材的重复出版和不必要的人力、财力资源的浪费。在不具备自行编写教材条件的学校，尤其是办学历史不长、升级时间不久的院校，更没必要急于自编现办学层次的教材，而应积极采用经过教育部审定的国家相应层级规划教材，以保证教学的质量规格；即使要自编，也宜从编写辅助性的校本教材开始。

（4）对有优势、有特色，并且已形成一定影响的课程教材，在组织编写、出版（包括再版）之后，还要不失时机地动员和组织力量编写、制作、出版与主教材配套的CAI课件、实验教程、教师手册、试题库等辅助性教材，有条件的甚至鼓励编写网络课程电子教材，以完善课程教材体系，实现教材的系列化、立体化、教学资源一体化的“学习包”建设，形成主教材体系为核心的整体课程教学体系。这样既可推动学校的课程建设向高层次、高水平发展，适应新时期教材和教学的需要，又有利于向全国推广，扩大学校影响，为学校赢得较大的社会效益。

（5）对学校已有的优秀教材和特色教材，应鼓励和组织教师（甚至学生）在使用的基础上，在校内外“教学与教材研究”相关刊物或者报刊专栏上多作评论和推介工作。这样既可推进这些教材不断取长补短、精益求精，帮助广大教师用好这些教材，提高教学质量，又可扩大教材和学校的影响。

4. 精心组织编写力量，确保教材编写质量

要创作一本好的教材是很不容易的，在创作前需要长期的学科知识积淀和教学经验积累，在创作过程中需要付出十分艰辛的劳动。一般来说，作者必须进行各方面的研究和积累：一要进行教育思想的研究，因为教材突破和创新，首先就是教育思想的突破和创新；二要进行学科技术和教学内容的研究；三要进行教学方法、教学规律（包括认识论和学生心理）的研究。可见一本好教材的诞生，应该是作者进行学术研究、教育研究、教学研究、写作技巧研究等综合研究的产物，它和纯学术论文、学术专著的撰写有很大的不同。应该说，前者比后者难度更大一些。因此，为了确保教材的编写质量，创建具有本校特色和优势的自编教材体系，必须精心组织编写力量，逐步形成一支由经验丰富、学术水平高的老教授与教学一线中青年教师组成的老中青结合的作者梯队。

鉴于教材编写工作的特殊性，作为主编和主要作者应具备一些基本条件，如：有多年的一线教学经历，对相关课程有较丰富的教学经验，对其内涵、特点、内容相关性及应用等都有较深刻的理解认识和切身体验，且平时在教学活动中教学思想比较活跃，教学理念比较先进；有相关学科领域较丰富的科研经历、科研经验，积累了较深厚的学科底蕴；对教学内容、教学方法有较多研究，对国内外同类课程的教学改革和教材建设动态有较多了解，且常有独到见解；有较强的探索创新精神，较强的文字组织表达能力。

通过在全校发现、挖掘、培养一大批满足上述基本条件的教师，然后以此为基础，从以下几方面努力去建立宏大的教材编写队伍，就不怕形成不了学校高水平、高质量、有特色的教材体系。

（1）动员、组织一批高水平的专家教授参加教材的编写工作。要

充分调动高水平专家教授，包括两院院士、教学名师和各学科的学术带头人参与教材建设的积极性，充分发挥他们在教材建设中的主导作用。要通过政策导向，鼓励、引导他们担任全校公共课、各专业主要基础课、专业课教材的主编（但要确实参编，而不是挂名），像带头搞科研那样带头谋划、编写高水平教材，营造知名专家教授既重科研、更重教学、重教材建设的人才培养氛围。

（2）以老带新，形成老中青结合的教材编写队伍。在一些有影响的教材的编写中，要重视吸收有学术成就、有科研经验，又有一定教学经历，并且热衷于教学研究的青年教师参编，以便形成梯队，壮大作者队伍。这样，学校的教材建设才不会出现断层，才会有后劲，才能实现后继有人，长期可持续发展。

（3）正确处理集体合编教材和个人独著教材的关系。这两种教材的编写形式各有利弊，都可以采用。一般集体合编有利于发挥教师集体的力量，集中更多教师的智慧，但是实践经验表明，集体编写教材的作者数不宜太多，一般以 2～4 人为宜，而且要坚持自愿结合的原则，不能硬性撮合，否则思想风格难于统一，不便协调和统稿，使成书效率降低，质量也难保证。为了创造出真正高质量的教材，我建议，应该更多地提倡和鼓励高水平的教师个人独著教材，只要教师能从课程建设需求出发，编写出有某些新思想新内容和一定特色的教材，就应该支持他编写；只是在将其列入校院教材建设规划时，教材建设委员会和教学、教材管理部门应发挥必要的组织和管理功能，对其学术性、先进性、教学适应性和优势特色性等进行把关，指定特聘主审。

综上所述，我认为学校在创办一流大学的过程中，应将教材建设和学科建设、专业建设、课程建设同步规划，同步实施，同步发展，把出高水平教材放在与出高水平科研成果同等重要的地位来抓，争取经过若干年的努力，建成一批有优势有特色的教材，或与国际同类教材竞争，或立于国内优秀教材之林，与“银河”“天河”“北斗”“微纳星”“无人机”“无人车”“激光陀螺”“磁浮列车”等一起，成为新世纪国防科技大学的耀眼标志性铭牌。

四、优质精品课程与教材建设典型案例

（一）课程建设案例：计算机硬件技术与控制系列课程

在世界早已进入电子信息时代的今天，掌握必要的电子信息技术基础知识和基本技能已成大众需求，更不用说大学生了。因此，如今的大学，电子信息基础类课程无论对于什么专业都是必不可少的。那么，大学电子信息基础类课程应该如何设置和建设呢？本节就此做点探讨。鉴于电子信息基础类课程的内涵很宽，包含的课程很多，可粗略分成硬件和软件两大类课，而我从教几十年来主要从事的是电工电子、微机接口、微机应用等硬件为主的课程教学，所以在此仅就电子信息基础硬件类课程的设置和建设问题，结合自己多年来面向全校开展这类课程教学的实践经验，以及曾经多年担任学校本科课程教学与课程建设专家组组长、学院本科教学首席指导专家、学院电工电子与计算机硬件系列课程首席教授的经历体验进行探讨。

1. 电子信息基础硬件类课程的设置

时至今日，我认为电子信息基础硬件类课程的设置应遵循两条基本思想原则。

首先，应将电子信息基础硬件类课程作为跨学科基础课对待。也就是说，原则上不管什么学科、什么专业，都要开设这类课程，以此作为学科专业基础课。至于怎么开，则可先按专业的工程技术和电子属性，将所有专业归并为三类：电为主工程技术类专业、非电为主工程技术类专业和非工程技术类专业；再在学校层面上统一设置三类该系列课程，制定三类不同的教学大纲（课程标准），由学校统一组织力量或由各院系分别组织力量实施课程教学。

其次，应基于这类课程在三类不同工程技术与电子属性专业中的教学目标与教学要求定位来设课。该系列课程在上述三类专业中的教学目标与教学要求定位分别如下：

（1）电为主工程技术类专业。这类专业对电工电子与计算机硬件技术方面的基础知识及能力、素质要求较高，因此本系列课程是必修的主干系列课。其教学目标，应使学生通过学习掌握相关方面比较系统扎实的基本理论、基本知识和基本技能；具有较强的电子设计能力，实践动手能力，利用硬件为主技术思考、分析、解决实际问题的能力；具备跟踪、学习、应用相关新知识与新技术，并将它们转化为实用系统的素质。为此，要有较系统的课程设置和相对较多的教学时数，以达到“五性”的统一。这类专业对电子信息基础硬件类课程的教学要求应是：深入理解概念和原理，熟练掌握方法和技术，能在综合设计性实验中灵活运用知识和技术解决实际问题。

（2）非电为主工程技术类专业。鉴于电子信息技术及应用已渗透各行业、各领域，各学科领域许多新技术、新产品的开发和研究手段的更新更是离不开电子技术和计算机技术，因此也应让这类专业的学生掌握必要的电工电子与计算机原理方面的基础知识和基本技能，为他们正确应用不断发展和不断推广使用的电子信息技术去分析解决本专业领域的问题，以至促进新兴交叉学科的形成，打下必要的基础。其课程设置和教学内容比电为主专业要更注重基础性、实用性和先进性，但不必追求系统性。这类专业对电子信息基础硬件类课程的教学要求应是：理解概念和原理，掌握基本方法和技能，能在一般设计性实验中正确运用知识和技能解决相关问题。

（3）非工程技术类专业。这类专业设置本系列课程的目标，是使学生对电子信息技术的基础知识有一定了解，具有从电子信息技术与所从事实际工作的结合上去思考、分析、解决问题的意识和素质，以及掌握初步自行安装维护主流微机和建立使用计算机网络的能力。这类专业对电子信息基础硬件类课程的教学要求应是：了解概念和原理，初步掌握方法和技能，通过验证性为主实验巩固和加强对基本知识的理解。

上述不同的教学目标与教学要求定位，决定了这三类专业的系列课程设置方案如表 5.5 所示。

表 5.5　三类专业的电子信息硬件系列课程设置方案

专业类别	电子信息硬件系列课程设置方案
电为主 工程技术类专业	电工与电路基础（或电工电子技术导论） 集成数字电子技术基础 集成模拟电子技术基础 EDA 技术与设计实践 微机原理与接口技术或计算机硬件技术基础（较高要求） 嵌入式系统设计 计算机网络基础
非电为主 工程技术类专业	电工与电路基础 集成电子技术基础 微机原理与接口技术或计算机硬件技术基础（较低要求） 嵌入式系统设计 计算机网络基础
非工程技术类专业	电工电子技术导论 数字逻辑与微机原理 计算机网络基础

2. 电工电子技术基础课程的改革

随着电子技术和电子设计技术的发展，目前的电子工程师或工科各专业从事硬件电路开发研制的人员，已很少用分立元件去搭建各类电子系统了，一般都是基于不同规模的 IC 芯片去设计和构造实际系统。因此，作为学校教育，应该顺应技术发展潮流，适应行业领域工作现状，把电子技术课程教学的起点提高到集成电路芯片上，重点转移到基于集成电路芯片的分析与设计能力的培养上，没必要再从分立元件和基于分立元件的最基础电路讲起了。这是一个方面。另一方面，即使基于集成电路的数字、模拟电子系统分析与设计，也还是需要有基本电路分析理论作支撑，所以以电路分析基础类课程作为电子技术课程的前修课仍是必要的。但是，传统的电路分析基础类课程，往往是仅基于集总 R、C、L 元件论原理的居多，与“模电”“数电”实际电路特别是集成电子电路的结合很少，其结果使理论与实际脱节，几门课的教学整体效率不高，综合效果不好，效时比偏低。

正是基于上述两大因素，关于电工电子技术基础课程的改革，我很早就提出应遵循以下几个基本思想。

（1）基本思想之一：改革传统课程体系，科学取舍重组教学内容。这一思想源于从国外名校同类课程教改中受到的启发，以及我们团队多年的教学研究结论、教学改革经验。

以电为主工程技术类专业为例，传统的电工电子技术基础课程体系是：电工原理（电工技术基础、电路分析基础）+数字电子技术基础+模拟电子技术基础。而改革后的课程体系则如表 5.5 所示，是电工与电路基础+集成数字电子技术基础+集成模拟电子技术基础+EDA 技术与设计实践。其中：

“电工与电路基础”应定位于：一门从数学、物理电学向电子工程实践过渡的课程；后续“集成数字电子技术基础”和“集成模拟电子技术基础”等的前导性、入门性课程。其主要知识单元应包括：电路基本概念与基本方法，正弦交流电路，电路的瞬态分析与频率响应，半导体器件基础，数字电路与模拟电路概述，基本逻辑运算与逻辑门，基本组态放大电路等。教学中要注意相关内容的交叉融合、有机结合，注意以基本电路理论为主干、为牵引，穿插引入模电、数电中一些最基本、最重要的概念和元件，介绍一些公共的、必要的基础知识和基本电路。

“集成数字电子技术基础”应以数字电子技术和数字系统设计的最新发展成果为起点，以培养学生分析、设计实用数字逻辑电路的能力为目的。其主要知识单元应包括：逻辑分析与设计基础，数字系统基本逻辑单元，基于 SSI（小规模集成电路）的逻辑分析与设计，基于 MSI（中规模集成电路）的逻辑分析与设计，基于 LSI（大规模集成电路）的逻辑分析与设计，数字 EDA 入门等。其中，数字系统基本逻辑单元是指组合电路基本单元——逻辑门，时序电路基本单元——触发器，以及脉冲波形产生与整形电路；SSI 主要指各种逻辑门和触发器；MSI 主要指一些常见组合、时序逻辑部件，如译码器、多路选择器、数码比较器、加法器、寄存器、计数器等；LSI 则指简单可编程逻辑器件（SPLD）、复杂可编程逻辑器件（CPLD）、现场可编程门阵列（FPGA）等。

“集成模拟电子技术基础”应以模拟电子技术和模拟系统设计的最新发展成果为起点，以培养学生分析、设计实用模拟电路的能力为目的。其主要知识单元应包括：模拟集成电路基础，基于集成运放的信号运算与处理电路，基于集成运放的波形发生与变换电路，集成功率放大电路及应用，直流稳压电源与三端集成稳压器，在系统可编程模拟器件（ispPLD），模拟 EDA 入门等。其中模拟集成电路基础应包括：集成运算放大器的基本结构特点，集成运放的低频等效电路和理想化模型，模拟电路中的反馈等。

“EDA 技术与设计实践”应作为电子类课程中一门以设计实践为主的课程，相当于电子技术课程设计，以初步掌握基于 EDA 技术的电子系统设计方法为目的。它应在简单介绍或指导学生自学了解 EDA 技术硬件基础、软件基础和应用基础的基础上，让学生从多个选题中自选一个，用 EDA 技术自主完成设计。其中，EDA 技术硬件基础主要指流行的 LSI 可编程逻辑器件与一两种主流 PLD 产品；EDA 技术软件基础主要指硬件描述语言 VHDL 和一两种常用的 EDA 工具软件；EDA 技术应用基础则是指利用 EDA 技术设计电子系统的基本概念、设计过程及方法，以及完成设计所必需的 EDA 实验开发系统。

对于非电为主的工程技术类专业来说，将“集成数字电子技术基础”和“集成模拟电子技术基础”合并为一门“集成电子技术基础”后，它同样应以模拟（数字）电子技术和电路系统设计的最新发展成果为起点，但培养目标定位应略低于电为主工程技术类专业，改为以培养学生具有分析、设计简单实用电路系统的能力为目的。其课程教学内容大体包含前面“集成数字电子技术基础”和“集成模拟电子技术基础”的主要知识单元，但具体知识点应少些，要求要低些。

经过如上所述的改造更新后，既可保持本课程本系内容上的科学性、基础性、完整性，又可体现先进性、实用性，并有利于以比原来更少的学时数实现这“五性”的统一，还有利于处理好分立与集成、模拟与数字、场与路、硬件与软件、原理与技术、理论与实际等关系，增强教学安排的灵活性。

（2）基本思想之二：深化实践性教学改革，构建科学合理的实践性教学体系和新型实践教学管理模式。具体体现在以下三方面。

1）强调理论与实践紧密结合，重视发挥实践性教学环节的作用。这是由电子类（硬件类）课程实践性、工程性很强的特点所决定的。

2）力求构建“课内外功能认知性实验—课内自主设计性实验—课内课程设计（EDA 设计）—课外电子设计实践”的实践性教学体系。其中，功能认知性实验可通过课堂演示、课内外利用电子制作盒自做来完成；课内自主设计性实验应强调实验的开放性、自主性、设计性和一定综合性、探究性；课内课程设计（EDA 设计）应强调综合性；课外电子设计实践则应强调开放性和一定的创新性、合作性。

3）理清实验室建设在本系列课程建设中具有特别重要的地位。尤其在大学空前扩招致使教学资源紧缺，又要求狠抓教学质量、加强创新能力培养，实验尽可能“一人一组”，提高设计性、综合性、自主性实验比例的情况下，如何提高实验室的利用率和实验效率，已成了实验改革和实验室建设的重要课题。我一直认为，根本出路在于建立一种“虚拟实验准备、现场实际动手，网上实验预约、设备自动管控，实验自主完成、过程自动监控，报告网上自传、成绩系统自评”的新型实验和实验室管理模式。这也是我们许多年之前就开始的实际做法。

上述关于电工电子技术课程的理论、实践改革思想，我们团队在经过多年教学实践摸索后，从2002年本科教学计划开始在多个专业正式实施，并多次应邀在国内相关教育教学学术研讨会上就实施情况及成效与同行切磋交流，引起了许多同行专家和教师同仁的共鸣。

（3）基本思想之三：要把相关性很强的这几门电工电子技术基础方面的课程作为一个课程系列来统筹改革、建设，以利于整体优化。

我们早从20世纪90年代就开始这样做了，从理论与实践的结合上，以内容整合融合、体系整体优化为出发点，统筹考虑几门电工电子技术基础课程的内容和体系结构，取得了较好的建设成效和教学成效。在此基础上，进入21世纪后，我们将电工电子技术基础的内涵整合成“电工电子技术导论”“集成数字电子技术”“集成模拟电子技术基础”和“EDA技术与设计实践”四门课，并策划设计了一套由与之同名的四本书构成的电工电子类课程改革系列教材。该教材于2003年经评审纳入“湖南省高等教育21世纪教材”建设计划启动编写，于2005年在电子工业出版社以“高等院校电工电子类课程改革系列教材”的名义正式出版。从几年的自用和他用反馈的意见看，该系列教材的特色优势得到了本单位和诸多用书院校教师的高度认同，我还因此而多次应邀在国内相关教学学术研讨会和经验交流会上作特约专题报告，有关课程改革及教材编写思想深得同行专家好评。正因如此，该系列教材后来修订再版时，被教育部评审作为“十一五”国家级规划教材出版。

3. 计算机基础教学中硬件技术基础课程的改革

（1）从大学计算机基础教学说起

1）计算机基础教学的概念。大学计算机基础教学主要是就非计算机专业开展计算机教学而言的，是教育部在［1997］155号文件中提出的概念。非计算机专业与计算机专业的计算机教学，尽管在内容上有相通的地方，但从出发点到课程组织、重点把握、内容深度、教学方法，再到教学落脚点和效果评价准则等，都有明显不同。前者以计算机应用为目的，以培养计算机应用人才为主旨；后者以计算机科学技术的研究创新为目的，以培养计算机研究设计、开发制造人才为主旨。前者不能照搬后者的课程或课程标准，而应该更多地关注相关专业的应用需求和应用方法。

目前国内绝大多数院校，无论军队院校还是地方院校，也无论什么层次什么类型的院校，其计算机专业，我认为从严格意义上只能说是计算机应用专业。因此除少数院校的计算机专业外，全国绝大多数本科、专科专业的计算机教学，都应以计算机应用为基础，以计算机应用能力培养为目的，定位于计算机基础教学。

2）计算机基础教学的目标要求定位。大学计算机基础教学，从总体上说，是为各专业特别是非计算机专业的大学生提供有关计算机的基本知识、基本技能与基本素质的教育，培养学生利用计算机工具和计算机技术思考问题、分析问题、解决问题的意识与能力，为将来应用计算机解决本专业领域技术问题和其他实际问题打下必要基础。具体说，大学计算机基础教学应达到以下几方面的基本要求：

掌握计算机软硬件的一些基础知识，以及程序设计、数据库、多媒体、网络等方面的基础概念与原理性内容，了解信息技术的发展趋势。

熟悉典型的计算机（网络）操作环境及工作平台，具备使用常用软件工具处理日常事务的能力。

具有应用计算机进行信息处理的能力。包括：程序设计与问题求解能力，应用数据库技术开发 MIS 系统的能力，集成、开发多媒体应用系统的能力等。

具有良好的信息素养和计算思维能力。包括：良好的社会责任与职业道德，计算机独特的分析问题、解决问题的思维方式，利用计算机获取、分析、处理、组织、利用信息的能力，利用计算机手段表达交流和处理日常事务的能力，利用因特网主动学习的能力等。

3）计算机基础教学的课程体系。自从教育部（原国家教委）在［1997］155号文件中正式提出计算机基础教学的思想概念，并要求在全国大学本科教学中推行实施以来，相关部门先后两次提出过计算机基础教学的课程体系结构。

第一次是随着［1997］155号文件提出的“三层次”体系结构，即根据当时我国教学改革的形势需要和计算机技术及应用的发展现状，把计算机基础教学确定为计算机文化基础、计算机技术基础、计算机应用基础三个层次，其中文化基础设一门课，技术基础设硬件技术基础和软件技术基础两门课，应用基础设计算机信息管理基础和多媒体应用基础两门课。所以有时候也把这个体系结构称之为“三个层次五门课”结构。

第二次是教育部高等院校计算机基础课程教学指导委员会于2006年以白皮书形式提出，于2009年在正式出版的《高等院校计算机基础教学发展战略研究报告暨计算机基础课程教学基本要求》中发布的，由“4个领域×3个层次”的知识实验体系加“1+X”的课程设置方案组成的体系结构。4个领域，对知识体系和实验体系都是指系统平台与计算环境、算法基础与程序设计、数据管理与信息处理，以及系统开发与行业应用。其中每个知识领域又按知识类别和需要分成若干个子领域。3个层次，对知识体系是指概念与基础、技术与方法，以及综合与应用；对实验体系是指操作性基础、综合性技能，以及专业性应用。每个子领域和每个层次之间都对应了若干个知识单元或实验单元，共涵盖了151个知识单元和524个实验单元；每个知识单元又包含若干知识点，每个实验单元则包含若干技能点。“1+X”课程设置方案是指计算机基础教学应由“1+X”门核心课程组成，其中“1”指1门必修公共基础课“大学计算机基础”；“X”指从以下5门课程中任选X门（若干门）必修或选修课程：计算机程序设计基础、计算机硬件技术基础（或微机原理与接口技术）、数据库技术与应用基础、多媒体技术与应用基础、网络技术与应用基础。X等于几，以及各门核心课程应包含哪些知识单元知识点和实验单元技能点，可由各学校各专业根据自己的专业特点和实际需要自主确定。

显然，第二次发布的体系结构是在第一次体系结构实施多年之后总结提高发展而来的，整体上考虑更全面、细致、完善，既提出了作为计算机基础教学的知识单元知识点和实验单元技能点的全集，又针对不同专业类别提出了各门核心课程有关知识单元知识点和实验单元技能点的子集及其教学基本要求，较好地体现了分类指导的原则，为因校因专业设课选课提供了较好的灵活性。

但依我之见，还是第一次“三个层次”的体系结构思路、提法更简洁明了准确，更符合计算机基础教学的规律，更具有普适性和长远适用性，因而也就更科学合理。作为计算机基础教学，永远可按计算机通识基础（代替原来“计算机文化基础”的叫法）、计算机技术基础、计算机应用基础三个层次的思想去设置或多或少的课程。一般来说，通识基础层次只需设一门课程，旨在培养学生的基本信息素养和熟练使用计算机基本硬件平台和通用软件工具的操作能力，具体的基本硬件平台和通用软件工具，可随计算机技术的发展而更新变化；技术基础层次无非是硬件技术基础和软件技术基础两门课或两类课；只有应用基础层次可随着计算机应用技术的发展和时代的进步，开设不同的课程。当然，为了与时俱进，硬件技术基础和软件技术基础课程涵盖的知识单元知识点和实验单元技能点，以及其教学基本要求也应适时更新。

4）实施计算机基础教学的基本思想。它主要体现在以下几方面。

一要体现基础课教学的特征。既然是基础教学，就理应具有基础课教学的一些基本特征，如把教学重点放在“三基”即基本概念、基本原理、基本方法技能上；教学内容上实现“五性”即科学性、基础性、系统性、先进性、实用性的统一；在知识传授与能力素质培养的关系处理上，既要授人以鱼，也要授之以渔，且后者比前者更重要；等等。

二要体现非计算机专业学习计算机的特点。非计算机专业人员学习计算机的目的主要是用，因此其计算机教学应突出强调以下几个特点：一是“淡内强外”，突出应用。计算机发展日新月异，新概念、新理论、新技术、新工艺、新芯片层出不穷。对非计算机专业人员来说，没必要把这些东西的内部结构和具体原理弄得一清二楚，大体了解就可以；但对计算机硬件软件的外部应用特性，包括各类计算机和关联芯片的外部接口特性以及各类硬件软件的应用方法等，应高度重视。因此在教学上，对前者可适当或尽量淡化，而对后者要大力加强。二是立足基本，落脚能力。计算机技术发展很快，各种新芯片、新软件层出不穷，功能越来越强，结构越来越复杂，集成度越来越高，作为教学不可能一味地追赶时髦，出了什么讲什么，从形式上去“与时俱进”，如果这样永远是追赶不上的。而要重在训练和增强学生应用计算机基本知识、基本原理、基本方法技能和出现的新技术、新芯片、新软件解决问题的能力；重在以典型对象（硬件或软件）、典型问题作为教学切入点，培养学生举一反三、融会贯通、灵活应用的能力。三是问题牵引，案例驱动。通过问题引出内容，通过案例教学深入浅出地阐述相关知识和方法技术，着力培养学生构建或分析实际应用系统的能力。

三要体现计算机课程实践性强的特点。这一特点决定了非计算机专业的计算机教学应特别重视以下几点：一是理论与实践紧密结合，高度重视实践性教学环节。二是通过实践性教学，激发学生自己体验和领悟利用计算机分析解决问题的思路和方法，加深学生对有关概念的理解和技术的掌握，培养学生的上机动手能力、知识综合运用能力和分析解决实际问题能力。三是按认知与验证性实验、设计与开发性实验、研究与创新性实验三个层次构建计算机基础实验教学体系，无论哪个层次，其实验内容应尽量以设计性、综合性为主，并尽可能与专业方向相融合；实验实施应尽可能做到一人一组，实现全开放、全自主，如把课程实验紧密结合“研讨式教学”进行，则实验方案的理论设计实际上已融入小组或班级的集体研讨过程中去完成，但安装制作、调试测试等实际动手环节，还是要强调尽量各自独立完成。

四要实行分类分层次的教学模式，加强与相关专业的沟通融合。这种沟通融合应体现在诸多方面，如：内容上融合相关专业的案例；开设计算机技术与专业知识融合的新课程；在其他专业基础课和专业课中，鼓励学生运用计算机技术去解决本专业中的实际问题，初步掌握应用计算机深化所在专业研究的能力；计算机基础课程不一定非让计算机专业的教师去任教不可，相反，让有计算机应用经验的相关专业教师去讲授更有利，所以应鼓励相关专业的教师单独或与计算机专业教师联合承担计算机基础课程教学任务。

（2）“计算机硬件技术基础”（或“微机原理与接口技术”）的改革

“计算机硬件技术基础”是计算机基础教学系列课程中的核心课程之一，是工科各专业尤其是电为主专业的重要必修课。在计算机应用日益广泛深入、从事各学科领域工作都离不开计算机的今天，即使对于非电为主工科专业，以至文管、指挥等非工科专业的大学生来说，学习了解计算机硬件技术的一些基本知识、熟悉一些基本技能也是大有裨益的。

“计算机硬件技术基础”课程的内涵十分丰富，包括“计算机原理”“微机原理与应用”“微机接口技术”“微型计算机系统”等多门硬件类课程的内容。加之计算机技术发展日新月异，新的机种和硬件软件层出不穷，微型计算机的综合性能平均不到 18 个月就提高一倍，这就使得“计算机硬件技术基础”课程涵盖的知识点和技术要点越来越多。而计划学时数却不仅无增，反而随着新课程的不断设置而大大减少。与 20 世纪 90 年代以前相比，该课程比当时同类课程的学时数减少了将近一半。面对这种形势应当怎么办？要想既解决内容多和时间少的矛盾，又提高教学质量和学生水平，根本的出路在于创新教学。因此，从意识到这一突出矛盾开始，我们便酝酿、论证，并通过历次人才培养方案制定中对课程标准（课程教学大纲）的修订，大力推进对计算机硬件技术基础类课程的全方位改革。

1）与时俱进，适时更新教学内容，优化课程体系，保持先进性与实用性的统一。我们在国内较早顺应微机应用潮流，适时反映计算机技术发展前沿和最新成就，将“微机原理与应用”“微机接口技术”等课程的主要背景机于20世纪90年代初由Z-80微机改为PC/XT微机，于90年代中期开始进一步先后改为80486、Pentium等高档PC机，并相应更新教学内容，优化内容组织，较早形成了由微机原理、微机接口、微机应用三大模块组成的课程结构。各大模块内部层次分明、条理清晰、循序渐进、逐步深入，各大模块之间既相互联系又相互独立，使课程教学既有鲜明的时代特征和先进水平，又有良好的实用性，还有明显的体系特色。

2）正确处理内容先进性与教学适用性的关系，力求做到两者的统一。适时跟踪学科技术发展、更新教学内容是必要的，但作为课程教学，特别是技术基础性课程的教学，又不能像预研性科学研究那样一味跟新求新，主要还应考虑符合教育教学规律和教学特点，注意保持教学内容的基础性、系统性和教学过程的相对稳定性。要突出基本原理思想和基本方法技术的阐述，注重理论知识的应用、智力的开发和能力的培养，着力培养学生利用计算机处理问题的思维方式和利用硬件、软件技术与先进工具解决本学科专业及相关领域中问题的能力，以及将来独立获取、掌握新知识，跟踪计算机技术新发展、新应用的能力。

那么如何做到内容先进性与教学适应性的统一呢？我认为教学适应性主要表现在符合学科专业需求和教学计划的课程教学大纲（含教学目的、教学内容及其教学基本要求、教材选用等）的制定及其相对稳定上。教学大纲作为课程教学的根本大法，是一段时间内集体教学经验、教学成果的结晶，不可能也不应该三天两头一改，要维护其权威性和执行大纲的严肃性。而内容先进性主要体现在两方面：一是定期或适时修改教学大纲，使之尽量符合新的学科技术及应用发展现状；

二是体现在每次具体讲课内容中，可及时传递一些新的学科技术及应用信息，包括新技术、新工艺、新产品等。比如计算机硬件技术方面，新推出了什么CPU类型，其中采用了什么新技术，市面上又出现了什么新型存储器芯片、外部设备和总线接口标准，有什么特点等，可将有关信息及时融入课堂教学，或者由教师自己简介，或者引导学生去课外自查自学。通过以上这两方面的结合，可有效实现内容先进性与教学适应性的统一。同时也正因为这样，教师每次上课前才都要精心备课，即使经验丰富的教师、讲了很多遍的课程，也概莫能外。

3）使课程的内容及组织符合计算机基础教育的固有规律、学科的内涵及联系，以及人的认知规律，并与非计算机专业人员学习计算机的目的相适应。计算机基础教育主要是面向非计算机专业学生的，而非计算机专业人员学习计算机的目的主要是为了应用，因此在选择和组织教学内容、实施教学过程时，我们切实贯彻了理论与实际紧密结合的原则，在讲清基本原理、基本概念的基础上，注重原理、技术及应用的并重，突出实践性、应用性。一方面，适当淡化微机内部和芯片内部的原理，而强化外部接口和应用；另一方面，各章节尽量做到先讲述一般原理，再介绍实现这些原理的典型方法或典型芯片，最后给出这些方法或芯片的一两个应用举例，力求理论联系实际，使学生能从理论与实际的结合上了解原理，掌握应用方法。

计算机硬件技术内涵丰富，涵盖面广，涉及的知识单元和知识点很多，教学过程要紧紧围绕计算机系统及其各大组成部分的硬件结构与工作原理这条主线展开。而计算机工作的过程，实质上是以硬件为基础执行程序的过程，所有硬件的工作都是软件驱动的结果，因此，要理解计算机硬件的结构及工作原理，必须同时对软件有所了解。这就决定了在计算机硬件技术基础的课程教学中，既要坚持以硬件为主，又要重视硬件与软件结合。而软件（即程序）是由一条条指令组成的，所以要了解软件和计算机在软件驱动下工作的过程，从根本上讲是要了解指令与指令执行的过程。因此，我们始终把指令系统及其应用编程也作为本课程教学的重点之一加以重视。当然，随着编程语言从汇编语言向高级语言、再向所见即所得语言的发展和广泛应用，对汇编级指令系统及编程也可淡化甚至不讲，而代之以基于C语言或更直观便捷的其他语言的应用编程。

4）加强同其他相关课程教学内容的统筹协调，注重整体优化。本课程既是计算机基础教学“三层次”结构系列课程中的核心课程之一，又是电工电子与计算机硬件技术系列课程中的核心课程之一，它与这两个课程系列中的许多课程都有很大相关性，从内在学科特性的角度看，它与后者中其他课程的相关性还更强一些。因此，我们在改革创新本课程教学内容与课程体系的过程中，一方面高度重视同计算机基础教学系列课程中计算机导论（文化基础、通识基础）和软件技术基础等课的统筹优化，凡计算机导论（文化基础、通识基础）课中讲过的，如数制、码制及转换，计算机中数的表示方法与算术逻辑运算概念等，本课程概不赘讲，或尽量少讲、一带而过，权作回顾；网络应用入门在前修课中也已学习，有关基础知识主要放到软件技术基础课程或专门的网络基础课中去讲解更合适，所以本课程对计算机网络基础知识也基本不讲。另一方面，更重视同电子信息硬件类课程中数字电子技术等其他课程的统筹优化，如传统“数电”课中一般都有“A/D与D/A转换器”一章，但考虑到现在一般都是将A/D与D/A转换器作为计算机模拟I/O通道的核心部件来使用，在一般纯电路系统中单独使用的情况很少，所以从利于整体优化出发，将这章从“数电”中剥离出来，而把它作为一类重要的计算机I/O器件，放到本课程的接口篇中去介绍，在讲清A/D、D/A基本转换原理的基础上，重点突出它们与CPU的接口方法，这样比在“数电”课中讲授更好；“数电”课中讲各种典型数字逻辑部件时均与计算机硬件组成相呼应；微机原理、接口与单片机原理、接口本质上没什么区别，所以完全可作统筹优化处理，讲了前者后没必要再讲后者，只需将后者作为前者的一种特例来说明其特色所在，突出其应用系统设计，开设综合设计性课程“嵌入式系统设计”即可。

5）顺应计算机应用技术的发展，深化、优化新一轮改革，突出嵌入式系统设计能力的培养。进入21世纪以来，计算机应用技术向着自动化、智能化、微小型化方向发展的趋势越来越明显，因此我在教学团队中和其他许多场合一直主张，本课程的新一轮改革一定要高度重视嵌入式系统教学内容的引入，甚至要紧紧围绕嵌入式系统设计能力的培养来改造全部计算机基础课程，改革计算机基础教学。改革现有计算机基础教学的方案可有两种：一是在现有计算机基础教学课程（“三层次”或“1+X”课程体系）的基础上，增加一门以设计实践为主、理论教学为辅的“嵌入式系统设计”类课程；二是改造现有“计算机硬件技术基础”或“微机原理与接口技术”课程，将其主要背景机由现在的PC机改成嵌入式计算机，且更加突出从硬件与软件的结合、理论与实践的结合上去讲述计算机的原理、接口与应用。

上述两种方案各有优缺点。无论采用哪种方案，都要采用课内与课外紧密结合的方式来着力培养学生开发嵌入式系统的能力。同时应全面开放实验室，最好能建立若干个学生课外创新实践基地，如机器人创新实践基地、电子设计实践基地、无人机创新实践基地等，鼓励、指导学生特别是优异生利用课余时间去实验室和各种创新实践基地参加嵌入式系统设计，参加各级各类科技创新竞赛；通过毕业设计和吸纳高年级本科生参加教研室科研等方式，让更多学生了解嵌入式系统，掌握嵌入式系统开发技术。

6）新一轮改革要进一步加强计算思维能力，即以计算机硬件为主技术分析、解决实际问题的思维能力的培养。对于一个实际问题的解决，设计能力和思维能力都是必要的。在某种意义上说，后者比前者更重要，前者是一般工程师设计师必备的能力，后者则是总工程师、总设计师、项目负责人应有的能力，后者层次要高一些。本课程蕴含的计算思维要点比较多，例如：解决共享资源使用冲突的仲裁思想，多主体合作完成任务的同步协调思想，缓冲（存储）思想，取长补短、折中平衡、整体优化的思想（如硬件/软件、RAM/ROM、存储器映像式/隔离式 I/O 编址、中断式/查询式 I/O 同步控制、程序查询式/中断向量式中断服务判决、并行/串行数据传输与总线仲裁、同步式/异步式总线握手……）等。

7）要进一步改革创新课程实践教学环节。新一轮课程改革中，既然要突出嵌入式系统设计能力的培养，就要把实践教学环节放在比过去更加重要的地位。因此，在加强课程理论教学改革的同时，必须进一步深化课程实践教学环节的改革，进一步完善“课内外功能认知性实验（课堂演示，课内、课外自做）—课内自主设计性实验（强调实验的开放性、自主性、设计性）—课内课程设计（强调综合性、研究性）—课外电子设计实践（强调探索性、创新性）”的实践教学体系。在此过程中，要结合计算机硬件技术的最新发展特别是嵌入式技术的发展，以及自动化、智能化技术的特点，加强微机接口技术与各种执行机构和传感器的联系，改革和完善硬件实验内容，使之紧贴课程内容建设，以满足从理论与实践的结合上自主构建自动化、智能化应用系统对知识技能的需要。还要顺应计算机技术发展日新月异，而计算机硬件类课程理论教学时数又越来越压缩的大趋势，进一步加强课程知识体系研究，改革硬件编程手段，建立基于 C 语言或其他高级语言编程，开展微机接口与应用等硬件类课程教学的理论、实践教学新体系。

（二）教材建设案例：电子信息基础硬件类教材

1. 自编教材的基本情况

我从教四十多年，一直在国防科技大学自动控制系从事一线教学与科研，先后给各层次、各类型学生主讲过“电工原理”“数字电子技术基础”“模拟电子技术基础”“计算机电路”“微机原理及应用”“微机接口技术”“计算机硬件技术基础”“单片机系统设计”“计算机控制技术”“自动检测技术”“控制系统的故障诊断与可靠性技术”等课程。这些课程简言之，都属于电子信息基础硬件类课程。在有了若干年的教学科研经历经验后，我围绕这些方面相继编著出版了41部相关教材著作，包括主讲教材、实验教程和教学指南等。其中国家级、军队级统编（重点、规划）教材，教育部“面向21世纪课程教材”，“教指委”推荐教材等33部，1部获全国电子类专业优秀教材一等奖，1部获全国普通高等院校优秀教材二等奖，1部获中国图书奖，1部获湖南省优秀教材奖，另有多部获得国防科技大学优秀教材一、二等奖，具体如表5.6所示。

表5.6 笔者出版的教材著作一览表

序号	教材名称	出版社	时间	性质
1	微型计算机接口原理与技术	国防科技大学出版社	1993	获全国电子类专业优秀教材一等奖
2	计算机硬件技术及应用	国防科技大学出版社	1996	军队院校工科本科通用统编教材
3	微型计算机硬件技术及应用基础（上册）	国防科技大学出版社	1997	校规划教材
4	微型计算机硬件技术及应用基础（下册）	国防科技大学出版社	1997	校规划教材
5	计算机硬件技术基础	高等教育出版社	1998	教育部统编全国工科计算机基础课程系列教材
6	计算机硬件技术基础实验教程	高等教育出版社	2000	教育部统编全国工科计算机基础课程系列教材。获全国普通高等院校优秀教材二等奖
7	微型计算机接口原理与技术（第二版）	国防科技大学出版社	1999	校重点规划教材
8	计算机应用系统的故障诊断与可靠性技术基础	高等教育出版社	1999	教育部“面向21世纪课程教材”

（续表）

序号	教材名称	出版社	时间	性质
9	高科技知识读本	国防科技大学出版社	2000	《军队高中级干部学习规划》必读书。获中国图书奖
10	计算机硬件技术及应用基础（微机原理）	国防科技大学出版社	2001	“九五”国家级重点教材
11	计算机硬件技术及应用基础（接口与应用）	国防科技大学出版社	2001	“九五”国家级重点教材
12	现代控制系统（第八版）	高等教育出版社	2001	美国著名英文教材中译版
13	微型计算机原理及其应用典型题解析与实战模拟	国防科技大学出版社	2001	新世纪理工科研究生入学考试指导丛书
14	模拟电子技术基础典型题解析与实战模拟	国防科技大学出版社	2001	新世纪理工科研究生入学考试指导丛书
15	数字电子技术基础典型题解析与实战模拟	国防科技大学出版社	2001	新世纪理工科研究生入学考试指导丛书
16	电工电子技术导论	电子工业出版社	2005	高等院校电工电子类课程改革系列教材，“湖南省高等教育21世纪教材”建设规划教材
17	集成模拟电子技术	电子工业出版社	2005	高等院校电工电子类课程改革系列教材，“湖南省高等教育21世纪教材”建设规划教材
18	集成数字电子技术	电子工业出版社	2005	高等院校电工电子类课程改革系列教材，“湖南省高等教育21世纪教材”建设规划教材
19	电磁兼容技术	国防工业出版社	2005	解放军总装备部“国防科研试验工程技术系列教材”

（续表）

序号	教材名称	出版社	时间	性质
20	计算机硬件技术基础（第二版）	高等教育出版社	2005	教育部“面向21世纪课程教材”，“十五”国家级规划教材，“教指委”推荐教材
21	计算机硬件技术基础教与学指南	高等教育出版社	2005	“教指委”推荐教材
22	微型计算机原理与接口技术	清华大学出版社	2007	“十一五”国家级规划教材
23	单片机原理与应用系统设计	中国水利水电出版社	2008	“十一五”国家级规划教材
24	微型计算机原理与接口技术实验指导	清华大学出版社	2009	“十一五”国家级规划教材
25	微型计算机原理与接口技术教学辅导	清华大学出版社	2009	“十一五”国家级规划教材
26	微型计算机原理与接口技术电子教案	清华大学出版社	2009	“十一五”国家级规划教材
27	计算机硬件技术及应用基础（上册：微机原理部分）	中国水利水电出版社	2010	“十一五”国家级规划教材
28	计算机硬件技术及应用基础（下册：微机接口部分）	中国水利水电出版社	2010	“十一五”国家级规划教材
29	计算机硬件技术及应用基础电子教案	中国水利水电出版社	2010	“十一五”国家级规划教材
30	控制器件（第二版）	中国水利水电出版社	2011	“十一五”国家级规划教材
31	电工电子技术教程（上册：电工与电路基础）	电子工业出版社	2011	“十一五”国家级规划教材

（续表）

序号	教材名称	出版社	时间	性质
32	电工电子技术教程（中册：集成数字电子技术基础）	电子工业出版社	2011	“十一五”国家级规划教材
33	电工电子技术教程（下册：集成模拟电子技术基础）	电子工业出版社	2011	“十一五”国家级规划教材
34	计算机应用系统的故障诊断与可靠性技术基础（第二版）	中国水利水电出版社	2011	“十一五”国家级规划教材
35	计算机硬件技术基础简明教程	高等教育出版社	2011	“十一五”国家级规划教材
36	高等院校计算机基础核心课程教学实施方案	高等教育出版社	2011	“教指委”组织编制
37	微机原理与接口技术经典实验案例集	高等教育出版社	2012	“教指委”规划实践指南
38	微型计算机原理与接口技术（第 2 版）	清华大学出版社	2016	“十二五”国家级规划教材
39	微型计算机原理与接口技术实验指导（第 2 版）	清华大学出版社	2016	“十二五”国家级规划教材
40	微型计算机原理与接口技术教学辅导（第 2 版）	清华大学出版社	2016	“十二五”国家级规划教材
41	微型计算机原理与接口技术电子教案（第 2 版）	清华大学出版社	2016	“十二五”国家级规划教材

其中，1993年出版的《微型计算机接口原理与技术》是我正式出版著作的处女作，此前也曾编写过几本学校内印教材和补充讲义，如《数字测速表简介》（1975年）、《晶体管脉冲电路》（1976年）、《数-模与模-数转换器》（1983年）和《LSI存储器与可编程逻辑器件（1993年）》等。无论是内印还是正式出版，早期编写教材（讲义）的初衷都是为了满足本校课程教学的需要，也就是说基本上是按校本教材来编写的。没想到这本处女作出版后，竟受到了国内同行教师、专家比较广泛的欢迎和好评，使用学校较多，包括不少名校，并在当时国家教委组织的第三届全国优秀教材评选中，一举获得电子类专业优秀教材一等奖。在此之前，我本来是教学科研并重，而且在一定程度上还是以科研为主的，但这本处女作的出版和获一等奖，在一定意义上改变了我的人生轨迹。前来联系我写书出书的出版社和推荐我承担各类规划内教材编写任务的专家较多，而写书也是一件很费时间、精力的事，加上我本来也喜欢教学，喜欢和青年学生们打成一片，因此我就把主要精力转到以教学研究和编写教材为主的轨道上来了。这样才有了后来编著出版的各类国家、军队层面的统编（重点、规划、推荐）教材较多的局面。

这些教材不仅及时满足了各时期本校相应课程的教学要求，而且被军队院校和许多地方大学所采用，尤其计算机硬件技术基础（也即微机原理与接口技术）系列教材，还为原总参军训部和教育部高等院校工科计算机基础课程教学指导委员会制定“九五”“十五”“十一五”期间该课程的教学基本要求提供了重要参考依据（其中“九五”“十五”教学基本要求和“十一五”教学实施方案实际上是委托我起草的）。

2. 自编教材的主要体会

为了编写出有鲜明特色、尽可能好的教材，我的做法或体会，是一定要遵循以下写作步骤：

（1）明确全书指导思想和设想的特色优势，以此指导全书的编写。

我通常的做法是先拟好前言，把本书指导思想和特色写在里面，然后等全部书稿完成后再酌情修改、完善前言内容。这就是说，每本书写些什么，对于修订再版书改些什么，写、改后具有什么特色优势，都是事前作为成书后的前言主要内容顶层设计好的，而不是事后写成什么样子就在前言中说成什么样子，甚至前言中讲不出什么思想、特色。

（2）按照确定的指导思想和设想的特色优势，统筹考虑全书的内容取舍及其组织结构，拟订三级以上的编写提纲（即目录）。我通常的做法，如果是独著，拟订三级目录后，再往下写些什么自己心中有数；如果是多人合著，作为主编，我一般会拟制 3～4 级目录，对于重点知识单元在最低级标题下面，还常会标出从哪几个方面去展开内容，如何承前启后、切入主题、引入内容，甚至参考什么书、举什么案例等也会给出建议性启发提示。一般来说，编写提纲（目录）写得越详细越好。另外，三级或四级提纲（目录）的各级标题的编写很有讲究，不仅要准确表明相关内容，而且要讲究艺术性和语言美感，能精练的尽量精练，能对称的尽量对称。总之，在我看来，一本书好不好，首先看其三级或四级目录，书的内容、重点、有没有和有什么特色优势，尽在目录中。所以我历来认为，一本书的三级或四级目录设计好了，这本书从工作量上看，就算完成百分之三四十了，而从书的特色优势上看，则占比例更可达到百分之七十以上。

（3）按拟制的提纲（目录），精心撰写、打磨各章节内容。撰写过程中，要高度重视每个名词、术语、概念的准确表述、正确阐述；高度重视行文中的遣词造句、语言运用，前后章节、前后段句之间严谨的因果逻辑关系。为了确保写出来的教材内容准确无误，行文通畅优美，且读起来朗朗上口，最好在撰写时边写边念，每写到后面都要从本句或本段开始，有时甚至从几段前面开始，反复多遍地从头念起（而不只是看），看看是否念得通顺，遣词造句是否正确得当，等等。只有指导思想从大处着眼，具体写作从细节入手，编写过程中反复斟酌、反复修改，才有可能创作出精品。

（4）对于合著教材，由主编对全部书稿进行审读统稿，在此基础上作必要修改—审读—修改，直至满意为止。依我之见，只要是多位作者合写一本书，必须有主编，不能各行其是、各执己见。而作为主编，又必须名副其实地为主编著、为主负责，绝不能仅是挂名。主编的责任，一方面必须为主拟制编写思想和设计编写提纲（目录），组织参编作者做好顶层设计，制定好统一的格式规范，同时亲自编写大部分（对于第一版书）或主要章节（对于再版书）的内容。另一方面必须对源于不同作者的全部书稿逐字逐句进行通读统稿，在统稿过程中，对于看到的小问题，随见随改；对于与指导思想和期望特点明显不符或需改内容较多的地方，可把作者请过来，面对面地指出问题所在和如何修改，然后请他们回去自己改，改后再审读修改，直至满意为止。只挂名当主编而实际上不参编的做法，我认为是不可取的，而且不客气点说是不道德的，当然也是对自己、对别人不尊重不负责任的。这样“主编”出来的书，一般也不太可能质量好。

3. 几本代表性自编教材的特点

我编写的教材，无论是早期内印的还是后来出版的，都遵循了一些共同的原则，因而都具有几个共同的主要特点：

（1）一定是多年教学经验的积累和科研经验的积淀，即大体上都是水到渠成的结果。

（2）都紧紧围绕自己主讲的课程内涵类别，力求成系列。我任教的课程主要有三类，即电工电子技术类，微机原理、接口及应用技术（或计算机硬件为主技术）类和计算机控制及故障诊断与可靠性技术类。所以，我编写的教材都是尽量在这三方面构成系列。

（3）都着眼于、立足于与相应课程改革、课程建设构成相互促进的良性循环。一般第一版是多年相关教学科研经验成果的结晶，它一定要对后续课程教学起到好的牵引作用，带动课程教学迈上新台阶，取得新成果；新的课程教学经验成果反过来又推动产生改进修订原版教材或编著后续同类内容新教材的新思想。

（4）都高度重视写好前言。一般来说，我对编著、修订每一本教材的指导思想及主要特点都会体现在前言中，以方便读者特别是师生读者宏观了解并谨慎选择、使用本教材。那种编了书不写前言，或者随便写几句前言，前言中只是说明有哪几位作者以及作者分工的做法，我认为是不可取的，是作者对自己没信心、对读者不负责任的表现。为了说明这点，将我的处女作《微型计算机接口原理与技术》和全国大学计算机基础教学首批 5 本统编工科课程系列教材之一《计算机硬件技术基础》的第一版、第二版，以及《计算机硬件技术基础简明教程》的前言选录于下。

【处女作《微型计算机接口原理与技术》前言（1993 年）】

随着微型计算机应用的日益广泛，微机接口技术的重要性也日益明显地表现出来。目前，微机接口技术不仅已被越来越多的大学有关专业列为必修的专业基础课，而且也成为各种继续工程教育班、高新实用技术培训班的核心课程，受到了越来越多的在职科技人员和在校研究生、本科生、专科生的重视。

80 年代中期以来，国内相继出版了一些有关微机接口的译著和编著，对满足读者的需求发挥了重要作用。但是，这些书大多数都是以 Z－80 CPU 为背景处理机，脱离了当前微机应用的实际，与微机原理课正在进行的体系和内容改革不相适应。笔者编著本书的目的是期望解决这一问题，为微机应用书林奉献一本既符合教学规律，又有实用参考价值，并与目前广泛使用的潮流微机种类相适应的接口技术教材。但由于笔者学识水平和经验范围所限，不一定能如愿以偿，更不用说书中错误、纰漏难免了，恳请读者不吝赐教。

本书是作者多年来从事微机接口技术课程的本科生、研究生、继续工程教育班的教学和有关科研工作的经验结晶，是在历届授课讲稿的基础上，吸取国内外大量同类出版物营养精华的基础上编写而成的。全书由接口原理篇和实用接口篇两大部分组成，共十章。接口原理篇介绍了接口技术的基本概念、总线连接技术、并行接口、串行接口和DMA控制器接口共五章内容。每章都是先讲述基本原理，再介绍实现这些原理的典型芯片，最后给出这些原理或芯片的一两个应用实例，力求理论联系实际。实用接口篇主要按与计算机接口的外设的不同性质划分章节，以接口原理篇为基础，讨论了存储器与存储设备接口、人机交互接口、模拟器件接口、多微机系统接口、微机系统中的抗干扰技术等内容。各章节既介绍有关外设的接口特性、接口的硬件组成，又介绍接口的软件编程，使接口技术的原理、技术和应用并重，硬件和软件结合。全书以目前我国广泛使用的潮流微机 IBM PC/XT 和 MCS－51 单片微机为主要背景机；但在应用举例时又不拘泥于这两个机种，以利于说明一般原理和技术。

本书可作为大学自动控制、自动检测、仪器仪表、计算机应用和机电一体化等专业的研究生、高年级本科生及继续工程教育班的教材，也可供从事计算机数据采集、控制和其他微机开发应用工作的科技人员参考。为利于读者自学和教师组织教学，各章后面均有思考题和习题，书末附有 8088 和 MCS－51 指令系统、ASCII 码表、PC/XT 总线引脚定义、PC ROM－BIOS 软件中断、PC－DOS 软件中断与系统功能调用等几个附录。

本书是按 60 学时的自动控制系本科生/工程类硕士研究生教学大纲编写的，一般应以《数字电子技术基础》（或《数字逻辑》）和《微型计算机原理与应用》为先修课。根据授课对象和专业的不同，内容和教学时数可适当增减。

…………（此处结尾有两段致谢，省略。）

【全国统编通用教材《计算机硬件技术基础》前言（1998年）】

本书是为贯彻国家教育委员会“面向21世纪教学内容改革”的精神，为适应计算机技术的迅速发展，按照工科计算机课程教学指导委员会“三个层次五门课”的系列课程体系构想，作为其中的计算机硬件技术基础课程通用教材，由工科计算机课程教学指导委员会统一组织编写的。

本书覆盖了工科计算机课程教学指导委员会最新制定的计算机硬件技术基础教学要求的全部内容，并在某些方面略有超出。全书从计算机应用的需要出发，以在当今计算机世界占有绝对优势的主流微机(80X86系列微机)中代表性、典型性、上下兼容性都较好的PC/486为主要背景机，系统介绍了微机的硬件技术及应用基础。全书包括微机原理、微机接口和微机应用三部分内容，共12章。第1~7章为原理部分，包括微机系统概论、微处理器和指令系统、汇编语言程序设计入门、存储器、I/O接口及总线、中断与中断控制、定时器/计数器电路等内容，是全书的主体和基础；第8~11章为接口部分，这部分在第1~7章I/O接口基本原理的基础上，进一步介绍了并行接口与串行接口、人机交互接口、模拟I/O接口、386/486微机系统典型接口芯片等内容；最后一章为应用部分，介绍了最能反映计算机硬件技术本质的微型机在测控系统中的应用。

根据非计算机专业学习、应用计算机的特点，本书总的组织、编写原则是：

(1) 适当淡化微机内部和芯片内部原理，强化外部接口和应用。这里内部和外部的分界是“总线”，因此把总线连接技术又作为接口和应用的关键。

(2) 力求反映计算机及其应用技术发展的最新水平与趋向，同时又充分注意大学教育主要是打基础、学原理的特点，努力做到基础性、系统性、实用性和先进性的统一。

（3）适当遵循“宽编窄用”的内容选取原则和模块化、结构化的内容组织原则，以适应不同专业、不同层次、不同学时数教学的需要。同时各部分、各章节力求做到原理、技术与应用并重，理论与实践结合，符合教学规律。

本书参考学时数为 60～100。对于 60 学时左右的教学，可只讲第 1～7 章；对于 80 学时左右的教学，可只讲第 1～11 章；对于 100 学时左右的教学，可全书都讲。当然，用户根据各自情况和要求，也可作其他取舍。无论哪种取舍，都应十分重视实验和上机。

本书是在本人主编的军队院校工科本科通用教材《计算机硬件技术及应用》的基础上，在国家教育委员会工科计算机课程教学指导委员会直接指导下改编而成的。在编著过程中，国家教育委员会工科计算机课程教学指导委员会副主任、国防科技大学副教务长邹鹏教授和国家教育委员会工科计算机课程教学指导委员会副主任、北京航空航天大学麦中凡教授给予了许多具体指导；国家教育委员会工科计算机课程教学指导委员会专家、天津大学艾德才教授任主审，认真审阅、斧正了全部书稿。在此，对他们致以深深谢意。同时，也衷心感谢罗智敏、史美萍二位女士，是她们绘制了书中全部插图。

由于本书是按照新的教材体系及应用模式编写的，较大幅度地更新了内容，重组了结构，加之作者水平有限，书中一定存在不少错误和不妥之处，恳请读者不吝赐教、指正。

【《计算机硬件技术基础（第二版）》前言（2004 年）】

本书第一版出版至今已过去 6 年，其间计算机技术取得了飞速发展，我国的高等教育比计算机技术发展还快，教育教学改革热潮涌动、成果累累。为了与计算机技术的发展和教育教学改革的形势相适应，对第一版进行修订势在必行。

这次修订版是根据教育部高等院校非计算机专业计算机基础课程教学指导委员会新发布的“白皮书”的精神和课程教学基本要求，吸取国内同行使用第一版的反馈意见，结合作者所在课程组近期教学改革和教材研究的成果（2001 年先后获得军队级教学成果一等奖和国家级教学成果二等奖），总结提高而写成的，并作为面向 21 世纪课程教材、普通高等教育“十五”国家级规划教材和教育部高等院校非计算机专业计算机基础课程教学指导委员会推荐教材而出版。

本书在保持原有体系结构和总体编写原则基本不变的情况下，主要在以下一些方面对内容作了增删、修改、更新：

（1）把讲述各知识单元和知识点的主要背景机由 486 微机变成了 Pentium 系列机。

（2）在指令系统和汇编语言程序设计两个知识单元中增加了较多的实例，并且是边讲边举例，以帮助读者更好地理解、掌握基本指令和伪指令的功能及使用方法，以及基本程序设计的方法。

（3）对存储器一章按 7 个要点进行了内容重组，突出了基于半导体存储器接口特性的内存构成原理这个重点。

（4）将原“I/O 接口与总线”一章分列为两章，使微机系统的几大硬件组成部分各成一章。其中“I/O 接口”一章，鉴于端口地址译码器和 I/O 数据缓存器是任何接口必不可少的两个组成部分，所以适当增加了相应的内容；“总线”一章则适当增加了对最新流行总线标准的简介，而对任何一种总线标准的规定细则都不予详述。

（5）对“基本人机交互设备接口”一章，增加了实际中应用越来越多的液晶显示器及其接口内容，而对 CRT 显示器和其他几种设备及其接口作了适当简化处理。

（6）对各种可编程接口芯片，为有利于读者更好地抓住这类芯片的规律性的东西，更好地理解和掌握他们的应用方法，都按基本功能、内部结构与外部引脚、内部端口寄存器寻址与读/写控制、初始化与应用编程几个层面去重组内容。

（7）对各知识单元和知识点，力求更好地突出基本原理、基本方法技术的提炼和阐明，而适当淡化、压缩在具体 PC 系列机中的应用说明。

（8）删除了原“486/586 微机系统典型接口芯片”一章。

（9）更新了微机应用部分的一个集散式测控系统实例，将原架式制曲微机控制与管理一体化系统改为近年来研制的一个基于计算机测控的炮兵阵地训练与考核系统。

本书做出上述增删、修改、更新，目的是想使之更具先进性和实用性，也更符合教育教学规律，更有利于贯彻素质教育和创新教育的思想。但能否如愿，还有待于实践的检验。恳请专家、读者一如既往地给我们提出宝贵意见，对书中的错误和不妥提出批评。

本书修订时，除第二、三两章由陈立刚改写外，其余各章仍由邹逢兴完成。

…………（此处有一段致谢内容，省略。）

【《计算机硬件技术基础简明教程》前言（2011 年）】

本书是普通高等教育“十一五”国家级规划教材，也是作者所在系列课程组近年来结合国家精品课程建设开展教学研究成果的结晶。

本书以教育部高等院校计算机基础课程教学指导委员会近年发布的关于非计算机理工类专业本课程教学基本要求之“一般要求”，以及相应的教学实施方案为基本依据，取舍、组织和阐释内容，旨在使它在目前高校开课数普遍增多、单课学时数普遍减少的情况下能够具有尽可能广泛的适用性。所谓“一般要求”，我们认为和“较高要求”相比，就教学内容的基础性、系统性、科学性、先进性和实用性等基本要素而言，应没有什么差别，差别主要表现在对有些知识单元或知识点/技能点要求理解、掌握的程度上有一定的高低之分。

本书与前几年作者相继编著出版的也是“十一五”国家级规划教材的以满足“较高要求”为出发点的同类教材相比，其“一般要求”特色主要反映在以下五方面：

其一，进一步突出了“三个基本”。本课程涵盖的知识范围很广，涉及的概念、原理、方法技能很多，而且新技术、新工艺、新器件层出不穷，硬件软件高度结合，而学时数却越来越有限，历来教者、学者都感到很难。有鉴于此，课程教学在介绍必要学科新发展、新动向和对部分内容作必要更新，确保整体与时俱进的基础上，必须紧扣对培养微机接口与应用能力有重要意义的基本概念、基本原理、基本方法技能，重在传授真谛、提升能力。例如外围接口芯片是本课程绕不开的重点难点内容，虽然 PC 机中早就用上了集成度越来越高的外围芯片组，把所有接口功能基本上都集成到南桥、北桥两个芯片甚至进一步集成到一个芯片中去了（如 Intel82443，Intel82945 等），但从有利于让学生理解、掌握接口基本原理与技术真谛的角度看，不宜追赶时髦去讲这么高集成度的复杂芯片，还是以讲 8255、8250、8259、8254 等功能特色鲜明、结构原理清晰、实际系统常用的接口芯片更合适。在各知识单元、知识点的教学中，以“三个基本”作为重点，务求学员通过学习对基本概念能熟悉，对基本原理能理解，对基本方法技能能较好掌握。

其二，进一步强化了“淡内强外”。对微型计算机以及各种外围芯片、外部设备的内部原理，除必须的，尽量淡化、压缩，而把着力点放在介绍它们的功能特点、主要引脚及接口方法，以及根据应用需要选择可编程接口芯片的工作方式和编写接口驱动程序等方面。这里内部和外部的分界线是“总线”，因此要把总线连接技术作为接口和应用的关键。

其三，进一步强调了“软硬结合”。全书自始至终都贯穿了这一重要指导思想，像讲四种 I/O 数据传输同步控制方式、两种多中断源服务判决方法等内容时，都是先建立相应的硬件电路基础，再针对硬件设计驱动程序，并且强调硬件变了软件必定跟着变。

其四，进一步重视了“论例结合”。在涉及方法技能的知识点介绍中，如存储器和 I/O 口扩展、设计、分析，基本人机交互接口设计，A/D、D/A 转换器接口设计等内容，均尽量用较多、较经典简单的案例来说明基本思路和实现步骤，以利于教师开展案例牵引式、研讨式教学，引导学生自主学习。

其五，适当降低了难度，对既是重点又是难点的内容则融入多种启发式教学方法化解难点。例如，大大压缩了近年来计算机更新换代过程中相继引入的一些新型结构和先进技术的原理说明，像高速缓冲存储器、虚拟存储器、保护虚地址方式下的段页管理和中断描述附表等，只简要介绍其基本概念，而对它们的实现机理基本不讲。另外，合理降低了对较复杂接口设计的要求，例如8255重点突出方式0、方式1，对方式2只一带而过；对A/D、D/A转换器接口设计，重点突出8位转换器接口，对12位转换器接口只简单讲思路，不予详述；对CRT显示器及接口删除不讲，而代之以LCD显示器及接口。相反，增加了对近年来推出的常见新接口标准的性能特点、连接器规格、针脚定义及应用方法的介绍。

综合上述五个“较低要求”特色，就使本教程更好地体现了“非计算机专业人员学习计算机的目的是为了应用”这一最根本指导思想，彰显了“学以致用、学用结合”的鲜明特点。

除了上述“较低要求”特色外，本书在其他方面仍然秉承坚持了作者编著其他同类教材的一些重要思想理念，例如：

以主流的Pentium系列PC机作为介绍各知识单元和知识点的切入机种，却以同8086兼容的实地址工作方式及相应的AT技术标准作为介绍的重点。这种编写思路与一开始就从8086 PC机切入是有根本区别的，将更加有利于实现基础性、系统性、先进性和实用性的统一。

紧紧围绕计算机系统硬件组成及工作原理这条主线，重点介绍有关计算机工作的一些先进而实用的重要机理、思想和技术。

把存储器和I/O接口的分析与设计作为学习本书的出发点和落脚点，而这两者本质上都需要与处理器或系统总线正确连接，因此把总线连接技术定位于本教程的几大重点之一。但对具体的总线标准又只作简单说明，而不详述。

本书由九章组成，从第一章到第九章分别为：计算机系统中常用的逻辑电路单元，计算机系统基本组成原理，微处理器，Pentium 指令系统与汇编语言编程、存储器，I/O 接口与总线技术，中断与 DMA，常用可编程接口芯片，常用外部设备及接口。

…………（此处有两段说明全书作者和致谢，省略。）

本书的定位在于“教指委”提出的本课程教学“一般要求”，期望通过对内容的取舍、组织及对要求的把握，对它给出一种较准确的诠释。但这确实很难，理解与要求肯定还有差距，且错误之处仍然难免，恳请使用本书的师生和其他读者不吝批评指正，以便不断改进、完善。

五、教材市场乱象引发的教材建设新随想

（一）教材市场乱象

我国高等教育教材市场上存在着一种十分奇特反常的现象：真正高水平高质量的好教材少之又少，而东拼西凑、粗制滥造、同质化重复的低水平教材却铺天盖地。为什么会出现这种现象？主要是目前大学数量增长较快、学生基数庞大，教材需求量大，而教育部又不强调使用统编教材、规划教材，提倡各校自主选用教材。于是各校不管“三七二十一”，纷纷组织教师或者广大教师纷纷自动组织起来，投入教材的编写。另一方面，受政策影响，基础教育阶段教材的编写出版审核严格，门槛较高，而高等教育教材的编写出版门槛相对更低，而且每年的大学教材使用量极大，出于对经济利益的追求，很多出版机构都热衷于此类教材的出版工作，甚至只求有作者写书、有书稿出版、有学校用书，不管作者水平，不顾书作质量，更助长了大批低劣教材

的面世进课堂。在这种自由选用教材的大潮下，几乎哪个学校都是使用本校或者几所同类学校任课教师合编的教材，而众所周知，大学扩招以来，越是低层次的学校规模越大、学生越多，比“双一流”大学等重点大学的学生要多得多，对教材的需求量要大得多。这样一来，出版社出他们的教材，印数随随便便就可以达到成千上万甚至好几万、十几万，而出高水平大学、知名教授作者写的教材，印数反而上不去而没有经济效益。与此同时，教育部评选国家级规划教材和优秀教材、精品教材时，又把这种并不与水平、质量成线性关系的印数和用户数作为主要条件之一，其结果便严重挫伤了一流大学的教授和名师名作者编写教材的积极性。

（二）乱象引发的教材建设新随想

由上述教材市场乱象，我产生了几点新随想。

（1）加强大学的优质精品教材体系建设，不但需要优化校内教材建设环境，还与社会大环境、大气候有很大关系。前者由学校的政策和教学科研氛围所决定，如果学校的重科研轻教学、重科研成果轻教学成果、重学术论文轻教材教学论文的政策、氛围不改变，就不足以调动广大教师，尤其是学术造诣深、知识水平高、教师阅历长的专家教授编写教材的积极性，就谈不上创作出一批高水平高质量的教材，谈不上建立学校的优质精品教材体系。后者涉及的面更宽一些，有各级政府教育管理部门的诸多大政策导向问题，也有出版社如何处理急功近利和以质量取胜重在长远可持续发展之间关系的问题，等等。这种社会大环境、大气候如果不利，将使一流大学广大教师缺乏教材编写动力，不愿意甚至不屑于在这方面费心神花精力。这样一来，唯有那些办学层次不高、办学历史不长或现层级办学经历尚短的学校的教师，因为他们基本上是教学为主，少有科研任务，为了积累一些教学业绩，还有一些兴趣和热情去编写教材。而这些教师毕竟经历有限而教学科研经验不多，要他们写出优质精品教材，应该说确实是勉为其难，大多是心有余而力不足。以上两方面的合力作用，便形成了目前市面上各种从书名到内容都雷同的教材很多，却难以找到几本高质量、有特色教材的现状。

（2）教育部要不要组织编写和提倡使用全国统编教材的问题。进入21世纪之前，我国对大学的公共（通识）基础课、学科（专业）基础课乃至部分通用性较强的专业课，基本上都是由教育部组织制定全国统一的教学基本要求和组织统编、规定使用满足教学基本要求的优质教材。这对于确保主干课程教学的质量规格，进而确保人才培养的质量，发挥了相当重要的作用。进入21世纪以来，基本上取消了统编教材的说法和做法，虽然每个五年计划期间也都实施了国家级教材规划，评选出版了许多国家级规划教材，甚至在21世纪前夕还评选推出了一批数量更少、质量更优、产品更精的“面向21世纪课程教材”，但都不是过去概念上的统编教材，而只是推荐使用的参考教材，用不用的选择权完全在各个院校及其任课老师。从理论上说，从表面上看，这种从“统编教材”到“参考教材”的改变颇有道理，各校根据自己的办学定位和人才培养规格要求，自主选择或编写教材，将有利于尊重学校办学治教的自主权，有利于办出各校的特色优势。但实际上远非如此，不少学校在教材使用上的随意性较强，基本上奉行的是地区、学校保护主义，一概使用本地区、本学校自己编写的教材，致使许多院校的课程教学质量得不到保障。

这两种反差极大的教材使用管理模式及其带来的课程教学质量结果，使我不得不重新慎重反思和好好权衡抉择：对公共（通识）基础课、学科（专业）基础课乃至部分通用性较强的专业课，是全国制定统一的教学基本要求和统编、推行满足教学基本要求的优质教材好呢，还是由各校完全自主编写、选用自己的教材好呢？从中国的国情出发，我认为还是以组织编写满足教学基本要求的全国统编教材，并规定原则上必须使用为好，至于满足各校办学特色的问题，可通过自编校本补充教材来解决。

其实早在20世纪末，当时的国家教委就发现了放开教材编写与选用带来的问题。国家教委高教司在［1997］146号文件《关于加强普通高等教育教材编写与选用管理的若干意见》中就提到：“近年来在教材编写和选用方面出现了应予重视的问题。在编写方面，一些教材内容陈旧，质量不高；许多教材低水平重复。在教材选用方面，部分高校缺乏必要的指导与严格的管理，放任自流；不同程度地存在着自我封闭、片面强调自编率等现象，以至于大批的优秀教材得不到选用。这些问题已经给教学质量带来了一定的影响。”为了保证教学质量的不断提高，提出“须进一步加强对普通高等院校教材编写与选用的宏观管理与指导”，强调“高等院校要建立健全教材选用的报批、管理制度，并严格执行，确保高水平教材进入课堂。”要求“各部门、各学校在制定教材规划时，一定要做好调查研究工作。对社会上已有多种不同版本的教材，要严格把关，从严掌握，在确有特色、质量较高、能博采众长时，方可列入规划。”“各高等院校在选用教材时，决不能搞自我封闭，片面追求自成体系，而要根据教材的思想性、科学性、启发性、适合国情的先进性和教学上的适用性等原则，优先选用曾获得国家或省部级奖励的优秀教材（包括获教材奖、教学成果奖、科技进步奖）和新出版的国家级和省部级重点（规划）教材。对已有获奖教材或重点教材出版的课程，如果不选用这些优秀教材，必须有充分的理由，并由学校主管部门从严审批。尤其要杜绝教师个人未经批准私自直接向学生销售教材的现象。”

我认为，以前的国家教委对当时我国大学教材编写与使用管理方面存在的问题是很清醒的，提出的解决办法是很正确的。但由于所有这些解决办法都只是柔性的要求、建议，并非硬性规定，有了意见、要求，并没有检查落实，对没有按意见要求办、对教育质量影响大的缺乏有效的惩戒措施，所以多年以后，当时的那些问题并没有得到很好解决。一方面大学连年扩招扩规模、院校广泛升级升格；另一方面教材编写“低水平重复”、教材管理“自我封闭、片面强调自编率”、“大批优秀教材得不到选用”的现象存在加重的迹象，致使“确保高水平教材进入课堂”的要求没得到严格执行，一定程度上进一步影响了课程教学和高等教育质量。

遥想当年，即使是一些名牌重点大学，也都是采用统编教材和校本教材相结合的教材编写与教材使用管理模式，而不是什么课程都自编教材。例如我就读的“哈军工”，她作为知名度很高的我国最高军事工程学府，本身具有一大批理科和各工程技术学科领域的全国一流水平教授，但她的大部分公共基础课和专业基础课教材，也都是选用的全国统编教材，如高等数学课程使用的主教材是樊映川的《高等数学》，大学物理课程使用的是程守洙的《普通物理讲义》，大学化学课程使用的是李博达的《普通化学》等。本校只对一些军事特色明显的专业课或没有公认优秀统编教材的课程，才自己组织力量编写校本教材，或结合本校实际编写补充教材。应该说，这也正是“哈军工”等名牌重点大学能够确保高质量课程教学和人才培养的重要原因之一。

（3）现今的教材建设已不再只是纸质教材建设的概念了，而必须立足于立体化教材建设的理念。所谓立体化教材，是指随着互联网尤其是移动互联网技术的发展及其应用的日益广泛，以及学生个性化、自主性学习模式的兴起，依托现代教育技术形成的一种以能力培养为目标，以纸质教材为基础，以多媒介、多形态、多用途及多层次的教学资源和多种教学服务为内容的结构性配套教学出版物的集合。[①] 其目的，旨在最大限度地满足教师教学需要和学生学习需要，促进教学方法和教学手段的改革，提高教学质量。因此，教材立体化建设已成为今后教材建设的一个新趋势，值得高度重视、大力提倡。我曾在主编几本“十一五”“十二五”国家级规划教材时，就致力于形成立体配套的教材体系，每本教材编写出版后都配套制作了电子教案，或公开出版，或可从出版社网站上免费下载；同时，有几本主教材出版后还相继出版了配套的辅助教材（包括教学辅导、习题解答、实验教程等），

---

① 黄荣怀，郭芳．立体化教材的设计与开发［J］．现代教育技术，2008，18（10）：105－109.

有的还推出了相应的多媒体教学资源库、CAI课件和课程网站，为教师备课、实施教学和学生自主性、个性化学习提供更多更好的支持。在主编“新世纪电子信息与自动化系列课程改革教材”（整个系列分为电子信息与通信、计算机基础教育和测控技术与自动化三类，策划共由约50本主体教材组成）时，更是要求每本书的作者都这样做。但现在看来，能真正这样做的作者还不多，即使这样做了也做得很不够，离实现立体化教材建设形势的要求还差得很远。

立体化教材的主要资源形态，除传统的纸质教材外，通常还有电子教案、多媒体光盘（CD、ROM、DVD、蓝光光盘等）、网络课程、教学网站及论坛、在线视频等配套数字化资源。[①] 但立体化教材建设，绝不仅仅是各种教学资源的简单堆积，而是需要对它们进行系统的一体化设计。而立体化教材建设的关键，是在以数字化学习为核心的信息技术与课程整合的背景下，精心进行教学设计，包括设计教材内容结构（如采用“本章知识要点→基本知识点系统讲解→实用范例讲解→上机指导→习题”的结构框架）和建构数字化的学习环境两大内容。缺少教学设计或者教学设计不到位，多媒体资源再丰富，资源平台再好，教育技术用得再熟，做出来的立体化教材也是缺少生机的，其有效性也将大打折扣，无法真正发挥应有的优势和作用。当然，教学设计到位后，多媒体的科学合理运用也很重要，不同类型的课程需要使用不同的媒体去表达其教学信息，这样才容易实现其教学目标。例如，文科类课程，主要以鉴赏性为主，可以利用多媒体课件的声、光、影、像等媒体表现方式，来创造文字描述的画面情境，增强教学内容的生动性、形象性和感染力；外语类的课程，主要以语言为主，可以利用磁带、光盘等媒介，对听力进行训练，也可以利用图形和声音来表现一些用文字难以讲清的语音；主要以模型和操作为主的理工类课程，用文本较难形象描述，常可采用各种动画和图像技术，来模拟模型的构

---

① 黄荣怀，郭芳. 立体化教材的设计与开发［J］. 现代教育技术，2008，18（10）：105－109.

造和操作的步骤，甚至可以用视频展示实物的分解图，化抽象为直观的具象，使复杂的原理变得比较容易理解。

进行立体化教材建设，可使用基于移动互联网的二维码、APP（APPlication，应用程序）、VR（Virtual Reality，虚拟现实）和AR（Augmented Reality，增强现实）等技术手段。

所谓二维码技术，就是将传统的动画、微课、拓展资料等数字化资源放在稳定的网站平台上面，通过软件生成这些资源的二维码，然后将这些二维码印刷到相应纸质教材的知识内容旁边，读者只需利用手机等移动智能终端扫描一下纸质教材上的二维码，就可迅速指向关联在网络上的声音、图片、图像、动画、视频、影视等数字化资源。可见，通过二维码实现了纸质教材和数字化资源两种媒介的紧密结合，使得不同形式媒介之间的互换性与互联性得到了加强，呈现出多功能、一体化的特征。

利用二维码技术形成的立体化教材，对于在技能操作方面要求较高的课程具有明显的优势，学生可以在上课之前通过手机等智能终端扫码，提前熟悉任务操作的内容，这样在上课或者实验实训室动手时就能熟练掌握任务操作；在课后，学生也能随时随地观看这些数字资料，加深记忆。显然，它有利于丰富教学手段，提升学习兴趣，拓宽学生视野，增强教学效果，提高教学效率。但是，这种二维码版教材存在的不足在于，当网站平台的频带不宽、网速不高，或者同时访问视频资源的人数较多时，视频资源的下载速率或者运行流畅性将受到影响；当受上网条件所限，一旦Wi-Fi覆盖不到应用场所时，更会使整个数字化应用都受到限制。另外，由于二维码技术呈现的是从二维码到平台资源的单向的、线性的信息传输，对学生更高级别的开放式、互动式、协作式乃至社交式的学习需求不能提供支持。

APP技术是一种集网站平台、数字化资源、社交等为一体的移动应用程序技术。利用APP技术可以把所有的数字化资源内容封装在一个应用里，在Wi-Fi状态下下载到手机中。学生阅读纸质教材时，如果需要查看相应的图片、动画、音频、视频等数字化资源，就可利用

APP中自带的二维码"扫一扫"功能，直接访问手机里已经下载的数字化资源，而不再是通过移动网络来访问数字化资源。这样，链接的速度很快，不会像二维码技术那样因为网速的原因而停顿或中断，使学生能保持较好的阅读体验。更主要的是，APP平台可以集成作业系统、测试系统、交流板块等更多的拓展性资源与功能，并以此开发更多的辅助教学、学习栏目和模块，诸如搭建学习互动社区、拓展资源链接、自我测试等，其便捷的交流和分享手段为学生的自主学习、协作学习、泛在学习打下基础。对于这种轻流量的应用，学生依靠手机自带的数据流量即可较轻松地应对，可以保证互动交流的即时响应。如果在纸质教材配套的APP客户端，通过VR手段，采用全息识别技术，应用3ds Max等多种工具，将纸质教材中的平面图形转化成三维模型，读者打开APP客户端之后，将摄像头对准标有"互联网+"标志的图片，更可多角度地察看三维交互模型。

AR技术则是一种通过实时地计算摄像机所摄影像的位置及角度，并加上相应图像，而将真实世界的信息和虚拟信息整合在一起，从而使真实世界信息增强的技术。利用它看到的场景和事物一部分是真、一部分是假，是把虚拟的信息带入现实世界中。其目标是在屏幕上把虚拟世界跟现实世界融为一体并进行互动。由于AR是现实场景和虚拟场景的结合，所以基本都需要摄像头，在摄像头拍摄的画面基础上，结合虚拟画面进行展示和互动。AR技术应用在教材建设上，就是用户基于一本真实的纸质教材，通过动作控制器设备创建与操纵数字化资源画面，并以此达到与教材互动的效果。互动中所有的动作都由摄像头记录并识别，读者与教材互动的效果将同时显示在电视屏幕上，使人感觉情境逼真、活灵活现。

由上所述，创作出一种优质立体化教材，比编写出一本单纯的优质纸质教材，对作者的要求要高得多。从为教师教学服务的角度看，一方面作为立体化教材中主教材的纸质教材，既要具备指导性和示范性，又要具有一定的适用性；另一方面应能提供与主教材配套的教师参考书、教学大纲、电子教案、习题试题库及参考答案等数字化资源，以方便教师设计教学方案，演示教学重点内容，以及布置作业和组织试卷，使教师能做到“个性化教学”。而且各种不同的数字化资源一般应采用不同的编写方式，把教材的精华从各个角度呈现出来，既有必要重复、强调，又有合理交叉、补充，相互配合，形成一个针对教师教学资源的有机整体。而从为学生学习服务的角度看，应按建构主义教学理念，为学生提供可在其中进行自由探索和自主学习的学习环境，在此环境中，学生可以利用各种工具和包括纸质教材、数字化资源在内的各种信息资源，达到自己的学习目标。在这一过程中，学习资源是充分共享的；学习活动是学生可以随时随地进行的，不应受到严格的控制与支配，而具有充分的主动与自由；学习过程既是以学生为主体、为中心的个性化学习过程，又是师生之间互动交流、学生从中得到教师指导帮助，生生之间协商合作、实现相互支持相互促进的过程。

总之，立体化教材建设是以数字化学习为核心的，它支持的教学与学习和传统的一本纸质教材支持的教学与学习大不相同。它应当特别强调学生是认知主体、是知识意义的主动建构者，因此把学生对知识的意义建构作为整个学习过程的最终目的，帮助学生建构真正意义上的，有真情实境、有协商对话、有共享资源支持、有互动空间支撑，利于完成高效率学习，能在其中自主学习、主动探索、合作研究、互动交流，从而深入理解纸质教材的知识体系和教学重点的多功能柔性学习环境，是立体化教材建设的关键。

由于立体化教材的形态复杂性和功能多样性，要胜任优质立体化教材的建设任务，不太可能像纸质教材建设那样可以仅由单独作者所为，而应由一个作者群体去共同完成。同时，要求作者群体不仅仅具有前面所述纸质教材作者的那些综合素质和水平，而且还应具有熟练应用二维码、APP 或 AR 等技术手段，构建与纸质教材相对应的各种多媒体数字化资源，并充分利用这些立体化资源谋划设计双向互动教学方案的能力。如果说在纸质教材阶段，各大学的教材建设主要表现为课程教学应采用高水平、高质量教材，而不在乎所用教材是自编还是他编，那么在当下的新形态立体化教材阶段，隐藏在纸质教材背后的各种多媒体数字化资源的开发设计及其在双向互动教学中的高水平应用，就决定了要编写出高水平、高质量的教材，必须是高水平施教群体丰富教学经验和资源开发经验深度融汇的结果，是课程教学团队成员优势互补、集体智慧的结晶。

第六章　学科专业建设和研究生培养

一、学科专业建设及其在学校建设中的地位

学科专业在大学发展和人才培养中的地位极其重要，因此学科专业建设在大学备受关注。然而在具体的建设实践中，学校的各级教育教学管理人员和广大教师，对学科、专业建设各自的内涵、定位、作用、任务及其相互关系并不一定十分清晰，常将两者混淆，在一定程度上影响了学科、专业建设的效率和效果。因此，厘清学科与专业的内涵，认清学科与专业的共同点、不同点和联系，明晰学科建设与专业建设的内在逻辑关系，对于明确大学学科、专业建设责任，避免学科、专业建设的盲目性，增强自觉性和针对性，深化高等教育领域综合改革，促进大学内涵发展和科学发展，推动人才培养质量提高，具有十分重要的现实意义。

（一）学科与专业的关系

在高等教育领域，经常会听到学科专业建设这样一种说法。其实，学科和专业，学科建设和专业建设，两两既相互有共性，又有区别，分别是两个范畴不尽相同但又联系十分紧密的概念，既不能完全混为一谈，也不能完全割裂开来。

1. 学科、专业的共同点

学科、专业的共同点可从以下几方面看出。

（1）学科、专业都是知识分类的产物。两者都是知识体系构建的

结果，是知识的分类、科学的细化。一般认为，学科是科学知识体系的分类，不同的学科就是不同的科学知识体系；而专业是在一定学科知识体系的基础上构成的，离开了学科知识体系，专业也就丧失了其存在的合理性依据。在一个学科之中，可以组成若干专业；在不同学科之间，也可以组成跨学科专业。[①] 按照瑞典和德国的两位教授共同主编的《国际教育百科全书》中的说法，大学最初是围绕哲学、医学、法律和神学四种学科建立起来的，之后逐渐派生出若干专业性学科。[②] 随着高等教育的发展，科学研究越来越深，知识区分越来越细，科学既分化又重组，出现了越来越多的学科专业，同时也由于各国科学研究、高等教育和国民经济发展水平的差异，导致各国对学科专业的划分也既有共性又有特性，且都是动态变化的。

（2）专业是学科的细化，学科是多个专业的集合。大学由学科组成，学科是大学的核心，学科可细化为专业，这是人们经常笼统地把学科专业放在一起说的主要原因。2011 年国务院学位委员会、教育部印发《学位授予和人才培养学科目录》，明确其“分为学科门类和一级学科，是国家进行学位授权审核与学科管理、学位授予单位开展学位授予与人才培养工作的基本依据，适用于硕士、博士的学位授予、招生和培养，并用于学科建设和教育统计分类等工作。学士学位按本目录的学科门类授予”。2012 年教育部颁发《普通高等院校本科专业设置管理规定》，明确本科“《专业目录》分为学科门类、专业类和专业三级”，它们基本与研究生学位的学科门类、一级学科和二级学科相对应。可见，通常学科（主要指一级学科、二级学科）是针对研究生教育而言的，而专业主要是针对本科教育而言的，但无论学科还是专业，都是学科门类下面的一些知识体系子集。

（3）学科、专业都是一种制度安排。基于知识分类而建构出学科

---

① 马陆亭. 学科、专业的同与不同［N］. 光明日报，2017－07－29.

② 托斯顿·胡森，纳维尔·波斯特尔斯威特. 国际教育百科全书［M］. 贵阳：贵州教育出版社，1991.

专业，也就有了制度的含义，如机构、人员、场所、交流等。制度包括内部的组织、运行，因此也就有了特定的利益。行政建制、机构和编制在大学是很重要的，意味着拥有自己的领地，意味着有一批人专职、稳定地从事这项工作，后来的由教研室、系升院或升中心，再升学部，包括重点学科建设，其实都是在强化着这种制度安排。

2. 学科、专业的不同点

学科、专业的不同点，可从知识体系研究和大学教育两个角度去看待理解。具体主要表现在以下几方面。

（1）学科、专业是两种不同范畴的概念。

在我国，《辞海》将“学科”表述为学术的分类或教学的科目；在西方，学科（discipline）的拉丁文与英文解释则都兼有知识体系、规训及其组织的含义。两者对学科内涵的解释基本上是相同的，都可从两大方面去看待理解。首先，从知识体系及研究的角度看，学科是与知识相联系的一个学术概念，是自然科学、社会科学两大知识系统（也有自然、社会、人文之三分说）内知识子系统的集合概念。它体现的是一种分化的科学研究领域，是自然科学、社会科学概念的下位概念，所以也可以说它是一种学术的分类，系指一定科学领域或一门科学的分支，如自然科学中的数学、物理学、化学、生物学等，社会科学中的哲学、法学、社会学、管理学等，它是相应领域（分支）科学研究发展成熟的产物。再从大学教育和教学科目的角度看，学科又具有第二种含义，系指大学教学、科研等功能单位，是对大学人才培养、教师教学、科研业务隶属范围的相对界定。

专业的内涵也有广义和狭义之分。广义的专业主要是指某种社会职业，体现该职业与其他职业不同的业务特性，如学校教师、财会人员、土木工程技术人员等职业的从业者，其相应的职称一般称为不同系列的专业技术职务。狭义的专业主要是指大学培养人才的平台或载体，是一种明显偏重于育人范畴的概念，主要是对学生就学于什么知识体系的界定。[1] 专业涵盖的知识体系可以是某个学科知识体系的一个子集，也可以是多个学科知识体系的子集的集合。因此，专业也常认为是一种涵盖实践教学在内的广义的课程组合和教学组织形式。在大学谈到专业，多是就上述狭义概念而言的。

一般来说，大学教师隶属于学科，而学生就学于专业。教师从自身学科的角度为专业提供课程，而学生可以选择不同学科教师开出的课程，学生的知识结构可以与自己老师的知识结构相同、部分相同或完全不同。国内外许多大学之所以实行学分制，重要原因之一就是专业边界的开放程度很高，理论上甚至可以是一人一专业，其优点是能较好地满足学生的个性特点和适应社会不断变化的需求。

（2）学科、专业具有不同的构成要素。

学科的构成要素是知识单元，知识单元的系统化构成了知识体系，即成为学科。具体说，构成一门独立学科的基本要素主要有三：一是独特的、不可替代的研究对象或研究领域；二是完备的理论体系或知识结构，即特有的概念、原理、命题、规律等所构成的严密的逻辑化的知识系统；三是成熟的方法论，即学科知识的产生方式。其中理论体系或知识结构是学科构成的主体。

专业构成的基本要素则主要是另外三方面：一是专业培养目标，即专业活动的意义表达，它具体表现为人才培养规格，包括受教育者应达到的知识、能力、素质要求等，是大学依据社会需求、区域发展、办学条件水平等影响而设定的某类专业人才的质量标准，也是制定专业培养方案、设计课程体系和教学内容的基本依据；二是专业课程体系，它是社会职业需要与学科知识体系相结合的产物，是专业活动的内容和结构，其合理设置与否、质量高低、实施效果好坏，直接影响人才培养目标的达成状况；三是专业中的人，包括教育者和受教育者，

---

① 钟秉林，李志河．试析本科院校学科建设与专业建设［J］．中国高等教育，2015（22）：19－23．

他们是专业活动得以开展、完成的主体。

（3）学科、专业所追求的目标不同。

学科发展的目标是知识的发现和创新。学科的基本特征是学术性。它以知识形态的成果服务于社会，一般称之为科研成果，科研成果又可分为科学型和技术型两种。

专业追求的目标则是为社会培养各级各类专门人才，以适应社会对不同层次、不同方面人才的需求。

学科与专业目标的区别表明两者之间具有不可替代性。

（4）学科、专业的划分原则不同。

学科的划分，遵循知识体系自身的发展逻辑，因而形成树状分支结构。

而专业，是按照社会对不同领域和岗位的专门人才的需求来设置的，不同领域专门人才所从事的实际工作，需要什么样的知识结构，专业就组织相关的学科来满足，专业以学科为依托（基础），而且多数时候一个专业不仅依赖一个学科，而需依赖多个学科来支撑。由于当今社会需求的影响力在不断上升，而社会需求的覆盖面又非常广泛，这就必将导致未来大学的办学模式、治理模式甚至教学模式和教学内容的差异性十分巨大，专业的划分设置具有多样性。教育思想认识必须顺应这种差异性和多样性。

（5）学科、专业发展的影响因素不尽相同。

学科的发展受科学技术和社会需求两大因素的影响。在学科体系的形成中，由同一学科发展衍生的是线性学科群，由彼此支持的相邻学科组成的是相关学科群，在不同学科交叉地带产生的是交叉学科群，与产业相关联的是应用学科群。因各种学科都是相应科学研究发展成熟或比较成熟的产物，所以其发展具有相对稳定性，即便是一些交叉学科、边缘学科等也都有自己相对稳定的研究领域。

专业作为从属于一个或多个学科的下位知识系统概念，其发展自然也受科学技术和社会需求两大因素的影响。但除此之外，专业的发展还在很大程度上受教育理念的影响，如早期强调人才培养的专门性，提倡“学一行爱一行”，“干一行专一行”，因此专业越设越窄；实行市场经济后为了增强人才对市场瞬息万变的适应性，又逐步拓宽了专业口径，这即是体现了教育理念的变化——由专业教育思想向通识教育思想的转变。

相对而言，科学技术自身的逻辑对学科影响更大，教育理念对专业设置影响更大，社会需求则对两者的影响都很大，且影响都在逐渐加深。而专业则是随着社会产业结构的调整和人才需求的变化而变化的，新的专业不断涌现，老的专业不断被更新或淘汰，这就导致专业不像学科那么稳定，变化较多较频繁，而且专业的发展是多元的。

3. 学科、专业的联系

学科、专业之间的联系主要表现在以下几方面。

（1）学科与专业是一种交叉的关系。例如，控制科学与工程学科和自动化专业，两者是一种交叉关系，要从事自动化专业工作，必须掌握大量的控制科学与工程学科的理论，但同时还要掌握其他学科的理论，如机械工程、电子、计算机、外语、管理学等学科理论；控制科学与工程学科又可以分出很多分支，如控制理论与控制工程，检测技术与自动化装置，系统工程，模式识别与智能系统，导航、制导与控制等，而这些学科分支知识并非全都是自动化专业必须具备的，所以说自动化专业是由适用于这一专业需要的若干学科中的部分内容构成，而不是由若干学科中的全部内容构成。因此，专业可以看作是对各种学科知识根据一定的要求进行切块和组织，即构成一定的专业，满足社会对人才的需要。

（2）学科与专业是一种相互依存、相互支撑、相互促进的关系。自近代以来，正是学科不断地纵向拓展与横向分化，为专业设立乃至专业品质提升奠定了基础，创造了条件。因此，学科是专业发展的基础，专业是学科承担人才培养职能的基地。专业依赖学科而存在，专业的发展离不开学科水平的提高。

如前所述，任何一个专业都有其构成这一专业知识的主干学科作为自己的支撑。专业要以学科为依托，科学技术发展到何种程度，教育也发展到何种程度，人才培养的质量，取决于学科水平。同时，也只有学科的分化和综合达到一定高度，才有相应的高新科技支撑的新专业的出现。但是，学科与专业之间又不是一种简单的单向依存和支撑关系。具体到一个学科内部，由于其演进逻辑具有内敛性，它根本无法满足专业对人的职业能力诸如认知、技艺和素养培育的多样化需求。在本科层次上，专业实际上是通与专的结合，所谓“通”就意味着人才培养离不开文理等基础学科的支持，它指向的不仅是社会所有职业所需求的认知与非认知的通用能力，而且在很大程度上为“专”夯实基础。因此，至少在形式上专业通常包纳了众多学科的内容。这些以课程建构起来的学科内容可以但也未必一定要与专业存在有机关联，它还要允许学生根据兴趣自我选择。即使所谓的“专”的部分，也绝非是特定学科内容的专属，而是基于未来职业取向对不同学科基础理论与应用部分内容的萃取。

比如国防科技大学的自动化专业，作为工科专业，其专业课程设置除和其他各专业一样覆盖了理学、哲学、法学、文学、军事学等学科门类下的诸多一、二、三级学科外，即使在工学门类下也覆盖了控制、电气、电子、计算机等多个一级学科中的许多二、三级学科。其他各专业也都是如此，无论新兴专业还是诸如数学、物理等传统专业均概莫能外，都是根据社会对专业知识结构需求的多样性和学生对未来职业选择（应变）的多样性，提供不同的学科内容。可见，学科与专业的这种关系，远非一种单向的专业对学科依存、学科对专业支撑这么简单，而是一种双向依存、支撑和促进的关系。

我比较赞成一些人用这样一种简约而易懂的视角来审视理解这种关系：学科是教师，专业是教育。教师是在特定学科领域甚至更细分的领域开展研究与教学，而学生的专业教育则是在整个大学众多学科林立、理论与应用取向各有不同的框架下展开。学科可以因为教师及其团队研究实力与水平有高低，而有一流、二流、三流之分，但是专业作为人才培养的制度设置，却需要更为丰富和多样化的学科资源，可以从校内外众多学科中汲取各种营养来维持生存和发展，同时具有外向逻辑的专业增长与发展需求，又会反过来对学科提出新要求，构成促进学科发展的外部动力。

（3）学科和专业的联系主要是以课程为中介通过人才培养来实现。从学科（建设）与专业（建设）的内涵看，两者在人才培养方面体现出了较高的统一性。国家《高等教育法》第十六条对本科生、研究生应掌握的本学科基础理论和专业知识分别做出了明确规定；国务院学位委员会和教育部颁布的《学位授予和人才培养学科目录（2011年)》，分设13个学科门类和110个一级学科，用于硕士、博士的学位授予、招生和培养，以及学科建设和教育统计分类等工作，并规定学士学位按新目录的学科门类授予；教育部颁布的《普通高等院校本科专业目录（2012年)》规定了专业划分、名称及所属门类，把本科教育分设12个学科门类、92个专业类和506种专业，是本科院校设置和调整专业、实施人才培养、安排招生、授予学位、指导就业，进行教育统计和人才需求预测等工作的重要依据。

通过比较不难看出，相当一部分学科和专业在名称上相同或相似，在设置上体现了学科建设与专业建设在人才培养方面的一致性。而学校的人才培养离不开课程。一方面，课程的构成元素是学科知识，课程是按教育教学规律对学科知识进行组织、改造、拓展而成的，同时课程也推动学科根据新问题、新要求，加强相关方向科学技术研究和知识发现创新；另一方面，专业可以理解为课程的组合形式，即课程是构成专业的要素，课程支撑着专业，同时基于社会需求，根据对专业知识结构的要求来编制设置课程，学科的人才培养功能是以课程为依托实现的。

无论学科还是专业的建设与发展，都是主要通过优质的师资力量、科学的课程体系、高水平的科研项目和良好的实践条件，来培养符合规格标准的社会所需的高素质创新型专业人才，只不过学科建设中侧重的是研究生层次教育，而专业建设中侧重的是本科生层次教育。在此过程中，高水平的学科建设、科研成果将对相关专业的课程体系、课程内容产生影响，同时也将激发学生对科学的兴趣，从而促进专业建设和人才培养水平的提升。

（二）学科建设和专业建设的内涵

学科、专业之间的区别与联系，决定了学科建设、专业建设在内涵上也同样既有区别又有紧密联系。

如前所述，学科有学术分类和大学教学科研功能单位两种含义，通常大学“学科建设”中“学科”的含义侧重后者，但与第一个含义也有关联。按照2011年国务院学位委员会和教育部颁布的最新《学位授予和人才培养学科目录（2011年）》，中国目前大学的研究生教育和本科教育的学科划分均为哲学、经济学、法学、教育学、文学、历史学、理学、工学、农学、医学、军事学、管理学、艺术学等13大门类。每大门类下设若干一级学科，如工科门类下设机械工程、光学工程、电气工程、控制科学与工程、电子科学与技术、仪器科学与技术、计算机科学与技术、航空宇航科学与技术、兵器科学与技术等38个一级学科，理学门类下设数学、物理、化学、天文学、地理学、生物学等14个一级学科，13大门类下总共设有110个一级学科。一级学科再下设若干二级学科，如控制科学与工程一级学科下设控制理论与控制工程、检测技术与自动化装置、系统工程、模式识别与智能系统、导航制导与控制等5个二级学科，数学一级学科下设基础数学、计算数学、概率论与数理统计、应用数学、运筹学与控制论等5个二级学科。

我国大学硕士、博士学位点的申报，一般是依托二级学科来进行的。学位点申报成功后，也多设在二级学科之下。博士、硕士学位也是授至二级学科。一般意义上的博士、硕士点数指的就是可以授予博士、硕士学位的二级学科的数目。如果获得一级学科博士学位授权，就意味着在这个一级学科下的所有二级学科都有博士学位授予权，即意味着一个学生只要选择了这个学科中的任何一个专业，进了校门就有条件从本科一直念到博士。这能反映出一个大学或科研院所在这个学科的实力和水平。但一个学校的学科建设是否全国一流、全国领先，学校在全国大学的学术地位、科研水平及学生培养质量是否高，关键要看学校的一级学科、二级学科有没有国家重点学科以及重点学科的多少。为此，国务院学位委员会曾先后于1986—1987年、2001—2002年和2006年组织过三次国家重点学科的评审，把一些单位的学术水平、科研成果、师资力量、在国内外的地位和声誉突出的学科，评定为国家重点学科。其中2006年第三次共评选出286个一级学科、677个二级学科的国家重点学科，217个国家重点（培育）学科，其中一级学科国家重点学科所覆盖的二级学科均为国家重点学科。就是说，重点学科评定主要是就二级学科而言的。

关于学科建设的内涵，我国已有不少学者从不同角度对其进行了探讨，但目前尚无统一的权威定义。就一个研究领域而言，学科建设主要是指通过理论体系的构建，使其制度化，然后通过学科设置、学科建制等过程，建立起该学科的训练制度和研究制度。而就一所大学而言，学科建设又可分为三个层面：一是宏观层面，即学校层面，主要涉及学科定位、学科规划、学科设置、学位点设置、学科门类、学科结构与体系、交叉学科的形成等一些宏观问题，其目的在于形成一些有影响力的学科群或一流学科，优化学校学科结构和学科布局；二是中观层面，主要指各一级学科中学科群的建设，即通过学科划分、学科设置、学科建制，使得一级学科下面的分支学科不断增多，社会建制不断扩大，研究经费日益充足，对问题的认识日益加深；三是微观层面，主要指一个个二级学科的建设，即通过学科方向的凝练形成、学科带头人的遴选培养、学科基地的打造建设等，提升学科建设水平。上述从研究领域到学校各层面的学科建设是密切相关、互为影响的。通常讲的学科建设，往往是在不同的情景下，强调某个领域或层面，事实上，每一所大学的学科建设无不由各大领域和各个层面的建设有机组合而成。

专业建设的内涵和学科建设相似，也可分为宏观和微观两个层面。在宏观层面，专业建设主要考虑专业设置、专业布局、专业结构的调整优化、重点专业的建设与扶持等学校层面的问题。在微观层面即某一具体专业层面，专业建设则主要包括追踪社会发展需求，制定专业培养目标与规格，制订专业教学计划，进行课程建设、教材建设、实验实训实习等实践条件建设、教学模式方法改革等内容，以提高教学质量为目标。

由学科、专业建设的内涵可看出，两者之间的关系具有内在逻辑上的依附性、人才培养上的统一性、资源配置上的冲突性和资源与知识整合上的协同性。因此，大学的学科、专业建设与发展应该顺应这几方面特性，力求两者相辅相成、相互促进、协同共生、协调发展。①

（三）学科专业建设的目标任务

大学学科专业建设的目标任务是围绕学校的办学目标和任务确定的，就是要在凝练学科专业方向、汇聚学科专业队伍、打造学科专业平台、提高学科专业水平的基本目标下，进一步优化学科专业布局和体系结构，扶持新兴学科专业和应用学科专业，加快特色学科专业和交叉学科专业发展。通过学科专业体制和机制创新，促进各学科专业之间的交融渗透，形成新的学科专业增长点，增强学科专业综合性，建立学科专业群。就具体内容而言，各项基本目标应包括的基本任务大体如下：

（1）关于凝练学科专业方向。通过学科专业建设，整合学科专业资源，形成一批对推动学科专业发展、科学技术进步，促进我国经济、

---

① 刘海燕，曾晓虹．学科与专业、学科建设与专业建设关系辨析［J］．高等教育研究学报，2007，30（4）：29－31．

社会、文化发展和国防、军队建设具有重要意义的，在国内外具有一定优势和特色的学科专业。

（2）关于汇聚学科专业队伍。通过学科专业建设，形成一支具有在学科专业学术造诣深、有一定国内外知名度和影响力、为国内外同行所公认的学术带头人，结构合理、实力雄厚的高水平学术梯队。

（3）关于打造学科专业平台。通过学科专业建设，形成居全国同类学科专业先进水平的科学研究基地、科学研究项目、专业课程体系、教学实践基地和其他教学、科研条件，同时还具有较强的与其他相关学科专业相互支撑的能力，以及同国内外开展活跃学术交流的优越条件和获取国内外相关信息资料的先进手段。

（4）关于提高学科专业水平。通过学科专业建设，培养出优秀的本科生和研究生，产出对社会具有重要影响的思想和理论成果，开发出具有独特竞争优势的技术和服务，形成有较大影响的学术特色，承担一定数量的具有重要理论和现实意义的研究项目，取得一定数量的较高水平的研究成果，对经济建设和社会发展做出较大贡献。

总之，大学的学科专业建设主要包括学科专业定位（学科专业方向及发展层次）、学科专业队伍（学术带头人、学术梯队）、科学研究、人才培养、学科专业基地（实验室、重点学科、研究设备等）、学科专业管理等多方面内容。学科专业建设的状态及指标主要是通过以下几大要素来体现的：一是构成学术体系的各个科学分支；二是在一定研究领域生成的专门知识；三是具有从事科学研究工作的专门的人员队伍和设施。这三大要素也是体现一个学校在国内外发展水平的重要标志，通常也是国内外几大大学排名机构进行排名的主要依据。大学学科专业建设，要主动适应学科专业内涵的日新月异变化，不断调整优化学科专业结构，凝练学科专业发展方向和发展重点，突出学科专业建设重点，创新学科专业组织模式，打造更多学科专业高地，带动学校发挥优势、办出特色、远离平庸。

（四）学科专业建设的指导思想

学科专业建设，一般应遵循以下基本指导思想。

（1）围绕学校办学定位和发展目标，坚持“有所为，有所不为”和“突出重点、兼顾一般”的学科专业建设思想。

在学科建设规划制定、学科布局、结构调整、资源分配等方面，要深刻把握学科专业建设的内在规律，按照“全面提升，重点突破，强化优势，突出特色”的思路，实现学科专业内涵发展，全面提升学科专业核心竞争力，增强为国家和区域经济社会发展服务的能力。为此，必须坚持突出重点、兼顾一般，整合资源、集中力量，以及分类指导、分层建设等原则。一所大学，当然希望最好是学科专业齐全，而且所有学科专业都实力超群。但实际上，这是不可能的。任何一所大学都不可能在所有领域、所有学科专业都拥有最好的资源，都处于领先或一流的位置。国外的哈佛大学、耶鲁大学，世界公认其文理基础学科十分齐全优良，但也做不到所有学科专业都是一流；斯坦福大学与加州大学伯克利分校的学科门类更为齐全，但其中很多学科专业也难堪称一流。国内的清华大学、北京大学、浙江大学、中国科技大学、国防科技大学等“双一流”名校，也同样是这种情况。这就需要从“有所为，有所不为”和“突出重点、兼顾一般”的思想原则出发，充分考虑各学科专业的现有发展水平和优势劣势，充分考虑各学科专业的发展潜力和发展空间，同时对学科专业发展的目标定位进行科学分类，并提出建设发展思路和措施，明确哪些学科专业该建设发展，哪些暂不建设发展，哪些该重点建设发展，哪些该一般建设发展，使计划要建设发展的各学科专业在不同的平台、起点上快速发展、协调发展，从而促进学校办学水平的整体提升。这里有一个问题要处理好，即是否凡不是优势的学科甚至是相对劣势的学科，就要把它们砍掉呢？这恐怕不能一概而论。因为忽视了众多的基础学科建设，各类学科资源匮乏或水平落差过大，无论本科生还是研究生的专业教育和人才培养过程就会存在明显短板，就长远而言它甚至可能也会影响特色优势学科的发展动力与后劲；忽视了必要的新兴交叉学科，对专业教育、人才培养的质量和学校办学的水平，也必然会有负面影响。因此，鉴于学科与专业间的这种关系，大学在学科专业建设中，最好以专业人才培养质量全面提升来开展学科专业布局与建设。把摊子铺得太大甚至削峰填谷的行为固然不可取，但是，只考虑锦上添花而根本不雪中送炭更不可取，应在系统深入研究本校办学目标定位、优势劣势和主客观条件的基础上，既集中优势资源突出重点发展强项，又采取特殊举措扶持助推一些重要基础学科专业和新兴交叉学科专业的超常发展或稳步求进。

在调整学科专业结构，优化学科专业布局时，要正确处理好重点学科专业与一般学科专业、基础学科专业与应用学科专业的关系，抓好优势学科专业群，落实各个学科专业群的保障措施，突出重点，发展特色；要分清轻重缓急，确定哪些需要加紧建设，实施重点突破，哪些需要有计划、有步骤地扶持，循序渐进地做好基础建设或弯道超车地实现超速发展。在主抓好重点学科专业建设的同时，尤其要重视顺应前沿学科专业、新兴学科专业的发展，适时调整重组学科专业结构，重点扶持和建设好新兴学科专业或交叉学科专业。

（2）加强系统研究和顶层设计，深化综合改革，完善学科专业协同发展机制，推进学科与专业一体化建设。

学科与专业的内涵决定了院校的学科建设与专业建设是一项系统工程，院校要以体制机制创新为切入点，不断深化综合改革，切实抓好内涵建设。建立学科专业结构调整机制，完善专业准入、调整和退出机制，构建科学的学科专业体系。打破学校内部人、财、物、信息、组织之间的各种壁垒，建立和完善专业预警机制、学术参与机制和管理监控机制，促进学校内部学科专业资源和人才资源的有效整合与合理配置。改革教师聘任和考核机制，引导教师将科学研究和技术研发资源及时转化为优质教学资源，不断提高教学科研能力和水平，积极参与人才培养模式和教学改革。加强与其他大学、企业以及政府等部门和社会组织的联系与合作，建立利益共享和风险共担机制，探索政产学研合作和产教融合育人，通过体制机制和组织模式创新实现优势互补，提高学科专业建设水平和专业人才培养质量。

大学要转变教育思想观念，树立先进的教育观和科学的发展观，在明晰办学理念、发展目标和发展战略与策略的基础上，对学科建设与专业建设进行整体规划。根据经济社会发展需求变化和科技文化发展的新趋势，适时调整和优化学科结构与专业结构，不断强化学科与专业的优势与特色；将学科与专业的组织领导、规划建设、管理体制机制以及评估与激励机制相结合，将人才培养、科学研究以及社会服务与文化传承创新相结合，着力推进学科与专业的一体化建设。

对于以培养应用型、技术型人才为主的本科院校而言，当前尤其需要进一步明晰学科与专业的内涵，厘清学科建设与专业发展之间的辩证关系，科学制定学校的学科建设和专业建设规划，促进应用型学科与专业的发展。要在学生的知识、能力、素质结构设计和社会与市场特定需求定位等方面加强系统研究，细化专业人才培养规格和质量标准，以应用型知识体系为支撑，不断提高专业建设与发展水平，努力提高应用型、技术型人才培养质量。在设计人才培养方案时，处理好通识教育与专业教育、理论教学与实践教学、夯实拓宽学科专业基础与加强职业能力技能训练之间的关系，优化课程体系，更新教学内容，创新学习方式，努力改善教学效率和学习效果。加强产学研合作办学和产教融合育人，在培养学生实践能力、提高学生就业和创业能力、养成学生职业发展潜力等方面进行多样化的探索，努力培养满足社会和用人单位需求的合格的专业人才。同时，也要根据经济社会发展需求和文化科技发展趋势，优化学校内部治理结构，以学科和社会产业需求为原则，调整院系设置、科研院所设置和学科专业结构；以精干高效和提高管理效能为原则，调整学校内部职能部门设置，为应用型学科专业发展和应用型、技术型人才培养提供组织架构和制度保证。

(3) 紧密结合国家发展战略体系和区域社会发展的需要，以此作为创建、拓展、调整、优化学科专业结构的主要驱动力。

大学学科专业建设唯有与国家发展战略和区域社会发展需要相结合，才能依托自身优势，借助国家推力，优化资源配置，利于学科专业结构和布局的优化与调整，利于形成布局合理、特色突出、优势明显的学科专业体系，利于促进学科专业的交叉、融合和新型学科专业的产生。在科学技术迅猛发展的当今世界，按照习近平同志在北京大学建校120周年前夕与北大师生座谈时所说的，“大学要瞄准世界科技前沿，加强对关键共性技术、前沿引领技术、现代工程技术、颠覆性技术的攻关创新。要下大气力组建交叉学科群和强有力的科技攻关团队，加强学科之间协同创新，加强对原创性、系统性、引领性研究的支持。要培养造就一大批具有国际水平的战略科技人才、科技领军人才、青年科技人才和高水平创新团队，力争实现前瞻性基础研究、引领性原创成果的重大突破”。[①] 这应该成为现阶段、现时代我国高等教育开展学科专业建设的根本指南。

显然，学科专业的发展水平是一所大学在国内外地位的主要标志，但任何一所大学，并不是也不可能所有的学科专业都是一流的。要建设一些一流的学科专业，除了结合国家战略体系，还要结合区域社会发展的需要，这样才能突出自己的个性，发挥自己的优势和特色。国家、区域和社会发展的需要是大学学科专业发展的不竭动力。一般而言，一所大学处于一定的地理、资源、经济和文化环境之中，只有结合当地特色建立的特色学科专业才具有独特性和不可替代性。大学结合当地社会发展需要进行学科专业建设，一是培养的人才更能适合当地经济社会发展的需要，满足当地经济建设和社会发展对高质量人才的需要；二是大学学科专业建设通过关注区域经济社会中的问题展开

① 习近平在北京大学师生座谈会上的讲话［R］. 新华社，2018-05-03.

科学研究，能为当地提供智力、技术和决策服务，能更好地实现大学为社会经济发展服务的功能；三是有利于学科专业的持续发展，提高学科专业竞争力，进而扩大大学的影响力。学科专业的建设与发展如果不能与社会经济需求有机联系，就会失去其应有的价值，也难以获得持续发展的动力源泉和社会的认可，甚至会被经济社会发展边缘化。而无论国家发展战略还是社会发展需求，都是与时俱进不断变化的，这就要求大学的学科专业必须随时代的发展而及时进行必要的调整，以应对整个学术前沿的拓展，适应社会重大需求的变化。

（4）遵循学科专业自身发展的规律和正确对待本校学科专业发展的传统，以科学务实的态度处理好继承与创新、稳定与发展的关系。

无论学科还是专业，都具有其独特研究对象、研究方法和自身逻辑的稳定的知识体系，所以都有其自身规律。只有尊重高等教育规律和学科、专业自身发展的规律，才能积累学科、专业优势，管理、传承和创造学科、专业知识，构建自己完整的学科、专业框架，实现学科、专业完整性、稳定性和连续性的要求。当然，每所大学的学科、专业建设与发展也有各自的传统。今天的多数院校，都是学科、专业归属于院（系），院（系）成为学科、专业的上位组织机构，每个学科、专业都在院（系）的约束下进行相应的自我建设，基本成为该院（系）学者个人尤其是领导型学者的学科、专业建设。这种建设模式虽然具有组织管理简单方便的优点，但弊端也明显，使学科、专业发展空间受限，思维僵化，研究成果单一。为此，不能固定地看待一个学科、专业，把一个学科、专业完全束缚在一个院（系）内。现代大学的学科专业建设既要注重知识体系的相对完整性、前沿性和发展趋势，更要注重学校内部不同学科专业之间的内容、方法上的相互支撑、交叉与渗透，形成学校内部整体学科专业建设的优势，发挥学科专业群的系统功能。

（5）合理配置教育资源，促进学科建设和专业建设水平同步协调提升。

无论是学科建设还是专业建设，都要涉及人、财、物的调配和资源配置机制的完善。一方面，本科院校要坚持质量为本，运用资源配置的均衡原则，协调好学科建设与专业建设之间的关系，促进学科建设和专业建设的良性互动、同步协调发展。在学科建设中，既要注重知识体系的系统性、前沿性和实用性，更要注重学校内部不同学科之间的相辅相成，重视发挥学科群的系统功能，不断提高学科建设水平。在专业建设中，既要注重人才培养目标和规格的设计，更要注重课程体系优化、师资队伍建设和学科专业交叉融合，在专业之间形成良好的协调和知识贯通机制，为人才培养搭建高水平平台。另一方面，坚持优化结构，运用资源配置的非均衡原则，重点扶持、优先发展一批符合社会需求并体现学校优势的特色学科专业和重点学科专业，并注意培育新兴交叉学科专业。

对于以培养技术技能型人才为主的应用型本科院校，当前尤其需要面向社会和市场需求，根据学校确定的人才培养目标和规格，将理论研究、技术创新、工程研发和人才培养有机结合，以社会及产业的需求和应用型、技术型人才培养所需的学科基础为导向，促进应用型学科的建设与发展。高度重视学科建设对专业发展的支撑作用，加大专业建设和“双师型”师资队伍的建设，促进应用型专业发展和水平提升，培养高素质的具有职业发展潜力的专业人才。完善资源配置监督考评机制，实行绩效目标管理，建立学科专业负责人制度，形成合理调配、优先使用、共享共用的教育资源配置机制，不断提高资源利用效率，逐渐形成学科专业的特色与优势。

（五）学科专业建设在大学建设中的地位

学科专业建设在大学建设中的地位十分重要，它是大学内涵建设的核心和重点，也是大学内涵式发展的主题。大学通过学科专业建设的协调发展，实现人才培养、科学研究、社会服务和文化传承创新等各项功能。其建设的水平、质量决定了学校的办学质量、层次和特色。

一般而言，学科是大学办学水平和综合实力的主要体现，是办学质量、办学特色、办学优势、学术地位和核心竞争力的重要体现，是实现以人才培养为中心的大学各项功能的重要载体。所以说，学科建设是大学各方面建设的一种核心价值取向，在学校各项工作中处于龙头地位，其发展反映了一个学科或一所学校的学术实力和水平。而学校的学科建设及发展状况，首先是表现在其学科设置布局及其调整是否科学合理上，然后才是具体学科内涵的建设。通常认为，学科的设置布局及其调整是否科学合理，有三条评判标准：一是是否适应社会发展需求；二是是否适应学校任务和人才培养目标需求；三是是否反映科学与教育发展趋势。

从人才培养的角度看，学科建设的成效最终都要落实到专业建设上，而如前文所述，人才培养是各项大学功能中最基本、最重要的功能，是大学的第一天职，因此对大学而言，专业建设跟人才培养质量的关系更密切、更直接，因而比学科建设显得更重要，学校和教师理应给予更多重视、投入更多精力。但是，在许多大学的具体实践中，存在着重学科轻专业、重科研轻教学的明显倾向，教授们尤其是知名专家教授们，这种现象更严重，这可以说是导致我国现阶段高等教育人才培养质量不高的主要原因之一。

大学的学科专业建设，一定要实现学科建设、专业建设两者的协同共进、协调发展。学科专业建设，既要注重知识体系的完整性、前沿性和发展趋势，又要注重学科专业与外部环境、社会需求的适应性，还要注重学校内部不同学科专业之间的内容、方法上的相互支撑和交叉渗透，形成学校内部整体学科专业建设的优势，发挥学科专业群的系统功能。① 必须在深刻认识理解学科专业建设的内涵和全面了解、尊重、继承本校传统优势学科专业的基础上，与时俱进，创新发展，形

---

① 陈岸然．提高任职教育水平必须以学科建设为支撑［J］．军队政工理论研究，2016，17（05）：106－109．

成特色，否则学科专业建设就会走向平庸。要重点培育一批有优势的学科（方向）和专业，或者在某些方面、某些点上有突破、有特色，形成学科专业建设的亮点。

从某种意义上说，大学存在的逻辑起点是学科与知识。学科是现代大学的立学之本，是现代高等教育的重要基础。大学是围绕学科建构起来的，知识的保护、传承和创新是现代大学的重要使命。学科是大学的基层组织或教学科研实体机构，而专业则是大学培养学生的一个专门领域或一种课程组织形式，相当于《国际教育标准分类》的课程计划（program）或美国大学的主修（major），大体根据社会职业分工、学科分类、科学技术和文化发展状况及经济建设与社会发展需要等来划分。学科建设主要体现的是大学学术研究的一种价值取向，专业建设主要体现的则是大学人才培养的一种价值取向，两者的发展反映了一所学校的办学目标定位和人才培养类型及水平。因此，加强学科专业建设，尤其是专业建设，应是当前我国大学内涵建设的核心任务，也是优化教育资源配置机制的重要内容。

二、控制科学与工程学科专业的建设

控制科学与工程学科是工科门类下的一个一级学科，常简称为控制学科或自动化学科。该一级学科下面设有5个二级学科：控制理论与控制工程，模式识别与智能系统，导航、制导与控制，检测技术与自动化装置，以及系统工程。控制学科支撑的研究生专业多半是按这5个二级学科来设置的；支撑的本科生专业则主要是自动化专业（原来叫自动控制专业）。由于本科专业与学科之间一般并不存在一一对应的关系，因此控制学科除主要支撑本科自动化专业外，也还支持其他一些本科专业；同样，自动化专业除主要以控制学科为支撑基础外，也还受到其他一些学科的支持。控制科学与工程学科专业是我大学所学和毕业后就业所毕生从教的学科专业，所以本节分别就控制学科和自动化专业的建设谈点见解。

（一）控制学科的建设

1. 控制学科的发展历程

求本溯源，控制学科（控制科学与工程学科）诞生于1948年美国数学家维纳的《控制论》和1954年我国科学家钱学森的《工程控制论》。前者的核心是研究动物（包括人类）和机器中控制与通信的一般规律，奠定了控制科学的基础；后者的核心是研究一个系统的不同部分之间的相互作用的定性性质，以及由此决定的整个系统总体的运动状态，奠定了控制工程的基础。

多年来，控制科学经历了第一代“经典控制理论”、第二代“现代控制理论”，再发展到今天各种智能控制和先进控制算法不断涌现的新阶段。第一代“经典控制理论”主要是应工业生产和“二战”期间对武器性能的需求（如雷达跟踪、火炮控制等）而产生的，研究的主要是单输入单输出线性定常系统的反馈控制和前馈控制；采用的分析方法主要是基于连续系统微分方程、离散系统差分方程的时域－频域分析法；运用的控制算法主要是PID控制；用到的数学工具主要是微积分、复变函数和积分变换等。第二代“现代控制理论”主要是应火箭、人造卫星、导弹、飞机等进行精确控制的需求而出现的，它主要是利用状态变量来描述系统运动规律，通过构建一组一阶微分方程即状态方程，基于精确的数学模型（通常为实现状态反馈还需要构建状态观测器），来进行系统分析；运用的控制算法主要是砰砰控制、最优控制、李雅普诺夫稳定性判据和卡尔曼滤波等；用到的数学工具主要是线性代数和矩阵论等。进入控制理论发展的新阶段，随着物联网、互联网、大数据与云计算等现代信息技术的发展，各种将人工智能与自动控制结合起来的智能控制理论与算法纷纷出现，例如模糊控制、神经网络控制、专家系统、遗传算法、自适应控制、自学习控制、鲁棒控制、预测控制等。此外，关于大系统、混沌和非完整性等复杂非线性系统问题、复杂工业系统建模、智能感知、网络控制、数据驱动控制等方面，也都成为研究热点。但总的来说，现阶段提出的种种控制理论和算法，由于在机理的数学严格证明等方面还存在一定问题，所以尚没有形成完备的理论体系。

与控制科学的发展相类似，控制工程从诞生的那天起，同样经历了多个发展阶段：从以机械化为特征的早期工业革命时代控制技术阶段，到以电气化、模拟器件化和连续控制系统为特征的前计算机时代自动控制技术阶段，到以数字电子化、计算机化和先进控制器件、采样控制系统为特征的计算机时代自动控制技术阶段，再到今天以网络化、信息化和智能化为特征的“工业 4.0”和“中国制造 2025”时代自动控制技术阶段。

总之，在控制领域及各个相关科技领域的创新发展过程中，控制科学与控制工程的发展相辅相成，相互促进。相比之下，随着网络化、信息化和智能化技术的飞速发展，控制工程的发展大有超前于控制科学发展的趋势，用传统的控制理论解决不了的复杂控制工程问题，有可能另辟蹊径，用基于大数据、云计算和人工智能的智能控制技术寻求解决办法。

2. 控制学科建设的现状

学科与学科建设的内涵决定了控制学科建设的内容主要是加强控制领域科学技术研究和知识发现创新，以提高相应研究和创新的水平，以及支撑人才培养特别是研究生培养的学科条件水平。

控制学科经过几十年的发展，基础理论已经趋于成熟，广泛应用在军事、国防和国民经济各个行业。尤其进入 21 世纪以来，随着国家在科研方面支持力度的加大，在科学理论和工程技术方面均取得了诸多重要的进展，尤其在人工智能、无人系统技术、学习控制等新兴方向上进步更加明显。

例如，在控制理论与控制工程二级学科领域，首次对二阶非线性不确定系统具体给出了 PID 控制器参数设计的选取范围，从理论上证明了相应闭环控制系统的全局稳定性及跟踪性能的渐进最优性；在解决具有高度复杂与不确定性，以及控制性能要求越来越高的优化控制问题方面，摆脱了对受控系统精确建模的依赖，以经典的动态规划方法等为理论基础，融合人工智能先进技术，提出了数据驱动控制理论、自适应动态规划方法、平行控制与平行管理方法；在智能化工程机器人研究方面，研制开发出了各类制造（非制造）、军用（民用）、常规（特种）智能机器人系列产品，并实现了从单机产品到机群作业和远程维护，引领了工程机械行业技术升级，推动了工业机器人示范应用和产业化进程；等等。

在模式识别与智能系统二级学科领域，在模式分类和机器学习的基础理论、方法及应用的研究中取得了重要进展；在计算机视觉研究中，以视频、图像为载体，赋予计算机感知、推理的能力，在若干前沿问题上有望占领理论与技术制高点；在生命科学与认知研究中，借助生物信息学，把控制科学与工程的研究对象从传统的机械、电子、物理、化学等系统扩展到了以分子和细胞为基本单元的生命系统，推动脑机接口和脑控技术得到了长足发展；在多媒体分析研究中，地理分布、社会事件、描述生成、信息对抗、跨社区多源异构等特征分析方面，取得了大量可喜研究成果；等等。

在检测技术与自动化装置二级学科领域，在动态系统故障诊断与容错控制研究中，针对微小故障诊断、间歇故障诊断、闭环系统的故障诊断等历来的难点、热点问题，已取得了系统性和关键性的研究成果；在发电自动化和分布式能源并网研究中，为适应新能源发展和提高特高压互联电网的可靠性，通过引入大数据、机器学习和人工智能应用等技术，开展了微网体系、能源互联网、运行控制策略、能量管理、储能、示范工程建设等关键技术的系统性研究，取得了一批重要成果，推动了智能电厂的建设，促进了发电过程控制与管理的自动化；针对智慧城市问题，就智慧城市的起源与发展、体系结构设计、关键技术、标准化与评价体系、典型案例等诸多方面，也开展了广泛的研究。

在系统工程二级学科领域，在石油化工、钢铁、有色冶金等多个行业的流程工业自动化应用中，取得了一些重大突破，特别是“高效环保芳烃成套技术开发及应用”项目通过物理化学、催化材料、智能控制等方法创新，使我国高效环保芳烃成套技术达到国际领先水平，一举夺得2015年国家科技进步特等奖；在智能交通系统研究中，在轨道交通、地面公共交通、城市停车、交通流理论与交通信号控制、交通规划与设计、交通大数据等方向上，取得了一批国际领先的研究成果，使我国在智能交通领域的研究水平已经实现了与世界同步；在网络信息服务研究中，对P2P服务、网格服务、面向服务的构架、云计算、物联网、大数据等信息服务技术，开展了卓有成效的研究，为优化网络信息服务创设了良好条件，带来了巨大机遇；在系统理论与方法研究方面，在复杂网络、多个体系统、系统工程等方向上也取得了诸多有价值的研究成果。

在导航、制导与控制二级学科领域，主要针对具有强非线性、高不确定性、参数快速变化、强耦合等系统特点，且工作环境复杂的航空航天器控制，较深入开展了相关学科理论和工程技术的研究，分析和探讨了其智能控制方法，推进了我国航空航天事业加速迈入智能自主时代的步伐。

近年来，控制学科领域除了在上述传统方向上取得了重要进展外，还在交叉学科和新兴应用方面表现出旺盛的生命力，取得了丰硕的成果。如以社会科学、计算科学、管理科学等多学科的交叉融合为主要方法和基本特征的“社会计算”；以将传统的集中式工作模式转变为分布式协同工作模式，从而模糊了不同行业间边界，道使行业之间进行重组和融合为特征，已广泛应用于制造业、智能电网、智能交通、智慧医疗、智能网络等多个领域，并正以史无前例的方式重塑着更多研究领域的“信息物理融合系统”；以无人机、无人车、无人船为重要节点，以不需要驾驶员进行任何操作，可以在电子设备的监控下完全自主地进行环境态势感知、路径规划、行为决策和导航控制，自动完成全部运动过程为特征的“自主无人智能平台”；以集成农业相关信息感知、农业大数据分析、农业智能决策、农业智能装备制造等技术于一体，服务于播种、施肥、灌溉、环境控制等农业生产操作和管理，提高农业生产效率，减少人力投入为特征的“智慧农业”；以采用模型网络逼近系统动态特征，采用评判网络逼近性能指标函数，采用执行网络逼近系统最优控制策略，形成完整的自学习系统为技术特征，对于工程复杂性和社会复杂性并存的复杂系统管理和控制，具有非常接近人脑智能的“自适应动态规划”和“平行动态规划”方法；等等。

尽管如此，我国控制学科的科研水平与科技发达国家相比，还是有较大差距。这种差距主要表现在，无论是大学教师和科研人员的科技研究，还是硕士、博士研究生的论文研究，大多集中在对国外先进理论与技术的消化、吸收、应用、跟踪和具体应用中的“改进”上，缺乏原创性。科研立题立项多半是问题牵引性的，等企业或其他地方出现问题需要解决且找上门时，才去研究，而且研究的方法基本上是试图从书本里或他人经验中去寻找答案，或者将新旧原理方法结合一下，再仿真实验一下，试着寻求解决问题的办法，而很少主动去找问题、探索发现问题，也很少基于自主原创去探求解决问题的原理、思路、方法。按现在国际上通用的，由苏联发明家、教育家根里奇·阿奇舒勒（G. S. Altshuller）和他的研究团队于1946年创立的“发明问题解决理论”（Teoriya Resheniya Izobreatatelskikh Zadatch，TRIZ；或Theory of Inventive Problem Solving，TIPS）对创新发明级别的划分标准，我国目前的创新基本上停留在第一级（外观、参数上的简单改变）、第二级（少量的改善）、第三级（根本性的改进）的水平上，而且第三级的比例也不高，至于第四级（新原理）、第五级（新发现）则是凤毛麟角。

我国这种现状下的科研路线，固然具有科研成本低、研究过程走入死胡同概率低、成功率高、出成果快等优点，不失为一条便捷可行的科研途径，但很难取得原创的、领先的、高水准的、里程碑式的创新成果，其后果反映在经济生产领域，就是核心关键技术的知识产权被别人握在手里。生产的产品技术附加值低、竞争力差，相当于别人总是在产业链的上游和核心地带大口“吃肉”，而我们只能在产业链的下游和外围“喝点汤”。而且，许多国际上最关键、最先进的理论和技术，或者因专利权受到严格的知识产权保护，或者被严格保密而根本不会公开发表，致使我们根本求“学”无门。

3. 控制学科建设的要点

（1）在努力提高科学研究的水平和原创性上下功夫。增强创新能力、掌握核心技术、获得知识产权，应是扭转现状的关键点，也是开展科学研究和学科建设的应有之策、应有追求。当然，无论进行原始创新性科学研究还是开展借鉴改进性科学研究，通过阅读高影响因子期刊的论文，掌握相关领域的发展趋势和前沿技术，以开阔视野、拓宽思路，也都是非常必要的。

（2）在努力建造新型高水平课程体系上下功夫。由于学科的人才培养功能是以课程为依托实现的，所以要高度重视学科支撑的课程体系建设。一方面要基于社会需求，根据对专业知识结构的要求来编制设置新课程；另一方面要基于学科发展，根据学科技术研究的新进展、新成果及时调整更新课程内容，修订教学大纲，以确保教学内容的先进性、前沿性。要妥善处理好研究生课程体系和本科生课程体系的关系，既要保持两者在学科基础和内涵上必要的衔接性、连续性，更要防止两者存在内容雷同的课程。另外，鉴于科学创新、技术发明问题也和其他问题一样，具有其内在规律，而且事实上，这个规律早已被揭示和总结成了 TRIZ 理论（发明问题解决理论），因此作为工科学科之一的控制学科，在研究生课程体系甚至本科生课程体系中也有必要设置一门介绍 TRIZ 理论的课程，把它作为一门必修的工程设计方法学课程（国外许多大学也相继这样做了），以引导和启发学生主动强化创新发明意识，培养创新发明能力，走上创新发明之路。

（3）重点在二级学科建设上下功夫。在大学，二级学科是最基本的学术单元，也是最基层的学术组织，因此学科建设多应立足于该层面下功夫花精力，唯如此才能使学科建设水平一步步攀登新台阶。

（4）以形成培养科学技术发明创造人才的教学条件和教学模式、提高研究生培养质量为出发点和落脚点。相对于本科生教育更注重通识基础、综合素质培养而言，研究生教育应更突出科学创新、技术发明能力的培养。而创新发明的前提和基础是创新思维，因此，在研究生教育中要特别重视创新思维的培养。“学而不思则罔，思而不学则殆。”既要鼓励引导学生勤学苦练、无止境地学，又要启发激励学生充满新奇、冥思苦想地思。学生只顾死读书吸纳储存知识，不会发现问题、提出质疑、积极思维，教师只顾照本宣科、不观察学生反应地“开环授课”，是不可能造就创新型人才的。必须开展启发式、互动式教学，通过引入教学反馈环节实行“闭环授课”，才有可能造就出有创新思维意识和创新思维能力的人才。形成培养科学技术发明创造人才的教学条件，主要指为学生提供实验条件、资金支持、交流调研，以及自由、平等、宽容的学术氛围等方面的创新科研条件，尤其要建造可供学生自由开展创新科研实验的创新实践基地。

（二）自动化专业的建设

1. 自动化专业的专业定位

按照教育部目前的专业目录及定位，自动化专业是属于工学门类中电气信息类下面的一个专业，它囊括了过去的自动控制、飞行器制导与控制、自动化、工业电气自动化等多个专业。事实上，它与目前的电气工程及其自动化、电气工程与自动化等专业在学科内涵上也是大同小异的，甚至与其他许多名称中带“及其自动化”字样的专业在学科内涵上也有很大的相似性。

2. 自动化专业的学科内涵

所谓自动化，是指机器或装置在无人干预的情况下，自动实现人设置的预期目标。这种“自动”是相对于手动而言的，是指实现目标的整个过程不必人参与，由机器或装置代替人完成。这种预期目标或者是完成某种生产任务，或者是实现某种生产过程，更广义地说也或者是进行某种事务管理。可见，自动化是一种行为或状态。

目前所讲的自动化和自动化专业，是就完成某种生产任务或实现某种生产过程的自动化而言的。至于进行某种事务管理的自动化，不是目前意义下自动化专业考虑的范畴，一般在信息管理类专业中去考虑。按此约定，自动化是通过自动控制系统来实现的，所以自动化专业过去也多叫自动控制专业。

自动控制系统是以计算机为核心的数字控制系统，主要由传感器、控制器和执行器三大部分组成。传感器用于检测包括被控量在内的系统内部、外部物理参数，以获取相应信号；控制器通过对系统内部外部信息的处理，得出对被控对象的控制信号，作用于执行机构，它实际上就是一个特定的信息处理器，对输入它的信号按既定策略进行处理后，再给出输出信号；执行器用于对被控对象实施控制。除这三大组成部分外，还需有一个在这三者之间进行信号转换与传输的网络，通过它将三大部分连成一个完成控制功能的有机整体。从信息的角度看，自动控制系统实际上就是一个构成反馈闭环回路的信息处理系统，传感器是信息获取装置，控制器是信息处理设备，执行器是信息应用机构，信号转换与传输网络则是信息传输通道。由此可见，从广义上说自动化专业也可认为属于电子信息类专业的范畴。

综上所述，自动化专业应受到四个主干学科的支撑，即：控制科学与工程，机电工程或电气工程，计算机科学与技术，信息科学与工程。这也就是自动化专业的学科内涵。该学科内涵决定了自动化专业的教学应遵循三项原则：以控制理论为基础，以机电（电气）工程为背景，以电子信息技术（或以计算机技术）为核心。

3. 自动化专业的业务培养目标

自动化专业的业务培养目标是使学生成为具备电工技术、电子技术、控制理论、自动检测与仪表、信息处理、系统工程、计算机技术与应用、网络技术等较宽广领域的工程技术基础理论和一定的专业知识，能在运动控制、工业过程控制、电力电子技术、检测与自动化仪表、电子与计算机技术、信息处理、管理与决策等领域从事系统分析、系统设计、系统运行、科技研发等方面工作的高级工程技术人才。

4. 自动化专业的业务培养要求

通过教育培养，对毕业生业务方面应具有以下知识、能力、素质要求：

（1）具有较扎实的自然科学基础、较好的人文社会科学基础、较强的外语综合能力、较高的军政素质。这主要靠公共基础课教学达到。

（2）掌握本专业领域必需的较宽广的技术基础理论知识和实践技能，主要包括电路理论、电子技术、控制理论、信息处理、计算机软硬件基础及应用等。这主要靠学科基础课教学达到。

（3）较好地掌握运动控制、过程控制及自动化仪表、电力电子技术及信息处理等方面的知识，具有本专业领域一两个专业方向的专业知识和技能，了解本专业学科前沿和发展趋势。这主要靠专业基础课和专业方向课程教学达到。

（4）获得较好的系统分析、系统设计和系统开发方面的工程实践训练。这主要靠综合实践环节教学达到。

（5）在本专业领域内具备一定的科学研究、科技开发和组织管理能力，具有较强的工作适应能力和领导才能。这主要靠课内外科技创新实践活动和毕业设计达到。

5. 自动化专业的知识体系

一般认为，自动化专业的学科知识体系可概括为由以下 3 个知识层、10 个知识域组成。

（1）基础知识层。包括数理基础、机电基础、计算机基础 3 个知识域。

（2）控制知识层。包括传感与检测（信息获取）、网络与通信（信息传输）、计算与处理（信息处理）、控制与智能（信息控制）、执行与驱动（信息应用，信息能量转换）、对象与建模 6 个知识域。

（3）系统知识层。只含系统与工程 1 个知识域。

6. 自动化专业的课程体系

为了覆盖上述知识体系，自动化专业在设置军、政、数、理、外、文、体等公共基础课（或通识教育课）之外，可设置 4 个系列的学科专业基础课和专业方向课，即：控制基础系列，电子信息基础系列（或称电子与计算机基础系列），数理基础系列，专业基础与专业方向系列。

（1）控制基础课程系列包含：现代控制器件、信号处理与系统分析、自动控制原理（含经典和现代）、运动控制、过程控制、系统辨识基础、人工智能基础、智能控制导论、图像处理与模式识别等。其中自动控制原理为核心课。

（2）电子信息基础课程系列包含：电工电子技术导论、集成数字电子技术、集成模拟电子技术、EDA 技术与设计实践、计算机硬件技术基础（微机原理与接口技术）、计算机软件技术基础、嵌入式（单片机）系统设计、计算机仿真基础、计算机网络基础、电子信息系统的故障诊断与可靠性技术等。其中计算机硬件技术基础为核心课。

（3）数理基础课程系列包含：理论力学、复变函数、离散数学、计算方法、飞行力学基础、最优化技术等。

（4）专业基础与专业方向课程系列包含：计算机控制技术（系统）、机器人控制、无人机控制、磁悬浮车控制。其中计算机控制技术为核心课，必修；其他三门课可三选一。

由上可见，电子信息基础系列的课程比较多。这是符合电子信息时代特征的。而该课程系列又分为硬件和软件两类课程，其中硬件类课程的分量明显更重。这又是符合自动化专业相比于许多其他专业，对电工电子与计算机硬件技术方面的基础知识及能力、素质有着更高要求的特性的。

7. 自动化专业教学背景的选择

多年来，社会上似乎一直有种议论，认为自动化专业（原来叫自动控制专业）没有特定的行业、领域背景，学得有点“空”，培养的学生像“万金油”，好像什么都能干，但又什么都干不好似的。从事自动化专业教学的教师们，这种议论听多了，好像自己也有点心虚，觉得不像别的许多“××××及其自动化”专业那样，有明确的行业、领域背景作为办学支撑，因此总有点不理直气壮，常为找不到合适的行业、领域背景而苦恼。其实依我之见，没有特定的行业、领域背景不一定是坏事，也许反而是好事。尤其是在高新科技发展往往是以多学科交叉融合为主要特征的背景下，自动化专业正好顺应了这种时势。自动化专业的建设只需顺势而为，紧紧抓住多学科融合这根主线，着力培养知识面宽、多学科融合能力强、综合素质好的创新型人才，就可办出自己的专业特色、专业优势。在办学过程中，没必要有特定的行业、领域背景，什么行业、领域都可作为教学的背景支撑，只要能从中找到具有多学科交叉融合内涵，能支持相应教学的案例、项目即可。

如果一定要找到一个相对稳定的行业、领域做专业背景的话，我认为以正在飞速发展且应用日益广泛深入、发展前景无限的机器人领域，以及以它为主体发展起来的智能控制、智能制造业为背景，最为合适。

机器人（robot）是自动执行工作任务的一种自动化机器装置。当下的机器人多半已是智能机器人，它除机械手和步行机构等机器人本体外，还集各种信号感知技术、经典现代控制技术、电子信息技术、计算机技术、信号处理技术、有线无线通信技术、人工智能技术和模式识别与智能控制技术等现代高新技术于一身，是一种典型的多学科交叉融合的综合技术体，也是实现复杂系统智能控制的一种重要而典型的载体。现在已出现了各种各样的机器人，包括用于制造环境下的各种工业机器人，以及用于非制造环境下并服务于人类的各类特种机器人，如服务机器人、水下机器人、空中机器人、娱乐机器人、军用机器人、农业机器人、医疗机器人、微操作机器人等。其中空中机器人又叫无人机，水下机器人又叫无人船舰，地面行驶机器人又叫无人车。机器人是近年来科研活动最活跃、技术进步最大、研究及采购经费投入最多的领域。国内外越来越多的各型智能机器人产品、构想的涌现，正在越来越多地改变人们的生产、生活和工作方式。以智能化、自动化为主要特征的机器人技术和产业作为支撑自动化专业教学的主要行业、领域背景，理所应当，且正当其时。

按这种思路建设起来的自动化专业，在组织实施专业教学时，可以将智能机器人作为贯穿各主要学科专业基础课和专业课开展案例教学或研讨式教学的典型案例，同时构建以某种或某几种智能机器人（如全向轮式机器人、履带式机器人、类人步行机器人和无人车、无人机等）为典型控制对象的创新实验教学平台，实现微机接口与控制类课程实验相融合，贯通计算机硬件综合设计（嵌入式系统设计）、自动化系统综合设计和机器人创新实践活动，形成一个立体的、具有自动化智能化特色的专业综合实践教学体系。

按这种思路建设起来的自动化专业培养出来的学生，也许毕业后分在××××行业工作时，第一任职的表现不如从“××××及其自动化”专业毕业的学生，但当他对××××行业背景有所熟悉后，他从事该行业或其他任何行业自动化相关工作的后劲将大得多。这就正像“双一流”大学毕业生刚参加工作时，有可能比不上同名称专业毕业的应用型本科和高职院校毕业生的能力强，但一般工作两三年甚至更短时间之后，两者的后劲就不可同日而语了。

三、“哈军工—国防科大”的学科专业建设及启示

国防科技大学从其前身“哈军工”1953 年成立时起，在陈赓院长的领导和思想影响下，就一直把学科专业建设放在学校建设的重要地位，重视以国家和军队的重大战略需求为牵引，努力建设具有国防科技优势突出、军事高科技特色鲜明，对国防和军队现代化建设有重要支撑作用的综合性学科体系。

（一）“哈军工”的学科专业建设概况

“哈军工”成立之初，陈赓从满足我军各军兵种对工程技术人才的急需出发，为尽快培养出专业对口、到各军兵种能很快上手解决问题的军事工程师，先期本着按军兵种设系、按兵器装备设专业的原则，建立了空军工程系、炮兵工程系、海军工程系、装甲兵工程系、工兵工程系等 5 个常规军事工程系，紧密围绕当时海陆空武器装备的技术特征组建了共 24 个专业（随后几年陆续新建、分建，逐步扩充到约 40 个专业，并新成立了原子化学防护系），并根据当时我军缴获或引进的较先进武器装备坏了没人能维修、修好了也不太会用的现状，把人才培养目标主要定位于武器装备的维护修理使用军事工程师，基于此开展学科专业建设。

1958 年起，陈赓着眼世界军事技术特别是航天技术、核技术和电子、计算机技术的发展，以及我军武器装备必须快速发展的急迫需要，审时度势，很快就提出了“尖端集中，常规分散”的学科专业布局建设原则，在征得中央军委同意的情况下，先后将炮兵系、装甲兵系、工程兵系、原子化学防护系分迁出去，创建为相应兵种的独立院校，而“哈军工”则在保留空军系、海军系的基础上，新成立了原子、导弹、电子和计算机等当时军事科技前沿的专业学科系，集中办尖端专

业，经新建、调整，共组建了64个专业（后根据中央“调整、巩固、充实、提高”的八字方针和中央军委批准的原国防科学技术委员会有关专业调整和精简整编问题的要求，先后从64个专业精简调整为45个和33个）。在新建、调整专业的过程中，考虑学科性的成分明显增多，同时将人才培养目标定位调整为现代化武器装备的研究、设计和制造。这一超前的办学理念和学科专业建设思想，使“哈军工”走在了当时我国国防科学技术研究的最前沿，为我国后来“两弹一星”和“银河”“天河”系列巨型（超级）计算机的研发等培养了大批骨干力量，储备了雄厚的人才资源，同时也促成了我军系统配套、互为依托的工程技术人才培养格局。短短十余年间，学校就发展成为享誉海内外的著名学府，产出一大批填补空白的重大科技成果，培养出成百上千的共和国将军、部长和院士、教授等高端领军人才，堪称我国乃至世界高等教育史上的奇迹。

（二）国防科大的学科专业建设概况

“哈军工”从哈尔滨搬迁到长沙，于1978年回归军队序列、改建为国防科学技术大学以后，学校继承“哈军工”传统，发扬“哈军工”精神，继续高度重视以国家、军队的重大战略需求为牵引，并在著名科学家钱学森的具体指导下，把学校的办学目标定位于为国防科技发展培养“三高”（高水平、高质量、高层次）拔尖人才，培养科技帅才。钱老提出，办国防科学技术大学就是要为国防科学技术赶上并超过世界先进水平而服务，不是办与其他28所重点大学那样的大学，也不是办北大、清华那样的大学，而是要办我们国家和世界从来没有办过的大学，要解决国家还没有解决的国防尖端科技问题，培养将来若干年后国家能够向国防现代化进军的主力部队。[①] 为适应这种

① 钱学森. 大力发展系统工程 尽早建立系统科学的体系［N］. 光明日报，1979-11-10.

特定的培养“三高”拔尖人才的目标定位，他指导学校将当年“哈军工”按军兵种和武器装备为主设系、设专业的做法，改进为按学科设系、设专业，并确定了“按学科设系，理工结合，加强基础，落实到工”的学科专业设置原则和方案，为优化拓展学校的学科专业布局、推进学科专业建设、实现学校的长远可持续发展奠定了坚实的学科基础。

国防科大成立初期，学校设置了应用力学系、应用物理系、自动控制系、电子技术系、材料燃料系、电子计算机系、系统工程与数学系、精密机械系等8个系，下设27个专业。21年后，到了20世纪的最后一年——1999年，中央军委决定将长沙炮兵学院、长沙工程兵学院、长沙政治学院并入国防科大，组建新的国防科学技术大学时，为了适应世纪之交世界军事斗争此起彼伏、科学技术迅猛发展、军事变革日新月异、军备竞赛异常激烈的新形势，学校的办学目标定位调整确定为“培养军队高级科学和工程技术人才与指挥人才，培训军队高级领导干部，从事先进武器装备和国防关键技术研究”，学校的学科体系则调整拓展为航天科学与工程学院、理学院、机电工程与自动化学院、电子科学与工程学院、信息系统与管理学院、计算机学院、光电科学与工程学院、人文与社会科学学院、指挥军官基础教育学院和军事高科技培训学院等10个学院（相当于原来的10个系）。该学科专业体系涵盖了哲学、经济学、法学、文学、理学、工学、军事学、管理学、历史学、教育学等10余个学科门类，一直持续到2017年年底。

国防科大建立以来，学科专业建设取得了明显的成效。截至2017年，全校拥有17个博士后科研流动站：数学、物理学、力学、计算机科学与技术、软件工程、电子科学与技术、信息与通信工程、军队指挥学、光学工程、控制科学与工程、机械工程、仪器科学与技术、管理科学与工程、材料科学与工程、航空宇航科学与技术、哲学、系统科学等。25个一级学科博士学位授权点：数学、物理学、力学、生物医学工程、马克思主义理论、军队政治工作学、计算机科学与技术、软件工程、电子科学与技术、网络空间安全、信息与通信工程、军队指挥学、光学工程、控制科学与工程、机械工程、仪器科学与技术、管理科学与工程、军事装备学、材料科学与工程、航空宇航科学与技术、大气科学、军事训练学、公共管理、哲学等。33个一级学科硕士学位授权点：数学、物理学、力学、生物医学工程、马克思主义理论、军队政治工作学、计算机科学与技术、软件工程、电子科学与技术、网络空间安全、信息与通信工程、军队指挥学、光学工程、控制科学与工程、机械工程、仪器科学与技术、管理科学与工程、军事装备学、材料科学与工程、航空宇航科学与技术、大气科学、系统科学、化学、应用统计、外国语言文学、应用心理、战术学、海洋科学、哲学、科学技术史、土木工程、军事训练学、公共管理等。

拥有4个专业学位类别：应用统计、应用心理、工程、公共管理（MPA）。其中工程硕士涵盖14个领域，工程博士涵盖2个领域。

拥有5个世界一流学科建设学科：信息与通信工程、计算机科学与技术、航空宇航科学与技术、软件工程、管理科学与工程等。5个一级学科国家重点学科：光学工程、信息与通信工程、控制科学与工程、计算机科学与技术、管理科学与工程等。3个二级学科国家重点学科：原子与分子物理、机械电子工程、航空宇航推进理论与工程等。2个国家重点（培育）学科：飞行器设计、微电子学与固体电子学。2个湖南省优势特色重点学科：信息与通信工程、计算机科学与技术。20个一级学科湖南省“十二五”重点学科：哲学、应用经济学、数学、物理学、系统科学、力学、机械工程、光学工程、材料科学与工程、电子科学与技术、信息与通信工程、控制科学与工程、计算机科学与技术、航空军宇航科学与技术、生物医学工程、软件工程、军队指挥学、军队政治工作学、管理科学与工程、公共管理等。再加上53个本科专业（包括子方向），形成了以工为主，理工结合，理、工、军、管、文协调发展的，覆盖国防科技主要领域的综合学科体系。其中2017年国家重点学科分布情况和本科专业设置情况分别如表6.1和表6.2所示。

表 6.1　2017 年国防科大国家重点学科分布情况

类　别	学科名称
一级学科 国家重点学科	控制科学与工程
	信息与通信工程
	管理科学与工程
	计算机科学与技术
	光学工程
二级学科 国家重点学科	航空宇航推进理论与工程
	原子与分子物理
	机械电子工程
国家重点 （培育）学科	飞行器设计
	微电子学与固体电子学

表 6.2　2017 年国防科大专业设置及其方向划分情况表

专业	方向划分	培养类型
材料科学与工程	试验评估技术	非指挥类和指挥类
测控技术与仪器	计量技术	非指挥类和指挥类
大气科学	气象海洋预报	非指挥类
大数据工程	电子对抗技术与指挥	指挥类
	数据保障	非指挥类和指挥类
导弹工程	装备仿真技术	非指挥类和指挥类
导航工程	电子对抗技术与指挥	指挥类
地球信息科学与技术	战场态势融合	指挥类
电子科学与技术	电磁频谱技术与管理	非指挥类和指挥类
电子信息工程	通用通信技术与指挥	非指挥类和指挥类
俄语	军事外交	非指挥类
仿真工程	任务规划	指挥类
飞行器设计与工程	试验评估技术	非指挥类和指挥类
管理科学与工程类	指挥勤务保障	指挥类

（续表）

专业	方向划分	培养类型
光电信息科学与工程	电子对抗技术与指挥	指挥类
	试验评估技术	非指挥类
国际事务与国际关系	国际关系	非指挥类和指挥类
	军事外交	非指挥类
海洋技术	海洋调查技术与保障	非指挥类
	气象水文观测与设备维护	指挥类
核工程与核技术	试验评估技术	非指挥类
机械工程	无人机技术保障与维修	非指挥类和指挥类
计算机科学与技术	指挥信息系统运用与保障	非指挥类和指挥类
军事海洋学	气象海洋预报	非指挥类
	气象水文观测与设备维护	指挥类
空间科学与技术	战场态势融合	指挥类
雷达工程	电子对抗技术与指挥	指挥类
目标工程	目标保障	指挥类
软件工程	气象海洋预报	非指挥类
	通用通信技术与指挥	指挥类
数学与应用数学	任务规划	指挥类
	数据保障	非指挥类
通信工程	数据链技术与指挥	指挥类
	通用通信技术与指挥	指挥类
	指挥信息系统运用与保障	非指挥类和指挥类
外交学	军事外交	非指挥类和指挥类
网电指挥与工程	电子对抗技术与指挥	非指挥类和指挥类
网络工程	通用通信技术与指挥	非指挥类和指挥类
网络空间安全	通用通信技术与指挥	非指挥类和指挥类
无人系统工程	无人机技术保障与维修	指挥类
无人装备工程	无人机技术保障与维修	指挥类

（续表）

专业	方向划分	培养类型
物理学	试验评估技术	非指挥类和指挥类
物联网工程	指挥信息系统运用与保障	非指挥类和指挥类
信息安全	通用通信技术与指挥	指挥类
	指挥信息系统运用与保障	非指挥类
信息对抗技术	电子对抗技术与指挥	非指挥类和指挥类
信息工程	指挥信息系统运用与保障	非指挥类和指挥类
应用气象学	气象水文观测与设备维护	指挥类
应用统计学	数据保障	指挥类
运筹与任务规划	任务规划	指挥类
侦察情报	军事情报	非指挥类和指挥类
	网电情报分析	指挥类
指挥信息系统工程	指挥信息系统运用与保障	非指挥类和指挥类

教育部学位与研究生教育发展中心（简称教育部学位中心）为了检验、评估、促进各大学的学科建设，自 2002 年起在全国开展了学科评估工作，至今已评估 4 轮。第一轮 80 个一级学科（不含军事学门类）的评估于 2004 年完成。国防科大共有 8 个学科进入全国一级学科排名前 10 名，其中计算机科学与技术位居第一名。

在总结第一轮学科评估工作经验的基础上，第二轮评估于 2006—2008 年进行。这轮评估国防科大共 19 个学科参评，评估结果有 10 个一级学科进入前 10 名，其中 6 个位列全国前 5。第三轮评估在 2012 年完成，学校 16 个学科参评，有 11 个进入全国前 10 名，其中 7 个进入前 5 名；全部 16 个参评学科在军队院校同类学科中均排名第一；工程学、物理学、计算机科学、材料科学等 4 个学科基本科学指标进入世界排名前 1% 。第四轮评估于 2017 年完成，学校共有四个学科门类（文学、理学、工学、管理学）的 20 个一级学科参加评估。值得一提的是，第四轮学科评估与前三轮都是通过打分来进行排名不同，这轮评估是根据“学科整体水平得分”的位次百分位，将前70%的学科分为9档公布：前2%（或前2名）为A+，2%~5%为A（不含2%，下同），5%~10%为A-，10%~20%为B+，20%~30%为B，30%~40%为B-，40%~50%为C+，50%~60%为C，60%~70%为C-。

国防科大在前三轮评估中排名前5的学科情况如表6.3所示。由该表可见，国防科大的学科建设成效稳中有进，进入全国前5名的学科基本上集中在工学门类中与信息、航天等领域关系密切的前沿、新兴学科，而且从第一轮到第三轮每轮都增加了1名。第四轮全国一级学科整体水平评估结果于2017年12月28日下午在教育部学位与研究生教育发展中心网站发布。国防科大参评的四个学科门类（文学、理学、工学、管理学）的20个一级学科中，A+档学科数4个、A档3个、A-档1个，B+档6个、B档2个，C档2个、C-档1个，如表6.4所示；以A+档学科数为主的A类学科数排名，列全国前20名的大学如表6.5所示。由这两个表可见，第四轮评估中，国防科大参评的20个一级学科（如按原国防科学技术大学算有18个），进入全国前5名的有7个，进入前10名的有8个，以A+档学科数为主的A类学科数列全国第11位。总体来看，与第三轮学科评估相比，国防科大参评学科在国内本学科排名基本保持稳定，部分学科排名继续有上升。

表6.3　前三轮评估国防科大排名前5的学科情况

一级学科名称	第一轮排名（2002—2004）	第二轮排名（2006—2008）	第三轮排名 2012
软件工程	—	—	1/106
计算机科学与技术	1/31	2/70	2/120
信息与通信工程	4/22	3/41	4/74
系统科学	5/8	4/9	3/7
光学工程	7/19	4/26	4/38
管理科学与工程	7/34	4/52	2/102
航空宇航科学与技术	3/7	5/13	2/11

表 6.4 国防科大参加第四轮学科评估结果

序号	学科门类	一级学科名称	本轮评估等级
1	文学	外国语言文学	C
2	理科	数学	B +
3		物理学	B +
4		化学	
5		系统科学	A +
6		大气科学	B
7		海洋科学	C −
8	工学	力学	B
9		机械工程	A −
10		光学工程	A
11		仪器科学与技术	B +
12		材料科学与技术	B +
13		电子科学与技术	B +
14		信息与通信工程	A
15		控制科学与工程	A
16		计算机科学与技术	A +
17		航空宇航科学与技术	B +
18		生物医学工程	C
19		软件工程	
20	管理学	管理科学与工程	A +

表 6.5　第四轮学科评估全国“A + 学科数”排名前 20 名大学

序号	学校名称	A + 学科数	A + 和 A 学科数	A 类学科数
1	北京大学	21	32	35
2	清华大学	21	29	37
3	浙江大学	11	22	39
4	中国人民大学	9	11	14
5	中国科学技术大学	7	9	15
6	北京师范大学	6	8	15
7	中国农业大学	6	7	9
8	上海交通大学	5	15	25
9	复旦大学	5	13	23
10	东南大学	5	5	12
11	武汉大学	4	8	19
12	北京航空航天大学	4	7	14
13	华中科技大学	4	7	14
14	**国防科技大学**	**4**	**7**	**8**
15	同济大学	4	5	12
16	南京农业大学	4	5	7
17	南京大学	3	14	21
18	哈尔滨工业大学	3	8	17
19	华中农业大学	3	4	7
20	中南大学	3	3	12

注：本表具体按照“A + 学科数”从大到小排序，数量相同的按“A + 和 A 学科数”从大到小排序，数量也相同的按“A 类学科数”排序。

综合全部四轮一级学科评估结果可以看出，国防科大以学科建设为龙头，努力创建具有我军特色世界一流大学的努力已取得显著成效，且其一流办学水平、办学质量已经处于比较平稳的状态。在一流学科的带动下，学校一方面一直以从事先进武器装备和国防关键技术研究为己任，着力攻克和掌握攸关国家安全利益和军队发展的核心技术，在一些尖端领域和国防建设、经济建设重要领域创造了中国科技史上许多第一，刷新了一项又一项纪录。1978 年以来，有 4000 余项获得国家、军队和省部级科技奖励，其中国家级特等奖 5 项，一等奖 9 项，二等奖 48 项；军队及省部级科技奖一等奖 245 项，取得了以“银河”“天河”系列巨型（超级）计算机系统、“北斗”卫星导航定位系统关键技术、“天拓”系列微纳卫星、激光陀螺、超精加工、智能机器人、高性能路由器、无人作战平台、磁悬浮列车等为代表的一大批自主创新成果，为中国“两弹一星”和载人航天等重大工程，为国防和军队现代化建设做出了重要贡献。学校研制的“天河二号”超级计算机系统更是曾经夺得世界超算六连冠。学校的科研整体实力已进入全国大学前列。另一方面，一流学科也带动了教学建设和教学质量的提高。据 2017 年 12 月学校官网信息显示，学校本科公共基础课程教学团队均由教学名师负责，95% 以上的本科专业基础课程和主干专业课程均由教授、副教授讲授；拥有国家级教学团队 8 个，分别是计算机科学与技术专业教学团队、计算机硬件技术与控制系列课程教学团队、系统工程与管理系列课程教学团队、指挥信息系统专业课程教学团队、物理公共基础课教学团队、数学公共课程教学团队、网络工程专业教学团队、信号处理系列课程教学团队；拥有国家级精品课程 21 门，分别是计算机体系结构、软件工程、计算机硬件技术基础、大学物理、工程制图基础、编译原理、计算机网络、数学建模与数学实验、计算机原理、机械设计基础、操作系统、概率论与数理统计、传感器与测试技术、随机信号分析与处理、模式识别、信号处理与系统；拥有国家级实验教学示范中心 2 个，即高超声速推进技术实验教学中心、电子科学与技术实验中心。

与此同时，学校针对军事指挥类和工程技术类两大类本科学员，还开办了两个拔尖创新人才拓展班。

一是“卓越指挥人才创新拓展班”。每年通过笔试、面试和体能测试，综合考核思想政治素质、科学文化基础、身体心理素质、军事基本技能、智商情商、表达能力和军人气质作风等，从军事指挥类专业新生中遴选40名左右综合素质优秀的学员进入该创新拓展班学习。旨在强化培养学员领导管理能力、信息素质和国际视野，使之成为理想信念坚定、综合素质全面、实践创新能力过硬、能够快速适应岗位任职需要、具有成为驾驭未来战争军事家发展潜质的卓越军事指挥员。“卓越指挥人才创新拓展班”配备专用教室、指挥作战模拟训练室、健身房、文体活动室，通过专家组考察遴选配备高水平授课教员，设立特聘教员岗位，在校内外遴选一流教员授课。建立与中国国内外一流军事院校和作战部队联合培养指挥人才机制，开展代职实习、联教联训、实装演练、参观见学、短期培训、国内外访学、毕业设计等活动。学员具有专业、分流院校选择优先权，单列评功评奖指标，优先保障教学训练条件，提供更多锻炼机会。“卓越指挥人才创新拓展班”实施导师组集体指导制度，每个建制班配备包含学业导师、管理干部、政治教员、军事教员、身心健康辅导员的导师组，为学员思想政治素质培养、科学文化知识学习、军事体能技能训练、指挥管理能力提升、心理状态调试提供指导。

二是“钱学森创新拓展班”。每年同样通过笔试、面试和体能测试，综合考虑献身国防精神、创新精神与创新潜能、数理基础与人文素质、思想方法与思维发展等因素，从工程技术类专业新生中遴选30名左右优秀学员进入该创新拓展班学习。旨在培养思想政治素质优良、军事基础素质良好、理论基础厚实、创新实践能力突出，具有明显专长，具备国际视野，具有成为国防科技领军人物潜质的拔尖创新人才。学校通过组织专家组考核为“钱学森创新拓展班”遴选优秀教员，聘请国内外、军内外一流专家担任课程教员或学员导师，聘请国内外知名专家为他们开设高水平讲座课程。“钱学森创新拓展班”公共基础课程单独开班，实行小班教学。学员比非钱班学员享有更多参与科学研究和实验、参加国内外学术会议、参加各类学科竞赛和科技创新活动等的机会，在推荐免试研究生工作中予以单独考虑，部分学员在第三学年还将通过国内外跨校联合培养体系选送到国内外名校进行联合培养。“钱学森创新拓展班”实行全程导师制，为每名学员配备1名导师，制订个性化培养方案，并对学员的学习生活进行全方位精细化指导管理。

（三）“哈军工—国防科大”学科专业建设的启示

从“哈军工”到国防科大，学科建设获得了快速稳定的发展，成效非常显著。以学科建设为龙头、专业建设为核心，带动了科研、教学的又好又快发展，而科研、教学的又好又快发展反过来又驱动了一流学科专业的更好更快建设发展，从而促进了学校整体办学水平和人才培养质量的提高。无论本科生还是研究生的培养，质量都显著提高，尽管学校限于军校性质、规模，从学科、专业数目到本科生、研究生人数，都远少于其他很多大学，但在各种可比性指标方面，成绩仍始终位居前列。如博士生培养方面，学校共获全国优秀博士学位论文21篇、提名论文23篇，获全国优秀博士学位论文数量排名全国第17、全军第1，与“C9”大学比较，国防科大的全国优博入选比例仅次于清华大学、中国科大和北京大学；获军队、湖南省优秀博士学位论文211篇，获军队优秀博士学位论文数量排名全军第1，获湖南省优秀博士学位论文数量排名全省第2。本科生培养方面，近年来学员在数学建模竞赛、ACM大学生程序设计竞赛、电子设计竞赛、“挑战杯”、“创新杯”学员课外学术科技作品竞赛等国内外各类学科竞赛和创新竞赛中，共获二等奖以上奖励100多项，其中：2007年，获全国大学生电子设计竞赛国家年度唯一最高奖“索尼杯”；2008年，获国际大学生数学建模竞赛特等奖1项，当年成为唯一累计获得3项特等奖的国内大学；2010年，包揽首届全国大学生数学竞赛非数学专业组前三名；2010年，获东北亚国际英语辩论公开赛冠军；2011年，获第二届中国大学生物理学术竞赛唯一特等奖；2011年，获第八届中国模拟联合国大会“最佳代表团”奖；2011年，连续参加四届全国大学生信息安全竞赛，累计获一等奖数居全国大学第一；等等。今天，国防科大已成为新时期中国人民解放军高素质新型军事人才的摇篮，全军高层次通用专业人才、联合作战保障人才和高级指挥军官的培养培训基地，国防科技自主创新、国防关键技术攻关和先进武器装备研发的高地，是我军实现机械化、信息化、现代化的主力军和人才库、智库。

我认为，“哈军工—国防科大”的学科专业建设，总的来看是很成功的，它给我们带来了许多有益的重要启示。

（1）学科专业建设一定要适应社会发展的需求。从“哈军工”时期到国防科大时期，每次对学科专业体系进行的调整，无论是较大的调整还是微调优化，都是以国家和军队重大战略需求为牵引的。

（2）学科专业建设一定要适应学校任务和人才培养目标的变化。“哈军工”建立之初，学校的人才培养目标定位是为各军兵种培养武器装备的维护、修理、使用工程师，为与之相适应，学校便按军兵种和兵器装备建设学科（系）和专业；后来人才培养目标调整为培养现代武器装备的研究、设计、制造工程师，便改按武器装备和学科技术结合的思想来建设学科（系）和专业，现代尖端武器（海军、空军和导弹、原子弹）系按前者，前沿高新技术（电子、计算机）系按后者。1978 年成立国防科大时，上级明确其人才培养目标是为国防科技发展培养“三高”（高水平、高质量、高层次）拔尖人才，培养将来国家能够向国防现代化进军的主力部队和科技帅才，因此学校便完全改按学科来建设系（后来改为学院）和专业了。

（3）学科专业建设一定要反映科技与教育发展的趋势。毛泽东同志和党中央决策建立“哈军工”时，世界军事科学发展情况是，进入 20 世纪后，现代机械科学和高爆炸药大量用于战争。同时，物理学也迎来了一场革命，相对论、量子力学、原子物理学、控制论、信息论等一系列新兴的科学学科纷纷诞生，出现了历史上从未有过的“大科学”时代。这些新兴科学技术引入军事领域后，潜艇、航空母舰、飞机、坦克、火炮，以及化学毒剂相继出现，海军、空军、炮兵、装甲兵、防化兵、工程兵等新军兵种相继问世，并在“一战”“二战”中大显神威，世界军事领域出现了“机械化”竞赛的趋势。与此相适应，“哈军工”以军兵种为学科，按兵器设专业，设立了海军、空军、炮兵、装甲兵、工兵和防化兵几大军兵种工程系。数年后，“哈军工”又针对国际上迅猛发展的航天技术、核技术和电子、计算机技术，及时成立导弹工程系、原子工程系和电子、计算机系。到1978年国务院、中央军委决定组建国防科学技术大学时，世界科学和教育也发生了新变化。从20世纪50年代开始，以原子能技术、自动控制技术、电子计算机技术、航空航天技术为先导，一场新的技术革命悄然兴起；70年代后，信息技术、微电子技术、生物工程技术、新材料技术和新能源技术等作为技术革命的产物异军突起，并以其宏大的规模和深远的影响迅速席卷全球。在这种时代背景下，国防科大在钱学森的主导下，转而和世界各知名大学接轨，完全按学科来建系设专业，把握科技教育发展大势，合理布局学科结构，建立新兴学科，以适应国防科学技术发展要求。总之，无论“哈军工”时期还是国防科大时期，学校每次学科专业设置的调整和拓展，都是顺应科学技术与教育发展，与时俱进的结果，每次都采取加强基础学科、扶持新兴学科、促进学科交叉融合等措施，用科学的发展观调整学科方向，拓宽人才培养的学科专业口径，逐步形成了以工为主，理工结合，理、工、军、管、文协调发展，国防科技优势突出，军队高科技特色鲜明，且覆盖国防科技关键技术主要领域，对国防和军队现代化建设有重要支撑作用的综合性学科专业体系，为高素质新型军事人才培养提供了一个知识领域宽广、军事科技特色鲜明的多学科合力育人环境。

综上所述，国防科大多年来一直按照“突出特色，瞄准前沿，综合布局，优化环境”的学科建设思路，坚持以国家和军队重大战略需求为牵引，以人才培养目标变化和国防科技教育发展为驱动，才确保学科专业建设始终按照正确的方向发展，从而支撑了教育教学质量和人才培养质量的稳步提高。

四、研究生培养

（一）研究生与本科生培养的区别

研究生与本科生的培养都属于高等教育的范畴，都是以传递高层文化、研究高深学问、为国民经济和社会各部门培养德智体美劳等各方面合格的社会公民和高级专门人才为目标，它们所进行的教育的内容、质量和水平都在中等教育之上，所达到的专深程度也远非中等教育所能企及，从属性上看，都是具有较强专业性的专业教育，都是把培养高级专门人才贯穿于教育的始终。

研究生教育和本科生教育在德、体、美、劳方面的培养要求并无多大差别，但在智育（业务能力等）方面的要求却有很大差异。根据《中华人民共和国学位条例暂行实施办法》（1981 年 5 月 20 日）和我几十年在大学从教的经历体验，我理解的研究生与本科生教育在业务能力培养方面的区别主要表现在以下几方面。

（1）教育概念界定和培养目标定位不一样。本科生教育重视的是通识教育与宽口径专业教育的结合，本质上是一种以培养能力素质为主的，把人培养成具有健全思想品格和一定专业特长的，可获得学士学位的泛专业人才的教育。而研究生教育更多强调的是在特定专业领域的专业性教育，并且这种专业性教育又进一步分成学术研究型和技术应用型两大类型专业的教育，以及硕士生和博士生两大层次专业的教育，其本质是培养某个方面的具有硕士或博士学位的高级专业人才，其专业学位是突出职业能力培养，与职业资格紧密衔接，通过科学研究提高理论素养和创新实践能力。

（2）教育目标要求不一样。本科生教育要求经过几年培养后，学生能较好地掌握基础理论、专门知识和基本专业技能、外语技能，并且有从事科学研究工作或担负专门技术工作的初步能力，毕业时可授予学士学位。硕士生教育要求通过基础理论课、专业课和外国语课的学习培养，能掌握所在学科坚实的基础理论和系统的专门知识，能比较熟练地阅读本专业的外文资料，具有从事科学研究工作或独立担负专门技术工作的能力，毕业时可授予相应学科门类的硕士学位。博士生教育则要求通过基础理论课、专业课和外国语课的学习培养，能掌握坚实宽广的基础理论、系统深入的专门知识和至少一门外国语熟练应用（阅读、写作）技能，具有独立从事科学研究工作的能力，并在科学或专门技术上能做出创造性的成果，毕业时可授予相应学科门类的博士学位。简而言之，研究生与本科生在教育目标要求方面的最大区别是：本科生是以学习人类长期以来积累的知识为主，兼顾科学研究和技能训练；而研究生特别是博士研究生，本质上是通过科学研究来发掘创造新的知识。

（3）课程设置与教学侧重点不一样。研究生和本科生教育的课程体系虽然都包括基础类课程、专业课程和一定比例的实验课程或实践性教学环节，但是研究生教育用于课程教学的时间，无论从其占学生学习年限的百分比还是从学生必须完成的课程总学分看，都远低于本科生教育；同时，各类课程的学分分配在研究生教育和本科生教育中也有很大差异，无论是公共基础课还是学科专业类基础课，在前者课程学习中的学分比重都明显低于后者课程学习中的学分比重，而专业课的学分比重则恰恰相反。这种情况说明，本科生课程学习的重点在基础理论课，而研究生少量的课程学习更侧重于专业课。由此可见，本科生的培养以课程教学为主，而研究生的培养中，课程教学只是为了拓宽加深学生的基础理论，课程教学与科学研究并重。

（4）培养模式与教学方法不一样。本科生教育的培养模式以教－学式为主，一般通过班级授课来组织教学，教学方法虽然也主张尽可能多地采用各类启发式、互动式方法，但实际中主要采用的还是传统的讲授法。而研究生教育的培养模式则不同，主要采用的是“学徒式”

培养模式、以研究院为依托的专业培养模式、"产学研结合"的协作培养模式等，它通过个别教学制与导师指导制相结合来组织教学，普遍采用学术讲座、案例教学、研讨教学等灵活自主、多向互动的教学方法。可见，本科生的教育培养更多强调的是对已有知识的讲解和传授，是通过启发式教学帮助学生加深对已有知识、技术的理解、掌握和灵活应用；而研究生教育培养侧重的是个体独立学习与研究能力的培养，更多强调的是个人的独立探索、自主研究和批判性思维。

（5）学位论文的要求不同。学位论文是大学人才培养方案中至关重要的综合性实践教学环节，是科学研究的重要形式，无论本科生教育还是研究生教育都必不可少。就学位论文的规范体式而言，两者的要求大体相同，都必须符合一般科研论文的规范体式，但是其余各个方面对两者的要求却有明显差别，如：研究生用于学位论文工作的时间和工作量都是本科生的许多倍；指导研究生开展学位论文工作的教师，无论是学术水平还是职称级别都比本科生学位论文指导教师的要求更高；在论文选题方面，本科生只要求突出学科特色和各专业具体的培养目标，而研究生的论文选题则必须与科研实践相结合，且在选题过程中研究生有很大自主权；从业务水平和科研能力看，本科生的学士学位论文旨在培养学生综合运用所学基础知识、基本理论和基本技能，进行初步的科学研究训练，而研究生的硕士、博士学位论文在这两方面的规格要求却不仅仅局限于一般的基础训练，更侧重于拓宽和加深知识领域，提高研究生独立进行科学研究的能力；在论文的创新性、理论价值、应用意义或社会效益方面，研究生比本科生的要求更高、更严格，本科生论文对此没什么硬性要求，而研究生论文则要求必须有一定的创新性成果。

（二）研究生教育的本质属性

研究生与本科生培养的区别决定了研究生教育从本质上看具有一些特有的属性。

（1）最高层次性。这是由高等教育层次结构赋予研究生教育的天然属性、基本属性。国内外高等教育层次结构都是从低到高分为三层：专科教育—本科教育—研究生教育。其中研究生教育又分为硕士生和博士生教育两段，但这两段可以分开独立，也可硕博连读成为一体。显然，在这种三层式结构中，研究生教育处于最高层，即属于最高层级的高等教育。而且这种层级结构一定是金字塔形的，从低层到高层越往上学生规模越小，但教育水平、教育质量应越高。这就决定了，处于高等教育金字塔最高层的研究生教育理应教育水平、教育质量最高，如果说存在精英教育的话，那么研究生教育就是精英教育。当然，为了通过研究生教育能真正培养出具有将来成为杰出人才潜质的高水平、高质量的硕士（博士）毕业生，不负其“精英教育”的使命，一方面必须打好其底层——本科生教育的坚实宽厚基础，另一方面必须在其本层级的教育中采取一些超常的、先进的，体现研究生培养规律的，包括教育内容、教育模式、教学方法改革在内的一系列高效举措。

（2）研究性。这是研究生培养区别于本科生培养的最显著特性，也是“研究生”之所以得此名称的根本原因所在。它与本科生教育主要通过一系列课程教学活动，来达到使学生掌握某一学科、专业的基础知识和具有一定的专业能力与职业技能不同，在研究生教育的过程中，研究生主要是通过参加各种科研项目中的研究活动，来进行科学研究训练，来培养提高科学研究能力。科学研究本质上是在全面了解和掌握前人积累的知识、经验的基础上，发现新知识和形成新技术的活动，研究生正是在参加科研项目、承担研究任务的过程中，达成培养目标的。可以说，研究性是研究生教育的生命力之所在，是培养研究生创新实践能力与发明创造能力的基础和前提。

（3）创造性。这是研究生教育的内在要求和最本质特性。创新意识、创新精神和创新创造能力的培养尽管也是本科生教育所提倡的，但它并不是本科生的培养目标及其学位论文的具体要求中所明确规定必须做到的。而研究生教育则不然，在其培养目标中，明确要求学生必须在科学和专门技术上取得一定的创造性成果。另外，从宏观的培养模式到微观的教学方法，研究生教育的培养过程都比本科生教育更加紧密地与创造新知识相联系，都鼓励和支持研究生提出新思想、新观点和解决问题的新见解、新途径。无论是参加科学研究、学术讲座、学术交流还是课堂研讨，都是一次次研究生与导师之间、研究生与国内外同行专家学者之间、研究生与研究生之间思想碰撞产生新思想、新知识火花的研究活动过程，都是充分激发、增强研究生创造性的有效培养方式。此外，研究生教育的创造性特征还充分体现在其学位论文必须具有创新性和独特见解的要求上。总之，研究生教育是以追踪学科前沿，创造新理论、新知识、新技术，发现新规律、新现象，做出创新成果为责任，以培养具有创新精神、创新能力的高层次专业人才为使命的。

（4）双效性。研究生教育具有既通过各种教育活动为社会各领域发展培养高层次专门人才，又通过大量的研究活动为促进科技发展和社会进步提供具有创造性价值的科研成果的双重效能。也就是说，研究生教育除需要像本科生教育那样为社会培养合格的专门人才外，还需要出创新性理论、思想、方法等科学研究成果。这种双效性是研究生教育活动结果的特性，而前述的研究性和创造性则是贯穿在研究生教育活动过程中的特性，双效性由研究性和创造性所决定。

（三）研究生学位论文的选题与指导

当研究生修满学分、将要进入专业实践阶段时，导师应指导研究生根据所学专业的研究方向和学位论文的水平要求，认真查阅文献资料，对有关研究方向的发展现状、已有成就和未来发展动态、发展趋势等作较全面了解，在此基础上选定学位论文题目，准备进入论文工作。先期题目选得合不合适、好不好，对后续做好学位论文工作、写好学位论文，具有重要的基础作用。

1. 学位论文的选题开题

（1）论文选题的一般原则

学位论文的选题一般应符合以下几个原则：

1）专业性原则。学位论文选题必须符合自己攻读学位所学的学科专业，从那些学过的课程内容或参加的科研实践中，凝练选择值得研究、探索的学术问题或关键技术问题作为选题。一般不宜超出这个范围，否则达不到运用所学理论知识来解决实际问题的教学目的，也与所要获得的学位的学科属性不相符。无论是偏理论的学术问题还是偏工程应用的技术问题，研究都是无止境的，任何现成的成果都有需要深化拓展或完善改进的地方，这就是选题的突破口，由此入手，是不难发现问题、提出选题的。

2）价值性原则。学位论文一定要有科学价值、学术意义。这种科学价值、学术意义主要表现在具有理论上的先进性，工程应用上的实践性，以及解决问题思想观点、路径方法的创见性上。简单地整理和归纳书本上或前人的见解，改头换面地抄袭、拼凑别人的文章材料或者脱离实际地高谈阔论，是毫无价值的。作为学位论文，一定要在一定程度上用新的事实或新的理论来丰富专业学科的某些内容，或者运用所学学科专业知识来解决现实中需要解决的某些问题。

3）可行性原则。选题要充分合理考虑论题的深度和广度，以及作者所能参考的论文资料，所能拥有的实验条件、设备资源等。既要有知难而进、追求卓越的勇气和信心，又要实事求是、量力而行，确保具有完成论文的可行性。选题太小、太易，不能满足学位论文规模、难度的要求，或者不能充分发挥自己的水平、才能、潜质，固然不行；但选题太大、太难，自己在规定时间内无力完成，也不行。一切应从实际出发，主要应考虑选题是否切合自己的特长兴趣，是否可以收集到足够的材料信息，是否和自己从事的工作、平时的积累密切相关，一定要考虑主客观条件和时限，选择那些适合自己情况、可以预期成功的课题。在自己水平能力和主客观条件允许的范围内，写篇“大”

点、难点的文章，在理论上有所突破和创新，固然很好；但选择一个研究范围、难度适中，又与自己的平时学习工作积累密切相关，且能充分展现自己能力水平的小论题，也不失为一种明智选择。这样不仅容易搜集文献资料，同时对问题也容易看得准，论述也会更深刻透彻，结论也就可能下得更恰当准确，更具对他人的启迪性。

总之，论文选题应符合攻读学位的研究方向，应与本学科当前发展或与经济、国防、社会的建设发展具有较密切的联系，且有一定的理论意义、实践价值和创新特性。

（2）论文选题的一般方法

确定选题的具体方法一般主要有以下三种。

1）资料浏览捕捉法。这种方法是在有了大致研究方向后，通过大量查找浏览各类相关文献资料，在比较分析中捕捉有用信息来确定题目。在此过程中，导师应指导研究生收集浏览足够多的文献资料，对所有资料作认真的分析思考，从中吸取营养，产生灵感，发现有价值的信息，找到值得研究且有新意的切入点，以及需要解决的主要问题，据此根据自己的实际情况确定论文题目。按这种方法选题的过程是个一遍遍查阅资料—思考分析—捕捉有用信息—发掘论题切入点的研究过程，每重复一遍，认识就螺旋式上升一步。经过几番这样的循环，就容易萌生对论文选题越来越清晰的想法，逐渐形成越来越明确的选题目标。

2）拟设想定求证法。这种方法要求研究生先有一个拟设想定好的题目，然后再通过阅读文献资料加以验证、修改，从而确定选题。导师指导研究生根据自己平时的积累，初步确定准备研究的方向、论题和主要问题。其关键在于求证：先要查重，看自己的拟设想定是否与别人重复，如是，看是否比别人有创新，或是否对别人的见解有深化补充作用；如否，自己的拟设想定虽然有独特性，但自觉尚找不到合适的路径方法来解决想定的问题，或缺乏足够的素材证据来加以论证，一般也应放弃而另辟蹊径，重作构思。在阅读文献资料或调查研究的求证过程中，要善于捕捉有时一闪而过的思想火花，这种思想火花单个看尽管可能很简单朦胧，也不成型，但积累多了也许就能形成别具一格、有特色优势的论文选题。

3）导师拟制指定法。这种方法由导师指定一个研究题目和一些参考文献资料，研究生以此为基础去开展论文研究。这相当于把论文要研究的科学问题、主要研究范围和认知点都划定了，接下来学生在选题阶段要做的事就是深入了解课题的内涵、目标、意义，仔细研读和必要扩展阅读参考文献资料，思考解决问题的思路、方法和具体工作计划等，开展可行性论证，为开题报告做准备。导师指定的课题无非有三类：纵向课题、横向课题和自拟课题。

纵向课题为各级各类计划立项课题，如自然科学基金等各种基金、“863”计划、“973”计划、装备预研课题等，这些课题中已经包括了拟解决的关键问题、创新点、技术路线等，研究生只需按申请书的思路去开展研究、解决问题。

横向课题大多是以成熟理论、技术的应用为主的工程应用型或新产品开发型合同立项课题，看似不像纵向课题那么“高大上”，其实不然，深入进去将发现，里面隐含的需要花大功夫解决的理论、技术、方法、工艺上的问题很多，而且因为它必须从理论与实践的结合上去解决每一个问题，并确保系统工作可靠，所以研发过程中或大或小、或已知或未知、或确定或不确定的难题随时可现。以横向课题作为论文选题，需要作者不仅脚踏实地、真刀实枪地完成每一项工作任务，而且必须从各种疑难问题中提炼、归纳、升华出论文所需的实验研究方案和理论、观点、方法，其难度绝不低于纵向课题选题。

自拟课题是导师从自己的工作实践中、平时对现实需求的了解中、学科交叉研究思考中或参加各种学术交流中发现、提炼出来的课题，既不是各级计划立项课题，也不是合同立项课题，但其价值、意义并不一定低于这两种立项课题。事实上，所有立项课题也是教师设想拟就出来而申请得到的。立项没立项，除了前者有经费支持后者没经费支持外，其他都大同小异，并没什么本质差别。

无论采用上述哪种选题方法，实际中都需要由导师和学生合作，把选题放在一个包括空间维度、时间维度、问题维度和理论维度等在内的多维思考过程中，通过交叉综合来确定论文题目。其中空间维度也即空间跨度，主要表现为对研究对象的确定，或者说是对研究范围大小的界定。时间维度也即时间跨度，主要表现为对所研究对象的有关素材取材、证据取证、数据取值时间长度的界定，一般选择的时间跨度越大，需要的素材、证据、数据等资料就越多，论文做起来就越难。问题维度是一种对研究问题的复杂性程度进行定义的概念，是相对于空间维度的另一种界定研究范围大小的维度。理论维度是指支持对象、问题研究的原理概念、理论体系的深度难度考量，是对客观事物本质、规律性的认识程度衡量。每个学科都有自己的理论，同一对象可以成为不同学科的同一研究对象，但理论视角不同，便形成了学科之间的区别。

总之，论文的选题非常重要，最后要落实到题目的敲定上。可以说，题目是论文的点睛之笔，起名一定要实在不要空泛，要准确不要模糊，要精练不要冗长，要使读者一看就能知道该文的中心内容、核心思想，就能抓住该文的主要特点。

（3）论文选题的开题报告

论文选题初步确定后，应通过开题环节予以确认。开题的目的，主要是请导师和其他专家帮助集体把关，评判选题有没有研究意义和价值、有没有必要性，所提研究方法路线和工作计划安排是否可行、能不能奏效等，谨防论文工作走入歧途。为此，研究生需对这些方面撰写出开题报告，向开题小组的专家成员宣讲汇报，充分听取专家意见，然后根据开题小组的意见建议，对论文选题及其主要研究问题、研究内容、研究路线、研究方法和研究进度安排等做出必要修改，形成正式题目。

为了开题，研究生需要在导师指导下撰写开题报告，以便开题时向开题组老师汇报、接受评判审查。开题报告一般应包括立项依据、研究方案、可行性分析和工作进度安排等内容。立项依据主要结合参考文献综述，对选题所涉及领域和与选题密切相关方面的国内外研究现状、未来发展趋势，以及选题研究及其结果的意义进行分析说明。研究方案主要包括研究目的、研究内容、研究方法、技术路线、实验方案及预期成果的说明论证。可行性分析主要就完成论文研究所具备的工作基础、软硬件条件、预期创新点与存在的困难，以及克服困难的信心所在等进行必要的、令人信服的论述说明。

开题报告写得好，将为后续论文工作和论文撰写奠定坚实的基础。

2. 论文工作的指导

硕士生、博士生毕业时硕士、博士学位的取得，必须有一篇合格的学位论文作支撑；而学位论文的成就，一般又是通过论文工作（实验研究）和论文撰写两大阶段完成的。其中论文工作过程中，往往会出一些阶段性成果，形成若干篇总结阶段性成果的学术论文（常称“小论文”），最后集大成后形成“大论文”——学位论文。可见，学位论文水平是研究生论文工作水平和论文撰写水平的综合体现。学位论文既是研究生对自己研究工作的系统而全面的总结，也反映了研究生对本专业领域了解的程度和对基础知识、专业知识掌握的深度，反映了其外语水平、阅读能力、科研能力、写作能力等综合业务能力。所以，写好学位论文对研究生来说是最重要的工作，导师一定要指导研究生高度重视学位论文的质量，确保论文能准确如实地把自己的研究工作反映出来。我在此也就这个问题谈点见解，先谈如何撰写“小论文”，再谈如何形成“大论文”。

（1）撰写“小论文”的要则

通常一篇“小论文”，即一般学术论文的问世，需要经过“四部曲”：形成创新思想—开展实验研究—形成学术论文—投稿审改发表。其中关键是前三部，第四部主要取决于杂志社编辑，不取决于作者。因此作为研究生，主要应把着力点放在前三部上，志在写出高水平高质量的论文。只要论文好，被录用发表的可能性自然就大，发表周期自然也短。为此，要求作者一定要顺应这三部曲，做到有创新思想、勤动手实践、善反思总结，从这三方面去培养提高做好研究工作、写好学术论文的综合素质、综合能力。

1）大部分学术论文，其内涵都主要应逐层研究、回答以下几个问题：一是解决什么问题；二是怎么研究这个问题的；三是研究中得到什么结果，这些结果有什么意义。也就是说，学术论文一般都应以问题为导向，通过实体实验研究或仿真实验研究，实践探索解决问题的思路、原理和方法。

2）据此，论文一般应有如下三要素：一要有需研究解决的学术问题，且这些问题应有一定的普遍性、典型性；二要有针对这些问题进行研究的工作，就如何解决这些问题的思路方法、实践做法给出说明，且这些思想理念、方法做法应有一定的新颖性、创新性和推广性、可复制性；三要有对研究效果的分析及结论，就解决问题中所得结果及意义价值等予以阐述，且效果分析最好应有前后比较和实例支撑。

3）论文的组织结构要尽量规范。学术论文的组织结构一般都规范化地由以下六部分组成：题目、署名（作者姓名及单位）、内容提要（摘要）、关键词、正文和参考文献。其中各部分都有一些约定俗成的规范性要求，比如正文，一般又都由引论、本论、结论三部分组成。引论是论文的开头，其内容是交代背景、提出论点或论题，不宜太长，应简洁明了、立论清晰，最好能独具风格、引人入胜。本论是论文的主体，其内容是以理论或事实论据论证引论中提出的论点，理论论据要特别注意科学性和逻辑性，事实论据要可靠、有说服力。结论是论文的结尾，其内容是概括正文论点要点，突出主旨，或指出研究价值、意义，有时也可展望后续工作及发展，文字要简洁精练，不可累赘和画蛇添足。

4）论文的文、图、表要正确规范。一篇好的论文，通常都应是图、文、表并茂的，其中语言文字要符合语法规则，包括遣词用句准确、标点符号使用正确等，言词要达意；文章要层次分明，条理清晰，逻辑严谨，上下句、前后段之间都要讲究因果、逻辑关系；图表与正文之间一定要相互呼应，在图表起名编号的基础上，文中概以“如图（表）××所示”与图表呼应，不能以“如下图（表）所示”相联系。

（2）撰写研究生“大论文”（学位论文）须知

研究生“大论文”即学位论文的撰写，是以学位论文工作按照开题报告的要求逐项做好为基础而完成的。一般来说，它是随着论文工作的不断推进而逐渐完成的，当然也可在论文工作的最后阶段相对集中地撰写完成。倘若在开题阶段把开题报告写得好，其实在那里应基本制定好了论文大纲，论文写作阶段只需酌情修改完善提纲和随着论文研究工作推进而不断充实各部分内容即可。

具体来说，要写好学位论文这篇“大论文”，建议以下述一些须知作为重要遵循。

1）首先以评审通过的开题报告为基础、为依据，精心制定三级以上编写提纲或目录。该提纲（目录）实际上也就是学位论文的框架结构。从广义上说，学位论文也是一种学术论文，因此如前面所述的学术论文（小论文）规范化结构一样，其整体上也应由题目、摘要、关键词、正文和参考文献等部分组成，其中正文同样一般应包含引论、本论、结论三大部分内容。只是因为学位论文相比于阶段性“小论文”，内容更充实丰富，论述更详细充分，多数情况下研究的问题和提出的用于解决问题的思想、原理、方法也较多，所以其篇幅要长得多，在形式上更像一本专著，其正文的本论部分常可分成几章来组织内容，章的分法因论文内容及性质的不同而异。正文的引论、结论以及整个论文的摘要等部分的写法，也与“小论文”有着不尽相同的特点和要求。

如果开题报告写得好，写得思想内容充实、层次条理清晰、逻辑结构严谨，那学位论文的提纲（目录）基本上就可在开题报告提纲（目录）的基础上稍作修改、完善和细化而得到。

2）引论作为整个论文的引子，应采用导引的方式，将论文研究的背景、问题和研究中所要用到的主要知识、理论、技术介绍出来，为后续本论中的研究工作作铺垫。引论一般需要回答这样几个问题：

一是为什么要开展本课题研究，即需求问题。要充分说明本课题是为了进行某方面的理论探索或解决某方面的实际应用问题而开展研究，很有意义，很具价值。

二是目前国内外的研究现状如何，即必要性问题。有的研究工作，尽管理论上或实际上很需要、有价值，但已经有现成的结果及方法，不需要重新研究。所以要通过综述国内外尽可能多的近期相关文献资料，客观地、实事求是地分析现有相关研究成果及方法的优缺点，指出其解决本课题问题所存在的缺陷或局限性，顺势引出自己的思路、原理、方法有什么改进、完善或创新。

三是各章节的主要内容及其亮点是什么，即论文组织结构问题。通过对各章节主要内容及其亮点的概略介绍，可帮助读者一开始就对论文全貌及其创新性工作有个整体印象，对作者掌握基础知识、专业知识、专业技能的程度以及解决理论、实际问题的能力有个初步了解。四是用到哪些本学科和其他学科的重要背景知识，即学科背景支撑问题。通过介绍这些论文研究中用到的主要学科基础理论、关键技术等背景知识，可以自然合理地引导到作者的研究工作中去。

3）本论作为介绍作者研究工作的主体，主要是介绍自己独立完成的研究工作，主次要分明，条理性要强。根据论文研究内容及性质的不同，本论的研究工作常要按照任务、性质、结构的不同，分成几大模块、几个章次来介绍。如果论文研究的是同一背景下的多个相对独立的问题及解决方法，可按对称平行的方式来分章，每章针对一个问题，或者针对解决问题的某种思想、原理、方法；如是，每章都可有各自相应的引论、本论和结论。如果论文是集中研究解决一个问题的多个方面，则既可按对称平行的方式针对不同方面工作分章，又可按渐次深入方式针对不同层次工作分章。对于各章的主要工作，都应有解决问题的思路、原理、方法，以及关于效果的理论推演、实物或仿真实验的演示验证及分析，其中有的是引用他人现成的理论、技术解决问题、验证结果的，有的则是运用自主设计、推导或创造的方法解决问题、完成验证测试的。无论哪种情况，一定要把解决什么问题、怎么解决的、效果如何、怎么证明效果、哪些是自己的创见创新创造等阐述清楚。

4）结论作为整个论文的总结，应是论文成果的高度浓缩，并与引论相呼应。结论在内容上主要应简要说明论文所做的主要工作，所采用或提出的主要思想方法，高度概括解决了什么理论和（或）实际问题，得出了什么结论和规律，有什么创新，以及还有哪些值得改进或进一步深化研究的地方。

5）对学位论文除正文外的其他各组成部分，也要重视写好，各有其重要作用。例如摘要，被认为是论文的窗口，从中应能大体窥测出论文的全貌和其中精华，因此要高度重视，字斟句酌，用简洁精练的语言，高度概括论文的主要工作和解决问题的思想方法，尤其要充分反映自己的创新性见解和创造性工作。为了把所做研究工作、所用思想方法概括得更全面准确，摘要最好在正文完成以后再写。再如关键词，是从论文中选出的用以表示全文主题内容和核心思想的单词或词组，选词应简明通用，约定俗成，不生编乱造，数量不宜太多，一般以 3 ~5 个为宜。还有参考文献，在正文后面列出它们，旨在表明作者的科学态度和对前人劳动成果的尊重，并方便读者顺藤摸瓜、借阅参考。凡是作者读过参考过的、与论文相关的文献都应列上，相反，作者没有读过参考过，或者虽然读过但未真正参考过，或与论文相关性很小的文献，没必要列上，也不应该为了凑数而列上。列写参考文献的格式要符合新闻出版的规范要求，且大多数参考文献都应该在正文中参考它的地方有引证注释。

除了论文组织结构中上述各必要组成部分外，在正文和参考文献之间置入一两页后记或致谢，也是大多数学位论文的惯例。应该说，作者对自己论文工作和论文撰写的过程做些简要说明是必要的，对在此过程中曾经给过自己关心、支持、帮助的人，特别是对自己的导师、导师组成员和其他授课教师，表示衷心感谢也是合乎礼仪和情理的。但无论说明还是致谢，一定要尊重科学，实事求是。尤其对导师的致谢，更应是实感真情的流露表达，切不可堆砌一大堆溢美之词、不实之词进行无原则的恭维，更不可照搬照贴别人的致谢词，千篇一律、言不由衷地吹捧！此种恭维吹捧之风近些年颇盛，尤其作为导师，面对此风决不可得意忘真、认假为真，甚至盲目自喜，而应坚决制止，予以纠正，教导学生万事科学求实。

6）撰写的学位论文在整体水平、质量上一定要符合有关学位的学科专业培养规格要求。根据《中华人民共和国学位条例及其暂行实施办法》的规格要求，硕士学位论文对所研究的课题应当有新的见解，应能表明作者在本门学科上掌握了坚实的基础理论和系统的专门知识，可较熟练地阅读本专业的外文资料，具有从事科学研究工作或独立担负专门技术工作的能力。论文必须接受学位授予单位聘请的 1～2 位与论文有关学科的专家的评阅审查，在评阅人都认为论文可以提交答辩时才可进入硕士学位论文答辩环节，经 3～5 位副高以上专家（其中一般应有外单位的专家）组成的答辩委员会进行答辩质疑评判，无记名投票决议通过答辩后，经报学位评定委员会审议批准，方可获得硕士学位。博士学位论文则应表明作者在本门学科上掌握了坚实宽厚的基础理论和系统深入的专门知识，具有独立从事科学研究工作的能力，并在科学或专门技术上做出创造性的成果。博士学位论文或摘要，应当在答辩前一定时间内印送有关单位，并经同行评议，然后接受由学位授予单位聘请的 2 位与论文有关学科的专家（其中一位应是外单位的专家）评阅审查，并经成员的半数以上是正高职称的 5～7 位专家（其中必须包括 2～3 位外单位的专家）组成的、一般由正高职称专家担任主席的答辩委员会的答辩质疑，无记名投票决议通过答辩后，经报学位评定委员会审议批准，方可获得博士学位。

7）为了确保学位论文质量，在论文撰写过程中，除注意上述各点外，还需注意以下几方面问题：

①字数分配问题。为了使写出来的论文各章节的篇幅能大体实现字数平衡，在编写三级以上提纲（目录）时，除想好各章节内容外，还应把总字数和每章节写多少字数也计划分配好，以避免后续写作中各章节字数明显失衡，整体结构失调，甚至出现论文逻辑不合理、主次重点不正确等问题。

②文稿修改问题。论文的撰写过程一般都要经过大纲—初稿—修改—定稿四个阶段。即使是写作水平较高的研究生（包括其他作者），也不能一锤定音，而需经过多次修改，数易其稿，才有可能写出质量较高的论文。所以论文撰写不要急于求成，一篇优秀的论文一定是改出来的，论文初稿完成后，一定要反复检查，仔细改错，不断改进，精益求精。

③格式规范问题。各个学校都会从封面、字体、字号、间距、排版等方面，对学位论文的格式做出不尽相同的规范要求，在撰写时，必须严格遵循写作要求。只有格式正确的论文才是合格的。

④内容查重问题。论文撰写，参阅国内外相关文献资料是必不可少的，也是确保学位论文是站在前人肩膀上开展高水平研究的重要保障，但参考绝不是照抄，必须划清参考和照抄的界线。查重是判断是否照抄的必要手段，重复率是评价论文质量的主要指标。论文写成后，在上交前一定要先进行查重检测，确认重复率合格达标、绝无问题后再上交。

总之，研究生学位论文的撰写，主体固然是研究生本人，但作为研究生导师，对其全过程、各环节给予足够的关注和指导，不仅是应该的，而且是必须的，是义不容辞的职责。研究生学位论文水平的高低、质量的好坏，与导师重视的程度和水平的高低也密切相关。现实中，只管研究生干活和发表“小论文”，不顾研究生学位论文写作的导师，特别是领导干部型导师和学术带头人型导师，不在少数，究其原因，要么是责任心不强，要么是自身实际水平不高、指导能力不强。既然要当研究生导师，就应该切实负起从研究生选课学课、科学研究到论文工作、论文撰写全面指导的责任，真正当好研究生学位论文质量的第一把关人、责任人，理应在论文撰写过程中，全程关心其进展情况、撰写质量，发现问题及时指正，免走弯路；理应逐章逐节、逐字逐句地阅读、修改从初稿到终稿之前的每一稿，或者提出尽可能详细的修改意见，给出具体指导。否则就谈不上是称职的导师。如果因种种主客观原因确实无精力无时间具体指导研究生，为对研究生高度负责起见，本人就应该自动放弃指导教师资格或由组织上依规终止其指导资格。记得国防科大早在研究生院成立初期，为切实保证研究生培养质量，就制定过包括相关内容在内的研究生指导教师条例，甚至明文规定，指导教师在国外期间一般不能担任研究生指导教师；已经担任了的，在指导研究生期间，尤其是论文阶段，不宜半年以上时间出国或到外省市工作；确因特殊原因、特殊需要超越常规招了生、当了研究生导师的，必须指定代理导师负责，并经系主任批准，报研究生院备案。

（四）目前研究生教育存在的主要问题与对策

《中华人民共和国学位条例》颁布以来，我国研究生教育发展迅速，一个具有相当规模、学科门类齐全、以大学为主体的学位与研究生教育体系和运行机制基本形成，学位质量能够得到基本保证，取得的巨大成就是有目共睹的。但是，由于多方面的原因，特别是随着研究生招生规模的不断扩大和扩招速度的加快，研究生教育存在的问题日渐突出。应该说，在研究生教育的规模、质量、结构、投入、体制机制与教学培养等方面都存在一些问题，下面主要就研究生招生和培养中存在的几大问题予以评述。

（1）研究生扩招速度太快，导致生源质量不高和生师比例过高。多年来，很多大学都志在成为“研究型大学”，争建研究生院，而成为所谓研究型大学的重要标志，是研究生的招生数量比肩本科生，甚至超过本科生，因而普遍都片面追求研究生规模的扩大、数量的增长。在此过程中，还有一个因素，就是为了缓解本科生就业难的问题，而从扩大研究生招生规模去寻找突破口，从而加剧了研究生规模的扩大。

由中国教育在线2012年、2015年、2018年等历年编制的《全国研究生招生数据调查报告》可见，与报名人数下降或增幅下降形成对比的是，我国研究生招生总规模近十几年来一直在急剧扩张，平均年增幅都在6%以上。比如2012年研究生招生总规模为584 416人，与2003年的26万多人相比，10年间翻了一番多，其中2010年招生规模增幅最大，达到13.7%。此后虽然扩招速度有所放缓，但增幅一直居高不下，如2014年的招生总规模为631 020人，比10年前的2005年的367 184人增长了近72%；2016年的招生总规模为667 052人，比10年前的2007年的418 822人增长了近60%；2016—2018年，随着“双一流”建设的提出、启动和推进，更加速了研究生招生规模的扩张，“双一流”大学和志在竞争“双一流”的大学，研究生的招生规模普遍都有更大增幅。而每年报考研究生人数的增长远低于招生人数的增长，有的年份报考人数还有所减少，这样一来的直接结果是生源质量不高、优质生源不足。

另外，在研究生数量突飞猛进的同时，研究生导师的数量却供不应求，其又必然导致生师比过高。据2008年全国五年一次的全国科技工作者状况调查显示，我国15.7%的研究生导师指导的在读研究生在10人以上（含10人），还有近1%的导师指导的在读研究生在20人以上，有的甚至达到30人或更多。我身边的实际状况、所见所闻也佐证了这一调查结果，有的比这还严重。而按照国际经验，一位导师同时指导在读研究生以2～3名效果较好，5～6名是导师精力许可范围内、能够保证培养质量的上限。生源质量不高和生师比过高这两种结果，再加上研究生教育管理部门和院校普遍都存在重数量不重质量的倾向，最后就必然导致研究生教育质量的降低和学历学位的贬值，以致多年来研究生的就业形势很不乐观。

（2）教学内容教学模式本科化和教学实施随意化。研究生的学科专业课程设置和内容安排普遍比较陈旧，没有和本科阶段同类学科专业拉开必要差距，多为本科课程内容的重复，有的甚至连课程名称都完全一样，而且实验（实践）课的比重比本科还少。在教学模式方法上，基本上也还是和本科教学一样，沿袭传统的知识灌输式，仍以教师的单向知识传授为主，学生参与很少，缺乏必要的师生、生生间互动交流。如果说与本科教学有什么差别的话，主要表现在其教学实施过程比本科教学似乎更随意、自由，更好对付，任课教师万一没有备好课，甚至因故需要迟到、早退课堂或误课时，可以堂而皇之地现场或远程临时布置学生“自学”“查阅资料”“自由讨论”。

曾经很长一段时间，研究生课程很少有上满一节课的，但又没见教师在课堂上指导学生自学或组织学生开展研讨，或在实验室指导学生进行实践训练。面对此情此景，学生也无可奈何！正因为这样，有些学校对新毕业入教的青年教师，不敢安排他们上本科生课程，却敢安排他们上研究生课程，甚至连续或同时安排一个刚毕业教师上几门研究生课程！诸如此类的现象，广大师生都曾经耳闻目睹，而且久而久之竟习以为常了！对上述研究生教学的本科化和教学过程的随意化、自由化现象，如果学校和院系缺乏严格有效的监管机制，听之任之，就不可避免地会降低研究生教育的质量。

（3）研究生导师队伍水平参差不齐，整体素质有待提高。其突出表现是许多名人、“博导”学风浮躁，急功近利，学术不端，甚至学术腐败，在他们的影响下，其他一般研究生导师和研究生也不可避免地出现急功近利、学术不端、学术腐败之风气。多年来，在国内外舆论场爆出的有较大影响的这类事件就不少，如 1997 年爆出的华东理工大学最年轻教授、博士生导师胡黎明在自己博士论文中严重剽窃他人成果的“胡黎明事件”；2000 年爆出的合肥工业大学博士生导师杨敬安教授的论文抄袭事件；2004 年爆出的同济大学生命科学与技术学院特聘院长、美籍华人学者杨杰教授在各类申报材料中篡改论文作者姓名、顺序、发布时间等成果与论文造假事件；2005年爆出的清华大学医学院院长助理刘辉教授简历造假和伪造论文发表记录事件；2009、2010年爆出的井冈山大学百余篇论文被国际学术期刊《晶体学报》成批撤销，暴露大规模“批发”造假论文的事件；2010年央视《焦点访谈》爆出的西安交通大学博士生导师李连生教授涉嫌学术成果造假和“剽窃”他人著作的“严重学术不端行为”事件；2015—2017年先后三次爆出的，世界著名学术出版机构斯普林格出版集团宣布，撤销旗下学术期刊已经发表的来自中国作者的41篇、64篇和107篇学术论文，判定这些论文作者在同行评审中编造审稿人和同行评审意见的论文造假撤稿风波；等等。

由以上列举的部分学术不端、学术造假事件可见，涉及的院校范围很广，什么层次、什么类型的学校都有，不乏一些著名大学。近年来，尽管教育部门和各大学打击学术不端的力度逐年加大，惩治学术造假的措施也逐渐增多，但学术造假事件仍屡禁不止。

（4）导师和研究生的主从地位颠倒了，不是导师为研究生服务，而是研究生为导师服务。研究生作为学生群体的一部分，本是大学的主体，而研究生导师作为大学教师队伍的一部分，本应为研究生服务，一切为了研究生成才而严谨治学、勤奋工作。但现实情况远不是这样，这种天经地义的生师主从地位完全颠倒了。曾经在2000年出任北京邮电大学经济管理学院第一任院长的阚凯力教授，2014年12月25日在接受凤凰新闻采访时，对这种主从地位颠倒的现象做了无情而义正词严的揭露和抨击。他表示道，老师拿到项目，然后把任务分配给学生去做，让学生为自己干活，甚至让学生到自己开办的公司“上班”的现象，在以前的大学是闻所未闻的。我很认同阚凯力教授在上述访谈中表达的相关观点，赞成他对所描述现象的揭露和抨击，因为类似研究生导师当“老板”、让研究生给导师当“打工仔”的事，在现实中比比皆是。

由于上述这些突出问题的存在，因此不可避免地严重影响了研究生教育质量。为了从根本上提高研究生教育质量和人才培养水平，下一步除创新体制机制，充分调动各类主体的积极性，建设一个健全的、充满活力的研究生教育体系外，从教育培养角度看，采取切实有效的措施，解决上述主要问题，切实提高导师队伍师德水平和综合素质至关重要。务求使每一位研究生导师，不但要在学科学业上有足够能力指导培养研究生，更要在言行举止上把践行社会主义核心价值观和践行诚信学术道德规范统一起来，专心致志地、全方位地传道授业解惑，做学为人师、身正为范的人类灵魂工程师，把信仰的力量、真理的力量、科学的力量，通过自己的言传身教传递给研究生，引导他们既理想崇高又脚踏实地，既求知求真又崇德向善，在人生路上行稳致远。在此前提下，再在改革人才培养模式、优化研究生教育结构、完善质量保障体系、提升教育系统效益、增强正向教育功能等方面下功夫，才有可能见实效。

第七章　教学成果的培育

一、教学成果的内涵与特性

（一）教学成果的内涵

1994 年 3 月 14 日，国务院以第 151 号令发布的《教学成果奖励条例》中，对什么是教学成果给出了说明，即："本条例所称教学成果，是指反映教育教学规律，具有独创性、新颖性、实用性，对提高教学水平和教育质量、实现培养目标产生明显效果的教育教学方案。"可以说，这就是教学成果的定义。由此可看出，教学成果应具有以下几个要素：是一种教育教学思想方案；能反映教育教学规律；有过教育教学实践的检验；实践证明它对提高教学水平和教学质量、实现人才培养目标有明显效益，即应用效果明显；具有独创性、新颖性、实用性。

为了奖励全国高水平的教学成果，教育部（原国家教委）从 1989 年开始，确立了每四年一次的普通高等院校国家级教学成果奖励制度。针对国家级教学成果奖的申请，教育部正是基于教学成果的上述定义及其所包含的要素，在《教学成果奖励条例》中才明确规定，成果必须满足三个条件：一是国内首创的；二是经过 2 年以上教育教学实践检验的；三是在全国产生一定影响的。

显然，获国家级奖的教学成果一定是代表了目前我国教育教学工作最高水平的成果。但是我历来认为，并不是只有获了奖的成果才算成果，实际中有许多实践效果很好的教育教学方案，虽然没获奖，但同样不失为可喜可贺的教学成果。正因如此，本章所述教学成果，并不只是就获得成果奖的教学成果而言，而是针对广义上的高等教育教学成果。尽管如此，既然谈论教学成果的培育问题，总得有成果的标准为依据、做导向。我认为上述教学成果的定义及其所包含的要素或必须满足的条件，可以作为谈论这一问题的出发点。

就哪些方面的教育教学问题开展研究、提出方案、实施改革，才最容易形成教学成果呢？换言之，教学成果的内涵主要有哪些呢？依我之见，可以说，一切教学成果都蕴含在国家各五年计划高等教育工程各大建设项目中。

“十五”“十一五”期间“高等教育质量工程”中，先期启动了四大项目：设立国家级教学名师奖；精品课程建设计划；高等院校质量评估；大学英语教学改革。后来于2007年又进一步扩充启动了六大项目：专业结构调整与专业认证；课程、教材建设与资源共享；实践教学与人才培养模式改革创新；教学团队与高水平教师队伍建设；教学评估与教学状态基本数据公布；对口支援西部地区高等院校。

“十二五”期间“本科教学工程”实施了五大项目：教学质量标准建设，旨在组织研究制定覆盖所有专业类的教学质量国家标准；专业建设综合改革，旨在支持大学开展专业建设综合改革试点，在人才培养模式、教师队伍、课程教材、教学方式、教学管理等影响本科专业发展的关键环节进行综合改革，强化内涵建设，为其他专业建设提供改革示范，同时支持“卓越工程师”等教育培养计划相关专业建设，开展专业认证试点；国家精品开放课程建设与共享，旨在组织建设一批精品视频公开课程，同时对已经建设的国家精品课程进行升级改造，更新完善课程内容，建设一批精品资源共享课；实践创新能力培养，旨在遴选建设一批成效显著、受益面大、影响面宽、具有示范性共享性的实验教学示范中心和大学生校外实践教学基地；教师教学能力提升，旨在建设一批大学教师教学发展示范中心和网培中心，以此作为开展教师教学能力培训和教学改革热点难点问题研究的平台。

“十三五”期间“两个一流”建设，提出了分三步走，统筹推动世界一流大学和一流学科建设的总体方案，确定了建设与改革并重，两者各五项重点任务。五项建设任务是：建设一流师资队伍，培养拔尖创新人才，提升科学研究水平，传承创新优秀文化，着力推进成果转化。五项改革任务是：加强和改进党对大学的领导，完善内部治理结构，实现关键环节突破，构建社会参与机制，推进国际交流合作。

其实无论哪个五年计划，也无论什么工程、建设，其本质万变不离其宗，无非是要围绕高等教育质量提高，进行三方面的工作：一是教育教学改革 ；二是教学基本建设；三是教学组织管理与质量监控。这三大方面综合起来，无非又主要涉及五个层面（或五类成果）的工作，即：学科（专业）建设，课程改革与建设，教材改革与建设，实践环节改革与实践基地建设，宏观规划、建设与组织管理。无论从其中哪个方面、哪个层面都可切入工作、创造成果。相对于本科成果，高职成果则要特别强调符合“校企合作、工学结合”的改革指导思想，能够彰显“做中学，做中教”的高职教育教学改革特点；要特别强调以培养高技能人才为目标，以建设“双师型”教师队伍为支撑，重视产学研结合长效机制建设，加强实训、实习基地建设，突出实践能力、职业能力培养等。

（二）教学成果的特性

从教学成果定义和多年教学成果奖评审实践中专家评委的眼光看，教育教学方案及应用成效能够称得上教学成果，应该具有以下明显特性：

（1）创新性。指独创性、首创性、新颖性。如果只是照抄照搬前人或别人的教育教学思想方案和做法，既不是自己独创也不是首创，没有自己的新思维、新见解，做得再好也称不上教学成果。

（2）实用性。指符合教育教学规律，教学适用性强。教育教学方案再新颖、先进，如果超越了现实条件，没有可操作性、适用性、实用价值，那也谈不上是教学成果。

(3) 针对性。指有的放矢，解决问题的指向性强。作为一项教学成果，一定要有针对解决的主要而具体的教育教学问题，而且一般应是具有一定普遍性、典型性的热点或难点问题，只是泛泛而谈大概念、大理念、大思想，肯定算不上教学成果。

(4) 示范性。指受益面广，有推广应用价值。一个教育教学思想方案及改革做法虽然很好，但若适用面很窄、受益面不广，其可推广性、辐射性不强，就谈不上对别人的启迪作用、参考作用，因此也不好说它是有多大意义的成果。

(5) 影响性。指在同行业、同领域有较高的知名度、影响力。一个教育教学思想方案及其应用效果再好，如果只是局限于小范围、本单位，没有在任何外单位推广应用过，甚至同行业、同领域对其一无所知，在外没有产生知名度、影响力，说明其思想做法尚谈不上被同行认可，自然就不好说这是教学成果。

正因为这样，教育部每次（四年一次）组织国家级教学成果奖评审时，在关于做好评审奖励工作的通知中，总是反复强调教学成果必须具有这几个特性，并有推广应用价值。

二、教师如何培育教学成果

1. 教学成果来自创造性工作的积淀

为了获得教学成果，首先要有正确的成果观，即：教学成果是在长期教育教学实践中研究设计和辛勤耕耘出来的，而绝不是在需要申报成果时临时总结出来的。就是说，教学成果的获得是要靠培育、靠创造的，要立足于平时脚踏实地、日积月累的创造性工作。

取得一项教学成果，大体要经历以下培育过程：思考设计→提出改革建设方案→多年应用实践→总结成果。一般来说，如此走完一个周期，就可产生或大或小的教学成果；如此周而复始不断循环，就可产生越来越多、越来越大的教学成果。由此可见，创造一个教学成果和创造一个科研成果一样，都需要较长时间的研究实践，尤其要创造一个较大的成果，更是上述过程多次迭代、多次循环积淀的结果。而且因为教学成果的效益、价值归根结底要体现在人才培养质量上，而人才培养质量的显现时间一般比科研成果要长，因此创造一个教学成果常常可能比创造一个科研成果的时间更长，有时要付出长达十几年甚至一生的心血，才能开花结果，取得一个高等级的成果。加之国家级教学成果是四年一评，而不像科研成果是年年一评，且每评有好几类与教学成果等效的科研成果开评，所以产出教学成果的难度往往可能也更大些。这就决定了，为了创造教学成果，一定要防止只重总结（组织人写）、不重过程的思想误区和急功近利的浮躁心态。

在明确并树立正确成果观的基础上，创造教学成果的关键，是要以提高教学水平和人才培养质量为根本目的，不断创新教学、改革教学。而要创新教学、改革教学，我的体会是必须“有思想、勤实践、善总结”。本节着重谈谈这 9 个字。

2. 创造成果的先决条件是“有思想”

所谓“有思想”，是有创新性思想。它实际上包括两层意思：一是有创新意识和创新精神，敢于开先河、标新立异，想前人没有想过的问题，做前人没有做过的事情，而且永不满足、永不停顿；二是有创新思维和独特见解，能够拿得出改革创新的思路、方案。而思想不是与生俱来的，也不是天上掉下来的，而是不断学习、思考、实践、总结的结果。为此要加强学习、勤于思考、多动脑筋，善于根据学科技术的发展、专业建设的需要、教学对象的特点和国内外相关动态，在不同层面上不断地研究新情况，提出新问题，分析新矛盾，拿出解决新问题、新矛盾的新思想、新方法；还要解放思想，不迷信权威，敢于挑战权威。

我第一次“标新立异”是在 1974 年。那年，我作为电子技术课的辅导教师，随 1972 级工农兵学员一起去上海航天局工厂进行开门办学。当时普遍的做法是，学员一边上课，一边下车间和工人一起干活，向工人和技术员请教一些问题。我觉得这种做法固然可以从工人身上学到一些优秀品质和实践经验、操作技能，但整体看来不很理想，学员收效不大。既然已经到了工厂，如果能结合一个技改项目开展教学，效果岂不更好？为此，我主动向开门办学领导小组请缨，获准去上海广播器材厂调研，并确立了一个当时工厂急需、与教学内容又联系紧密的项目——研制“电视机壳生产流水线的数字控制系统”。于是我带着 6 名学员边学理论边干课题。四个月后，既完成了课程教学任务，又圆满完成了系统设计和样机研制任务。此举获得了工厂和学校双方的好评，更深受学员欢迎。事后本开门办学课题组被学校评定为开门办学先进集体，应邀在开门办学经验交流会上作典型发言，介绍做法经验。

1980 年，学校安排我给干部进修班学员讲“脉冲与数字电路”课程，我发现这些来自部队各个岗位的学员基础参差不齐，不适合按一种模式、一种方法施教。针对不同的学员，我采取了不同的教学模式和方法，对基础较差的尽量实行通俗化、形象化教学；对水平高的，单独“开小灶”，指定内容自学，实行个性化教学。我连着教了几届这种进修班学员，还给军队院校计算机教师培训班讲了一门“计算机原理”课程，都是这种教法，从中摸索出了一套适于这类对象的行之有效的教学方法，深得学员好评，不同起点、不同水平的学员普遍反映收获很大，有明显提高。从那以后，我又相继倡导并组织实施了我校电子技术与计算机应用类课程的课程体系、课程内容、实验体系、教学方法手段、考试考核方法和大学生电子设计制作竞赛等方面的改革。

20 世纪 80 年代中期，我参考国外教改动态，从计算机应用的实际需求出发，在国内较早新开了“微机接口技术”课程，并在连续开课多届、积累了较多教学科研经验后，于 1992—1993 年不失时机地自编、出版了一本以 PC/XT 为背景机、内容先进实用、原理技术并重、特色比较鲜明的相应教材——《微型计算机接口原理与技术》。后来，又在国内较早按照“三个层次”的思想构建非计算机专业的计算机教育课程体系，以及按此体系构想进一步确立和实施了“计算机硬件技术基础”课的课程体系，按原理篇、接口篇和应用篇的模块化结构组织理论教学和实验教学的内容，协调同其他相关课程的关系。以此为基础，我又在国内率先按“三个层次”的计算机基础教育系列课程体系构想和以486以上高档PC机为主要背景机，在高起点上新编了计算机硬件技术基础及应用方面的教材，其后又在短时间内相继推出了与该统编教材配套的全国统编示范性实验教程、多媒体CAI课件和硬件实验平台，并且通过改革，逐步形成了与课程体系和课程内容改革配套的，由微机部件、微机原理、微机接口和微机应用四部分实验内容组成的，以设计性、研究探索性或综合应用性实验为主的，课内实验和课外设计活动结合的计算机硬件技术基础实验体系。

3. 创造成果的关键条件是“勤实践”

要创新教学、创造成果，光有思想，不肯实践，不勤奋刻苦，也不行，那只能是吹牛，是夸夸其谈，不可能在实际上有所作为。有了思想，还必须勇于、勤于实践，到实际中去实践、检验提出的思想。为此，要有顽强拼搏、艰苦奋斗的精神和不达目的不罢休的毅力，要有条件实践，没条件创造条件、争取条件也实践。为了实现一个好的思想方案，还要勇于善于争取领导的理解、支持和同事的参与，这本身也是一种能力、素质的体现。

当然，要在实际上而不是口头上创新教学，每实施一项新的改革举措，都是很苦、很累、很艰难的，有时需要全身心的投入，甚至需要一点忘我奉献的精神。比如当年我所在的单位进行开放式、设计性实验改革时，可以说是牵一发而动全身，需要突破长期的封闭式、验证性实验模式所形成的传统思维定式和制度约束，连早已规范化的课程表都要大动，而这绝非一般教师所能办到的，必须取得各级领导和机关参谋的支持。在这项改革实施起来后，实验题目和实验模式需要重新设计，每个实验所花的时间不仅成几倍地增加，而且在实验期间变得没有课内课外之分、白天晚上之分，实验室需要全面开放，实验室和教师的负担明显加重。后来将实践性环节改革由课内扩展到课外，发起和组织大学生电子设计制作竞赛时，其艰辛和分外的付出就更不用说了。每次竞赛要持续一个来月，系里经费的投入不是个小数目，需要去说服领导予以支持；教师从参赛方案的预审预选到元器件的准备，从竞赛结果的验收到设计报告的审读，直至选手的答辩和成绩评定、颁奖等，时间、精力的投入是可想而知的。而这一切都是利用业余时间完成的，没有任何报酬可言。

至于20世纪90年代以来在计算机硬件技术基础系列课程的教学改革创新中，所付出的努力与之前进行电子技术课程及其实践性环节改革时相比，更是有过之而无不及。因为这次涉及的是更深层次的课程内容与课程体系的改革创新，是全方位的改革创新。为把自己的改革思想变成现实，我连续多年埋头于“微机原理”和“微机接口技术”两门课的教学，废寝忘食是常事，基本上没有休过节假日。为了在教学改革、教学创新的基础上尽早拿出起点高、内容新、结构新、模式新的自编教材，我更是夜以继日地“爬格子”，以致累得胃出血住进了医院仍笔耕不止。

正因为我每提出和实施一项新的改革措施，都意味着可能会给自己和同事平添负担，所以平时不少同事半开玩笑半认真地对我说：你总这样“折腾”、创新，多累啊，何苦呢？我实话实说：确实苦、确实累，而且确实是在“自讨苦吃”、自寻烦恼，没有谁逼着我这样干，不这样干同样可以工作得“很好”，生活得更滋润。但是，教师的职业道德和崇高的事业心决定了我没法不这样做，明知有苦有累也要这样做。因为大学是科学的殿堂，而科学技术的发展是日新月异的，尤其我所主要从事的电子技术和微机应用方面的学科更是这样，加上教学对象（学生）的知识和能力起点也在日益提高，这就决定了作为教师，必须时刻跟踪学科发展前沿，更新教学内容及其组织体系，改革教学方法手段，才能适应时代发展、贴近学生特点和满足社会需要。既然选择了教师这一职业，又不想做一个平庸的教师，就只能这样做。人们常说：教师是蜡烛，照亮了别人，燃烧了自己。这是一种对教师职业的崇高和无私奉献的高度赞扬，说明选择当教师，就意味着要有为学生牺牲自己的精神境界。所以，我历来认为，当教师是自己毕生的选择，只要对培养学生有利，再苦再累也心甘，从中可以找到无穷的乐趣。

4. 创造成果的必要条件是“善总结”

既有思想，也实践了，但不去总结或不会总结也还是难以达到创新教学、创造成果的目的。总结是一个反思、提高的过程，是将实践上升为理论、撰写成论文或教材著作的过程，通过总结来反思实践效果，分析存在的新问题、新矛盾，研究解决新问题、新矛盾的办法，从而进一步提出改革或完善改革的新思想，进入下一轮“思想—实践—总结”循环。如此不断循环往复，教育、教学工作才能不断有所创新，有所发展，有所前进。另外，总结还有一个好处，可以用总结撰写出的论文教材，到有关学术会上或其他学校去与国内外同行切磋交流，这样既有利于吸取兄弟院校之长处，开阔视野、启迪思维，为提出新的改革创新思路提供参考依据和外部动力，又有利于宣传推广自己的改革主张，使自己的改革成果为同行共享，产生更大的共鸣和社会效益，同时扩大本校、本学科、本课程的影响。如果改革做法及成果确实好，将有利于得到同行专家的认可，提高本单位和本人的知名度。每一轮“思想—实践”之后的总结，都应该对前面提出的教育教学改革理念、思路、做法、效果和特色等，进行精心梳理和深刻反思。注意，总结绝不是论证，也不是规划，而是实践之后对实践做法的回顾思考和对实践经验的凝结提炼，当然也包括找出存在的不足和提出进一步改进的举措，以利再战。

例如，20 世纪 90 年代初期，我在自动控制系倡导和新开了一门研究生的课程“计算机控制系统的故障诊断与可靠性设计”，将计算机技术与控制系统的故障诊断与可靠性设计紧密结合在一起，反映了学科的前沿。从第一次开课起，我就注重课程结构体系和课程内容的改革探索，每开一次课都认真总结一次，重新改写一次讲稿教案。在经过几年的探索、改进、总结后，我主编了特色比较鲜明的相应教材。该教材一问世，便得到教育部工科和理科两个计算机课程教学指导委员会专家的高度评价，1999 年被荣幸地推荐作为教育部“面向 21 世纪课程教材”在高等教育出版社出版，受到同行的青睐。后来又经评审推荐为“十一五”国家级规划教材，于 2011 年修订再版。

进入 21 世纪以后，我按照教育部抓质量工程的要求和精品课程的标准，对原来取得的教学、教材成果进行了认真的梳理总结和重新审视，组织课程组对计算机硬件技术基础课程进行了全方位的更深入的改革，尤其在立体化教材建设和网络课程建设方面做了较多工作，并按新的视点、新的眼光对原统编示范性教材进行了修订。新修订的《计算机硬件技术基础（第二版）》被同时作为“面向 21 世纪课程教材”“十五”国家级规划教材和“教指委”推荐教材出版。与此同时，我们团队还在多年系列课程改革成果的基础上，根据电子技术和电子设计技术的发展现状以及国内外教改动态，适时编写出版了由《电工电子技术导论》《集成数字电子技术》《集成模拟电子技术》等组成的电工电子类课程改革系列教材，并进而推陈出新，修订出版了由“电工与电路基础”“集成数字电子技术基础”“集成模拟电子技术基础”分别作为上、中、下册的“十一五”国家级规划教材《电工电子技术简明教程》。经过如此一次次总结，并一次次进入“思想—实践—总结”的新循环、新迭代，教材和课程建设的成果便越来越丰厚了。

5.“有思想、勤实践、善总结”出成果的实例解析

多年来，我获得的各项教学成果可以说都是“有思想、勤实践、善总结”的结晶和例证。

20 世纪 80 年代初期，我在校、系领导和机关的大力支持下，率先开展电子技术课程实践性教学环节的改革，变传统的验证性实验为设计性实验和课程设计，改革过程中提出并贯彻了一系列新的实践性教学理念，如设计性、综合性、自主性、开放性和一人一组等，实践效

果非常好；紧接着又将这种改革从课内延伸扩展到课外，发起并一年一度组织实施了学校本科生电子设计制作竞赛，广受学生欢迎和专家好评，后在教育部专家的推动下，逐步推广演变为全国两年一届的大学生电子设计竞赛。这些思想理念便成为1989年获首届国家部委级教学成果奖的主要内容。

20世纪80年代中期，我通过教学研究，较早提出自动控制专业的学科特征是“以控制理论为基础，以计算机为核心”，据此率先提出按控制、电子（硬件）、软件“三条线”来设置和建设专业课程，并在系领导的大力支持下将此思想付诸自控专业课程建设与课程教学的实践。这种“三条线”课程的思想实质上就是后来流行于全国的“系列课程”思想的雏形，这便成为1997年获国家部委级和军队级两个教学成果一等奖的核心内容。

从20世纪80年代中期至21世纪初，我和团队以“微机接口技术”课程为突破口，对计算机硬件技术基础系列课程进行全方位的教学改革、教学建设，从理论与实践的结合上提出了一系列符合学科特点及教学规律、认知规律的新思想和新理念，取得了以一系列高水平、高层次教材和优质网络课程等为主要标志的教学成果。有关课程改革建设思路和实践做法，获得同行专家广泛认同和学生高度好评。这些便成为2001年先后获军队级和国家级教学成果奖的主要内容。

“十五”“十一五”期间，我负责的教学团队针对学校电工电子信息类课程的立体化教学资源建设和理论实践教学模式改革，从实践教学体系、实践教学管理模式、实验室运行管理模式、实验室建设思路模式等方面，系统提出并实施了一整套行之有效的实践性教学和实践基地建设的思想方案，并全面付诸实施，效益显著。这些便成为2009年获湖南省教学成果奖的主要内容。

进入21世纪以后，我在之前对电子技术基础课程理论、实践教学进行改革的基础上，从电子技术及其应用的发展现状与趋势出发，进一步提出了电工电子技术基础系列课程改革的新思想理念，并组织学校该系列课程跨学院教学团队成员，深入研究了电子和非电子两类专业人才工程创新能力内涵与培养要素，提出了这两类专业本科学生电子工程创新能力培养的新型课程体系，提炼形成了全方位的电子技术实践教学模式，从课程体系到课程内容，从理论教学到实践教学，从教学方法到教学手段，全方位进行改革建设，并将强化工程创新能力培养的理念贯穿于人才培养全过程，将课内教学与课外工程创新活动有机结合，较好地解决了工程创新型人才培养难的问题。这些便成为2013 年获湖南省教学成果奖的主要内容。

从 21 世纪初学校新的自动控制系成立起，我针对如何造就一支高素质高水平教师队伍问题，提出并在院系党委领导的支持下，具体推动实施按教育教学研究为主、基础理论研究为主、应用技术研究为主"三支创新团队"思想，整合建设控制专业教师队伍，促进教学改革、教学建设，促进教学科研协调发展，成效十分显著，实现了人才培养、科学研究和社会服务三项基本功能齐上台阶、全面丰收。这便成为2014 年获军队级教学成果奖的主要内容。

…………

以上列举这么多教学改革事例和取得的成果，并不是要说明我在教学方面做得有多好，而只是想说明，作为一个教师，要想有所作为，取得大大小小的成果，必须要有开拓创新精神，要勇于探索，永不言停，要不断地提出与时俱进的教学改革思想方案，不断地为实现这些思想方案而实践奋斗，不断地反思总结升华，也就是说，要使自己的精神、工作状态进入"思想—实践—总结"的良性循环。这是培育教学成果的必由之路，绝无捷径可走。

三、院校如何培育教学成果

一所院校，要促成更多更好的教学成果，需要从思想理念、政策措施等多方面去做出努力，精心培育。

（一）更新端正办学思想理念

院校要坚持“校以教为本，教以师为本，师以生为本，生以本为本”的办学理念，牢固确立教学工作在学校一切工作中的中心地位，充分尊重教员学员在学校的主体地位，正确处理好教学与科研的关系，把院校各方力量和各种资源都聚集到教育教学、人才培养上来。只有这样，才能最大限度地调动教员教的积极性和学员学的积极性，教、学双方拧成一股绳，齐心协力围绕教学的方方面面去取得教学改革、教学建设的一个个进展，取得一个个成果。

（二）建设“两高”教师队伍

办学治教的主体是教师，当然创造教学成果的主体也是教师。因此，建成一支热心教学、精心教学、创新教学的高水平与高素质教师队伍，是学校能够创造既多又好的教学成果的关键。

教师队伍的建设应包括两方面：

（1）领军人物（学科、专业带头人）的培养与引进。其中应包括学科学术领军人物、专业教学领军人物和基础教学领军人物，三者不可缺失，也不可偏废。

（2）教师队伍整体水平素质的提高增强。要让教师队伍中的每个成员，无论领军人物还是一般教师，都起码知道教师是干什么的、什么是称职教师，要树立做称职教师的决心和信心。成为称职教师，我认为简言之就是四条：一要热爱教学，爱岗敬业；二要钟情教学，坚持教书育人、为人师表；三要有创新教学的精神和能力；四要在重视教学的前提下走教学与科研结合之路，这里的“科研”包括科学技术研究和教育科学研究两方面。

（三）建立科学用人投资机制

为有利于把广大教师吸引到教学研究、教学改革、教学建设上来，必须在校、院两级建立一整套科学合理的用人机制和投资机制。

（1）在用人机制方面，把“好钢”用在“刀刃”上。鼓励选拔教学经验丰富、教学水平高、教学能力强、学术造诣深、教学理念先进的一线专职教授来主持专业建设、重点课程建设和重点教学研究立项，就像鼓励选拔科研经验丰富、学术水平高、科研能力强的教师去主持学科建设和重点科研立项一样。

（2）在投资机制方面，建立校、院两级教学经费投入体系。校、院两级都要加大对重点建设课程、重点教研项目的投资力度和对优质（精品）课程、优质（精品）教材、优秀教学团队等优秀教学成果的投资与奖励力度。

（四）建立公正评价激励机制

学校建立运转起有利于教学科研协调发展，教学科研人员各安其职、各尽所能、各得其所的公正合理的评价激励机制，对于激发广大教师热心教学、精心教学、创新教学的积极性，促成教学成果的形成，具有至关重要的作用。

对此，应从转变思想理念、建立教学科研岗位制和制定配套激励政策三方面着手。

（1）转变思想理念。针对多年来大学普遍存在的思想误区，思想理念的转变主要表现在以下两点：其一，教学和科研只有分工不同，没有高低贵贱与轻重之分。教师只要按质按量完成了本职工作，无论科研或教学，都应获得大体相当的、合理的精神和物质报酬。其二，在许多学校，教学的价值和经济效益不像科研那样能直接体现出来，这主要是由学校的性质决定的。我认为全校上下，尤其是各级领导，都应端正思想认识，跳出思想误区，形成正确的价值和舆论导向。

（2）建立教学科研岗位制。应在学校或学院范围内设置基本对称的教学岗和科研岗，如由学科（专业）教学团队负责人岗、系列课程负责人岗、核心课程负责人岗、其他课程主讲教师岗和辅助教学岗组成的五级教学岗，与由项目总指挥（总设计师、总工程师）、主任设计师、副主任设计师、设计师（工程师）、助理设计师（助理工程师）组成的科研岗大体对应。在此基础上，再配套建立教师教分制，将每个教师的所有教学、科研工作量、质量及其业绩成果都按一定规则折合成教分，然后以此作为评价其工作业绩和贡献，以及提职晋级、授予其精神物质奖励和工资外收入的根本依据。

（3）制定配套激励政策。在院校相应的规划、规定中，应明确提出鼓励创造优质精品课程、优质精品教材、优秀教学团队、优秀主讲教师和教学名师等各类优秀教学成果的政策措施。比如关于优质精品课程的建设，我认为可以也应该在以下方面做出规定：

1）以优质、精品课程建设为龙头，建立校、院两级重点课程建设体系，全面提升全校课程建设整体水平。

2）加大投资力度，建立校、院两级经费投入体系。学校重点资助公共基础课，引导学科基础课和专业课建设；学院重点资助学科基础课和专业课，赞助公共基础课。

3）学校重点课程建设项目，每门投资多少，如何投资。

4）对列入上级（如省级、军队级）优质、精品课程建设计划的项目，学校至少按上级投资力度配套投资，同时要求学院另行配套。

5）对评为上级（如省级、军队级）优质、精品课程的，学校对课程组如何配套奖励。

6）对评为国家精品课程的，学校对课程组如何配套奖励。

7）对评为军队优质课程和国家精品课程的，学校每年追加多少作为课程建设维持经费。

…………

对其他方面的优秀教学业绩和教学成果，也应提出相应的奖励鼓励政策。

据我在多年参加国家级、军队级、湖南省级精品课程、教学名师、教学团队和教学成果奖的评审中和一些教研期刊中所见，许多大学对各类教学成果的培育是高度重视的，如东南大学就很典型。他们早在教育部启动高等教育质量工程之初，就针对精品课程做出国家级、省级、校级、院系级四级重点建设规划，按照示范精品、优秀、优良、合格四级标准逐步推进建设；课型涵盖通识、学科、主干，必修、限选、任选，理论、实践、实验、研讨，新开课、传统课、特色课等多种类型课程，根据课程性质分别由院系、教研室、实验室、学科组、计算机教指委、精品课程建设组等多种形式组织承担课程建设任务；在2003—2007年间重点建设了180门课程，使得全校通识基础课程的4/5，学科基础、专业主干课程的1/4成为重点建设课程，让每位学生所学课程的1/2以上成为优质课程。不仅如此，他们还以精品课程为抓手，带动和促进本科教学基本建设全面推进。他们把本科教学建设分为品牌特色专业、精品课程教材、实践实验教学平台、网上助学平台、自主研学与优才优育、双语与英语教学改革、人才培养与素质教育基地、教师教学提升与名师选培、国际交流与开放办学、教学评价与质量保障等十大工程，全面精心规划，分项组织建设。学校以改革项目为载体，以组织人员为着力点，推动教学建设不断深入。设立综合教学改革项目、实验教学改革项目、课程建设、课件与网络课程、教材、专业、基地建设、教学创新团队建设等，累计项目达400余项，投入经费超过千万元，吸引了600余名正副教授参加，使得名师、名课、名教材，专业、课程、基地，理论、实践、综合，课内、课外、网上等多类教学改革建设项目形成相互依托、相互支撑、深化改革、联动建设、共同推进的良好局面，教学水平、教学质量有显著提高。他们这样做，假以时日，必然涌现出数不胜数的覆盖教学方方面面的教学成果，呈现繁花似锦、成果累累的教学景象。

四、正确认识对待教学成果奖

1. 教学成果获奖是手段而非目的

教学成果可能获奖，也可能不获奖，但获不获奖并不关键，关键在于是不是产生了具有良好教学效果的成果。本章整体来说是就教学成果而不是教学成果奖的培育而言的。应该说，培育各类大大小小的教学成果是开展日常教学、教学研究、教学改革、教学建设等各类教学工作的目的，但获得教学成果奖不应是目的，而是手段，通过争取获奖来推动广大教师培育越来越多的各类实质性教学成果。成果能获奖自然好，能获高奖更好，但因种种主客观原因，教学成果不一定都能获得教学成果奖，或者说不一定都能获得与之水平价值相称的成果奖等级。因此，无论院校集体还是教师个体，都应把功夫下在教学成果的培育上，而不必把成果获不获奖看得过重，不必以获不获奖作为是否热心于、精心于、痴迷于教学的条件。我从一开始就是抱着这种心态从事教学等各项工作的。

1989 年以前，国家未开展教学成果奖的评选，但那时的教师们，丝毫没有因此而影响全力以赴、专心致志去搞好教学的积极性；从 1989 年国家首次设评教学成果奖起，我虽然几乎每届都有成果申报，但从来没有对能否评上奖、能评几等奖在意，第一届我只获得部委级三等奖，但我很高兴，从中受到鼓舞。一般来说，成果的水平、价值应与获不获奖、能获奖的等级基本成线性关系，但在学术生态不是很健全的环境下，存在偏离这种线性关系的可能性。当对这种现状有清醒认识的时候，就更有理由、更有必要不把能否获奖、能获几等奖看得很重，不在这上面费脑筋，而只在本本分分、扎扎实实做好自己工作，勤勤恳恳、实实在在创造教学成果上下功夫。

基于这种实际情况，院校各级组织在处理教学成果和教学成果奖关系时，应注意两点：

其一，正确引导广大教师和其他教育工作者正确认识、处理这两者关系，看淡虚名，但求实绩，只求创造实实在在的成果，不过分追求成果得奖。各级领导尤其要把个人名利看淡再看淡，摆正自己获奖和单位获奖的关系，把全部智慧、全副精力放在调动一线教师的教学科研积极性、创造性，促成更多实质性教学成果，提升教学水平和人才培养质量上，以自己的实际行动和高风亮节为一线教师做表率，为学校建设做贡献。

其二，采取切实有效措施，制定相关政策，在甄别教学成果实际主要完成者的基础上，既突出对成果奖排名在前人员的奖励，更重视对获奖成果实际贡献最大者的奖励，还要兼顾对公认教学贡献较大但并未获评教学成果奖人员的应有鼓励。只有这样，才能引导、激励广大教师淡泊名利，自觉增加教学精力投入，一心只为创造教学业绩成果下功夫、做贡献。

2. 教学成果获奖应靠业绩材料取胜

从教学成果获奖的角度看，根据我的经验体会和担任各级各类评审专家的经历感悟，认为有以下三点也许值得各有志于获奖者（包括个人和单位）参考：

一是以过硬的业绩和材料取胜最靠谱。惯于通过找人拉关系达到目的者应该知道，通过申报材料（包括主材料和佐证材料等辅助材料）表现出业绩过人者，用不着去找人拉关系，评上是情理之中的。

二是从材料上一看就差距太大，看不出有任何特色优势，或者即使材料整得很漂亮，但空洞无物，实际内容苍白，缺乏有效证据，那找再多人也是枉然的，毕竟没有哪位专家愿意去为明显不符标准者投票。即使那些不相上下、难分伯仲者，评上评不上也有一定随机性，因为评审结果毕竟是靠集体投票决定的。所以我历来反对找门路拉关系，主张靠业绩、靠实力说话，在增强业绩、提高实力上花时间下功夫。

三是要通过积淀业绩争取先实现零的突破和本单位的突围。在没有取得任何一级、任何一项成果奖之前，要获奖是很难的，即实现零的突破谈何容易！只有实现了零的突破，经过不断努力才有可能取得越来越多、越来越高的奖励。就像一个正反馈放大器，当输入信号为零时，放大倍数再大，输出也为零。只有加入一个输入信号，哪怕输入信号很微小，经过一遍遍反馈放大后，才会出现输出信号，并且越来越大。而要实现零的突破，能否在本单位突围，冲出本院、本校又至关重要。

3. 教学成果获奖应严格限制各级领导挂名

我看到一篇关于我国自 1989 年开始的前六届国家级教学成果奖授予情况的综述。前六届中总共评出 2 967 项教学成果奖，其中特等奖 12 项，占总奖项数的 0.4%；一等奖 338 项，占 11.4%；二等奖 2 617 项，占 88.2%。从整体获奖情况看，存在对一线普通教师关注不足，向行政职务倾斜的现象。例如前六届共 12 项特等奖中，第一获奖者大多具有较高行政职务，其中有 5 位时任或曾任校长，3 位担任处长、院长、主任等职务，2/3 的人员具有较高行政职务，以普通教师参评并获奖的项目所占比重较少。[①] 在 2018 年评出的第七届国家级教学成果奖中，拥有大学副校级及以上行政级别第一完成人占所有获奖者比例达到 56.17%，具有学院院长及相应行政级别或职位第一完成人占所有获奖者比例达到 20.59%，而普通教师第一完成人占所有获奖者比例却仅有 8.92%。这种现象一方面说明院校长及其他职务人员为我国高等教育教学事业的发展确实做出了突出贡献，但另一方面也不能不说在一定程度上反映了教学成果奖评选中确实存在明显的行政倾斜和领导领衔

① 黄一顺，蒋香仙．国家级教学成果奖评奖的现状与趋势研究［J］．中国大学教学，2013（9）：86－89.

现象，一线普通教师得到的关注明显不足，评奖政策对教师的积极性调动明显不够。院校要想促成更多更好的教学成果，我想首先应该扭转这种教学成果奖，尤其是高等级奖以院校领导领衔为主的现象。

各级教育主管行政部门在组建各类教学成果奖评审专家委员会或专家组时，应一改惯用做法，最大可能地避免邀请现任或曾任的院校领导担任专家。这样做的必要性和好处是显而易见的。由院校领导担任专家，一方面很难摆脱本位主义的羁绊；另一方面很难跳出关系网，容易不自觉、或明或暗地为其他身居领导岗位的相关者说话；再一方面很容易把大家引入搞平衡、搞照顾的惯性思维和做法中去。而基本上从专家库中聘用教育领域知名度较高、影响力较大、公信力较强、口碑较好的非领导职务教授出任评审专家，只要组织严密、管理严谨、要求严格、纪律严明，这些方面的干扰要少得多，有利于最大限度地确保评奖的公平公正性。

第八章　高等教育时下热点难点之思考

一、关于“钱学森之问”的思考

（一）“钱学森之问”石破天惊、切中时弊

2005年，在温家宝总理看望钱学森的过程中，钱老在与总理谈到我国大学的人才培养时，曾感慨地向总理发问：“为什么我们的学校总是培养不出杰出的人才？”这一发问如在万里晴空响起了惊雷，引起了整个教育界乃至社会各界的强烈共鸣和热议，后被公认为著名的“钱学森之问”。

“钱学森之问”是关于中国教育事业，特别是高等教育事业发展的一道看似浅显实则艰深的命题，它切中了我国高等教育的痛点和时弊，值得整个教育界乃至社会各界共同破解。

人才是否杰出，一般在学生毕业的时候难以看出，常须等到学生走向社会工作若干年后，甚至过了大半辈子以后（取决于大器早成还是大器晚成）才表现出来。绝大多数杰出的人才，都是从大学“出口”的，表面上看，都是某所大学培养的。实际上，要培养出杰出的人才，单靠大学是不行的，大学之前的中小学甚至学前教育阶段就打好基础也至关重要。所以，破解“钱学森之问”绝非易事，需要从人生教育的各个阶段入手综合治理，需要有全国公共和家庭教育系统从顶层到底层、从理念到制度、从政策到举措、从宏观到微观的上上下下与方方面面的统筹协调和合力作用。本书前面各章，就如何提升我国高等教育特别是本科教育质量所做的探讨，从一定意义上说也属于如何破

解“钱学森之问”这一命题的范畴，只是破解这一命题需要涉及更宽更广的面，需要站位更高、看得更远，即更需高瞻远瞩、拓宽视野而已。

在探讨这个难题的破解方法之前，不妨先分析一下前面第一章所谈到的民国时期几大名校成功办学的经验。这些学校教育水平之高，培养出来的杰出人才之多，即使现在看来也叹为观止。试看，1948 年在普林斯顿大学的世界大学排名中，中央大学已超过日本东京帝国大学（现东京大学），居亚洲第一①；浙江大学被英国学者在《自然》杂志称为“东方剑桥”，就是因为有一批优秀教授在极其艰苦的日子里做出了一流成果，在《自然》《科学》等顶尖学术刊物上发表了一批高质量论文。1945—1952 年时期中国大学毕业的学生，后来成为中国两院院士（学部委员）的学者，大多也出自这几所学校，如中科院院士数量前五名为：清华大学 25 人，浙江大学 22 人，中央大学 21 人，北京大学 14 人，武汉大学 12 人。在抗日战争结束后，1948 年国民政府遴选了第一批中央研究院院士，其中入选教授最多、名列前四强的也是中央大学、北京大学、清华大学、浙江大学。1945 年抗日战争胜利，台湾光复，国民政府从大陆最优秀的大学中选派了著名教授接管台北帝国大学（即后来的台湾大学），主要有浙江大学的苏步青、罗宗洛两位教授，罗宗洛还担任了接管后的台湾大学校长，1948 年后由从北京大学来的傅斯年接任校长职务。这些事例都足以证明这几大名校确实是名不虚传，杰出人才辈出。

那为什么民国时期的几大名校能办出那么高的水平，办得那么出色呢？仔细研究一下这几所大学的办学治校方略及特色优势，就不难发现，他们都有一些相同或相似的成功要素，如：都把教师、学生作为大学的主体，尊师重教、“教授治校”、“教授治教”、“学生自治”

---

① 肖腾．国立中央大学：当年全国最高学府在重大松林坡［N］．重庆商报，2013-04-25．

的理念根深蒂固；从教师到学生都以研究学术为天职，不以大学作为升官发财的阶梯；都能不拘一格选人育人；等等。

（二）如何破解“钱学森之问”

在此，结合对上述差距及其存在原因的分析，就如何破解“钱学森之问”谈几点思考、见解。

1. 必须以大学去行政化、功利化为前提

必须创新管理体制和管理理念，使大学返璞归真，成为教师学生专心做学问、求真知、事创新的科学殿堂和学术圣地。

长期以来，我国高等教育也和其他各行业一样，采用的是计划体制，学校一切都由政府直接计划管理，从专业设置、专业培养计划到各专业的课程设置、各门课程的教学大纲和教材等，都是由教育部直接规定批准的，一经批准不允许擅自变动。政府行政权力的行使，使得学校成了行政制度的被动执行者，缺乏办学的自主权。而学校的组织机构及管理模式，又是套用了政府机关的组织机构及管理模式，从校领导到各机关部门领导，再到各院系领导，都有行政级别，从上到下等级分明。

所以，要培养出杰出人才，首先应从大学去行政化做起。以我之见，中国学术界、科教领域，必须有一批立志终生做学问，对当官发财不感兴趣的知识分子，必须形成一种专业水平高、科研素质好、创新能力强的拔尖人才普遍不愿离开自己心爱研究工作的学术氛围，才有可能加快出杰出人才的步伐。大凡真正杰出的科技帅才，基本上都具有上述这种人生价值取向。例如国内外知名度很高、被国外媒体誉为“第二个钱学森”的中国工程院最年轻院士之一（41 岁当选院士）、中国电磁弹射器的发明人马伟明教授就是这样的一个典型。他长期致力于舰船综合电力技术原始创新研究，承担国家和国防重大装备重点课题 40 多项，获得具有自主知识产权的发明专利 40 多项，有 20 多项关键技术成果居世界先进水平，所有创新成果全部应用到我国自行研制的作战舰艇，获国家级、军队级科技奖无数，为我国锻造制胜深蓝的国之重器做出突出贡献。早在他当初参加研究生面试时，对面试组老教授给他出的第一道考题——“研究生毕业后三条道，当官、发财、做学问，你选哪一条?”他的回答是：“终生做学问!”此后他用实际行动践行了自己的选择誓言。2000 年当组织上要提拔他担任海军工程大学副校长时，他坚决谢绝了，并全身心地致力于酷爱的科学研究，取得令中国人骄傲的业绩。

现实中，已经表现出具有比多数人更强的能力，甚至已经取得非凡业绩、开始在同领域崭露头角的中青年知识分子也有不少，这些人多半已经进入了国家先后实施的对各行各业杰出人才、领军人才特殊支持的国家层面的人才培养发展计划。这对加速涌现出一批钱学森所期望的杰出人才无疑将有很大的促进作用。但是，我认为很重要的还在于，进入人才培养发展计划中的这些人，基本上都要能以此作为促进自己毕生埋头当学者做学问的动力，则破解“钱学森之问”有望。

应在扩大大学办学的自主权、减少政府对院校内部事务的干预、取消包括校领导在内的大学内部各级领导的行政级别，以及在学校各级领导的任用方法与过程方面，坚决摒弃政府机关干部任用的习惯做法，大刀阔斧进行改革，代之以符合大学作为学术和教育机构的特质的做法。近年来，从中央到地方，都在这些方面做出了努力，如湖南省委深改组为了进一步促进全省大学释放活力、提高质量、办出特色、争创一流，在 2018 年 5 月 10 日审议通过了《进一步落实和扩大高校办学自主权的实施意见》，在简政放权和优化管理方面提出了 16 条具体改革举措。这是一个可喜的、良好的开端。

大学功利化也是当前我国大学存在的一大顽疾，而这在很大程度上也与大学行政化有关。众所周知，大学是做学问、搞科研、育人才的地方，而科学的特征是探索真理和发现事实，科学的实质是发现新知识和发明新技术，因此科学尊重的是知识、技术，做学问、搞科研的根本方法遵循是求真务实，唯一行为准则是实事求是的客观精神。

有些学者，甚至为决策层提供战略、方针选择方案的智库中的学者，生怕写的东西上级不满意，不接受，在写之前都到处探听风声，“摸圣意”，以迎合上级领导和决策层。实际上，作为智库专家，就是要把自己研究的结果和认知提供给决策部门、决策者，讲实话就好，至于采用不采用，决策者有更全面、更长远的考虑，也就是说他会综合各方意见然后加以考虑，最后选择一个对策。所以，讲真话讲实话，这是作为智库和学者的本分。试想，如果连求真务实都做不到，那搞的研究还有什么意义呢？

古今中外凡有成就的杰出科学家，他们对科学的爱好和对科学研究的执着，都不是源于功名利禄的驱动和牵引，而是源于强烈的创新欲望和对科学的献身精神。正如蔡元培先生1917年在接任北大校长的就职演说中，谈到办学宗旨时所阐明的：“大学学生当以研究学术为天职，不当以大学为升官发财的阶梯。”也正如王国维先生在清华任教时所一再强调的：不能以功用性作为大学设科的标准；学生求学应远离浮躁，思想单一，抱负远大；要明确求学并不是为了高官厚禄，并不是为了飞黄腾达，而纯粹是对于自己研究学科的一腔挚爱。

可见，为了调动大学广大教师潜心做学问、搞研究和精心培育高素质创新型人才的积极性、创造性，社会亟须建立一个健康、有序、正常的价值观传播和舆论传播氛围；大学亟须去功利化，从根本上摒弃急功近利的浮躁心态和做法，改变校园氛围，呼唤形成一种本真清新的大学科学精神，建立起一种求真务实的大学创新体制。唯有这样，才有希望破解“钱学森之问”，尽快尽多地培养出能推动我国科学技术可持续发展和持续向好向上的杰出人才。

2. 必须弘扬“独立之精神、自由之思想”

古今中外的教育实践证明了，大学要想成为高素质创新型人才的摇篮和各类杰出人才的发源地，首先应成为“独立之精神、自由之思想”的圣地。

教授治校、学生自治的治校理念已在一些教育发达国家的办学实践中根深蒂固。随着近代中国知识分子对自身价值和现实使命的觉悟，西方教育成功的重要一点——“教育独立”观念一经引入国内，也同样是深入人心，博得共识，成为近代中国教育进步最主要的推动力。

清末，章太炎在《代议然否论》中已提出设想：“学校者，使人知识精明，道行坚厉，不当隶政府，惟小学与海陆军学校属之，其他学校皆独立。”其旨在摆脱政府对中等以上学校的干预，保证学术、教育的自由发展。民国后，这一理念得以伸张，在政府官员、知识分子和民间有识之士中都深入人心。

蔡元培1930年为《教育大辞书》编写的“大学教育”词条称：“近代思想自由之公例，既被公认，能完全实现之者　却惟大学。大学教员所发表之思想，不但不受任何宗教或政党之拘束，亦不受任何著名学者之牵制。苟其确有所见，而言之成理，则虽在一校中，两相反对之学说，不妨同时并行，而一任学生之比较选择，此大学之所以为大也。”

燕京大学的校歌歌词是这样写的：“雄哉壮哉，燕京大学，轮奂美且崇。人文荟萃，中外交孚，声誉满寰中。良师益友，如琢如磨，情志每相同。踊跃奋进，探求真理，自由生活丰。燕京，燕京，事业浩瀚，规模更恢宏。人才辈出，服务同群，为国效尽忠。”它尽显了燕大和当时那一代人追求的自由博雅办学理念和教育精神。

为什么国外和国内被社会公认为办得好、出顶尖人才多的大学，都不约而同地把独立、自由、民主、博雅等作为自己的重要办学治校理念和大学教育精神呢？原因就在于它是做学问、搞研究、弄创造发明的必要条件，是激发师生创造力和创新发明潜能的最佳途径，舍此谈不上办高水平大学、出高水平人才和成果。

大学要想培养出一批批创新型创造型人才，就必须使创新创造之树在校园常绿、创新创造之花在校园盛开、创新创造之果在校园盛结。怎么才能做到这样呢？根本的办法就是有效激发广大教师的创新创造力，并通过他们去大力加强对学生的创新创造力教育，培养出他们的创新创造性精神、创新创造性思维和创新创造性能力。而要达此目的，必要条件在于具有自由、宽松和容忍的教育环境，以及独立之精神、自由之思想。只有自由、宽松和容忍，创新性创造性精神才得以存活，创新性创造性思维才得以生根，创新性创造性能力才得以发展；只有坚持独立地思考问题而不是从众跟风，天马行空自由自在地分析求索而不是处处受条条框框束缚，才有可能使创新创造发明潜能喷薄而出。

对于“独立之精神、自由之思想”于大学培养杰出人才的重要性，曾培养了牛顿、达尔文等诸多科学巨匠的英国剑桥大学无疑能提供良好的参考。正如剑桥大学前校长莱谢克·博里塞维奇所说，剑桥大学经过了800多年的历史积淀，才逐渐滋养出一些大师；而就当代非常看重的诺贝尔奖而言，获奖成果也常要等二三十年才被最终认可，因此大学在产生杰出人才前需要一定时间的积累。而在这段时间中，“必须为研究者提供追求自己兴趣的自由”。他认为，学术自由是剑桥大学研究人员先后获得近百人次诺贝尔奖的重要原因，“我们为什么能做到这一点？因为我们为研究人员提供了追求自身学术兴趣的时间和空间。”回顾历史，如果不是身处拥有这样价值观的剑桥，达尔文难以在英国的基督教环境中提出与上帝造人说相冲突的进化论。

在时间上，剑桥允许学者按自己的步伐开展研究，而没有“定时交作业”式的考核压力。博里塞维奇表示，剑桥在聘任一位教授后，不会马上就要求他出成果，“而是有准备等上七到十年”。其间这名教授也许会发表一些文章，“但我们没有这种压力，比如说要求在某年年底前必须发表十篇论文”。博里塞维奇认为，“要把对质量和卓越的追求置于其他任何事情之上”，无论是教学还是研究，质量总是处于第一位。他提到了教育产业化与教学质量之间的关系。英国的大学一向因对国际学生收费较高而有“出口教育产业”的名声，并因对英国国内学生也大幅增加学费而引发游行示威。博里塞维奇说，剑桥虽然也提高了学费，但目的是为了更好地保证教学质量，因为剑桥采取的导师制成本高昂，实际上学校每年都要动用其他方面的资源来补贴教学。

他说，大学显然应该是把教育质量而不是赚钱放在第一位，“相信我，如果从做生意的角度来看我们（剑桥）的教育，实际上每招一名学生都是在亏本，但我们并不在意这个，因为我们真正的追求是教育本身。”也正是因为这样，剑桥的每一任领导都会把相当一部分精力用于筹款，寻求尽可能多的经费支持。

事实上不仅是剑桥，包括本书第一章提及的几所顶尖大学在内的几乎所有世界著名大学的校长都是这样。后来在出席中国主办的全球大学校长峰会等活动时，博里塞维奇听说中国近来关于如何培养杰出人才的“钱学森之问”等讨论后，他认为，中国的大学近来发展迅速，只要保证学术自由，不偏离对质量的追求，随着时间的推移，迟早也会诞生能获得诺贝尔奖的杰出人才。

3. 必须推行因材施教和不拘一格选人才

人才培养的基础在于教育，只有给每个学生提供最适合、最公平、最富个性的教育，才是出人才的教育。虽然客观上每个学生的天赋、兴趣、爱好各不相同，但当前各个学校提供的却基本上还是“千人一面”的教育，这明显妨碍了素质教育的落实，实质上也是对学生的一种不公平，妨碍了对他们创造性思维的培养。

中国科学技术大学等13所大学从恢复高考招生开始，先后举办大学生“少年班”，其本意是想通过对一部分早慧少年开展超常教育，达到快出人才、早出人才、出拔尖人才的目的。但由于在为他们提供最适合、最公平、最富个性的教育方面，并没有采取相应的实质性改革举措，没有从根本上将“千人一面”的教育代之以因材施教的差异性个性化教育，因而早期成效远不如预期。

以中国科学技术大学1978年首创的全国第一个大学“少年班”为例，该校当年从全国各地高中以推荐和面试结合的方式，遴选出21位从11岁到16岁的早慧少年入校，正式组成了首届“少年班”。这些“少年班”的孩子在人们心中简直都是“神童”，几乎成了当时的全民偶像。当时办这个“少年班”的初衷，很大程度上是想把他们朝着科学家的目标培养的，因为就在此前不久，著名华人物理学家、诺贝尔奖获得者李政道首次从美国回国访问，在毛泽东主席接见他时就向毛主席建议要加强基础人才培养，并在事后写了一份关于培养基础科学人才的建议书，建议从全国选拔少量十三四岁左右的早慧少年，到大学进行“超常规的培养”，以培养一支“少而精的基础科学工作队伍”。

1977 年，正值全国要恢复大学招生，全国人民欢呼“科学的春天要来了”时，当时兼任中国科学院副院长的国务院副总理、著名科学家方毅，就江西赣州八中有位教师向他举荐一名天才少年——年仅 13 岁的高二学生宁铂的事，批示中科院下属的中国科学技术大学“如属实，应破格收入大学学习”，并在宁铂被正式录取到第一个“少年班”后，亲自与他对弈下围棋，在媒体上大张旗鼓宣传。由此不难看出，想把这些天才“神童”培养成“基础科学研究人才”即未来的科学家的目标定位，基本上反映了当时的初衷。但是 30 年过去后，当这些少年全都成为四十多岁的中年人，人们发现，虽然他们中也出了像张亚勤（曾任微软全球副总裁和百度公司总裁）和高峰（德意志银行中国区总经理）这样的出类拔萃人才，但他们和同时期其他正常年龄上重点大学的大学毕业生相比，事业发展和成才率似乎并没有表现出有多少优势，也并没有出现更多的出类拔萃人才和人们想象中的顶尖学者，反而看到了不少天才少年因为自控力差、贪玩、学业跟不上、品行不端、存在严重心理问题，或者生活不能自理等原因而被退学或休学。

为什么会出现这种出乎人们良好愿望和想象，甚至使人痛心的现象呢？按照当今国人普遍都不惜一切地想方设法让自己的孩子“不输在起跑线上”的理念和做法，应该说，这些“少年班”的早慧“神童”们，比他们的同龄人早就赢在起跑线上很多了，怎么后来也并没跑到前面去成为各跑道上的领跑者呢？原因恐怕不在于这些神童本身，而在于教育模式存在问题。其一，这些神童们赢出的那些东西，多半只是靠聪明、记忆力和比别人提前学习获得的，而且获得的也主要是中学各门功课具体的知识，以及基于应试教育的解题能力，而不是甚至反而比常人更缺失的许多应用课内外知识，思考、分析、解决实际问题的综合能力和素质。其二，他们所进的“少年班”，相比于其他正常年龄班，在教学思想理念、教学模式方法等方面并没有什么本质的差别，他们同样是在应试教育和以教师为中心、以知识传授型为主的教学方式下接受千篇一律的教育。而这些孩子虽然早慧，但各人的兴趣爱好和特长优势其实相差很大，比正常年龄人相互间的差别还大得多，对这些人，只有立足于个性化教育因材施教，针对各人的兴趣特长制定不同的培养目标和培养计划，采用不同的教学方式方法，就像《天才教育手册》所指出的，“我们不应停留在仅以一种特定方式把天才学生作为一个集合从学生总体中识别出来的水平上，而应创立一种方法，对不同个性类型的天才学生给以具体的考虑”，才能扬长避短，发掘各人特殊潜能，才有可能从中培养出较多的在不同方面拔尖的未来杰出人才。

我想，按照当初李政道先生建议书中所说的“超常规的培养”，应该是指这种“对不同个性类型的天才学生给以具体的考虑”，即因材施教的个性化培养。当然，要有效实行这种因材施教的个性化培养模式，必须具备诸多条件，如相应的理论体系、科学的管理模式和称职的教师队伍等，而尤其不可缺失的是，必须以先进的教育教学理念作支撑。

中国科学技术大学通过总结前几届“少年班”的经验教训，从入学选拔、课业安排到心理辅导等方面摸索出一套成熟的体系，在后来的办班过程中，采取独立建制、集中培养，不惜成本以书院式为早慧少年提供量身定做的个性化路径，为“少年班”配备了相当比重的泰斗级老师。入学的前两个月里，就专门针对少年班开设多场学术泰斗大牛的讲座和座谈，加上在整个培养过程中，中科大都是施行的“通识教育”，学生先不分学院和专业，打下扎实的数理基础之后才在全校范围内自由选择学科专业平台，这样，同屋的同学学什么的都有，相互间时常交流，形成了一种更互补、更亲密的学科交叉式的同学互动关系，相比于传统同学关系，大大扩宽了学术视野。因此，后来的中科大“少年班”，整体成效和成材率就明显提高了。

至今，这些“少年班”同学中功成名就者不少，出了不少国内外名牌大学的教授和不同领域的精英。据统计，截至2015年，在北大、清华、中科大、复旦这四所国内一流名校担任教授的有近20人；在世界一流大学如哈佛大学、斯坦福大学、芝加哥大学、耶鲁大学、牛津大学、多伦多大学等校任正教授的有18人，还有3人当选IEEE（电气与电子工程师协会）会士，3人当选美国物理学会会士，多人当选美国医疗信息科学院、美国光学学会等会士；有149人在IBM、英特尔、微软、杜邦等国际500强企业就职，其中许多人担任重要职位。更有1996级的尹希，以31岁的年纪晋升成为哈佛大学正教授，打破了华人纪录；1990级的李巨，36岁之前就成为计算材料学领域的国际知名学者，获得美国青年科学家总统奖、TMS Hardy奖以及MRS杰出青年研究者奖等10余项奖励，被麻省理工学院核科学与工程系及材料科学与工程系联合聘为正教授；1998级的陈宇翱，“80后”的中国科学技术大学教授，获欧洲物理学会“菲涅尔奖”；1981级的骆利群，38岁就出任美国斯坦福大学正教授，并当选美国科学院院士；1982级的卢征天，旅美时获美国青年科学家总统奖，现任中国科学技术大学教授；1985级的杜江峰，已是中科院院士，现任中国科学技术大学物理学院执行院长；1987级的庄小威，34岁便成为哈佛大学化学与化学生物系、物理系双聘教授，于2012年和骆利群一起当选为美国科学院院士，是美国科学院最年轻的华人院士；尤其令世界科学界瞩目的是2010级的曹原，他21岁在麻省理工学院攻读博士学位期间，就在石墨烯非常规超导研究中，成功完成了震惊世界的“魔法角度”超导实验，解决了困扰全球百年的难题，并作为第一作者在著名杂志《自然》上同时发表两篇相关论文，成为《自然》创刊近一个半世纪以来一人一次性占据其两个论文席位的极少人之一，也是登上《自然》的最年轻中国人，引爆了全球，被评为2018年度世界十大科学家之首。

综合上述中科大早期和中后期“少年班”毕业生的走向和发展状

况可见，“少年班”的毕业生是否能成为卓有成就的杰出人才，关键不在于他们的“少年班”出身，而在于“少年班”采用什么教育体制机制和办班模式理念，是否为他们提供比较宽松自由的学习学术环境，是否采用因材施教的个性化教育培养模式和研讨探究型教学方式。

依我之见，中科大在“少年班”上花的功夫、做的改革和采取的举措，并非只针对“天才教育”才有效，原则上用在所有学生的教育上都将有效。仅就天才教育而言，大学不应只针对智力超常的早慧少年办“少年班”，这样做的必要性和意义都不大，而应针对正常年龄大学生中智力超常或特长突出的人才办这类班，具有更大意义。因为面向早慧少年的超常教育与面向有超常智力或突出特长的正常年龄大学生的超常教育相比，差别太大。早慧少年，绝大多数只是在某些智力方面远远超越其同龄人甚至成年人，但他们的性格、心理、情商和整体智商等，与其同龄人相差无几，同样处于发展时期，远未定型，可塑性很大。对他们的教育，需要考虑的面要宽得多，需要解决的问题和投入的成本要多得多，而其中许多方面、许多问题似乎不该是大学正常职责范围内应考虑的，或者由大学去考虑、去做这些本身职责之外的事虽然也能做好，但做好的代价太大、成本太高，有点得不偿失，如果一定要勉为其难去做，事与愿违的可能性很大。

事实上，早慧少年比同龄人早出的几年时间，在二三十岁时会感觉差距很大，优势明显，可到了三十岁以后，越往后这种差距、优势就越来越可以忽略不计了。固然，趁着年少早慧就进行超常教育，对于国家快出人才、早出人才是有好处的，但这种好处只有在知识分子“断层”的特殊时期，对尽快尽早弥补断层才有意义。当国家处在年年都有大学生源源不断从学校输出到社会上的正常年代，这种人才快出早出几年的价值就没那么大了，对社会对个人都不会有明显好处。这就是说，大学的正常使命还是要在加强面上教育教学改革，努力提高教学水平、教育质量上下功夫，通过普遍采用因材施教的个性化教学模式和“以学生为本”“以学生为主体”的研讨探究式教学方法，为国家源源不断地培养输送尽可能多的高素质创新型人才。

进入21世纪后，不少院校特别是一些重点院校，为探索培养拔尖创新人才，纷纷按这种思路举办了各类实施超常教育的理科、工科、文科、社科或综合学科的教改实验班，如北大元培班、清华学堂班、中科大00班、国防科大钱学森班、南京大学匡亚明班、浙江大学竺可桢班、复旦大学自然（技术、经管、社会）科学实验班等。各校实验班普遍借鉴国际高等教育的先进模式，学生进校后一至两年内不分专业，首先集中强化基础教育，课程内容接近相关专业的要求，同时强调对现代科技前沿的了解和人文素质教育；一至两年后，再根据学生的兴趣、志向和潜力在全校范围内自主选择专业，实行在导师指导下的个性化学习，结合目标管理和过程管理，最大限度地发挥学生的学习能力，鼓励学生制订适合自己的个性化学习计划，在导师的指导下提前跨学科选修课程，提前进入科研实验室开展科研实践活动等，也允许学生根据学习情况适当调整学习进程，实行弹性学习。也有的实验班集中学校和研究院所的优质资源，围绕国家战略需求，探索创新人才培养新模式，致力于培养未来15～20年科学与工程领域的高层次拔尖人才。

2009年，教育部在总结各高水平大学自发开办教改实验班经验的基础上，为回应“钱学森之问”，又联合中组部、财政部，推出了一项称之为“基础学科拔尖学生培养试验计划”（简称“珠峰计划”）的人才培养计划，选择了20所国内一流大学的数、理、化、信、生5个学科率先进行试点，力求在创新人才培养方面有所突破，旨在培养中国自己的学术大师。各试点学校在国家专项经费的支持下，每年动态选拔特别优秀的学生，配备一流师资，提供一流学习条件，创新培养方式，构筑基础科学拔尖人才培养的专门通道，聘请国内外一流教师授课和担任导师，提供奖学金、国际交流和科研训练等经费，营造一流学术环境与氛围等，努力使受该计划支持的学生成长为相关基础科学领域的领军人物。

显然，上述这些由各大学自发办的实验班和由国家“珠峰计划”支持办的试验班，都是面向正常年龄大学生的智力超常者和潜质冒尖者，比当年中科大等学校专为早慧少年办的大学生‘少年班”要进步多了，更接近于符合大学人才培养规律的因材施教的个性化教育。但我认为，这还远不够，应逐步把现在面向“实验班”“试验班”少数人的教育教学理念和做法进一步扩展到全体大学生，高等教育质量才能全面提高，不断培养出杰出创新人才才会有坚实基础。

要有效推行因材施教的差异教育、个性教育，必须在教师的选调选聘和学生的选招选育方面处理好遵从公认人才标准和不拘一格选人才的关系。从整体上看，无疑应该遵从共同的公认人才标准，选拔一些德才兼备、综合素质好、综合能力强的人到学校来学习和工作。但就少数特殊情况来说，又要重视不拘一格选育人才，摒弃唯学历学位聘任教师和唯分数成绩评价学生的思想做法，勇于善于发现、选拔那些在某几方面甚至某一方面有特殊兴趣、突出才能的奇才和专才到学校来充实教师队伍或做特长生培养。

民国时期不拘一格选人才的学校和被破格选录的人才就较多，例如清华大学第一任校长、中央大学校长、著名教育家、“五四运动”取名者罗家伦和“五四运动”时期的全国学生联合会主席、白话诗人康白情，都是在1917年被北京大学破格录取的；著名小说家、长篇小说《围城》的作者钱钟书是1929年在数学考试只得15分、中英文成绩全优的情况下被清华大学外语系破格录取的；著名数学家、中国科学院院士、美国国家科学院外籍院士、第三世界科学院院士、联邦德国巴伐利亚科学院院士、有“现代数学之父”之称的华罗庚，原来只是一个有初中学历的杂货店店员，因其1930年在上海《科学》杂志上发表了数学论文《苏家驹之代数的五次方程式解法不能成立之理由》，而被清华大学破格录取到图书馆担任馆员，经过几年的边工作边学习，又相继被破格提升为助教、讲师，并被派往英国剑桥大学留学，两年后回国，受聘为西南联合大学教授，后来成为国内外公认的数学界一代宗师；著名历史学家、社会活动家、中科院学部委员、原北京市副市长吴晗，是1931年在数学考试得零分的情况下被清华大学破格录取到历史系学习的；著名诗人臧克家是1930年被青岛大学文学院院长兼国文系主任闻一多破格录取的；鲁迅连日本仙台医学专科学校的文凭都没获得，但能够在几所大学任教；作家沈从文只是一位仅读过小学的湘西青年，后来在北大旁听，进步很快，胡适就敢请他给北大学生上文学课；等等。正是因为有这么一种不拘一格选人用人的好风气、好传统，所以那个时期的大学培养出了一大批后来在新中国各行各业、各个领域做出重大贡献，名字如雷贯耳的杰出人才，如巴金、张爱玲、鲁迅、老舍、徐志摩、陈独秀、梁启超、蔡元培、陈寅恪、胡适、梁启超、梁漱溟、蒋梦麟、钱穆、林语堂、张伯苓、梅贻琦、钱钟书、徐悲鸿、齐白石、何泽慧、李政道、杨振宁、钱学森、钱伟长、童第周、梁思成、朱光亚、邓稼先、彭珮云、竺可桢、李四光、陈芳允、郭永怀等。

现在的大学，在年轻教师引进留用方面，却存在着唯高学历高学位是用的现象，各级各类院校，尤其一些重点大学，盲目追求攀比博士比例，甚至明文规定应聘本校教师须是“双一流”大学毕业的博士，而不是重点、优先考察招聘对象的真才实学、有无创新实践经历和创新发明潜质潜能等。这种唯学历学位论会埋没许多在某些方面可能有特殊才华的偏才，或者乐于在实际能力培养方面下功夫，具有很强创新发明能力的人才。而且实践似乎也确实证明了，在各行各业表现出创造发明能力很强、能做出杰出贡献的人物中，好像不少还是那些在各阶段学习中，成绩中等偏上的喜欢“不务正业”的学生，或者干脆就明显偏科，在喜欢的科目上有超人钻劲和才能的特长生。当今国内外妇孺皆知的几位IT业名人，如微软公司创始人、董事长、CEO和首席软件设计师，还不到40周岁，就荣登《福布斯》美国富翁榜榜首和《福布斯》全球亿万富翁排行榜榜首的比尔·盖茨；中国金山电脑公司的创始人暨董事长兼总经理，早有“WPS之父”和“中国第一程序员”之称的求伯君等，就是这样的典范。像这样的世界 IT 界名人，要按照目前许多学校选人用人的标准，可能无资格来当教师。

综上所述，无论是选调选聘教师还是选招选育学生，学校管理层都应该有不拘一格选人用人的远见卓识、胆略气魄和担当意识，才能尽量做到不埋没任何一个有可能成为杰出人才的学生，成为为国选育“千里马”的伯乐。

4. 必须改善师资“近亲繁殖”现象

学缘结构是师资队伍结构的一个重要方面，它和年龄结构、学历结构、职称结构等一起，组成完整的师资队伍结构评价指标体系。学缘结构的优劣主要取决于教师来源的多样化水平，预示着其潜在的学科专业交叉能力和科教学术创新能力。因此，一定要采取切实有效措施改善大学师资队伍的“近亲繁殖”现象，以优化其学缘结构，促进学科交叉学术交流，释放教师中潜在的创新能力。

根据北京师范大学 2007—2008 学年度关于“中国普通高校专任教师工作状况”的调查结果，我国大学教师的“近亲繁殖”现象比较严重，尤其以高水平研究型大学更甚，其教师队伍的“近亲繁殖”率普遍高达 50% 以上，其中比例最高的又多集中于理、工、农、医类学科。我不是专门从事教育研究的，对此未做过详细的定量的调查，但凭直觉这个调查结果有一定可性度。

我国大学特别是研究型大学，在教师队伍学缘结构方面存在的突出问题是“近亲繁殖”现象，其中尤以总是一年年从本学科毕业生中留人，甚至总是从某一两个行政领导或学科带头人指导的研究生中留人，来充实学科教师队伍的“超近亲繁殖”现象最为有害。这种一代代师徒同学科、同专业甚至同专业方向的“超近亲繁殖”，相当于人类和其他生物的直系亲属间的“近亲繁殖”，其有害性比一般“近亲繁殖”更严重，它不仅容易使后代一代代变差，而且容易产生怪胎。教师队伍的“超近亲繁殖”将严重损害学术生态，阻碍学术的发展和教学科研水平的提高。凡“超近亲繁殖”现象严重的单位，一般很难形成具有“独立之精神、自由之思想”的活跃学术交流气氛。不同年龄段教师都是按一个模式一脉相承培养出来的，大家所学知识和思维方式都大同小异，优势劣势也相差无几，尤其能留校的基本上都是优异生，都是按几乎统一的“优异生”标准确认留下的，各方面的相似性就更大了。从好的方面说，他们普遍都很尊重自己的导师和师兄师长——这也是绝大多数优异生的共同优点之一；从不好的方面说，他们即使与导师和师兄师长有不同的思想观点和学术见解，也大多不愿说出，宁愿选择顺从和保留，尽量避免争论，生怕争论多了会伤了和气，得罪了导师和“祖师爷”。

如果碰上的是比较开明、民主、谦和的学者型“祖师爷”还好点，他们会欢迎甚至鼓励昔日学生、今日同事的教师们解放思想、独立思考、直抒见解。其结果，可能会进行必要的学术研讨和交流，但学生们也常常会因顾及“祖师爷”的面子而止于“祖师爷”的发言，以其观点见解作为定论标准，使讨论交流实质上流于形式。如果碰上的是比较傲气、专横、霸道的学阀型“祖师爷”，那就更糟了，他们什么时候都以权威自居，居高临下说话，听不进不同见解，容不得反面意见，把喜欢发表不同思想观点、提出不同学术见解的人，视为对自己权威的挑战而不高兴，甚至排挤压制。这种单位，必然出现万马齐喑、死气沉沉的“一言堂”局面，缺乏学术上的争论交锋。

众所周知，实际上二三十岁到三四十岁的年轻人的思想思维是最活跃的，也最富有创新发明的潜能，只有多学历源校、多学科背景、多特色优势的一群人集合在一起，在“百花齐放、百家争鸣”的学术氛围中，在经常性的不同学术思想观点的争论、交流、碰撞中，才有可能碰撞出思想火花，形成新的学术思想、理论和发明创造。再说，学生出于师而胜于师，本是社会发展和人才成长的必然规律，但若一代代学生总是在同一个老师门下工作，就会使本可或本已超越其师父师兄的后辈，因门户潜规则而难以脱颖而出。所以我在校内外许多学术讲座时都呼吁过，要尽量避免甚至从人事制度上做出规定，禁止研究生毕业后，直接留在其导师所在系室和研究方向上当教师。一些学科学术带头人总喜欢把自己指导的毕业生留在自己名下当教师，觉得这样形成的队伍工作连续性好，听话好用，对顺利完成科研项目有利。其实问题恰恰就出在这“听话好用”上，站在“带头人”个人或科研项目组的立场上此话确实不假，但换位思考，站在年轻人的立场上考虑，却总有一只无形的手在掌控压制他们，除非这位“带头人”是作风开明民主、虚怀若谷的谦谦君子，否则必然制约创新型杰出人才的脱颖而出，不利于人才队伍的良性发展。

依我之见，所有学生，不分本科生、硕士研究生还是博士研究生，他们在学校的任务都主要是学习，即毛主席所说的“学生以学为主”，让他们参加科研项目，主要是作为一种有利于学生学得更好的教学手段，而不是目的。因此，出发点不能处处让学生去服务项目，而应让项目去服务学生。现实中有的导师用自己的科研项目进展情况和人力需要情况，去约束研究生的学习进度，延长答辩毕业时间或强求研究生毕业后留在导师所在项目。这种做法是很不应该的，因为学生并不是导师的附庸，更不是其私有财产，导师无权剥夺学生的正当学习权和强行支配学生的未来。无论学校还是包括学术带头人在内的每个导师，都要把培养人和使用人区分开来，学校和导师是为国家、军队培养人才，培养出的优秀学生，并不是理所当然就应该优先留在学校和导师所在单位。相反，从避免“近亲繁殖”、优化学缘结构出发，恰恰应尽量防止这种做法。

可喜的是，进入 21 世纪以来，教育部从实施“高等教育质量工程”开始，在各工程项目中凡涉及教师队伍素质评估的地方，都把学缘结构作为其重要指标内容之一。在这种评价指标的导向下，许多大学在人事制度改革中，都采取有效措施，从解决“近亲繁殖”、避免学缘单一入手，开始严格限制毕业生留校比例，不断优化学缘结构。

例如，北京大学从 2003 年开始，原则上不再选留本校毕业的应届博士毕业生进入教师队伍。2007 年时，全校具有博士学位的教师共

2006位，其中来自国内其他院校的博士学位获得者只有33.2%，其余基本上都是本校培养的博士。而自2000年以来新聘任的具有博士学位的教师（共854人）中，在本校获得博士学位者只有34.2%，有65.8%都来自外校，其中39.9%是留学回国者，25.9%是来自国内其他院校的博士学位获得者。其他许多教育部直属大学的专任教师队伍中，外校毕业的比例也已超过50%。[①] 可见近年来我国大学教师的学缘结构都有明显改善。

但是，与世界高水平大学相比尚存在较大差距。以美国知名大学的学缘结构为例，有机构对美国16所大学的学缘结构做了调查研究，据统计，其中11所大学的教师中拥有本校博士学位的比例低于10%，比例最低的圣迭哥州立大学只有7位教师拥有本校博士学位，只占博士学位教师总数的0.8%。相比之下，排名前20位大学的教师获得本校博士学位的比例要高一些（均高于10%），其中哈佛大学最高，达到了34.4%。这可能与这些世界一流大学保持某些方面的教学和研究特色有关。但这些本校毕业生虽然所占比例较高，可他们往往不是直接留校任教，而是在先有了其他大学或大公司的若干年从业经历后，才返回毕业学校任教的，如哈佛大学商学院中有44位教师在本校取得博士学位，其中就有30位具有在公司或其他大学工作过的经历，直接留校任教的比例，即真正纯粹的“近亲繁殖”率，仍只有10%左右。

所以，与教育发达国家的世界一流大学相比，我国大学在降低教师队伍“近亲繁殖”率、优化学缘结构方面，还有很大的改进提升空间，依然任重而道远。

5. *必须在加强专业教育的同时大力加强立德树人教育*

人才，无非是“德”与“能”的统一，缺一不可。古今中外，一切杰出人才和社会贤达有识之士，无一不把“立德”作为做人树人的

---

① 孙诚，王占军．我国普通高等院校师资队伍结构现状分析［J］．大学（学术版），2010（08）：68－77．

首要准则。“立德”的核心是加强思想道德教育和建立社会价值体系，以提升人的道德水准和端正人的价值取向。没有价值体系的人，就是没有道德底线的人，没有行为标准的人，他的行为模式就会非常紊乱。所谓的杰出人才，是特指既具有突出的专业才能，又具有高尚的道德情操和正确的价值取向，能用自己的专业才能自觉地服务于国家、服务于人民的人。道德缺失、一心为己、罔顾国家人民利益的人，“才”再好，本事再大，创新能力再强，也不能称之为杰出人才。

（1）古往今来，我国素有重视德育的传统。早在春秋时期，我国古代著名的教育家孔子就在继承与整理尧舜时代的五典之教、礼乐之教、五常之教和周公制礼留下的道德教育遗产的基础上，在中国教育史上第一个提出必须重视德育，认为德育是教育的根本，应放在第一位，并自创儒学，成就了始于秦汉、垂范两千多年而不衰的道德教育基本范式。他的德育思想和其他教育思想一样，集中反映在他的《论语》系列著述中。所谓“君子怀德”“君子务本，本立而道生”“弟子入则孝，出则悌，谨而信，泛爱众，而亲仁。行有余力，则以学文”，就是说，一个人要成为君子，首先必须具备高尚的道德品质，在“孝”“悌”“谨”“信”“爱”“仁”学好了、做到了之后，再去“学文”。其中“仁”“爱”又是孔子德育思想最高的道德原则和核心。孔子心目中的“仁”就是“爱人”，“仁者，爱人”，人与人之间要充满爱心，有仁爱之心才能称其为人。先要学会做人，后才谈得上学知识技能和做事。孔子在教育弟子的实践中始终贯彻了这些德育思想。他要求弟子应“君子谋道不谋食，君子忧道不忧贫”，要“笃信好学，守死善道”“朝闻道，夕死可矣”。他在指导弟子学习时，规定他们要以“孝、悌、谨、信、爱、仁”为总目标，学好《六艺》《四教》《六经》，这有点相当于现在的教学计划。“六艺”指“礼、乐、书、数、射、御”。其中“礼、乐”重德，“乐”兼含美育；“书、数”重智；“射、御”重体。《六艺》相当于培养规格，要求围绕德、智、体、美开展以德为先的综合素质教育，达到各方面和谐发展。《四教》和《六经》分别相当于课程设置和教学内容，“四教”指“文、行、忠、信”，相当于是设文学、德行、政事、语言这四科；“六经”指“诗、书、礼、乐、易、春秋”，相当于是更具体的教学内容。两者相辅相成，既都体现了对学生素质的全面要求，又都把德育（礼乐、德行教育）置于首位。

孔子的《论语·述而》中说道：“子以四教：文，行，忠，信。”刘宝楠在《论语正义》中进一步阐释：“文谓诗、书、礼、乐，凡博学、审问、慎思、明辨，皆文之教也；行谓躬行也；中以尽心曰忠；恒有诸己曰信。人必忠信，而后可致知力行，故曰，忠信之人，可以学礼。此四者，皆教成人之法……”今人一般认为，“文”属于历代文献类文科课程；“行”属于品德修行，主张受教育者在日常生活中应注意修治品行，也就是“笃行”，今天看来应该属于思想品德课程所组织的社会生活实践类的活动；“忠”属于政事，也就是教育学生为社会做事要尽忠职守；“信”是为人之道，属于与人交际过程中所应遵守的道德规范，讲的是为人处世的道理，也应该属于思想品德方面的课程。可见，在孔子的教学内容中，德、智、体、美诸方面，德育被置于首位。“仁”与“礼”是孔子品德教育的最高追求，“孝”与“悌”是孔子道德的中心与出发点，而“泛爱众”则是其最终目标与归宿。这些重要的以德育为首的教育思想和理念，基本上都被他同时代和之后历代的著名教育家，如孟子、墨子、荀子、朱熹等所继承和发扬了。

1911 年以后，大学对思想道德、品质人格的培养也都很重视，基本上弘扬发展了孔子教育思想理念的精华。著名的教育家蔡元培出任北京大学校长后特别强调：“德育实为完全人格之本，若无德则虽体魄智力发达，适足助其为恶，无益也。”又指出：“教育者，养成人格之事业也。使仅仅灌注知识、练习技能之作用，而不贯之以理想，则是机械之教育，非所以施于人类也。”“教育是帮助被教育的人，给他们能发展自己的能力，完成他的人格，于人类文化上能尽一分子责任；不是把被教育的人，造成一种特别器具，给抱有他种目的的人去应用的……教育是要个性与群性平均发达的。”他在就任北京大学校长的演说中，对学生就“德”提出三点要求：一曰抱定宗旨，二曰砥砺德行，三曰敬爱师长，并将“抱定宗旨”置于首位。清华大学校长梅贻琦提出要对学生进行德、智、体、美、群“五育”，其中以德育为首；而对德育，又特别强调要着眼于对学生“人格”与爱国心的全面培养，至少应该有知、情、志三个方面。他对即将出国留学的学生说：“诸君在国外的时候，不要忘记祖国；在新奇的社会里，不要忘掉自己；在求学遇到困难问题的时候，务要保持科学态度，研求真理。”著名科学家钱伟长在担任“上海工大—上海大学”校长期间，针对大学应该培养什么样的人时，也特别强调：“大学培养出的学生，首先应该是一个全面的人，是一个爱国者，一个辩证唯物主义者，一个有文化艺术修养、道德品质高尚、心灵美好的人；其次，才是一个拥有学科、专业知识的人，一个未来的工程师、专门家。”“一个人也许很聪明，也许可以拥有许多知识，可如果没有高尚的品德和强烈的社会责任感，他就不仅不能对社会有益，反而可能危害社会。”直到 2005 年 7 月，93 岁高龄的钱老生前最后一次出席上海大学毕业典礼的时候，他还向在座的学子发表了令他们终生难忘的临别赠言：“我们的校训是‘自强不息’，我希望加两句：‘先天下之忧而忧，后天下之乐而乐’。天下是什么，天下就是老百姓；天下之忧就是百姓之忧、国家之忧、民族之忧。忧的是什么，是火箭升不了空，是假冒伪劣产品那么多。孩子们，你们是否能记在心上？”

进入新时期以来，许多有担当、敢作为、求改革的大学校长，也大都高度重视思想品德和完整人格教育，如因耳目一新、很接地气的演说词和演说激情，而被学生喜欢并昵称为“根叔”的华中科技大学原校长李培根说：“大学本身应该承担社会责任，我们培养的人才，也应该有强烈的社会责任感。”以在新形势下探索和推行“通识教育”而著名的复旦大学原校长杨玉良说：“推行通识教育的目的，就是要让我们培养的学生，真正成为一个人格完整的人。在通识教育中，我们要告诉他们：中国优秀的传统文化是什么，世界优秀文化是什么，怎样看待自己，怎样站在全球视野中看待自己的国家，怎样以历史的、中国的立场看世界。”

（2）前些年我国大学对思想品德教育重视不足，中国传统美德和国家情怀、理想信仰教育有些缺失。20世纪80年代以来，中国以经济建设为中心，提出“发展才是硬道理”，“不管白猫黑猫，能捉老鼠是好猫”，使经济发生了翻天覆地的变化，几十年来创造了巨大的物质财富，使中国成为世界第二大经济体，若仅从经济增长速度和经济总量考衡，成就不可谓不伟大。但在经济迅速崛起的同时，经济增长似乎变成了唯一的价值和目标，教育也和企业一样被推进了市场的汪洋大海，本是国家公益事业机构的学校也被卷入了产业化的浪潮。这个具有五千年文明历史的古国，本具有很多传统美德，爱国家、爱家庭、爱故乡，讲孝道、讲勤俭、讲以德服人、讲天下为公、讲克己复礼、讲温良恭俭让、讲礼义仁智信等，在一代代文化传承下，中国人是很讲民族大义、国家大利的，为了民族大义、国家大利是不惜牺牲个人一切的，是敢于挑战一切困难和敌人的。

美国哈佛大学神学院教授大卫·查普曼在一场别开生面的讲座中用比较中外同类神话形式相同、内容迥异的方式，向台下近千名学生分享和解读了钻木取火、大禹治水、愚公移山、夸父追日、后羿射日等多个中国神话故事，说从这些神话中传导出来的与自然做斗争、与灾难做斗争、与看起来难以战胜的力量做斗争的文化内涵，寄托了中国的祖先对其后代的殷切期望：任何时候可以输，但不能屈服！他说，一代代中国人听着这样的神话故事长大，勇于抗争的精神已经成为遗传基因，也许中国人自己意识不到，但客观上会像祖先一样坚强。他说由此“想到中国人倔强的不服输精神，就容易理解多了，这是他们屹立至今的原因。”确实，这位哈佛大学教授说得太对了，千百年来，尤其中国共产党成立百年来，一代代中华儿女，为了求生存图发展，为了争取民族独立和人民自由幸福，为了振兴中华，实现民族复兴，敢与一切艰难困苦和国内外一切亡我之心不死的敌人做殊死斗争，不屈不挠，勇于牺牲，最后不仅使中华民族昂首挺立于世界民族之林，还快速发展为世界第二大经济体，且正在从经济大国向实力强国疾速进军，就正是这种不服输、敢抗争的大无畏精神和民族特质在起作用。而这恰恰是一个民族、一个国家、每个国民综合素质的最重要点所在。只可惜多年来，相当一部分大中小学不重视中国传统美德和国家情怀、理想信仰的教育。现在各级各类学校仅靠开思想品德课，用知识教育的方法来培养品德，而不从根本上去研究改进德育的途径和方法，去培护有利于学生践行社会主义核心价值观的土壤，去形成老师、家长、社会大众都正向示范影响广大青少年思想行为的环境，要在短时间内重建良好社会风尚，重树满怀家国情怀的理想信仰，是很难真正奏效的。

更不可思议的是，在不良社会风气的熏陶下，连教师队伍中，特别是“杰出人才”队伍中，在思想品德层面也出了些问题。其表现形式主要在两方面：一是出现了“学术腐败”（不妨简称为“学腐”，也有人简称为“师腐”）；二是出现了一批“精致的利己主义者”。什么是“精致的利己主义者”？“精致”就是聪明，“利己”就是一切都以自我为中心。他们不是一般的利己主义者，而是那些学过很多知识，具有高学历、高学位，甚至出过国、留过洋，头上有很多“高大上”光环，善于利用制度的缺陷和传统的弊端，善于钻政策空子和踩“红线”边缘，同时又丧失人格底线的利己主义“精英”。其中“职业跳槽教授”就是这种“精致的利己主义者”的典型。

就前者即“学腐”而言，中小学教师和大学教师中都存在，但表现形式不一样。

中小学教师的“学腐”主要表现在，相当一部分老师，特别是“好一点的学校”里“好一点的老师”，平时不好好上课，上课不讲主要内容，课后要求学生补课，补课时再讲主要内容，迫使学生不得不花钱报名上课外补习班、辅导班，把学生应有的业余文体娱乐活动时间全部剥夺，将孩子父母辛苦挣来的钱无情掠走。中小学“学腐”还有一种表现，就是把好的教育资源都集中在少数几个所谓的“重点学校”“名牌学校”，凡想让孩子“不输在起跑线上”，将来能考个好大学、“出人头地”的家长，都想方设法往这些学校挤，但因资源有限，就只能按市场规律运作，有些学校就靠收高额的择校费、赞助费限员，其结果一方面大大加重了家长对小孩的教育负担，另一方面人为造成了当今城市特有的所谓“学区房”风景线，不正常地推高了名校周边的房价，使部分“望子成龙”的学生家长的经济负担更加雪上加霜。

而大学教师的“学腐”档次显得更“高”一些，主要是挖空心思于通过学术造假追名逐利上。具体表现之一是有些教师将主要精力放在了拉课题、接项目、炮制论文上，以此获得更多的“学术资源”和更高的“学术地位”，却把真正的学术研究扔在一边，对本应真正下功夫的本职教学工作随便应付。21 世纪教育发展研究院副院长熊丙奇在一次接受记者采访时曾说过，这种现象使得许多学术研究陷入了恶性循环的路径中。熊丙奇给记者列举了三种恶性循环的表现形式：一是“基金—著作—基金”的循环，研究者申请基金，利用基金出版“著作”，再以“著作”去申请新基金。这种“著作”一般只有两人看——编辑和作者。二是“课题—论文—课题”的循环，研究者申请课题，然后炮制各种论文、报告，紧接着在各类期刊发表，用论文去结题，再以论文去申请新课题。对于越来越多的这些论文，学界自身的评论是 90% 以上是“垃圾”。三是“成果—获奖—成果”的循环，这是在以上两个循环中派生出来的一个循环，通过研究者或专门机构酝酿整合，把论文、著作等包装成成果，申报各种政府奖项，以奖励提高自己的地位和声誉，再以奖励去获得新的“成果”，获得新的奖励。这样的学术活动路线图，足以令人“名利双收”。大学教师“学腐”的具体表现之二，是指在建议研究计划、从事科学研究、评审科学研究、报告研究结果中广泛存在的剽窃、抄袭、侵占他人学术成果，篡改他人研究成果，伪造数据或捏造事实，不当署名，提供虚假学术信息，买卖或代写论文等学术不端、学术造假行为。这类事件案例比比皆是，不胜枚举，在前面谈论研究生导师学术造假时已列举不少，此处不再赘述。

就后者即“精致的利己主义者”而言，其主要表现形式是：一些具有各种头衔的中青年教授，乘着各单位领军人才紧缺，到处都在用高待遇吸引、挖抢人才之机，待价而沽，频繁在各个大学之间跳槽或兼职，每跳到一个单位或新增加一个兼职单位，都有一笔可观的好处（经费和住宅等）。其中有的是一个聘期换一个单位，每到一所学校待个三五年，聘期一结束，立马大抬身价，如果对学校不满意，就跳走；有的是先到一个地方，拿了安家费，得到了房子，然后又到另一所学校再来一次。人称前者是“职业跳槽教授”或“蜻蜓点水’型教授，后者是“四处兼职教授”或“狡兔三窟”型教授。“蜻蜓点水”、职业跳槽也好，“狡兔三窟”、四处兼职也罢，他们共同的特点都是钻制度空子。你要说他违法违规，从法律上看似乎没问题，都有人才引进协议白纸黑字为依据，他们的一切追名逐利行为及结果，表面看起来都是合理合法的。这也正是这些人相比于一般人群的精致高明所在。可这些人对中国学术和大学教育造成的伤害，却是实实在在。许多大学领导和人事部门都抱怨被这些专家学者的跳槽跳怕了，学校为了多挖到几个头上有“光环”“金帽”的人才来撑门面，除花高价把他们本人挖过来外，往往还要在前期投注大量资源为他建立配套团队和实验基地，可人才一旦跳槽，留下一个摊子，群龙无首，队伍散了，不仅使投入的大量资源打了水漂，严重挫伤了团队教师正常的教学科研积极性，而且使学校整个学科链遭受重创，使学校正常的学术生态系统面临解体、崩塌，对学校的长远建设发展造成很大负面影响。

（3）拨乱反正、正风肃纪，必须加强思想品德教育。教师队伍中存在的上述两种现象，学术腐败中蕴含的公然利己主义也好，借口人才合理流动、追求自我价值、优选成事平台而频繁跳槽、四处兼职的精致利己主义也罢，都是教师德行腐败、大学德行缺失的表现。没有德行的教师、没有德行的大学，就等于失去了学术生命，因为在学术上一旦出现腐败，品行上一旦缺失德性，那么这个教师、这所大学探求真理的空间就不复存在，人们对教师、大学的尊重就荡然无存，当然也就不可能赢得学生的信赖和尊重。① 这对一名教师、一所大学来说是致命的。那么，大学教师中为什么会出现这么严重的现象，而且屡禁不止甚至愈演愈烈呢？除当事人身上的主观原因之外，与整体社会风气、政策规定等各种客观因素也不无关系。像广泛存在的“学腐”现象，恐怕在很大程度上源于配置学术资源、评价学术研究的不公正、不公平，学术不能独立，以及教师述职考核和职称评聘过分重论文、轻教学，造成许多教师难以洁身自好，有的被逼无奈而为之。再像在大学中司空见惯的“职业跳槽”“四处兼职”现象，与教育主管部门把“学术头衔”“荣誉头衔”看得太重，把有这类人才的多寡同一流学科、一流学校挂钩太紧，各个学校过分急功近利、盲目争图虚名、狂热挖抢人才，造成大学间人才的恶性竞争、无序流动，助长了这些人的极端利己主义有很大关系。

但不管由什么原因导致，上述这些现象的存在，客观上严重败坏了学术风气、社会风尚，损害了学校和教师队伍形象，必须采取切实措施加以解决，真正做到对学术不端、学术造假“零容忍”，对品行不端、道德低下“零姑息”，才能使大学回归学术常态，重塑大学学术殿堂的形象，也才能使社会变得风清气正。怎么才能做到对学术不端的“零容忍”、对品德不端的“零姑息”呢？恐怕主要是靠针对这两类不端行为，建立起相应的既原则又具体的教师学者行为准则，以及对违背准则、行为失德者的严厉处理机制。

例如就对学术腐败行为的“零容忍”而言，在根据国际惯例建立学术不端、学术造假认定标准和认定程序原则方式的基础上，要同时建立并严格执行严厉的学术不端、学术造假追责处罚规则制度，而且在处罚规则中应体现职务职称级别越高处罚越严的原则。在建立起学

① 李斌．五大学校长旗帜鲜明反对学术腐败［N］．中国青年报，2009－03－11．

术、品德两种不端行为的认定和追责处罚规章制度以后，学校在每年的新生入学教育和新教师入职岗前培训中，要把它作为教育培训的最重要内容，并把这方面的教育贯穿在学校日常的思想品德教育中，常抓不懈，警钟长鸣，使师生牢固树立“学术的圣洁是大学的生命线”意识，深知大学的一切，教学也好，科研也好，都是以学术作为它的维系点，如果学术不洁了、腐败了，就等于大学死亡了！所以无论大学教师还是学生，都有责任坚守这条生命线，把它作为自己学术生涯的行为底线，而绝不允许恣意践踏它、跨越它，践踏了、跨越了是要付出惨痛代价的。长此以往，一代代师生才有可能像老一辈知识分子那样，把坚守学术底线内化为自己的人生品质，转化为自己的自觉行动，大学才有可能培养出一批批综合素质良好的合格人才和一大批品学兼优、德才兼备的杰出人才。

6. 必须着眼于各层级教育系统的配套改革

全国各层级教育系统是一个有机联系的教育统一体，高等教育只是其中的一环，是以前面的中等教育、初等教育和学前教育为基础的。如果不从根本上改变目前从学前幼儿园教育、小学中学教育到各阶段家庭教育的整个校内外教育系统的教学理念观念和教学方式方法，还是任由应试教育、知识灌输堆积式教学和分数至上式教学评价充斥各级各类学校和青少年的心灵；不从根本上改变功利主义应试教育，那么高中输送给大学的“原材料”就会是一些只会读书、做题、考试，身上只装载了许多各色知识而缺乏灵活运用知识能力和为人处事、待人接物素质的“书呆子”。再加上如果大学也同样是采用此前用在他们身上的教学理念观念和教学方式方法，又怎么能指望大学能向社会输出一批批综合素质好、创新发明潜能强的“产品”呢？

要想改变这种现状，使大学培养出来的毕业生综合素质好，创新发明潜能强，就必须从源头上抓起，必须从中小学就重视培养这些方面的素质和潜能。比如思想品德教育，必须从小学抓起、从娃娃抓起。所谓抓，不是只靠口头讲，靠思想品德课上灌，而是要让学生从小就在自然的日常活动和生活实践中，体验和感悟道德的境界：什么是高尚、卑鄙，什么是伟大、渺小，什么是善、恶，什么是美、丑，做什么会受到尊重，做什么会受到鄙视……通过这些切身体验感悟，通过这些心灵上的氤氲化生的过程，青少年学生正确的人生价值观和道德意识，崇高的理想抱负和信仰信念，才能逐渐形成并坚定起来。

再比如综合素质、创新能力的培养，没有中小学打下好的基础，单靠大学阶段的教育，一般也是难以奏效的。最典型的例子是青年科学家曹原，他的脱颖而出绝非只得益于中科大的教育，与他中小学所受的与众不同教育更是密切相关的。这位智力超群的少年，其基础教育就读的深圳景秀小学和耀华实验学校是深圳市出类拔萃的小学和中学。他在这两所学校就读时，就表现出极强的自主学习能力和探索精神，十分喜欢把身边能看到的东西拆开来，进行各种研究。耀华实验学校是一所在深圳以“超常教育”闻名的实验学校，学校在创办之初，就提出了自己的办学理念和培养目标：致力于创办最具中国特色的与世界接轨的国际名校；致力于培养能够影响未来世界的政治家、科学家、企业家、艺术家；致力于培养清纯、儒雅、博学、阳光的耀华学子。在这一办学理念和培养目标的指引下，学校建立了以中国基础教育为主体，以精英教育和国际课程实验为两翼的特色教育体系，并设立奖学金，在全国范围内招收培养优秀学生。他们的核心教育理念是因材施教，根据学生特点，制定多元化的发展路径和培养方法，把每一个学生都培养得更优秀。

据该校常务副校长胡凤元的回忆，耀华实验学校针对曹原的学习能力和个性需求，把他和另外两位学习突出的同学单独成班，并制定了科学系统的、以鼓励他们自主学习为核心的教学模式，当时学校不惜代价，不计成本，为他们组建了最优秀的教师团队，6 位老师专门为他们授课，来实施培养计划。同时，“在耀华实验学校，曹原非常放飞自我，动手能力超强，喜欢做实验，课桌、黑板、投影仪、电脑都没能逃过他的‘毒手’”。曹原这种调皮的行为不仅没有引来学校的批评，反而打动了校领导，对其进行特殊培养，鼓励他去报考中科大少年班。正是这种多元的培养方式，使他们这个3人班两年即完成了初中、高中的课程，于2010年提前参加高考，并且都以优异成绩考上了钟爱的大学。这表明耀华实验学校是一所能够包容异才并对其进行高度个性化培养的基础教育学校，正是这所学校为曹原在中学时代的超常发展提供了最好的教育，才为曹原后来的持续发展奠定了厚实的基础。试想，如果中小学校都能像耀华实验学校这样，具有先进的办学治校理念，为学生建立严格又宽松的学习成长环境，注重因材施教和个性化教学，再加上大学也能在先进教育理念的指导下，切实开展教育教学改革，人才培养何愁没有大的起色！

综上所述，杰出创新人才的培养是一项复杂的系统工程，需要社会、家庭、学校、用人部门，包括新闻媒体的大力支持和通力合作，要营造拔尖杰出创新人才脱颖而出的良好氛围和政策机制。其中政策方面，无非是要抓好学生遴选、教师配备、培养模式、营造氛围、管理制度、条件支持和国际合作等方面的机制改革。其中培养模式又是核心、要害，正像钱老发出“钱学森之问”时所感慨的，中国“老是‘冒’不出杰出人才，一个重要原因是没有一所大学能够按照培养科学技术发明创造人才的模式去办学，没有自己独特的创新的东西”，也即办学模式是要害。① 所以，一定要从创新办学模式入手，通过积极开展教学理念、模式、内容和方法等的改革，突出因材施教的个性化教育培养，让学生有自由探索的时间和空间，鼓励学生自主地学习，参加科学研究的项目训练，培养他们的科研兴趣，从而使他们的志向更加远大，心态更加平和，道德更加高尚，专业更加精深，德艺双馨、德才兼备，具备成为未来世界顶尖杰出人才的综合素质。

① 李斌. 亲切的交谈［EB/OL］.（2005－07－30）［2018－05－01］. http //news. xinhuanet. com/newsscenter/2005－07/30/content_3287444. htm.

（三）破解“钱学森之问”的延伸思考

前文我就如何破解“钱学森之问”，谈了六点思考及见解。应该说，这些思考及见解主要是针对钱老特指的“科学技术发明创造”方面的“杰出人才”老是“冒”不出来而发的。如果将“钱学森之问”的内涵扩展再论，我认为还有三点延伸性思考有必要补充提出。

（1）在谈论如何破解“钱学森之问”、培养杰出人才时，应对什么是杰出人才有全面正确的认识理解。不能片面地理解为只有在科学技术方面有创新发明的科学巨匠才是杰出人才，各行各业、各个领域的大师巨匠都是支撑社会进步、国家发展的杰出人才和中坚，如科学家、发明家、教育家、教学名师、各门工程名家、著名企业家、商业巨贾，乃至能力超强的工匠等。所以，对高等教育而言，应立足于通过更新教育思想理念，改革教学模式方法，培养出越来越多的各个方面的杰出人才。至于培养哪些方面的杰出人才，则由不同层次、不同类型大学的不同办学定位和目标指向来区分。也就是从这个意义上说，各个层次、各种类型的学校，都可以为培养杰出人才做出自己的贡献。

其中针对基础学科杰出人才的培养（我认为也可理解为是对未来科学家的培养），2009 年由教育部联合中组部、财政部启动实施了一项“基础学科拔尖学生培养试验计划”（简称“珠峰计划”），该计划的入选大学主要是有关基础学科研究基础好、水平高的国内一流学府，如北京大学、清华大学、复旦大学、西安交通大学、中国科学技术大学、南京大学、上海交通大学、浙江大学、南开大学、吉林大学、四川大学、兰州大学、武汉大学、山东大学、中山大学、同济大学、兰州大学、北京师范大学、哈尔滨工业大学、北京航空航天大学等。这场“试验”，首先从入选大学的数学、物理、化学、生物、计算机学科五个基础学科开始。其他高水平研究型大学，以及一些应用型本科院校和高职高专院校，通过加大教育教学改革力度，也完全可以培养出符合自己办学目标定位、满足国家不同层次不同方面需求的杰出拔尖创新人才。当然，也不得不承认，在各类杰出人才中，对推动社会发展、国强民富、人类进步起作用最大的应是科技教育方面的杰出人才，这是文体明星等其他方面杰出人才所不可比拟的，这也正是国家提出“科学技术是第一生产力”论断和“科教兴国”伟大战略的根本原因所在。就是说，在谈论“钱学森之问”和“杰出人才”时，既要承认各行各业、各个领域的领军拔尖人物都是杰出人才，又要摆正各类杰出人才中孰轻孰重的关系。相比而言，我国当前更缺、更迫切需要的应该是科学技术发明创造方面的杰出人才和教育方面的大师级人才。因此，国家在收入分配等政策层面上，应尽快消除在科技教育领域杰出人才和其他方面杰出人才，特别是文体明星类人才之间的不合理反差。

（2）不能说新中国自己的大学就完全没“冒”出科学技术发明创造方面的杰出人才。如果是这样，那如何理解新中国成立70多年来我国在科学技术方面所取得的诸多辉煌成就呢？诚然，“两弹一星”、人工合成结晶牛胰岛素、北京正负电子对撞机、哥德巴赫猜想的求证、杂交水稻育种技术的发明等，其科研团队的带头人和主力大多是民国时期院校培养的。但是，近年来陆续取得的一系列亚洲第一、世界第一的成就，如：

以“长征”“神舟”“嫦娥”“天宫”“天问”等为标志的载人航天系列成果，连夺全球超级计算机排名五连冠的“天河二号”巨型计算机，运算速度超越世界第二很多的“神威·太湖之光”超级计算机，综合性能优越的北斗卫星导航系统，创造世界作业型载人深潜新纪录的“蛟龙号”载人潜水器，运营里程数、运行速度和在建规模均属世界之最的高铁，时速高达1 000千米的新型高温超导悬浮列车，世界最大、钻井深度最深的双井架半潜式钻井平台“蓝鲸一号”，用于观测和研究来自天体射电波的全球最强射电望远镜（天眼）FAST，高效清洁能源海域天然气水合物成功试采，利用玉米芯中纤维素进行化学重组合成的、厚度仅为头发丝的二十万分之一、导电率是硅的10倍、导热率是银的10倍、强度是全世界最好钢铁100倍的生物质石墨烯材料，以及在世界上首次实现了生物质石墨烯材料的成果转化和石墨烯制品的商业化，实现现场无人操控、全机器人工作的青岛港全自动化码头，量子通信卫星与光量子计算机，堪称未来光电对抗激光武器“完美光源”的高功率超连续谱光源，歼－20战机、长剑－20巡航导弹、运－20大型运输机、055型导弹驱逐舰、辽宁号航母、歼－15舰载机、C919大型客机及H－6K大型轰炸机、可用于水上救援的AG－600大型水上飞机等国之重器、军之利器……

取得这些成果的团队的带头人难道还不能说是科学技术方面的杰出人才吗？而这些带头人及其团队主力成员，不都是新中国自己的院校培养出来的！其中诸多本人熟知的，出自“哈军工—国防科大”或以“哈军工—国防科大”人为主体主创造的重要成果，其科技团队的领军人物和核心成员都是由该校培养出来的人才！所以，我们也不能完全妄自菲薄。只是与我们的人口之多、大国地位、高级知识分子和大学生数量规模等相比，与强军强国、实现中华民族伟大复兴的迫切需要相比，杰出人才确实是太少了，尤其是能取得具有自主知识产权的原创性、颠覆性科学发明与技术创造的全球杰出人才、顶尖人才更是少之又少。

（3）钱学森提出“钱学森之问”和我们探讨如何破解“钱学森之问”时，谈论的都是“杰出人才”或“拔尖创新人才”的培养，这里的“人才”都是指的“才”，其实“人才”的内涵应包括“人”和“才”。按钱颖一教授在《大学的改革（第一卷·学校篇）》中所说，“‘才’关注的是‘三力’：创造力、分析力、领导力，而人有‘三观’：世界观、人生观、价值观。度量‘才’的词是成绩、成功、成就；而形容‘人’的词是自由、快乐、幸福。”①

高等教育的最基本职能或最主要任务是“育人”，而不是“育才”，育才是育人的高级目标，是育人的子集。“才”肯定是人，人不一定是

① 钱颖一．大学的改革（第一卷·学校篇）［M］．北京：中信出版社，2016.

“才”，而且人成“才”一般不可能在学校学习期间，而是在从学校毕业一定时间以后。高等教育首先应通过良好的人文精神、人格养成、人生发展的教育做好“人”的教育，使每个学生在经过高等教育后，都能成为一个能够理解人文价值、坚守人格底线、反省人生意义的，具有正确“三观”的，合格的、文明的、有品位的人，成为一个人格健全的社会公民；在此基础上，再通过专业教育等方方面面的其他教育，使他们成为能够掌握一定的为社会服务担责、为本人生存发展所必要的知识技能，且具有健全身心的，自由、快乐、幸福的人，成为一个有良知、有责任、有担当的合格知识分子。也就是说，通过学校教育，归根结底只是为未来的可能成“才”打下全面基础，奠定综合素质。在这种前提下，才有希望在学生毕业走向社会后，通过自己的勤奋努力和工作单位的进一步锻造，有尽可能多的人能成为具有“三力”的“人中之才”，直至杰出人才、拔尖创新人才。所以本章探讨求解“钱学森之问”只是探讨如何提升高等教育质量、培养高素质创新型人才的一个子集，一个更高级层面。

细思一下，“杰出人才”也并不是想培养就能培养出来的，因为绝大多数“杰出人才”的出现除后天的个人努力和单位、师长的培养之外，都或多或少有些天赋条件的因素存在。而“杰出人才”的天赋，很大程度上是表现为具有与众不同的好奇心、想象力和遇事喜欢追根刨底、进行批判性思维等特征，以及比常人记忆力更强、思维更敏捷上。从理论上说，明显具有这些特质天赋的人毕竟是少数，因这些特质天赋而发展成为“杰出人才”应是小概率事件。如果完全没有或很少有这些天赋，一般无论怎么培养，靠“拔苗助长”是很难拔出“杰出人才”来的；但有这些天赋的人，也不一定就能成为“杰出人才”，关键在于这些天赋在后天是得到很好保护和不断发展，还是被扼杀和磨灭。

按统计规律，具有这些天赋的人在不同人种国家分布的概率应该是差别不大的，那么出现杰出人才的概率也就应该与人口数基本正相关。可为什么现在的情况不是这样，一个具有 14 亿人口的泱泱大国，出现全球杰出人才、顶尖人才的数目，不仅与人口少得多的以色列和美日等发达国家相比更少，而且比人均收入和平均教育水平都远低于我国的印度等有些发展中国家也更少。究其原因，可能关键在于这些具有“杰出人才”潜质天赋的人，后天处于什么样的社会、学校教育环境中。如果教育环境有利于这些潜质天赋的发现、挖掘、保护和发展，出“杰出人才”的概率就会增大；反之，如果教育环境不利于这些潜质天赋的发现、挖掘、保护和发展，甚至反而倾向于扼杀、磨灭这些潜质天赋，出“杰出人才”的概率就会减小，甚至趋于零。所以，为了尽快改变现状，推动我国“杰出人才”脱颖而出，以告慰一生都在牵挂中国高等教育发展和中华民族复兴振强、发出著名“钱学森之问”的钱老，我国眼下恐怕首先不是在如何培养“杰出人才”上下力气，而应在如何创设有利于“杰出人才”脱颖而出的社会、学校良好教育环境和建立良好育人体制机制上花功夫。同时，培养提升具有“杰出人才”潜质天赋人员的德行品质和家国情怀，也比培养增强他们的杰出业务本领更重要。

二、关于应试教育与素质教育关系的思考

在中国，长期以来绝大多数学校都是采用应试教育，它最早可追溯到一千多年前始于隋朝的科举制度。因此，应试教育在中国源远流长，说中国是世界第一应试教育大国毫不为过。可以说，应试教育既然能够在文明史最长的中国存在一千多年，肯定有其合理性，对于推动中国的社会发展和文明进程肯定发挥了重要的作用。但中国和世界文明发展到今天，现代教育应运而生并发展到今天，应试教育的局限性、有害性也逐渐显现出来，与此对应，也就出现了素质教育的概念。本节专对应试教育与素质教育的关系问题谈点思考。

（一）应试教育与素质教育的特点

应试教育，顾名思义，就是为了应付考试而进行的一种学习教育活动。应试教育的关键字是“试”，即考试。既有考试，就必然存在考前怎么应对考试的问题，即必然要进行以考好为目的的针对性学习教育。所以应试教育本身不存在对与错、好与坏的问题，它是一个中性词。只是到了近三十来年，中国教育出了许许多多不能等闲视之的问题，人们在研讨分析这些问题时，才引入或者说发明了“应试教育”和“素质教育”这样两个词，来分别代表两种不同的教育模式。在这种特定的时代语境下，给应试教育赋予了特定的意义。按这种特定的意义，应试教育是指在教育中偏离社会整体发展和受教育者个人终身发展需要，单纯以应付升学考试为主的各种考试、片面追求高分和升学为目的的一种教育模式。我国当代著名教育家钱伟长对此说得更通俗：“什么是应试教育？就是学校忙于应付考试，小学应付考中学，中学应付考大学。现在的考试非常刻板，数理化都是硬碰硬的，差一分就落选，家长就要交许多钱。到最后，成了哪个学校升学率高，哪个学校就是好学校。即使仅就智育而言，这也是片面的。”就是说，约定俗成，应试教育承载了当今教育的所有弊端，成了一个贬义词。相反，素质教育则是作为一个褒义词、一种好的教育模式而提出的。

在这种意义上，应试教育的特点主要表现在以下四个方面。

（1）在教学内容上，应试教育由于教育目标狭隘，教育手段单一，德智体美劳教育中只突出智育，即使智育的目标也很片面，过分强调传授知识和技能，强调知识的熟练程度，而且基本上把知识内容局限在课本范围内，甚至局限在从历年升学考试试卷中分析揣摩出的出题范围内，并要求学生把所教内容当作“真理”死记硬背，以此应付考试。其结果是，既忽视了对学生的素质培养，又在一定程度上用这些死知识、死“真理”耽误了学生，致使学生无暇参与课堂以外的、各种对发展智力十分有益的活动，学校成为按一个模子改造人的“教育机器”，人的个性发展和创造力培养未能受到应有的重视。

（2）在教学方法上，应试教育采用机械化教育方式培养学生，采取急功近利的做法，大搞题海战术，猜题押题、加班加点、死记硬背、“填鸭式”等。其结果是，不仅加重了学生的课业负担，扼杀了学生的天性和特长，也使学生的基础打得不全面、不扎实。教师忙于知识灌输和强化技能训练，无力开展真正有价值的教育教学研究和探索，既无动力，也没时间精力。所谓的教育研究也基本上只是单纯的应试研究。

（3）在教学目标上，应试教育把应试作为主要甚至唯一的教育目标，是一种片面追求升学率、追求高分数的十分狭隘的教育模式。在这种模式下，认可的是“分数才是硬道理”，从家长到学校，从学生到老师，都无法摆脱以考试分数来评判学生优劣的观念，平时都瞪圆了双眼盯着学生的考试分数，只有分数高，才说明成绩好，才能一俊遮百丑，因而限制了学生综合素质、综合能力的培养。其结果是，基础教育出现畸形发展现象，高等教育接纳的生源综合素质偏低，普遍存在高分低能的现象。

（4）在教学评价上，应试教育是以考分高低和升学率高低作为检验学校教育质量、教师工作成绩和学生学业水平的最高标准。在这种应试教育大格局下，学校整个工作都围绕着高考和各级统考、会考指挥棒转，离开考试分数与升学率的“硬指标”，很难确定学校和教师的教学质量和工作绩效。家长和社会评价学校，以及学校评价教师，唯一的“硬指标”是考试分数和升学率，全部教育就是为了这个、围绕这个，教育的科学性、艺术性不再有其真正的内涵、真正的价值。其结果是，把学校、社会和家长都引向对学生采取这种单一的评价方式，把考分和升学看作学生的命根。

而素质教育，则是为实现教育方针规定的目标，着眼于受教育者群体和社会长远发展的要求，以面向全体学生、全面提高学生的基本素质为根本目的，以注重开发受教育者的潜能、促进受教育者德智体美劳诸方面生动活泼地发展为基本特征的教育。素质教育的特点有多种说法，我比较倾向于认为，它主要表现在以下“六性”上。

1）全体性。指教育要面向包括所有学生在内的全体社会成员，而不是只面向少数高分学生。这是素质教育最本质的规定，最根本的要求。

2）全面性。指教育要促进学生的全面发展，促进每个学生个体的最优发展、特长发展，而不是单纯提高学生应付考试的能力。

3）基础性。指教育要着眼于发展、着力于打基础，其根本任务是为每一个学生今后的发展和成长奠定包括思想品德素质、科学文化素质、身体心理素质、劳动技能素质、审美素质等在内的广泛全面、坚实稳固的基础。

4）发展性。指教育要着眼于培养学生自我学习、自我教育、自我发展的能力，而不只是让学生被动地、机械地接受知识。要把教师教和学生学的重心都转移到启迪心智、点燃智慧、孕育潜力、启发思维、培养思维方式和增强后劲上来。

5）未来性。指教育要立足于未来社会的需要，而不是眼前的升学目标或就业需求。教育具有较强的惰性和保守性，它总是在努力使年轻一代学会老一代的思维、生活和工作方式，因而人们在批评现代学校教育体系的局限性或弊端的时候，往往批评它是根据“昨天”的需要而设计的。素质教育就是要改变教育的这种惰性和保守性，把教育目标定位在使年轻一代适应未来发展的需要上。

6）层次性。这是由素质本身的层次结构所决定的。根据心理学的研究，素质是由三个层次构成的：第一层次是生理素质，它是素质的最低层次，是人们与生俱来的感知器官、运动器官、神经系统特别是大脑在结构上和机能上的一系列特点的综合，是先天的自然素质；第二层次是心理素质，它是在先天自然素质的基础上，通过后天的教育作用、环境影响而逐步形成的，它包括智力因素（认识）和非智力因素（意向），是先天与后天的结合体；第三层次是社会素质，它是素质的最高层次，人们后天获得的一切东西，如政治观点、思想认识、道德品质、行为习惯、知识技能，乃至于世界观、人生观、价值观等都属此列。因此，教育就应当按照这种层次性来展开，既要注意各素质层次之间的相对独立性，又要考虑它们之间的内在联系与相互依存性。

（二）正确处理应试教育与素质教育的关系

多年来，应试教育基本上已贯穿、融汇于我国社会的各个方面，包括学校、学校管理部门、家长和学生本人，从而酿成了现今应试教育的一系列弊端。

例如，从学生角度看，它使学生负担过重，学习兴趣磨灭，导致了一代人的身心素质下降，身心健康水平降低；妨碍学生创新意识和创造性思维的发展，扼杀了学生的个性和创造力；导致学生的两极分化，形成了发展畸形的青少年学生群体；助长了大学生的厌学情绪和功利化学习倾向，使他们的学习越来越随便对付，越来越急功近利，知识面越来越窄；扼杀了青少年的才华天赋，使学生的多元智能得不到应有开发；摧毁了多数孩子的自信心，使他们从小就丧失了敢于挑战困难、战胜挫折、一往无前的勇气；等等。

从学校和教师角度看，它严重扭曲了考试的功能，也扭曲了对学校和教师的评价标准，败坏了校风、教风和学风，助长了教育腐败和学术腐败；严重制约了教师的科学全面发展和专业化成长，挫伤了教师教书育人的积极性；引发了中小学校争抢优质生源的无序竞争和畸形竞争，催生了新的教育不公平；等等。

从家长和社会角度看，高度竞争的应试教育，也使家庭把目光完全聚焦在孩子的升学考试上，几乎完全放弃了对孩子人生终极目标的引领；在应试教育的大气候下，有的家长对孩子的过度关心，造成了孩子的逆反心理和与孩子间感情的对立，导致家庭关系紧张与不和；催生了家长的“择校大战”，造成了不少家庭经济的困难和生活水平的降低；限制了青少年的全面发展和正常成长；催生出不良的社会风气和用人机制，压抑了有真才实学的高素质杰出人才脱颖而出；还导致了大学盲目升格和扩招成风，损害了大学作为学术圣地的纯洁性和在社会上的声誉；等等。

当然，必须承认，这种起源于古代隋朝科举制度的“应试教育”，当时是有其明显的合理性的，推出它的初衷，旨在以考试作为普通人提升自己社会地位，实现阶层流动的主要途径，在推动历史发展的进程中起到了积极的作用。即使在科举制度提出一千多年以后的今天，尽管社会、经济、政治、文化环境发生了天翻地覆的变化，但应试教育仍发挥着积极作用，不能低估。这种积极作用主要表现在有利于客观公平选拔人才，促进教育公平，维护社会公平正义；有利于激发提高学生的学习积极性，养成终身受用的爱读书、喜钻研的良好学习习惯；有利于规范加强校园的管理，建立和维持学校的正常教学生活秩序，使学生免受社会不良习气和不良习惯的影响；有利于学生从小就培养出较强的自控能力和学习定力，学会自己管理自己；等等。

由此可见，应试教育具有两面性，是一把双刃剑。因此应一分为二地看待它，要通过很好的制度设计扬其利除其弊，正确处理好它和素质教育的关系。应试教育和素质教育尽管如前所述是两种似乎截然不同的教育模式，但实际上也并不是完全对立的，通过合理的取舍、结合处理，完全可达到取长补短、去害存利、相得益彰的效果。我的基本观点是：应以应试教育作为确保教育公正公平的底线；应以素质教育作为提升教育水平质量的保障（助推器）；初、中等教育应以应试教育为主，尽可能多地融入素质教育元素，而高等教育则应更多地突出、强化素质教育，尽可能地减少、淡化应试教育。下面对此做具体论述。

1. 初、中等教育应以应试教育为主，尽可能多地融入素质教育元素

初、中等教育（中小学教育）属于基础教育阶段，主要任务是为中小学生长大后做人做事打下方方面面的基础。人的生理发育决定了，

这个年龄阶段的学生，主要是通过接受记忆人类已有的文明、知识、技能来打好人生基础，因而对他们的教育主要是通过知识传授和技能练习来实现。在这个阶段，以考试作为检验学生学习效果和激发学生学习热情的主要方式，不仅是合理可行的，而且从确保教育过程和教育结果公正公平的角度看，也是非常必要的。在这种情况下，说考试是教育的手段固然正确，说考试是教育的目的也未尝不可，因为教育的主要目的，从被教育者角度看，就是为了让学生学得好，做人做事的基础打得好、打得牢，而考得好基本上就是说明他学得好、基础好；从教育者角度看，教育的更高级目的是要培养一代代能够公正服务于社会，能够促进社会公平发展的高素质的人，而一场场考试就正好有利于学生从小养成公正公平竞争的习惯和观念。当然，中小学生对知识技能的接受、掌握和对公正公平观念的养成，也不是完全靠传授、记忆和考试，也有理解和在各种活动中被潜移默化的成分，因此在奉行以应试教育模式为主的同时，也要适时地、尽可能多地融入基于理解、内化和外化的素质教育元素，而且随着年龄的增长，特别到了高中以后，这种元素融入应越来越多。其做法可以从三方面着手：

一是适时改革课程教学方法，除必要的知识传授、灌输外，要大力贯彻启发式教学方法，想方设法用学生熟悉见惯的事例和通俗易懂的语言启发他们理解和延伸思索所传授的知识。

二是适时改革考试内容和方法，除必要的考死记硬背的客观题外，要尽可能多地引入需要学生利用所学知识技能，就事论事分析和延伸拓展思考日常生活中实际问题的考题。这种考试内容、考试方法的改革，不单要体现在校内大小考试中，更要体现在中考、高考等各类统考中。

三是尽量压缩课内教学和课后作业的时间，尽可能多地引导组织学生利用充足的课余时间，去参加校内外开展的各种既有趣又有意义的课外活动，或者自己感兴趣的其他活动，以更多地了解认识社会，开阔眼界思路，激发探索创新欲望。

青少年（中小学生）天生就有对世界的好奇心和求知的欲望，只要善于引导，学习本身并不是一个负担，而是一种乐趣。每天学到了新东西，以前不懂的弄懂了，这本身既有很大的成就感，又是很大的求知诱惑力和兴奋剂。甚至有时候，上课学的东西不解渴，自然而然还会到资料室图书馆去，或者到网上去寻求进一步的答案。回想我在江西吉安白鹭洲中学（当年叫吉安高级中学）读书的时候，那是20世纪60年代前期，那时虽然也不是不看重考分，不看重高考和升学率，大家也很重视一场场考试，也很关心每次考试的成绩，但无论学校还是学生都远不像现在这样把应试看得那么重，那么至高无上。那时的教育方针是“教育为无产阶级政治服务，教育与生产劳动相结合”，学校把让学生参加各种课外活动、生产劳动，培养学生的综合素质、综合能力看得很重。高中三年中，我除完成了国家统一规定的各门课程学习任务外，还参加了学校组织的许多课外实践学习活动，如无线电收发报训练、市航空俱乐部滑翔机驾驶培训、数理化等各门学科竞赛、抗洪抢险、双抢支农、定期下学校农场劳动和远赴井冈山等异地参观瞻仰革命纪念地等，为扩展知识面、培养综合能力和提高全面素质打下了良好基础。

更令我记忆犹新和津津乐道的是，学校为了给同学们创设一个良好的外语（当时我学的是俄语）学习环境，还专门联系了苏联一所对口重点中学，让大家从高一开始就与对方学校十年级（相当于我们国家的高一年级）一个对应班，按学号开展学生间“一对一”的俄语通信活动。当时我对这一开放式办学活动非常感兴趣，参与的积极性非常高。记得我和对方你来我往地频繁通了近十封信，用俄语互相做自我简介和介绍学校的情况、祖国的地大物博和伟大成就，互相交流个人爱好、理想志向和学习心得体会等，每封信都写好几页。只可惜这项活动持续了不到一年，由于当时的国内大环境而不得不终止了。

所有上述这些课外实践学习活动，那时没有“素质教育”这个词，但实际上就是现在所说的素质教育。而且尤其值得一提的是，那时的所有这些有利于素质培养的课内外活动都是免费的！除此之外，那时的学校生活也过得既紧张又轻松活泼，除规定的上课和自习外，课余时间很少待在教室里“死读书”，也从来没有什么补课、上培训班，而是去做自己喜欢做的事，如：出板报、唱歌、打球；参加校内、校际乒乓球篮球比赛、歌咏比赛和文艺汇演；去资料室借阅图书杂志；上物理课学凸透镜原理后，向老师借放大镜兴致勃勃地到太阳底下去做阳光聚焦点燃纸片的实验；上生物课学昆虫纲动物习性后，结伴去室外观察蚂蚁搬家的行为；晴天去白鹭洲洲头洲尾捡蚌壳，玩赣江水；阴天去江边桑树林里采桑叶养蚕、摘桑果解馋；饭后去洲上亭池楼阁和洲边傍水林间小道闲聊；周末常去市内老街巷旧书店淘书；等等。即使有个别学习特别刻苦，课余时间也常在教室看书做题的同学，也完全是出于兴趣和自觉自愿。总之，同学们学得很快乐，感觉轻松自在、幸福满满，每天朝气蓬勃、充满活力，真像“早晨八九点钟的太阳”，从来没有像今天的中学生这么压力山大、疲惫不堪、少年老成。

现在每每忆起中学时代的校园生活，记忆最深刻的，除许多老师的音容笑貌和自己参加的许多学科考试场景外，主要就是这些对我一生成长发展最有价值的，在校内校外开展的一个个课外活动经历，而不是那些具体的各门课程的知识。我深深感到，正是这些有意义的课外活动成了激励我当时刻苦学习各门功课的极大动力，以及后来始终保持学习热情、进取精神的智慧和力量源泉。

可喜的是，现在还是有越来越多的中小学在必要的应试教育的同时，也尽可能多地设置引入了一些素质教育的元素和环节。如国防科大附属小学就做得相当不错，他们在尽量将应试教育与素质教育有机结合，在全面培养学生核心素养方面，这些年来做了很多有益探索。例如，近年来他们组织学生在真实地形环境下，利用地图、指北针、电子打卡器等专业军用设备，开展规范的定向越野活动；组织学生开展“背诗歌，做擂茶，献茶礼”，既亲手做擂茶、跳茶礼舞，又亲身传承湖湘物质文化记忆、切身体验中华传统文化博大精深的别开生面的庆“六一”活动；组织开展以“民族与世界”等为主题的暑期小讲师网络直播公开课活动，激发学生的“小老师”责任感，自主组队，结合主题，从自己感兴趣的角度去尝试发现、自由探索、大胆创新、自主命题和查阅文献资料，自主开发出许多有趣又有新意的网络课程，并自主制作幻灯片讲课，且在直播主讲过程中，与团队成员、听课同学们一起友好交流、大胆质疑、愉快分享，呈现出很好的在线学习的“学术”氛围……看到这些从小学开始的素质教育改革探索实践，我非常欣慰，对我国初、中等教育的改革前景充满了期待和信心。

2. 高等教育应以素质教育为主，以适应培养高层次、高素质、创新型人才的需要

对高等教育，尽管各学校因层次、类型的不同而具有不尽相同的办学目标定位，但总的大的目标是相同的，就是要培养各学科门类、各领域行业的高层次专门人才。尽管大学生也还存在着专升本、本升硕、硕升博等学历与学位提升的可能性需要，但所有这些升学都远不像之前的中考、高考那么重要。中考、高考，尤其是高考，在很大的程度上，真可以说是一个人人生走向的分水岭，对广大农民后代和其他弱势群体来说，真可以说是改变家庭贫穷面貌、实现阶层跨越逆袭的人生决战。而上了大学以后，升不升本、读不读研并不是那么重要，因为无论哪个层次的大学生，归根结底都还是学生，在学校的学习都是打基础、强能力、提素质。而只要有了大专以上的知识、能力、素质基础，对新知识、新技术、新理论的自学和探索能力就应该有了，只是有强弱程度的差别而已。往后的发展就看自己的主观客观造化了，无论对口工作能力还是跨界适应能力，乃至后续与时俱进能力，都不一定就是本科毕业比专科毕业强，研究生毕业比本科生毕业强，而是因人而异。

很能说明这点的是，我所属的“老三届”（68、69、70 届）大学生群体。那时在大学实际上就没怎么学专业知识，尤其 70 届基本上就没上过大学的课。但是，因为当年我国正在走出“三年困难”时期，

正在大力贯彻“调整、巩固、充实、提高”的国民经济方针，大抓教育质量，所以高中的基础是打得比较扎实的，尤其是出自各省市重点中学又能考取重点大学的这些高中毕业生，虽然上大学后所学很少，但高中培养的自学能力和综合素质普遍很强，大学毕业后凭着一股“革命”的拼劲钻劲和刻苦学习、顽强工作的精神，大都能自强自立、自学成才，胜任本职工作，挑起了弥合整个国家因历史原因而出现的高级知识分子断层，发挥各行各业承前启后作用的历史重任。在此过程中许多人成了所在单位、部门、行业的学科学术或行政管理带头人，成了为国家培养一批批高级知识分子的硕士博士研究生导师、著名专家学者、教学名师和两院院士等。我国“老三届”大学生群体的人生经历很好地证明了，在大学期间可以不用再像中小学那样采用应试教育模式了，而应代之以素质教育为主的教育模式。素质教育的思想理念应该贯穿于大学德智体美劳教育的全过程，融汇于从培养方案、教学计划的制订，到各门课程教学内容、教学方法、考核方法的确定，直到各种课内外实践教育活动的组织实施、校园文化的建设、学术氛围的培育等方方面面，既有显性的，也有隐性的。相反，应最大可能地减少、淡化应试教育的一些做法。

在此，我结合本人教学实践，参考国内外一些好的思想、做法，就大学如何贯彻素质教育，谈几点见解。

第一，关于人才培养模式。进入21世纪以后，我军为加紧培养大批高素质新型指挥人才，提高干部队伍整体素质，对军队院校人才培养职能和模式进行了各项优化，国防科技大学从原来聚焦工程技术类专业人才培养，向工程技术类和指挥类相结合的人才培养转变。这两类人才在培养目标、培养规格上有共性也有区别，但总的来说都是以培养高素质新型军事人才为总目标，培养的人才都应能适应21世纪军事斗争和科学技术发展的需要，适应军队现代化建设和打赢高技术条件下局部战争的需要，都应具备良好的全面素质、复合的知识结构、较强的综合能力特别是创新能力。因此，在人才培养规格上都应该对政治思想、科学文化、专业业务、身体心理和军事素养等方面提出较高要求，确保学员德、智、军、体得到全面发展，知识、能力、素质得以全面提高。但是，指挥类专业毕竟是以培养初级指挥军官为主要目的，尽管新世纪、新时代军事斗争的特点决定了现代指挥军官应与传统指挥军官有很大不同，不仅要懂军事、会指挥，而且要懂技术、会管理，可它和以培养高级军事工程技术干部为主要目的的工程技术专业相比，总还是有区别的。这种主要培养目标定位的不同，决定着在培养规格的诸方面应有不同侧重点。

不言而喻，在保证全面发展的前提下，指挥类专业相比于工程技术专业，培养的人才在军事素质、体能和组织管理能力方面应更强一些，而在工程技术方面则可稍弱但应面宽一些；至于政治思想素质、一般科学文化素质和身体心理素质方面，应没多少区别。仅以学历合训专业人才的培养为例，原军委总部曾用“懂技术、会管理、能指挥”九个字高度概括了其总要求。但技术“懂”到什么程度、管理“会”到什么程度、指挥“能”到什么程度，需要学校从初级指挥军官的岗位职责出发，在教育教学实践中不断研究探索、科学合理把握。

依我之见，作为未来新型复合型初级指挥军官的岗位职责，主要是组织管理和领导指挥一支队伍（连、排等），通过维护保障和正确使用武器装备与作战平台，去完成战时作战任务、平时训练演习任务和其他特殊使命。这就需要从能胜任这一岗位职责出发，首先按素质教育的思想理念，对政治思想素质、科学文化素质、军事技能素质、身体心理素质和领导管理素质等各方面的教育，提出科学合理的培养规格、培养目标。其中从技术的层面看，应该使学历合训学员毕业后具有以武器装备和作战平台的使用、维护、保障为应用背景，利用先进的科学技术手段，从学科理论与军事应用的结合上思考、提出、分析、解决部队实际问题的思想意识、知识基础和能力素质。

第二，关于课程体系。人才培养目标、培养规格确定以后，实现的关键在于从知识结构、能力结构、素质结构出发，合理设置专业课程群，构建科学的课程体系，并以此为基础，积极推进课程改革和建设。

鉴于指挥类专业包括工学和军事学两大主干学科，知识内涵十分丰富，要求学习掌握的知识比其他专业要多很多，但时间只有四五年，既要完成通用工科专业大学本科教育，又要进行军事学科专业基础理论教育和指挥军官的基础训练，打牢学员各个方面的基础，使他们实现由青年学生向合格军人、由合格军人向既懂技术又适合从事分队指挥工作的高级专门人才的转变，意味着存在着要学习的知识多和时间少的突出矛盾。为了解决这一矛盾，办法是将工程技术和军事指挥两个专业中按常规需开设的课程组合在一起，形成一种课程多、每门课程学时数少的课程体系。但这种做法容易把每门课程变成“压缩饼干”或科普讲座，降低教学水准，而且使工程与军事两个学科的知识互相割裂、自成体系，难以形成复合型人才的知识、能力结构，达不到培养目标的初衷。因此，在制订人才培养方案、考虑课程设置时，通过学校立项研究提出了以下几项值得遵循的思想原则。

（1）突出学科基础，不求面面俱到。课程设置不要面面俱到，应把重点放在奠定坚实的学科基础上，着眼于为学员毕业后根据工作需要继续学习创造良好条件。要在厘清通用工科专业和军事指挥专业的传统主干课程内涵及相互关系的基础上，本着“强化基础、淡化专业、统筹调整、整体优化”的原则，优化整合原有课程，改变课程内容陈旧、分割过细和简单拼凑的倾向，打破学科课程间的壁垒，避免不必要的脱节和重复，形成兼具基础性、科学性、完整性、先进性、实用性的军工交融的指挥类课程体系。

（2）改革课程内容，注重学科融合。除一些工程、军事学科中各自明显独立的内容不得不独立设课外，要尽量避免两者互相割裂、自成体系地设课，而多从学科融合的角度去推陈出新，设置一些新的课程，在这些课程中最大限度地实现工程与军事学科间内容的交叉渗透。即使在一些两大学科相对独立设置的课程中，也可在教学内容的层面上实现一定的融合，如工程技术课程中可尽量引入与部队新装备、新战法有关的高新技术内容，甚至酌情引入某些军事思想，而军事课程中也可酌情吸收融入一些工程技术的内容和思维方式。

（3）精简必修课程，留足自主空间。要合理压缩课内教学时数，精简必修课程门数，适当增加选修课程、学科前沿讲座性课程和课外创新实践环节，为学员自主学习提供充足的时间保证。必修课程在确保基础性的前提下，要尽量突出军事工程技术应用特色和装备保障特色，尽可能反映科学发展的最新成果，以增强培养人才的适应性。

（4）着眼任职需求，兼顾长远发展。这实际上就是如何处理好立足现实和面向未来的关系问题。立足现实就是要以满足部队当前需要，使培养的学员必须适应部队岗位任职基本要求为设置课程的根本出发点。指挥类学员毕业后大都要到部队基层去任连长、排长等初级指挥军官，要靠他们去带兵训练和执行任务，如果课程体系给予他们的知识结构不能保证他们“第一脚”踢得开、可胜任第一岗位任职，可能很快就会被部队淘汰，根本谈不上长远发展。但毕竟部队的武器装备、编制体制、指挥手段等都将随着时代的发展和科学技术的进步而不断更新，且今天的连长、排长就是明天的团长、师长以至更高级将领，因此也必须面向未来，为他们的知识结构留有开放、扩展空间，为其适时更新知识、跟踪军事高科技新发展奠定坚实基础。

简而言之，就是要以打牢通识理论基础、拓宽学科专业知识面、重视学科交叉融合、增强岗位任职适应性、提高跟踪军事高科技新发展能力作为构建指挥类课程体系的基本指导思想。

按照上述思想原则，我分析认为，对指挥类学员，在基础阶段尽管也分了不同的工科专业，但最好淡化一点专业意识，因为无论什么专业，他们最终的目标定位都是初级指挥军官。从工程技术的角度看，他们在任职岗位上都是带领一批人跟各种武器装备和作战平台打交道，而当今各种武器装备和作战平台基本上都是以信息系统为核心的机电一体化系统，所以要求他们学习、掌握的工科基础应是大同小异的。

为此，可考虑前三年完全打通专业，一律按统一的计划学习相同的通识课程（包括公共基础课和通用学科基础课），第四年再按学科分流，学习学科方向上的专业课和实施专业实习、毕业设计（毕业论文）。无论跨专业通识课程还是专业方向课程，具体课程设置及知识结构都要优先考虑适应部队机械化、信息化、自动化、智能化建设的需要，适当加重电子信息类课程的分量。除军政与人文社科系列课程外，可考虑设置数理化基础系列、机械工程系列、电工电子与计算机基础系列、测控与自动化系列等四大系列自然科学课程。对各大课程系列中一些特别重要的公共基础课和核心学科基础课，不应和工程技术专业有大的差别（甚至可没有差别），同样应从学时数上加以保证；对其他与工程技术专业内涵相同的课程，则应在课程标准、教学要求上有必要的差别。

基于这些考虑，我们团队突破传统的思维定式，用创新的理念构建出了富有时代特征、符合复合型人才培养要求的既完整又精干的课程体系。以电工电子与计算机基础系列课程为例，根据多年的研究和教学实践，再参考麻省理工学院、西点军校、清华大学和北京航空航天大学等国内外与军内外一流大学的教学计划和课程设置，按指挥类各专业电属性的不同，原则上分为工科专业和非工科专业两大类，工科专业又分为以电为主和以非电为主两类，据此形成了三种不同方案的课程设置及其学时数分配。

上面相对于应试教育而提出的素质教育，无论是在可以应试教育为主的中小学，还是在应尽量减少、淡化应试教育的大学，地位都很重要，特别有必要大刀阔斧改革其中的德育内容及方式。对大学而言，即使不能完全排斥考试，也一定要摒弃应试教育意义上的那种考试，即考试只能作为检测教学效果的一种手段和改进教学方法的一面镜子，而决不能把考试分数作为衡量学生学得好坏和是否优秀的主要标准。而更重要的是，对必要的考试，一定要从考试内容到考试方式都做调整改革，突出素质教育的思想，着重考核学生利用所学知识、技术、理论，思考、分析、解决实际问题的能力。考试形式最好采用开卷或半开卷方式。对各门课程的考试考核评分，最好结合学分制，采用合格或不合格评分制，鼓励引导学生摆脱计较具体分数得失的桎梏，而把主要精力放到其他更有意义的地方去。我理解，如实行学分制，有两个要素必须坚持：一是对课程学习只看合格或不合格（通过或不通过），只要合格，就可取得相应课程的学分，没合格，只要愿意可以继续学继续考，不存在补考一说；二是实行弹性学制，只要学满了某专业规定的学分，就可获得相应专业的毕业证和学位证，用时短就早毕业，用时长则晚毕业，但只要本人愿意就可一直学下去。可实际中，多数学校名义上也说是实行学分制，但实际上并没有按这两个要素办，尤其第二个要素，基本难做到，对军校来说鉴于招生、分配严格的计划性，似乎也难以做到。倘若这样，那所谓实行学分制又是从何说起呢？

对于大学的研究生教学和研究生招生考试，更应该基于素质教育思想大力改革。目前来看，研究生教育已不属大众教育，而是精英教育的范畴了，主要不是靠它来体现社会公平性，而是靠它来提升国家高层次人才的综合素质和能力，因此可以最大限度地弱化甚至完全取消“应试教育”意义下的考试。像硕士生入学考试，也完全可以像博士生入学考试一样，取消全国统考，而由有资格招生的大学去自主考核招生，教育部只负责招生计划和招生质量的宏观调控和监督。对研究生（包括硕士生和博士生）的教学，原则上都应取消单纯的知识传授式的教学，而代之以教师指导下的、以学生为主体的自学式和研讨式教学。

（三）积极推进“高考”和大学招生制度的改革

在中国，谈应试教育不可能不谈“高考”，它是初、中等教育（中小学教育）的最后一个环节，既是对基础教育阶段的总结和检阅，又是通向高等教育（大学教育）阶段的桥梁，所以它的作用特别重要，影响特别大，也特别受学生、家长、学校和全社会的关注。在这里，就大学通过“高考”招生这一可称为全中国当今最大的热点问题，我也谈点思考和见解。

我的基本观点是：既然“高考”是中小学教育和大学教育之间承前启后的一个环节，那它和基于它的大学招生制度就应该兼具确保公正公平底线和引导素质教育的功能或作用。为此，应该坚持三个“必须”：“高考”必须继续存在，“高考”必须加紧改革，基于“高考”的大学招生制度也必须改革。

1. “高考”必须继续存在

这是由中国的国情所决定的。首先，中国人口数量基数大，每年的高中毕业生人数近千万，而大学的教育资源有限，不可能像实现九年制或十二年制义务教育一样实现义务高等教育，让所有中学毕业生都上大学，这就必须从中挑选出学业基础比较好、深造潜力比较大、各方面条件相对优秀的人来上大学。那怎么挑选呢？目前来看，最好的办法就是以中学主要的教育模式——应试教育的原则和方法来实施“高考”，即坚持在全国统考、每个考生独立参考和按统一标准统一阅卷的前提下，以“分数至上”“分数第一”“分数面前人人平等”的原则为主要依据录取学生。尽管不能完全说“高考”分数高的人就一定比分数低的人基础好、潜力大、更优秀，但以此为选人判据，只要确保各个环节都公平公正，其产生的结果就能为广大民众所认可、服气和接受。并且，就目前的社会现状，“高考”是无可替代的一座通往高层次人才培养的桥梁和一种选拔具有优秀潜质的创新型人才的方式，舍此社会公平正义就得不到保障，城乡贫穷阶层、弱势群体实现身份地位逆袭的通道就可能不复存在。

综上所述，在没有找到更有效的选拔培养大学生的方法之前，“高考”还必须长期继续存在下去，决不可贸然取消。.

2. “高考”必须加紧改革

“高考”的改革主要应围绕如何在确保公正公平的大原则下融入素

质教育的要素进行。为了有利于人生从小就在德智体美劳诸方面都得到全面发展，而且即使是智育方面，也能在中小学教学大纲要求的各门科目上都得到协调发展，只求学得面宽，不求学得有多深，改变文理分科带来的学生偏科、知识面过窄、可塑性过早被压抑等严重弊端。我一直赞成高考和考前中学教育中不分理科、文科，而改为在各科都要通过学习达到合格的基础上，在高考报名时由学生自己根据特长和兴趣爱好选考相同门数的科目，其中可以规定几门必考课，而其他可以自选。例如，可以把将来人生无论向什么方向发展都必需的语文、品德、数学3门科目，或者再加上外语变成4门科目作为必考课，而从其他科目即物理、生物、化学、历史、地理5门或再加上外语共5门中，自主任选2～3门作为附加考试科目。其中尤其要突出语文的地位及其在各行各业工作中的基础性关键性作用。目前大学生包括许多硕士、博士研究生，甚至已经是教授、博导、学者等的一些高级知识分子，语文水平都偏低，要通过高考，牵引学生从小重视中国优秀传统文化的学习，最大限度地提高语文阅读、理解、写作、书法能力和基本人文素质。

另外，高考应考思想品德课，通过高考，引导学生从小牢记应有的社会主义核心价值观和中华传统的文明礼仪，养成良好的道德品质和高尚的社会公德。最后的高考总分由必考课成绩和附加考试课成绩各占一定比例组成，或者还可增加一项对平时参加公益活动、志愿活动和其他有意义课外活动的“现实表现”成绩，作为高考录取参考分。对于各门科目的考试内容，一定要尽量减少客观题比例（必要的还是要有），而增加考核运用所学知识综合分析、解决实际问题能力的主观题比例。

3. 基于“高考”的大学招生制度必须改革

新中国成立以来，大学招生基本上是采用由教育部高等院校招生委员会和各省、市、自治区常设的高等院校考试招生办（院），在每年统一组织“高考”的基础上，实行统一招生、择优录取的办法。应该说，这种政府统考统招的招生制度有利于提高录取标准、规范入学资格、加强中高等教育联系、平衡文理科发展，较好地保障大学招生制度的公平公正性和运行的高效有序性，从整体上看，受到人民群众的普遍认同和欢迎。事实上，它对绝大多数人的评判选拔也是完全合理的。其缺点在于，在这样一种招生制度下，大学的招生计划、标准、办法等都由政府统一规定，命题、评卷等都由政府统一组织，这一方面使招收的新生过于整齐划一，不利于一些有突出特长、学习明显偏科的“特长生”的发掘选拔、破格录取，使他们失去了深造的机会；另一方面也使大学不能按照自身的办学定位、培养目标、培养模式等选拔录取学生，严重削弱了大学的办学特色和竞争力。

为此，教育部一方面在原来实行统考统招的同时，以推荐、保送、加分等作为重要的补充形式；另一方面从2003年起，更是以先试点后逐步推广的方式，推出了大学“自主招生”的改革举措，至今实行自主招生试点的大学已从最初的22所增加到了90所，逐步形成了一种以统一考试招生为主导、以自主考查招生为辅助的新型统考统招方式。这两种做法的本意是使具有学科特长和创新潜质的优秀学生，即“高中阶段学习成绩优秀、品学兼优、综合实力强或取得优秀荣誉称号的高三毕业生”，或“在一定领域具有学科特长，在各类比赛及竞赛中获得奖励的考生”，或“高中阶段在科技创新、发明方面有突出表现并获得奖励的考生”，能够更好地脱颖而出。期望以此作为“高考”招生制度的重要补充和重要组成部分，付诸实施后能够促进素质教育的发展，使之成为改变“一考定乾坤、定终身”现状的破冰之举。

从理论上说，这种新型统考统招方式是能较好解决普遍提高新生水平和不拘一格选人才之间矛盾的，特别是近年来针对大学自主招生，教育部从招生对象、报名程序、招生流程到考核办法、志愿填报、录取方法、加分优惠原则等方面，不断地微调政策，改进具体做法，对促进招生的规范化和招生质量的提高，应是能取得良好效果的。但实际执行中，因为高考和自主招生本身所具有的复杂性、高利害性和高敏感性，使它无论在推荐、保送、加分等补充招生环节，还是在自主招生阶段，都依然存在许多问题，尤其在社会的公正公平方面，各种争议和质疑不断，饱受各方诟病。引起争议和质疑的主要问题是：

（1）招生自主性难发挥。自主性是实施自主招生制度的本质要求，是落实大学招生自主权的现实体现。起初，教育部希望“试点学校根据创新人才选拔和专业培养需要，积极探索以统一考试录取为主、与多元化考试评价和多样化选拔录取相结合，学校自主选拔录取、自我约束，政府宏观指导、服务，社会有效监督的选拔优秀创新人才的新机制。”这一指导思想是对自主性的清晰解读，大学在自主招生中的功能角色一目了然。但是，因为多种原因大学在招考中的自主性实际上未能充分发挥。

（2）选拔科学性没保障。考试招生是一项对科学性要求极强的工作。科学性在招考中主要体现在制度设计、招生目标和标准设定、综合招考选拔指标体系制定、命题和面试等环节。当前，有关自主招生科学性的问题突出表现在：第一，在制度设计下，考生要多次参加文化课考试。第二，由于招生院校的综合选拔体系尚未形成，致使招生院校试题的测试目标、测试的整体性、测试功能等颇受质疑。试题之间的关联度和相对独立性比较模糊，其所要测试的目标、知识结构、能力结构不够清晰。第三，招生院校尚未建立起一支专业化招考队伍。在试点自主招生制度后，国家级（教育部考试中心）、省级（省级招办）、校级（招生院校）三级考试招生体系日渐形成，大学也成为招生工作中的重要一级，但大学缺乏一支专业的考试招生专家队伍去承担报名、资格审查、命题、面试等之前未承担的工作。

（3）录取公平性无保证。教育公平是社会公平理论在教育领域的具体体现，是一个为全国所有与教育有关的人最关心的基本目标，因此确保自主招生的公平性至关重要，显然是做好自主招生的义中之举、应有之责。但多年实践下来，发现这恰恰是被社会诟病最多的方面。

自主招生中的不公平问题，一是指宏观层面的地区、城乡差距带来的机会不公平。各自主招生院校都明确规定了自主招生只限于在某些教育资源发达地区、某些城市进行，这显然对相对落后地区，特别是偏僻农村的学生不公平。这些落后地区和偏僻农村的学生连自主招生的信息都很难得到，即使得到了信息，要远赴外地大城市参加考试，其成本也让他们难以承担，望而却步。二是指微观层面的考试内容与考试形式设置，进一步加剧了对城乡贫穷学生的不公平。各自主招生院校都对有参与自主招生资格的中学规格和个人条件，做出了许多实质上缺乏公平性的硬性规定，如规定只能是省市重点中学才有推荐资格，规定只能在全国和国际性奥赛、科技创新大赛、电脑制作大赛等赛事中有过获奖经历，在文学、语言、琴棋书画、文艺体育等方面有特殊才能并获得过较大奖项等学生，才能报考。这些条件规定明显对占教育资源优势的城市学生有利，而把广大农村学子无情地置于弱势群体的境地。三是指对自主招生监管不力，过程不够透明，暗箱操作、递条子、权钱交易等引发的“特招”“点招”现象依然严重带来的不公平。

实行大学自主招生后，大学自主权力得到扩大，但同时“校领导随便批条子”进行“特招”“点招”的现象也随之出现。有媒体调查发现，自主招生和艺术类招生及高考补录一样，已成“特招”“点招”的腐败重灾区；尽管教育部已明令禁止“点招”，但一些大学仍会留出少量的机动招生名额，把自主招生沦为“点招”通道，用于对教职工子女、“校董”子女等实行特殊录取。由于上述几方面的明显不公平，使城乡普通百姓家子弟特别是农村子弟，在自主招生制度下明显处于劣势，因此通过自主招生进入大学的农村考生人数远低于城市考生，从而加大了教育的城乡差距，致使教育公平的初衷发生了变化。

（4）对正常教学有冲击。随着自主招生试点范围的扩大，从2009年开始，先后应运而生了四大高校自主招生联盟：“北约”联盟（11

校），“华约”联盟（7校），“卓越”联盟（9校）和“京派”联盟（5校）。各大联盟主要是在招考上结盟联考，各联盟在考生申请要求、考试科目、考查能力等方面不尽相同，考试模式有别于高考，但都在高考前进行，具体考试时间由各联盟自定。因为每个考生可以报考可能属于不同联盟的几个学校，所以可能要赶考多个联盟的联考。这种局面下，不可避免地会出现各大联盟间争抢生源的“大战”，也不可避免地会把考生和家长弄得疲于奔波、心力交瘁。另外，这样的联考模式实际上也无法帮助大学按照自己独特的标准选拔优秀学生，与原先自主招生的初衷背道而驰。一些大学的招生办公室主任甚至坦言，加入联盟仅仅是为了避免被“边缘化”。自主招生制度原本是要改变“一考定终身”的弊端，但现在却演变成争抢优秀生源的大战。不少考生为报名参加大学的自主招生常常缺课，四处报辅导班，以应对招生大学的笔试和面试，从而花费了过多的精力，占用了过多的时间，影响了正常的学习秩序。据媒体报道，曾有中学因为参加自主招生考试导致缺课学生太多而宣布停课。

有鉴于上，为了更好地兼顾一般与特殊、公平与效率，发挥好自主招生对“高考”的良性补充作用，真正体现自主招生制度的推出初衷，达到预期效果，有必要从完善招生考试体系、实现多元化招生，建立专业性考试机构、实行招考分离，完善自主选拔机制、确保招生质量，强化监督机制、体现教育公平，依法自主招生、规范招生行为等方面，对现行的自主招生制度从政策和实施层面做出进一步的改革完善。鉴于目前整个社会诚信体系还未建立健全，目前尤其要在进一步加强监督机制，杜绝自主招生过程中的各种腐败现象和违规行为，确保公正公平上面下大功夫。有一种观点认为，为了有利于各个大学办出特色、办出优势，促使“钱学森之问”呼唤的杰出人才早出多出，由各大学单独或多校联考自主招生取代“高考”势在必行。但以我之见，在相当长的一段时间内，“高考＋自主招生”的混合大学招生制度仍然是主要的人才选拔方式。目前“高考”最大的优势在于公平，大学自主招生要建立起这样公平的机制，赢得社会的认可，还需要较长的时间，而在这一天到来之前根本谈不上与“高考”制度的竞争，更谈不上取代。践行“高考+自主招生”的混合招生制度，根本出发点和最高目标是正确处理好确保教育公平和破格选拔“偏才怪才”之间的关系，争取两者兼得；如果两者之间万一存在矛盾一时难以妥善解决，应以确保教育公平作为最高准则，因为教育是否公平毕竟事关社会公平、人心向背和社会与国家稳定的大局。众所周知，教育公平是目前我国实现社会阶层流动的主要通道，中国共产党的初衷和根本宗旨，以及我国社会主义制度的“人民民主”根本性质，都决定了绝不能因为教育不公而把社会阶层流动的通道堵塞了，使贫富差距继续拉大，使贫者从暂时贫困走向跨代贫穷，甚至使贫富差距趋向稳定化和制度化。因此，大学自主招生过程中应当特别注意公平、公正、公开机制的建立，这样才能更好地赢得社会的信任，在这样的前提下再去探索寻求不拘一格选“偏才”“怪才”的科学有效方法，逐步形成全社会普遍认可的共识。恐怕这才是我国大学考试招生制度改革的应有之路、可行之路。

可喜的是，国务院在总结多年来大学自主招生试点实践的基础上，于2015年印发了《关于深化考试招生制度改革的实施意见》，决定从2015年起将推行自主招生安排在全国统一高考后进行，不得采用联考方式或组织专门培训，同时严格控制规模，完善招生程序，确保公开透明，克服“掐尖”“小高考”等弊端。为了与国务院的这一实施意见相适应，各自主招生大学也纷纷想方设法从推荐、申报、考核、录取等主要环节入手，改进自己的招生机制办法。如北京大学和清华大学从2015年开始，正式首次推出了各自新的特殊自主招生计划：北京大学的“博雅人才培养计划”，清华大学的“领军人才选拔计划”。两大名校的这两个计划均取消了“中学推荐”制度，即不再限制推荐学校和分配推荐名额，把选拔范围扩大到所有考生，谁都可以自愿报名；两个计划都提出既要注重考察招考对象的创新潜质和学科特长，又要求考生的综合学业成绩原则上应位居本校全年级前列（北大要求在前1%以内，清华要求在“前5%优先”）；两个计划都规定初评获得“优秀”的学生可免于参加初试，直接进入复试；入围计划的学生可在高考录取时最高获得降至当地省一本线录取的优惠。除此之外，北大“博雅人才培养计划”还强调对农村地区中学和农村户籍考生政策倾斜等。从国家层面到各个自主招生大学层面推出的这些自主招生制度，乃至整个大学考试招生制度的改革新举措，对正确处理教育公平为主旨的“应试教育”和提升人才培养质量为主旨的“素质教育”两者的关系，无疑是十分有利的。

更可喜的是，在我国恢复高考已整整40年之际，2017年高考季迎来了中国40年来最重要、最复杂的一次教育综合改革下的“新高考元年”。中央决定，从2017年开始，全国上下从幼升小到高考将深入进行一系列重大历史性教改，其最核心的改革大方向是

1）改变“一考定终身”的不公平和改变“只招分，不招人”的现象。

2）突出语文在高考中的关键性、决定性作用，突出优秀传统文化。

3）变只考高中阶段为考查学生12年的积累（对中考，要考查学生9年的积累），明显降低考试难度而增加宽度。

4）“高考指挥棒”将完全指向全面素质教育，推动中国教育出现三个重大质变：不再用一把尺子选人，把培养每个学生的兴趣、特长、爱好从幼升小开始就作为全面素质教育的重中之重，让应试教育在最大的挣扎中痛苦地退出中国历史舞台。

5）以全国最优质的高中教育学校为杠杆撬动9年义务教育的均衡和引导教育模式的改变。

6）让教育体制向能培养出大量拔尖创新人才的方向尽快转型。

7）倒逼中国诚信体系迅速建立。

8）让学校和社会加强对每个学生学涯教育和生涯教育的规划。

可以相信，既然有关部门从幼升小到“高考”不断推出一系列全方位的重大变革，以对接上教育的规律和全球教育发展的趋势，即便有再大的挣扎也难撼教育变革的总方向，最终将建立起全社会的诚信体系，并在此基础上完成素质教育对应试教育的取代。但毕竟任重而道远，要想改到人民满意、全国上上下下方方面面都满意，完全取消应试教育，实现素质教育，还有待时日，恐怕还有很多新矛盾、新问题要解决，不可能一蹴而就。人们最担心的是如果真搞了全面素质教育，那就远不像应试教育那样有分数的严格量化标准了，社会公正公平还能得到保证吗？因此，在目前情况下，搞真正的全面素质教育就要国家首先建立健全诚信体系。尽管现在反腐、反贪、反不正之风、反潜规则的相应机制正在逐步建立和完善，但在没有完全建立起这些机制之前，中国的全面素质教育走向是很独特的，不可能照抄照搬任何国家的做法，只能是一个多方面的集合体，以避免出现不可控的社会不公平。

三、关于智能化社会对高等教育影响的思考

（一）人类正在快速步入智能化社会

进入21世纪以来，电子信息技术及应用的发展异常迅速，用日新月异来形容真的一点不为过。近年来，在前半个世纪电子信息技术演进发展的基础上，特别是在移动互联网、大数据、超级计算、传感网、脑科学等新理论、新技术以及经济社会发展强烈需求的共同驱动下，智能科学和人工智能技术的发展尤为迅猛，呈现出深度学习、跨界融合、人机协同、群智开放、自主操控等新特征。并行超强的计算能力、不断增加的海量数据和不断涌现的优秀算法三者结合，使智能控制和人工智能的水平飞速提高，效率和精准性不断提升。大数据驱动知识

学习、跨媒体协同处理、人机协同增强智能、群体集成智能、自主智能系统成为人工智能的发展重点，受脑科学研究成果启发的类脑智能蓄势待发，芯片化、硬件化、平台化趋势更加明显，人工智能发展进入新阶段。

新一代人工智能相关学科发展、理论建模、技术创新、软硬件升级等整体推进，正在引发链式突破，推动经济社会各领域从数字化、网络化向智能化加速跃升。同时，人工智能与大数据结合也成为一种不可逆转的发展趋势，推动机器学习、机器推理分析、机器感知控制的能力、效率和精准性，以人类难以置信的速度和幅度在攀升。

目前，人工智能已越来越广泛地渗透应用于制造、交通、法律、金融、安防、军事、医疗、服务、教育、电商、零售等各行业领域，“机智过人”的领域、岗位越来越多，且在继续沿着价值链向上攀升，智能机甚至能自己基于分析提出未来新技术、新产品发展的方向逻辑。其中尤以人工智能在医疗和生命科学领域的应用将给人类带来的冲击最为强烈和不可思议。

在“机智过人”沿着价值链向上攀升的过程中，人工智能似乎铆足了劲儿，不断“出风头”、刷存在感。

2015 年以来 AlphaGo 先后多次成功战胜人类棋手，可谓“打遍”围棋界无敌手：先是 2015 年 10 月以 5∶0 完胜欧洲围棋冠军、职业二段选手樊麾；再是 2016 年 3 月以 4∶1 大败世界围棋冠军、职业九段选手李世石；后是 2017 年 5 月以 3∶0 完胜我国围棋天才、世界排名第一的柯洁。而更不可思议的是，这位在世界围棋界所向披靡的 AlphaGo 在自身更新版的 AlphaGo Zero 面前竟然不堪一击，2017 年它与从零起点开始、仅自学 3 天就下棋的 AlphaGo Zero 对决时，竟以 0∶100 的成绩完败于对方！

2014 年 5 月 29 日微软在中国首发了一款名叫“小冰”的智能机器人，它除可智能聊天之外，还兼具提醒、天气、星座、交通指南、餐饮点评等实用功能，并集成了微软在大数据、自然语义分析、机器学习和深度神经网络方面的技术积累，具有非常强大的机器学习能力。此后，她的功能日益增强，应用范围日益扩展。至2016年，微软“小冰”已具备了看图创作现代诗等人工智能创造能力；2017年“小冰”竟原创推出了人类历史上第一部100%由人工智能创作的诗集《阳光失了玻璃窗》，还在中央电视台《机智过人》节目中进一步成功挑战作词作曲，由“少女诗人”变身为“音乐偶像”。

2017年高考期间，人工智能再增“新热点”，智能教育机器人Aidam与多位往届高考学霸同场较量，挑战高考数学题。据报道，在此番交锋中，这位特殊的考生Aidam仅仅花了9分47秒，就完成了全部考卷内容，最后得分134分，而三组人类选手平均得分为135分。虽然学霸们以一分险胜，但花时却与Aidam不是一个数量级，两者无法相提并论。

2017年10月，在沙特阿拉伯举行的“未来投资倡议”大会上，类人女性机器人索菲娅（Sophia）被授予沙特公民身份，成为历史上首个获得公民身份的机器人。Sophia不仅拥有与人类高度相似的外观和行为方式，而且具有强大的语音识别、视觉数据处理和面部识别功能，不仅可以与人自然地聊天，还能控制多达62种面部表情，可以活灵活现地与人进行眼神交流。

近年来，当代人工智能的兴起和高速发展，促使基因科学研究如虎添翼，出现了指数级的技术进步，再加上两者在同步高速发展的轨道上又紧密结合，相互作用，相得益彰，推动科学技术进入了一个以十倍速增长、十维度技术飞跃为特征的“人工智能+基因科学”新时代。显然，这是一场新的技术革命，就像历史上蒸汽机和电力的出现引发了两次技术革命一样，它必将带领许多领域走向越来越明显的技术进步，越来越强烈地冲击和改变着人类生产、生活、工作的方方面面，而且它比前几次技术革命对人类的影响和冲击将更广泛、更深入。如果说前几次技术革命带来的顶多是人的手脚等身体器官的延伸和替代，那么人工智能则是对人类自身的替代，基因科学更是连人类自身都要改变，它们对人类社会家庭乃至整个社会的冲击，将是前所未有的。

综上可见，如今，人类正在快速地从信息化社会步入智能化社会。

（二）人工智能对大学建设的深刻影响

人工智能展现出来的超人本领给人类带来的“冲击力”不言而喻，它必将深刻改变世界和人类的社会生活。这就给人类提出了一个新的十分严峻的问题：应该怎么来应对人工智能的迅猛发展？它将怎样影响教育？党中央、国务院为抢抓人工智能发展的重大战略机遇，构筑我国人工智能发展的先发优势，加快建设创新型国家和世界科技强国，已经对此早有谋划、做出部署。

2015 年 7 月，国务院在发布的《关于积极推进“互联网 +”行动的指导意见》中，就把“互联网 + 人工智能”列为 11 项重点行动之一。2017 年 7 月国务院又印发了《新一代人工智能发展规划》，指出经过多年的持续积累，我国在人工智能诸多方面已取得重要进展，并且已形成一些独特优势，为后续进一步发展人工智能奠定了良好基础。但总的来看，我国人工智能整体发展水平与发达国家相比仍存在差距，缺少重大原创成果，在基础理论、核心算法以及关键设备、高端芯片、重大产品与系统、基础材料、元器件、软件与接口等方面差距较大；科研机构和企业尚未形成具有国际影响力的生态圈和产业链，缺乏系统的超前研发布局；人工智能尖端人才远远不能满足需求；适应人工智能发展的基础设施、政策法规、标准体系亟待完善。该规则提出，面对新形势、新需求，必须主动求变立变，牢牢把握人工智能发展的重大历史机遇，紧扣发展、研判大势、主动谋划、把握方向、抢占先机，引领世界人工智能发展新潮流，服务经济社会发展和支撑国家安全，带动国家竞争力整体跃升和跨越式发展。为此提出了分三步走的国家战略目标，计划到 2030 年，人工智能理论、技术与应用要总体达到世界领先水平，成为世界主要人工智能创新中心，智能经济、智能社会取得明显成效，为跻身创新型国家前列和经济强国奠定重要基础。

显然，为实现“三步走”的国家战略目标，完善人工智能教育体系、加强人才队伍特别是高端人才队伍建设是重中之重。人工智能作为当今引领时代潮流的一种前沿创新技术，可以也理应与教育教学变革发生深度融合，以优化教育信息化流程、促进教育变革，特别是有效推进教育发展创新，进而构建起智能教育新体系和满足人工智能新时代要求的人才培养新机制。

在进入人工智能新时代的今天，高等教育主管部门和大学理应为“人工智能＋教育”提供坚实的学科基础和人才基地。首先，教育部应不断优化完善人工智能学科布局，引导和支持有条件的大学积极而谨慎地设立人工智能类院系，开设人工智能本科和硕博研究生相关专业；有关大学及院系则应大力推进和加强人工智能学科专业的建设，并在其专业人才培养方案的信息技术教育模块中，系统设计和设置人工智能相关课程，大力加强相关课程建设，且在各项教学实践活动中充分体现相关设计，为未来人工智能型人才的培养提供课程和实践条件支持。其次，对没有专设人工智能类院系的大学和非人工智能类院系，也要鼓励和推动在原有基础上拓宽人工智能专业教育内容，形成“人工智能＋X”的复合专业培养新模式，重视人工智能与数学、电子科学、计算机科学、控制科学、物理学、生物学、心理学、社会学、法学等传统学科专业教育的交叉融合，还要明确要求利用智能技术加快推动人才培养模式、教学方法的改革，构建包含智能学习、交互式学习的新型教育体系，提供精准推送的教育服务，实现日常教育和终身教育定制化。再次，大学也可探索与科研院所、企业等机构合作培养人工智能各色人才的新机制、新模式，实现“人工智能＋教育”的产学研一体化。

“人工智能＋教育”快速发展的基础和保障，在于打造人工智能高端人才和高水平创新团队。而为了打造人工智能高端人才和高水平创新团队，在坚持以国内自己培养造就为主的前提下，也要加强对外引进，即坚持培养和引进相结合，通过这种结合，完善、创新人工智能教育新体系，探索、建立人工智能高端人才队伍形成新机制，加快人工智能顶尖人才队伍建设，搭建中国人工智能人才高地。其中，在自己培养方面，要打破单一化、笼统化的高端人才培养壁垒，探索建立人工智能领军人才、专业技术人才和复合型人才同步均衡培养的人工智能立体化人才培养模式；在对外引进方面，则要增强人才引进的针对性、准确性、可靠性、有效性，避免盲目性，力戒走形式、拼数量。通过重大研发任务和基地平台建设，吸引真正高水平的神经认知、机器学习、自动驾驶、智能机器人等人工智能领域的国际顶尖科学家和高水平创新团队，实现精准引进，以及采取项目合作、技术咨询等方式，实现柔性引进。

其实，除了国家层面存在自己培养与对外引进的问题，学校层面也存在同样的问题。无论国家层面还是学校层面，在处理自己培养造就人才与对外引进人才的关系问题上，我认为根据历史的经验教训，一定应主要立足于自己培养造就，千万不能因政策失当或引进失察，为引进少量的高端人才而挫伤了广大本土人才的积极性、创造性，如果这样就太得不偿失了。

在这一进程中，尽管人工智能给许多领域带来的进步和变化，未必真会像现在许多人所担心的那样，将大范围抢走人类的“饭碗”，使人类大批失业、陷入贫困，甚至对人类安全造成威胁，但在很大程度上改变人们原来所需的知识结构和技能，或者改变原来工作和利用时间的方式，将是必不可避免的。此情此景，使得人工智能工程师正在越来越成为IT行业需求缺口最大的岗位，越来越成为各大企业争夺的主要人才。这就给高等教育人才培养，特别是大学课程建设，带来了不得不考虑的新启示、新要求。

新启示之一，课程设置不但要如前面第6章所述，增大电子信息技术类课程的比例，而且要适当增加一些人工智能方面的常识性、基础性课程，如人工智能导论、机器学习概论、深度学习概述、智能控制入门、神经网络基础、数据挖掘基础、大数据与云计算、先进计算方法等，依据专业不同作为必修课或选修课；同时在其他基础课和专业课中也应酌情或多或少地融入一些电子信息和人工智能应用方面的常识性内容。扩充这些课程和融合这些内容的目的在于，培养学生一旦涉足人工智能理论或应用技术研发时，具有足够的相关知识结构和能力素质；或者虽然不直接从事相关研发，但也很容易通过进一步努力，基本胜任与人工智能的使用、维护和升级等相关的工作；或者起码当接触相关人工智能产品及应用时，不至于茫然失措，而能顺应时势、理智认识、从容应对。除此之外，还有必要从对相关法律、伦理和社会问题的深入探讨入手，开设一些诸如友好人工智能、人工智能未来学和人工智能安全评估与管控之类的课程，以使学生毕业后一旦介入人工智能研发和技术支持工作时，具有让人工智能更好地服务造福于人类社会的责任意识，具有人工智能的法律和伦理道德边界意识，以及具有人工智能的安全评估和管控能力，确保在大力发展人工智能的同时，可以加强前瞻预防与约束引导，确保其发展安全、可靠、可控，永远不会出现对人类造成威胁和伤害的风险。

新启示之二，教师开展课程教学，从教学核心重心到教学模式方法，都要进行脱胎换骨的转换变革。现行的课程教学，无论采用什么教学模式方法，实际上教师多数时间都是在“教知识”，而所有“教知识”的任务，未来的人工智能机应该会比生物意义上的教师教得要好，完全可以用智能机来代替，或者由学生通过基于人工智能的个性化学习来达到“学知识”的目的。如此一来，教师便可把省下来的大量时间去发挥自己相对于人工智能的长处，去关注更重要的东西——与学生增进感情，加强交流，因材施教，教书育人，培养能力；可比过去任何时候都更深入地尝试探索新的教学理念，更精心地教授自己的课程，让学生更好地认知自我、发展自我。也就是说，人工智能将大大解放教师的时间、精力等资源，教师可将更多的时间、精力放在更有价值的教育和更高级、更有意义的教学成果追求上；使教师教育教学的核心重心发生变化，变得更有利于坚守教育的本质，守住人类本该守住的东西，使教师的角色进化成新的更高的形式，成为知识和德行潜在的引领者和促进者。

既然教师有比原来更多的时间和精力用于更高形式的课程教学，那么就可以在师生双向互动式教学模式方法的改革上，在本书前面各章节所再三强调的一系列先进教学思想理念的身体力行上，花更大的功夫，做更多的事情。

新启示之三，作为未来课程建设的发展方向，可充分利用人工智能在教育指导学生学习方面的优势，实现教师与人工智能机的优势互补，最大限度地提高课程建设水平，最大可能地提升课程教学质量和人才培养质量。

整体来看，凡是具有重复性、程式化、可标准化、主要依靠计算或记忆能力就能掌握的工作，都可借助人工智能辅助进行，比如为学生传授现有的一些原理性、策略性知识，辅导答疑，批改作业，测验评分，评估学生对知识要点的掌握情况等日常教学工作；比如提供个性化的学习，真正因材施教，重点强调某些主题，重复学生尚未能掌握的内容，并且帮助学生按照自己的进度学习；比如借助聊天机器人或虚拟（增强）现实技术，让学生主动掌握学习，主动提问，主动挖掘各类问题，以更丰富的手段或游戏化、沉浸式的方式，来强化学生的学习兴趣。所有这些方面，由于人工智能具有强大的数据存储、快速计算和学习分析能力，可以追踪显示学生从教科书或参考文献上搜索参阅过的信息、资源和概念，了解学生正在研究的主题的信息；可以预测学生产生学习成果的远程趋势，然后找到每个学生困惑的具体问题、内容和领域，从而直接给学生提供额外的帮助和资源，或者将这些困惑的内容标记出来；可以根据学生的提问，反过来提问学生，测试他们对知识的掌握和理解程度，评估他们的学习效果，或者实现一些以前不可行的角色互换之类的评估方法，让学生来教人工智能，把自己的“老师”教得更好，再反过来教自己，并通过评估人工智能来评估自己的知识掌握程度；可以协调和指导成千上万位学生开展相互学习和协作学习，并在这个庞大的群体中进行分组和单独联系，根据学生各自感兴趣的领域、话题、能力和认知水平，允许类似领域或不同领域的学生一起学习和分享想法；等等。人工智能的这些能力，都是人类教师所远远不及的，也是未来教师所不必拥有而且应该主动认输、主动放弃的。而在有助人类不断发展的学习能力、跨学科交叉能力、跨领域综合能力等方面，则是未来教师需要重点培养、着力提高的。

所以，未来教师与人工智能机器在培养学生的关系上，大概应是这样的一种既合作又竞争的关系：对人工智能机擅长领域的技能，由机器去指导培养；对人工智能机所不擅长的能力，由教师去指导培养；教师充分利用人工智能机提供的有关学生学习过程、学习难点、学习成效的各种反馈信息，集中精力帮助学生进一步研究其感兴趣的领域、主题，着力培育他们的创新创造能力和工程实践能力；对于有责任、有追求、求上进的教师，也可以自己先耐心地去教会人工智能机许多原来不会的知识能力，然后反过来再由机器代替自己去更好地指教学生。

可以预期，在不远的将来，也许每个学生或一组学生会拥有一个人工智能学习伙伴，就像苹果和亚马逊正在打造的 Siri 和 Alexa 这样的 AI 助手一样。它们会陪同学生一起进入大学，监测同伴的学习、压力、健康和付出等，支持并指导他们制订学习计划，明确下一步应该做什么，以及如何更好地做。与此同时，人工智能学习伙伴也为教师提供一些有关学生学习过程与效果，乃至学习之外的身心、精神等各类反馈信息，教师根据这些信息，一方面可有的放矢地对学生的知识学习和创新能力培养进行更精准而高层次的指导，帮助学生解决人工智能技术无法解决的学习需求无限性的问题；另一方面可切合实际地关注学生身心健康、思想道德的状况和人生观、价值观、世界观的养成，增进师生间情感交流，发挥好教师对学生言传身教的作用，加速实现教育工作从“育分”向育人的转化。

显然，为了适应未来教师与人工智能机合作育人的需要，教师必须努力提高自身学术素质，提高思想道德水准，更新教育思想观念，把握智能化时代发展趋势，认清智能型人机交互过程中教师的角色与定位，熟悉学生深度学习和个性发展的过程、机制与智能策略，懂得如何充分利用网络化、信息化、智能化的教学手段，不断丰富课程教学方式以及师生互动的高效智能课堂教学模式。最后，还要探究创新学生评价方式，使过程性评价变得更加有效和常态化。

目前，市场上已经涌现出不少借助人工智能技术，为学生学习提供更好、更丰富内容的教育机构和企业，但这些机构和企业所从事的，大多只是提供更好的辅助工具，这对于教育行业而言，显然是远远不够的。要让人工智能发挥其潜力，技术只是一方面，更为重要的，是要让人工智能与教育行业相结合、相融合，为此必须投入足够的人力资本，为人工智能机获取所需的更多教育相关数据。数据是人工智能技术发挥效用的三大要素（数据、算力和算法）之首，也是最难的。不要看现在是信息时代，各种数据无时无刻不在产生，但合适的数据并非唾手可得，需要根据具体的业务场景，进行埋点采集才能获取。再高级先进的技术，必须有匹配其业务场景的数据，才能发挥效用。这就离不开相关的人力资本投入，离不开相关专家的参与。技术、思维门槛越高的行业，对相关行业专家的依赖度就越高。正如人工智能用于诊疗治病必须有优秀医生、医学专家的参与一样，人工智能用于教育教学也同样必须有优秀教师、教育专家的参与。这是一方面。而另一方面，则是从更深层次思考智能时代的教育模式。即将到来的智能时代的教育本质，显然不同于当下信息时代的教育，人才培养的方向和重点已经有所不同。总而言之，要让人工智能技术在教育领域发挥其最大潜力，不能仅仅停留于具体技术层面的探讨和运用，需要从更为本质的核心出发，由内向外，深入思考开拓。这就是说，人工智能所能取代的，只能是教师日常简单的、重复的、程序性的、记忆性的教学任务，而更复杂、更有创造性的教育教学任务则只能由人类完成。也就是说，人工智能仍将只会作为辅助性教学工具发挥其育人服务功能，而绝不会完全取代今天教师的地位。

参考文献

［1］ 王克曼，徐铁南. 王牌军校高端访谈［M］. 广州：岭南美术出版社，2010.

［2］ 任学文. 哈军工［M］. 北京：红旗出版社，1993.

［3］ 李懋之. 陈赓大将创建哈军工［M］. 哈尔滨：黑龙江人民出版社，1993.

［4］ 罗来勇. 哈军工魂：中国国防科技人才培养纪实［M］. 北京：中共中央党校出版社，1995.

［5］ 吴新明. 王牌军校：哈军工［M］. 哈尔滨：哈尔滨工程大学出版社，2003

［6］ 滕叙兖. 哈军工传（上中下卷）［M］. 长沙：湖南科学技术出版社，2003.

［7］ 国防科技大学校史编审委员会. 国防科技大学校史［M］. 长沙：国防科技大学出版社，1993.

［8］ 华挺. 权力集中和扁平化是大学组织架构变革方向［N］. 光明日报，2013－11－06（2）.

［9］ 谈火生. 浙大校长竺可桢与“东方剑桥”［EB/OL］.（2007－09－11）［2018－05－01］. http://www.china.com.cn/culture/txt/2007－09/11/content_8857153_3.htm.

［10］ 竺可桢带领浙大西迁的文军长征往事［EB/OL］.（2015－08－30）［2018－05－01］. https://zj.zjol.com.cn/news/152920.html.

［11］ 竺可桢. 13年校长生涯　让浙大变成“东方剑桥”［EB/OL］.（2016－03－10）［2018－05－01］. http://js.ifeng.com/a/20160310/4355180_0.shtml.

［12］ 周刚，陈洪辉. 哈佛大学概览［J］. 高等教育研究学报，2002（1）.

［13］ 赵晗，王力为. 哈佛校长：受教育不是为一毕业就找到工作［EB/OL］.（2016－02－01）［2018－05－01］. http://huaren.haiwainet.cn/n/2016/0201/c232657－29606831.html.

［14］ 别敦荣，陈梦. 普林斯顿大学的发展历程、教育理念及其启示［J］. 现代教育管理，2012（06）：105－111.

［15］ 程建芳. 创新与挑战：世界名校鉴［M］. 北京：北京大学出版社，2001.

［16］ 王常泰. 普林斯顿大学：美国大学的“美丽心灵”［J］. 教育与职业，2007（04）：98－101.

[17] 丁敏. 坚持传统:执着的普林斯顿之根[J]. 教育发展研究, 2005(04):106 - 109.

[18] 教育部中外大学校长论坛领导小组. 中外大学校长论坛文集[C]. 北京:高等教育出版社, 2002.

[19] 肖木, 丽日. 普林斯顿大学[M]. 长沙:湖南教育出版社, 1995.

[20] 王则柯. 感受普林斯顿[M]. 广州:南方日报出版社, 2003.

[21] 厄内斯特·博耶. 大学:美国大学生的就读经验[M]. 徐芃, 李长兰, 丁申桃, 译. 北京:北京师范大学出版社, 1993.

[22] 欧桃英. 美国麻省理工学院校长与大学发展研究[D]. 沈阳:沈阳师范大学, 2013.

[23] 柴静. 专访剑桥大学校长[EB/OL]. (2012 - 08 - 03)[2018 - 05 - 01]. http://tv.cntv.cn/video/C38635/f8aa40f980d048b687d3fea55adffe4d.

[24] 别敦荣, 蒋馨岚. 牛津大学的发展历程、教育理念及其启示[J]. 复旦教育论坛, 2011, 9(02):72 - 77.

[25] 刘宝存. 牛津大学办学理念探析[J]. 比较教育研究, 2004(02):16 - 22.

[26] 彭涛, 罗武胜. 西点军校[J]. 高等教育研究学报, 2002(01).

[27] 碧荷. 真实的司徒雷登　他曾是燕京大学的灵魂[EB/OL]. (2007 - 04 - 09)[2018 - 04 - 18]. http://pkunews.pku.edu.cn/bdrw/137 - 113194.htm.

[28] 萧婷. 燕京大学 最后的燕大[J]. 看历史, 2012(6):54 - 61.

[29] 熊坤静. 司徒雷登与燕京大学[J]. 党史文苑, 2012(01):13 - 19.

[30] 石增银. 燕京大学历史学会初探[D]. 上海:华东师范大学, 2006.

[31] 李杨. 民国时期著名大学校长[EB/OL]. (2014 - 05 - 29)[2018 - 03 - 20]. https://wenku.baidu.com/view/1455f000767f5acfa1c7cd
97.html.

[32] 高伟强, 余启咏, 何卓恩. 民国著名大学校长(1912—1949)[M]. 武汉:湖北人民出版社, 2007.

[33] 李华兴. 民国教育史[M]. 上海:上海教育出版社, 1997.

[34] 陈潇濛. 民国时期的武汉大学[EB/OL]. (2011 - 12 - 23)[2018 - 05 - 01]. https://wenku.baidu.com/view/1bd0deca050876323112126e.html.

[35] 刘道玉. 大学校长必须是教育家[J]. 中国地质大学学报(社会科学版), 2007(05):1 - 5.

[36] 别敦荣. 论市场化体制下大学校长的作用[J]. 高校教育管理, 2008(03):18 - 21.

[37] 谢湘. 优秀大学校长应该什么样[N]. 中国青年报, 2010 - 07 - 09.

[38] 赵婀娜. 大学校长 从"职务"到"职业"[N]. 人民日报, 2012 - 07 - 11.

[39] 何爱国. 大学校长是官员还是教育家[N]. 解放日报, 2006-09-25.

[40] 李记. 大学校长需要教育家更要职业化[N]. 广州日报, 2008-11-19.

[41] 王珊. 中国科大:这里有安静的书桌 [J]. 中国新闻周刊, 2016(24):12-23.

[42] 徐壮志, 杨雷. 国防科大:打造我军特色的世界一流大学[N]. 新华每日电讯, 2013-12-16.

[43] 王朝辉. 中华民国的教育为何能够人才辈出[N]. 报刊文摘, 2014-10-17.

[44] 阚凯力访谈:中国大学已变成养猪场, 孩子上完初中就赶紧送出去[EB/OL]. (2015-11-17)[2018-04-01]. http://www.sohu.com/a/42274601_228105.

[45] 郭建荣. 蔡元培时代的北大[EB/OL]. (2015-11-17)[2018-02-16]. http://www.people.com.cn/GB/paper81/10464/953053.html.

[46] 戴中光. 高校组织结构的检视和"扁平化"组织结构设想[J]. 长沙航空职业技术学院学报, 2009, 9(4):6-8, 13.

[47] 王少雄, 孙劲松. 民国时期的武汉大学及其战略定位[J]. 新课程研究(中旬刊), 2010(06):188-190.

[48] 温新红, 崔雪芹. 上海大学校长钱伟长访谈:办中国式大学[N]. 科学时报·大学周刊, 2005-10-17.

[49] 曾文彪. 钱伟长与上海大学 [N]. 上海大学校报(上海大学新闻网), 2010-07-30.

[50] 钱伟长. 钱伟长院士论教学与科研关系[J]. 山西师范大学学报(社会科学版), 2005(2):117.

[51] 谢湘. 优秀大学校长应该什么样[N]. 中国青年报, 2010-07-09.

[52] 肖春飞, 李鹏翔, 李江涛, 等. 中国需要什么样的大学校长[N]. 中国青年报, 2010-08-02.

[53] 甘丽华, 袁于飞. 大学生期待校长少点官气多些真诚[N]. 中国青年报, 2010-07-09.

[54] 吴婷, 曲芮佳. 专访上海纽约大学校长俞立中:以人为本[EB/OL]. 环球网, (2017-03-04)[2018-01-27]. http://lx.huanqiu.com/lxnews/2017-03/10236150.html? agt=15438.

[55] 孙诚, 王占军. 我国普通高等院校师资队伍结构现状分析[J]. 大学(学术版), 2010(08):68-77.

[56] 李郴生, 程为宝, 潘宗预. 当好教师上好课[M]. 长沙: 湖南人民出版社, 2008.

[57] 朱崇实. 坚持以学生为本和个性化的培养原则[J]. 求是, 2006(24):38+43.

[58] 杨智勇, 孙岳兵, 邢亮. 学生就是大学:以生为本促进高等教育又好又快发展[J]. 湖南农业大学学报(社会科学版), 2009, 10(2):67-71.

[59] 周剑雄，苏辉，石志广. 讨论式教学方法在大学课堂中的运用研究[J]. 高等教育研究学报，2008，31(04):55－57.

[60] 江安凤，吴锵. 讨论式教学及其操作过程[J]. 四川教育学院学报，2005(12):14－16.

[61] 张慧洁. 推行研讨性教学 培养创新型人才[J]. 中国高等教育，2008(24):45－46.

[62] 唐湘岳，覃岚. 湘大"研讨式五步教学法"受关注[N]. 光明日报，2002－12－20.

[63] 张灿强.《郭汉民文集》出版暨郭汉民任教45周年座谈会举行[EB/OL]. 湘潭大学新闻网，(2015－11－16)[2018－01－20]. http://news.xtu.edu.cn/html/zonghexw/show_8203.html.

[64] 夏锦文，程晓樵. 研究性教学的理论内涵与实践要求[J]. 中国大学教学，2009(12)：25－28.

[65] 王庆环. 面向未来的"新工科"[N]. 光明日报，2017－04－03.

[66] 张进明. 大学新工科的目标就是:培养伟大的工程师[N]. 光明日报，2017－08－22.

[67] 张德江. 大学校长:如何培养创新人才[N]. 中国青年报，2009－04－11.

[68] 钱颖一. 大学的改革(第一卷·学校篇)[M]. 北京:中信出版社，2016.

[69] 钱颖一. 大学的改革(第二卷·学院篇)[M]. 北京:中信出版社，2016.

[70] 国务院. 关于印发统筹推进世界一流大学和一流学科建设总体方案的通知(国发〔2015〕64号)[EB/OL]. (2015－10－24)[2018－05－01]. http://www.gov.cn/zhengce/content/2015－11/05/content_10269.htm.

[71] 钟伟军. 以学科为核心的大学公共性重建[J]. 教育发展研究，2009，29(01):25－29.

[72] 杨玉良. 关于学科和学科建设的思考[N]. 科学时报，2009－09－08.

[73] 华东师范大学高等教育研究所教授. "双一流"启动，学科与专业建设莫顾此失彼[EB/OL]. (2017－07－03)[2018－02－19]. http://www.sohu.com/a/154052759_372464? _f=index_edufocus_1.

[74] 阎光才. 学科地位与专业教育水准不可顾此失彼[N]. 光明日报，2017－07－04.

[75] 钟秉林，李志河. 试析本科院校学科建设与专业建设[J]. 中国高等教育，2015(22):19－23.

[76] 熊庆年，陆一. 建设一流的大学首先要打造一流的本科教育[N]. 中国教育报，2017－06－28.

[77] 邹逢兴，王亚莉. 把外协任务作为毕业设计课题的做法和体会[J]. 教学研究，1985(2):22－26.

[78] 邹逢兴，李全森．浅谈自动控制专业加强计算机教学[J]．教学研究，1987(1)：28－35.

[79] 邹逢兴．进一步加强学生工程实践训练的一种新途径[J]．教学研究，1990(1)：37－39.

[80] 邹逢兴．根据课程特点 搞好课程教学[J]．教学研究，1991(1)：44－46.

[81] 邹逢兴．加强学生工程实践训练的一种新途径：电子制作有奖智力竞赛[J]．电工教学，1991(1)：41－43.

[82] ZOU Fengxing, LIU Yufei. Reforming the Teaching on Electronic Courses to Highten the Training on Students' Comprehensive Ability [C]//Proceedings of 1993 International Conference on Electronics Higher Education, June 7－9 1993：476－479.

[83] 邹逢兴，陈立刚，史美萍．关于电子类课程考试考核方法改革的思考和探索[J]．95'全国高校电子技术教学与科研学术会议论文集，1995(专刊)：40－42.

[84] 邹逢兴，史美萍．关于面向21世纪进一步改革电子技术课程教学的思考[J]．高等教育研究学报，2000(4)：31－33.

[85] 邹逢兴，张湘平．《计算机应用系统的故障诊断与可靠性技术基础》的编著与使用[J]．中国大学教学，2000(1)：43－45.

[86] 邹逢兴．扬"哈军工"传统 创"国防科大"名牌："哈军工" 建校50周年有感[J]．高等教育研究学报，2003(3)：87－91.

[87] 张志雄，邹逢兴．确保本科教育基础地位 提高人才培养质量[J]．高等教育研究学报，2002(1)：16－19.

[88] 邹逢兴，郑志强．加强课程全面建设 创建国内名牌课程[J]．高等教育研究学报，2002(1)：35－98.

[89] 邹逢兴．关于创新计算机硬件技术基础课程教学的实践和思考[J]．计算机教育，2004(2/3)：81－84.

[90] 邹逢兴．忠诚教育事业 坚持教书育人 努力提高授课水平[J]．高等教育研究学报，2004(1)：51－60.

[91] 邹逢兴．创新教学是提升教学质量的永恒动力[J]．中国高等教育 2004(22)：34－36.

[92] 邹逢兴．以教材建设为龙头 创新计算机硬件技术基础课程教学[N]．教材周刊，2005－4－10.

[93] 邹逢兴，关于学历合训专业课程体系和教学模式的研究[J]．高等教育研究学报，2009(1)：7－10.

[94] 邹逢兴，刘湲，张湘平，等．以国家精品课程带动系列课程建设 催生国家级教学团队 全面提升课程建设水平[J]．高等教育研究学报，2010(3)：105－108.

[95] 邹逢兴，陈立刚，徐晓红，等．关于自动化专业电子信息类课程教学改革的探索与思考[J]．中国大学教学，2011(9)：37－40.

[96] 王传友，王国洪．创新思维与创新技法[M]．北京：人民交通出版社，2006.

[97] 宫承波．创新思维训练[M]．北京：中国广播电视出版社，2014.

[98] 刘作军．控制科学与工程创新方法[M]．北京：中国电力出版社，2015.

[99] 潘承怡，姜金刚，张简一，等．TRIZ 理论与创新设计方法[M]．北京：清华大学出版社，2015.

[100] 中国科学技术协会中国自动化学会．控制科学与工程学科发展报告(2007－2008)[M]．合肥：中国科学技术大学出版社，2008.

[101] 龚盛辉，曾凡解，姚宏．钱学森办学思想对国防科大影响深远[EB/OL]．国防科大公众号，2018－9－28.

[102] 马望星．钱学森创新教育思想解读[M]．北京：高等教育出版社，2014.

[103] 马望星．国防科大筹建始末：追忆钱学森[N]．湖南日报，2018－04－20.

[104] 马望星，马近远，曾立．钱学森与国防科技大学的教育创新[N]．光明日报，2018－06－02.

[105] 中华人民共和国教育部．教育部关于全面提高高等教育质量的若干意见(教高[2012]4 号)[EB/OL]．(2012－03－16)[2018－05－01]．http://old.moe.gov.cn/publicfiles/business/htmlfiles/moe/s6342/201301/xxgk_146673.html.

[106] 包水梅，高洁．从本科生与研究生培养方案的比较看研究生教育的本质[J]．现代教育科学，2006(1)139－145.

[107] 宁波．民国大学绝非都是美好[J]．博览群书，2017(05)：20－31.

[108] 钱颖一．中国教育好在哪里？问题在哪里？[EB/OL]．(2017－07－14)[2018－03－10]．http://www.sohu.com/a/157243134_800324.

[109] 薛惠锋．当前研究生培养存在的四大共性问题[J]．中国研究生，2010(8)：51－53.

[110] 叶铁桥．学术造假是学者的自杀行为：专访加拿大魁北克华人教授协会主席嵇少丞[N]．中国青年报，2011－09－07.

[111] 网易新闻中心．胡黎明博士论文抄袭事件[EB/OL]．(2004－07－28)[2018－05－01]．http://news.163.com/40728/3/0SCOME4K00011211.html.

[112] 蔡秀萍．“双一流”建设背景下的人才流动之忧[J]．中国人才，2017(3)：26－28.

[113] 国务院. 教学成果奖励条例(国务院令第151号)[EB/OL]. (1994-03-12)[2018-08-07]. http://www.moe.gov.cn/s78/A02/zfs__left/s5911/moe_620/tnull_1382.html
[114] 王晓易. 教育部百位"高校教学名师"九成有行政职务[N]. 长江日报, 2009-09-11.
[115] 伍宸. 高等教育国家教学成果奖究竟应该奖励谁?[EB/OL]. (2018-10-18)[2018-12-01]. http://www.sohu.com/a/260202520_479698.
[116] 莫烨. 科学家不如艺人是时代的悲哀[EB/OL]. (2016-10-19)[2018-10-01]. http://www.sohu.com/a/116527707_153150.
[117] 露西亚·拉特玛. 比尔·盖茨[M]. 杭州:浙江人民出版社, 2007.
[118] 温迪·戈德曼·罗姆. 比尔盖茨的秘密档案[M]. 阎延文, 译. 北京:昆仑出版社, 2000.
[119] 管家琪. 电脑大王比尔·盖茨[M]. 长春:吉林文史出版社, 2006.
[120] 黄玉浩. 中科大少年班30年后的尴尬:冷热两极扭曲成长路[N]. 新京报, 2008-04-16.
[121] 徐笛薇. 少年班神童今何在:牛人辈出, "让他们按常规读书才是摧残"[EB/OL]. (2015-10-15)[2018-09-01]. https://www.thepaper.cn/newsDetail_forward_1384988.
[122] 何聪. 少年班30年 昔日"神童"今在何处?[N]. 人民日报, 2008-03-19.
[123] 木遥. 少年班的少年们:我们需要怎样的"方仲永"[EB/OL]. (2015-09-30)[2018-11-01]. https://www.thepaper.cn/newsDetail_forward_1380338.
[124] 余鹏鲲. 更多曹原的出现将回答"钱学森之问". [EB/OL]. (2019-01-12)[2019-03-01]. https://www.guancha.cn/yupengkun/2019_01_12_486606.shtml.
[125] 周永兵, 陈子龙. 青年科学家曹原深圳母校开展向其学习活动[N]. 中国经济导报, 2018-03-21.
[126] 李政涛. 没有灵魂的教育[EB/OL]. (2012-03-02)[2018-10-09]. http://www.aisixiang.com/data/50782.html.
[127] 周成建. 38所985大学2016招生人数汇总! 中科大仅招1800人[EB/OL]. (2017-05-19)[2018-05-01]. https://www.sohu.com/a/141756222_403263.
[128] 高成. 高考凭什么能"虐"中国考生四十年:说说高考的前世与今生[EB/OL]. (2016-06-07)[2018-06-18]. https://weibo.com/p/230418e39346e40102wjq5.
[129] 郭广银, 杨明. 新时期高校校园文化建设的理论与实践[M]. 南京:南京大学出版社, 2007.

[130] 杨晓江. 美国学者视野中的校园文化[J]. 思想理论教育, 2000(10):59 -62.

[131] 李好. 美国高校校园文化建设的特点及启示[J]. 湖北社会科学, 2010(3):175 -177.

[132] 徐佩红, 翁礼成. 高校校园文化建设中存在的问题与对策[J]. 教育探索, 2011(10):96 -97.

[133] 王蕊. 高校校园文化育人功能探索[D]. 重庆:重庆交通大学, 2013.

[134] 陈劲, 吕文晶. 人工智能与新工科人才培养:重大转向[J]. 高等工程教育研究, 2017(6):18 -23.

[135] 李德毅, 马楠. 智能时代新工科:人工智能推动教育改革的实践[J]. 高等工程教育研究, 2017(5):8 -12.

[136] 托斯顿·胡森, 纳维尔·波斯特尔斯威特. 国际教育百科全书[M]. 贵阳:贵州教育出版社, 1991.

[137] 司晓宏. 大学校长如何走向教育家的境界[N]. 中国教育报, 2011 -12 -27.

[138] 习近平在北京大学师生座谈会上的讲话[R]. 新华社, 2018 -05 -03.

[139] 习近平在全国教育大会上发表重要讲话[R]. 新华社, 2018 -09 -10.

[140] 5位大学校长:对学术腐败绝不宽容[N]. 法制日报, 2009 -03 -08.

[141] 教育部. 基础教育课程改革纲要(试行)[J]. 人民教育, 2001(09):6 -8.

[142] 郭汉民. 探索研讨式教学的若干思考[J]. 湖南师范大学社会科学学报, 1999, 28(2):108 -111.

[143] 黄荣怀, 郭芳. 立体化教材的设计与开发[J]. 现代教育技术, 2008, 18(10):105 -109.

[144] 马陆亭. 学科、专业的同与不同[N]. 光明日报, 2017 -07 -29.

[145] 陈岸然. 提高任职教育水平必须以学科建设为支撑[J]. 军队政工理论研究, 2016, 17(05):106 -109.

[146] 洪银兴. 继往开来　开拓创新　为建成世界一流大学而努力奋斗[J]. 南京大学学报(哲学·人文科学·社会科学版), 2012, 49(03):5 -11.

[147] 数学大师丘成桐痛击中国学术腐败[M]. 北京科技报, 2005 -08 -10.

[148] 数学大师痛击中国学术腐败[EB/OL]. (2005 -08 -17) [2018 -05 -01]. http://edu. people. com. cn/GB/1055/3622257. html.

[149] 李斌. 亲切的交谈[EB/OL]. (2005 -07 -30)[2018 -08 -16]. http://news. xinhuanet. com/newsscenter/2005 -07/30/content_3287444. htm.

[150] 赵志德. 应用科学的研究程序和管理(上)[J]. 科学学与科学技术管理, 1982

(06):33－36.

[151] 赵志德. 应用科学的研究程序和管理(下)[J]. 科学学与科学技术管理, 1983(01):34－36.

[152] 王庆环. “新工科”新在哪儿[N]. 光明日报, 2017－04－03.

[153] 钱学森. 大力发展系统工程 尽早建立系统科学的体系[N]. 光明日报, 1979－11－10.

[154] 李斌. 五大学校长旗帜鲜明反对学术腐败[N]. 中国青年报, 2009－03－11.

[155] 国家统计局. 中小学学生学习生活状况专项调查报告[R]. 2005.

[156] 国家教育的重大变革!［EB/OL].（2017－07－06)[2018－09－15]. http://bbs1.people.com.cn/post/2/1/2/163478420.html

[157] 肖春飞等. 中国需要什么样的大学校长?［N]. 中国青年报, 2010－08－02.

[158] 蔡元培. 就任北京大学校长之演说[J]. 教师之友, 2000(10):1.

[159] 赵成昌. 匡亚明:不拘一格用人才[N]. 中国教师报, 2019－02－27.

[160] 朱建华. 教育部高校教学名师九成有行政职务引质疑[N]. 长江日报, 2009－09－11.

[161] 杨亚辉. 大学校长应是大管家而非大学者[J]. 中国高等教育, 2011(24):64.

[162] 赵婀娜. 选材 职责 定位 大学校长从“职务”到“职业”[N]. 人民日报, 2012－07－11.

[163] 杨德广. 学者谈北师大校长四不承诺:专家型校长可适当上课[N]. 中国教育报, 2012－08－20.

[164] 刘海燕, 曾晓虹. 学科与专业、学科建设与专业建设关系辨析[J]. 高等教育研究学报, 2007, 30(4):29－31.

[165] 刘帅霞, 高顺成. 高校实践教学存在的问题与对策分析:基于问卷调查的分析[J]. 黑龙江教育·理论与实践, 2017(6):50－51.

[166] 刘献君. 高等院校个性化教育探索[J]. 高等教育研究, 2011, 32(03):1－9.

[167] 徐辉. 实施大学生个性化教育改革的几点思考[J]. 江苏高教, 2011(03):105－106.

[168] 周进. 世界一流大学个性化教育行动要素及其启示[J]. 高等工程教育研究, 2017(05):96－101,124.

[169] 黄一顺,蒋香仙. 国家级教学成果奖评奖的现状与趋势研究[J]. 中国大学教学, 2013(9):86－89.

结束语

经过近一年半的冥思苦想、敲键爬格，本书总算在2018年五一劳动节假期间完成了初稿。撰写本书，毕竟不完全是作者个人的事，而是学校决策要出一套“名师论教丛书”后交给我的一项任务。在我看来，这也许是我此生要为培养我的母校完成的最后一项庄严任务，所以任务一接，我深感责任重大、压力很大；稿子一交出，便如释重负，一身轻松。

初稿交出后，学校有关主管部门邀请几位校内外资深教育管理和教育研究方面的专家，对它进行了审读、评审。参考专家评审意见，近年来我又先后对书稿进行了多次大大小小的修改。今天已是2020年五一劳动节，总算将终稿上交，期待不久即可把本书呈现于世，接受读者上帝的审判。

刚接受任务时，心情曾陷入矛盾：既感到有点跃跃欲试的冲动，早就生发过要为中国高等教育鼓与呼的念头，这下不正好可以如愿以偿吗？又突然生发出了一种为难情绪，我毕竟一生只是一介教书育人的书生，从没系统研究过教育理论教育思想，也没从事过有层次的教育教学管理，能“论教”吗？

后一细想，我终究有点释然了。我一辈子的从教生涯，平心而论，虽然只是一个一线普通教师，但我一直是热爱教学、精心教学，并乐于勤于围绕提高教书育人水平质量，不断思考教学、研究教学，并尽力创新教学、改进教学的。就凭这一点，我自认还是有资格就大学教育教学“论教”的。

那么，这个“教”怎么“论”呢？我为写本书确立了两个基本原则：一是要与自己一线教授的身份、职责相称，不能像教育学专家学者或教育管理者那样，长篇大论谈教育教学思想、理论、艺术、方法等，只结合自己近50年从教经历经验，就高等教育教学的方方面面，具体发点议论谈点见解。二是要追求和体现一个“真”字，这也正是我经过再三权衡把本书起名为《大学教育求真》的原因。这个“真”字有两层含义：一是真理，二是真实。前者表示我写本书想力求提出尽可能正确的思想见解，后者表示我写本书一定要真实地反映自己的心声。前者其实只是我的一种良好愿望，书中所发议论见解不敢说一定正确，因为对同一个问题往往是仁者见仁、智者见智。后者我做到了，书中全部内容都是我心声的真实反映，无论对错，权当抛砖引玉，作为同行“百花齐放”中之一朵、“百家争鸣”中之一家。如有错漏，欢迎同行同仁批评指正。如本书出版后能引起一定争鸣，也是本书的一大价值、作者的很大欣慰。

本书前面各章对我国当前高等教育的诸多重要方面做了讨论，发表了观点，其间常以我国民国时期和欧美等西方国家一些著名大学为参照，谈论今天的问题。但借此结束语，我想特别说明一点，这并不意味着欧美等西方国家的大学什么都比我国好、民国时期的大学全比今天好，对此一定要正确对待和分析。我们绝不能妄自菲薄——厚古薄今、崇洋媚外，对古对今、对洋对己都要一分为二，要客观认识和科学对待当今的成绩和问题，优势和劣势。

首先拿我国和欧美等西方发达国家做比较。尽管这些国家的大学排名远领先于我们，取得有里程碑意义、划时代意义的前沿性、前瞻性、颠覆性科技成就的数目，以及获诺贝尔奖等世界大奖的人数远多于我们，但这要从两方面去看。

一方面，现代大学教育起源于欧美十二三世纪，他们的办学历史已有八九百年、近千年之长，而我们的办现代大学历史源于19世纪末、20世纪初，比西方晚了七八百年，比日本也晚了二三十年，而且那时中国的大学还纯粹是来自域外。真正中国人自己（私立或公立）办大学，还是到了民国时期，20世纪的二三十年代，距今也只有不到一百年的时间，至新中国成立时，基本上还处于起步和向欧美大学学步的阶段。更何况新中国是在一穷二白基础上建立的，建立之后完全是在西方经济封锁、壁垒森严的情况下，在无法引进西方现代科学技术和成熟教育制度教育理念的困境中，只是在苏联“老大哥”的帮助下，自己摸索着搞建设、办教育的，加上苏联在中途釜底抽薪，撤走援华的专家教授和各种先进工业设备装备，更给中国的教育发展造成了极大的困难。在这种情况下，中国出不了诺贝尔奖和影响世界的科技成就，大学排名进不了世界前列，应是正常的、不足为奇的。但尽管如此，在“五四”时期鲁迅、胡适等一批白话文先驱和民国时期陶行知、叶圣陶等一批现代教育先驱的示范带领下，在钱学森等一批留学归国大师的支持推动下，中国广大知识分子和教育工作者，在毛泽东思想和党的“教育为无产阶级政治服务，教育与生产劳动相结合”的教育方针指引下，冲破艰难困苦，齐心协力奋斗，依然创造了较高的教育水平，建立了符合中国国情的较完整的教育体系体制，取得了较显著的教育成就硕果，这些成就硕果为推动新中国的科学生产力取得比西方发达国家高得多的发展速度，做出了实实在在的巨大贡献。

另一方面，新中国成立以来的教育发展模式和提升水平，应该说也是与中国国情和国家发展现状相适应的。这期间我国经济基本上处于低收入发展阶段，经济和科技的发展主要表现为对西方工业科技发达国家的学习、模仿、改进和追赶，而这个阶段我国以应试教育为主要特征的教育体制、教育模式培养出来的学生，其优势恰恰在于基础知识扎实和基本技能熟练，模仿、吸收、跟踪、学习现成知识和先进技术的能力强，或者说中国学生在这些方面的平均水平比较高，用统计学的语言，叫作“均值”较高，高到其他发展中国家甚至一些发达国家都望尘莫及的程度。三是这种中国特色教育的优势，不仅使新中国在短短的头30年的时间内，就神话般地实现了军事原子化、工业机械化、农业水利化等，建立了完整的工农业及科学技术体系，而且也支撑了以“引进、消化、吸收”为主要工业科技发展模式的后35年的经济高速增长，使中国一跃而为世界第二大经济体，把包括西方发达国家在内的世界各国惊得目瞪口呆。这不能不说是国家的全民义务教育，在一定意义上也可说是中国特色应试教育，包括中国传统文化总体来说对教育十分重视，民间（家长）舍得对教育投入，学生在学业上舍得花时间，教师具有令人钦佩的敬业精神，等等，起了非常重要的作用。从幼儿园到中小学的教育，练就了中国青少年学生基础科学文化知识的“童子功”，其平均功夫超过了全世界几乎任何国家；高等教育培养出来的大学生，对人类文明长期积淀下来的学科基础知识和专业基本技术技能，掌握得也比包括美欧发达国家在内的世界各国的大学生更好更扎实，其熟练程度和一般应用能力是他们所望尘莫及的。正因为这样，中国学生参加各种国际性学科竞赛，表现普遍不俗，成绩、名次往往名列前茅；在近三十余年形成的出国潮中，在中国学习成绩一般的学生，到了国外往往也能出类拔萃，所以整体来说，中国学生广受、深受西方大学教授的喜欢，甚至经常出现多所世界名牌大学争抢一名中国学生的现象。

当然，在我国经济已经或正在由低收入发展阶段转变为中等收入发展阶段的今天，再主要靠引进消化吸收、模仿跟踪改进来驱动发展就不行了，而必须以创新来驱动发展，此时我们的大学教育与西方发达国家相比的劣势，对国民经济的不利影响就突显出来了。原来以应试教育为主要特征的教育模式下培养出来的学生，在具有前面说的“均值”高的优势的同时，也具有知识能力水平拔尖人才少，即相当于统计学上说的“方差”小的劣势。而“均值”高对创新作用不大，“方差”小则对创新，特别是前瞻性、颠覆性、原创性创新极为不利。所以，在中国特色社会主义进入新阶段的今天，为了驱动国民经济快速稳定发展，必须深化教育教学改革，加强素质教育，促使大批创新型人才涌现出来，以不断推出具有自主知识产权的原创性、前沿性、前瞻性、颠覆性科技成果和产品，适应建设科技强国、经济强国、军事强国的需要。

再拿新中国成立以来和民国时期相比。民国时期的大学固然如前所述优点不少，在蔡元培“思想自由，兼容并包”理念指导下，许多学校都办得很出色，办成了当时时代所允许的最好，创造了中国高等教育史上一段辉煌，涌现出不少“大师”级教授学者和此后为新中国科技教育发展做出重大贡献的杰出人才。但那时的大学也并非尽善尽美，什么都比今天强。

首先，如果把那时的大学放到世界维度和世界学术格局中去分析比较，从整体上看都还只处于草创阶段，办学水平从哪方面看都只处于向西方学习的“学生”级水平。很多民国时期的学界前辈之所以被奉为大师，除少数禀赋彪炳者外，大都只是因为他们率先引入西学，引进国外先进思想和知识，结合中国实际进行转化加工，在中国本土初创了众多学科，培育了众多人才，而被令人推崇之故。他们自己大都并没有多少自主知识发现和突破性的学术创新创造，远不像西方的康德、黑格尔、尼采、弗洛伊德、罗素、萨特等人那样，都以自己实实在在的独创性成就，向全人类贡献了新思想。也正因为这样，当年的民国政府当局才会感慨“教授虽多，真正可称为教授的却不多”。

再说，如今的世界发生了翻天覆地的变化，现在的知识创新系统日趋复杂和专业，学者的任务和挑战已和过去有天壤之别。因此，这意味着不能将今天的大师概念与民国时期的大师做简单类比。在民国时期，绝大多数学科都处于草创阶段，只要有知识、有资格、有智慧、有能力，仅凭一己之力就可以开辟一番新天地。可是对现代科学而言，一个人的能力变得非常有限，已无法单独完成一个重大复杂的科技项目。比如中国的“两弹一星”、“神舟”系列载人航天器、“银河”“天河”“神威”巨型/超级计算机系统、“北斗”卫星导航系统、“蛟龙”号载人深潜器、量子通信卫星、高铁、天眼、人造太阳等研究项目，都是众多优秀科技工作者众志成城奋斗的结果。在这一系列奋斗过程中，都涌现出众多大师级领军人物和专家学者，他们的学术水平和品德操行无疑已跻身在大师之列，可以在世界大师谱系中占有一席之地，只不过由于各种原因，他们并没有像民国时期那些“大师”那样被宣传推广到社会广为熟知罢了。

事实上，新中国教育培养出来的大学生，不仅数量是民国时期望尘莫及的，而且就知识和能力而言，无论其平均水平、贡献，还是拔尖人才水平、贡献，都不是民国时期可以比拟的。如今的各行各业都人才辈出、大师频现、星光璀璨，不然怎么理解我国这些年经济、科技、国防等突飞猛进的发展呢？如果说今天的高等教育比民国时期的高等教育存在差距的话，我看主要在立德树人上，是高等教育的市场化及由此带来的价值取向的改变，导致出现了官场和学术界这两大“精英”领域的腐败现象。就大学而言，在这里工作的教师们，本该在能够过上社会中等以上体面生活的基础上，醉心于且满足于做学问、育人才，从中去追求人生乐趣和价值，而不屑于甚至耻于去追求过高的、奢侈的“富豪”般生活。现在常被视作榜样的民国时期的大学教师们，就基本上是在这样一种环境和心态下生活、工作的。新中国成立以后的前一二十年，教师们尽管因为国家还“一穷二白”而生活得比较清苦，但这种精神境界和“清高”心态也还是坚守得很好的。可实行教育市场化之后，情况就逐渐发生了改变，在经济大潮的浸染下，教师队伍中才出现了一些在名利地位面前失去底线、敢踩红线的“精致的利己主义者”。这才是大学今天的弱点、痛点所在。

可以相信，只要从国家层面能够通过教育体制机制改革，尽快消除上述现象，同时重塑大学精神，让创新思想自由驰骋，让不同观点自由碰撞，还学校一个圣洁、清净和一心一意做学问、育人才的自由学术环境；只要中国教育能够从中西结合、新中国成立前后结合中扬长避短、优势互补，真正实现立德教育与强智教育结合，以立德为主，素质教育与应试教育结合，以素质教育为主，全面推进教育模式教学方法改革；只要大学管理层理念明确、方向正确、务实有为、措施得力，能够通过优化管理和政策导向，形成有利于教学科研协调发展，有利于教师全身心致力于教书育人和学术研究的公正和谐校园环境；只要学生的好奇心、想象力和个性发展能不被压抑反得到保护，抽象思维、发散思维、跳跃思维、批判思维、集成组合思维、分化分解思维、超系统跨学科思维等超常规的思维能力和创新创造能力能得到唤醒和激发，假以时日，我国高等教育的质量一定会发生大的飞跃，各色杰出人才和一流成果一定会脱颖而出，甚至喷薄而出！到了那天，我国大学一定能跻身世界前列，不仅能逐步解决目前存在和面临的各种问题，而且完全有可能为解决全球存在和面临的一些共性教育问题，贡献中国智慧和中国方案！

最后，我还要在引言中提到的那些值得感谢的对象之外，再特别感谢为审读、评审本书初稿付出了辛勤劳动和提出了宝贵意见的几位校内外同行专家，他们是：中南大学公共管理学院高等教育研究所姜国钧教授，海军工程大学原校长郭立峰教授，国防科技大学原副教育长王正明教授，国防科技大学著名科技哲学与科学史专家朱亚宗教授等！

2020 年 5 月 1 日于国防科大